新国际货币游戏

THE NEW INTERNATIONAL MONEY GAME

[美] 罗伯特·阿利伯（Robert Z. Aliber）著
刘战兵 译

中国财政经济出版社

图书在版编目(CIP)数据

新国际货币游戏/(美)阿利伯(Aliber,R. Z.)著;刘战兵译. —北京:中国财政经济出版社,2013. 1

书名原文:The New International Money Game

ISBN 978 - 7 - 5095 - 4022 - 0

Ⅰ. ①新…　Ⅱ. ①阿… ②刘…　Ⅲ. ①国际货币体系—研究　Ⅳ. ①F821. 1

中国版本图书馆 CIP 数据核字(2012)第 243198 号

著作权合同登记号:图字 01 - 2011 - 7986 号

责任编辑:刘　静　　封面设计:华乐功
版式设计:孙志云　　责任校对:孙志敏

Robert Z. Aliber
The New International Money Game, 7th edition
ISBN 978 - 0 - 230 - 01894 - 5

中国财政经济出版社出版
URL: http://www. cfeph. cn
E-mail: win@ewinbook. com

社址:北京海淀区阜成路甲 28 号　邮政编码:100142
发行电话:010-88190406
北京中兴印刷有限公司印刷　　各地新华书店经销
787×1092 毫米　16 开　23. 75 印张　377 千字
2013 年 1 月第 1 版　2013 年 1 月北京第 1 次印刷
定价:49. 80 元
ISBN 978 - 7 - 5095 - 4022 - 0/F · 3263
(图书出现印装问题,本社负责调换)

新国际货币游戏

前言与致谢
Preface and Acknowledgments

在本书的写作过程中，有一些人发挥了重要的作用。马丁·凯斯勒（Martin Kessler）最先建议用相对轻松的方式来讨论严肃的经济学概念。马丁是一位非常优秀的编辑和了不起的朋友，我们都非常想念他。弗兰·米勒（Fran Miller）非常高兴地多次输入本书的草稿。没有她鼓励性的反馈，这一项目就会半途而废。

罗伯特·阿利伯（Robert Z. Aliber）

缩略语表
List of Abbreviations and Acronyms

ABS	资产担保证券（asset-backed securities）
ADB	亚洲开发银行（Asian Development Bank）
AIG	美国国际集团（American International Group）
ARMs	可调整利率抵押贷款（adjustable interest rate mortgages）
ATM	自动取款机（automatic teller machine）
BBC	英国广播公司（British Broadcasting Corporation）
BIS	国际清算银行（Bank for International Settlements）
CAP	共同农业政策（common agricultural policy）
CDO	债务抵押债券（collateralized debt obligations）
CDS	信用违约掉期（credit default swaps）
CIF	货物保险与运费（cargo insurance and freight）
CIR	独立国家委员会（Committee of Independent Republics）
CMO	抵押担保债券（collateralized mortgage obligations）
CPE	中央计划经济（centrally planned economy）
CPI	消费者物价指数（consumer price index）
CXT	共同对外关税（common external tariff）
DFI	直接外国投资（direct foreign investment）［也写为 FDI（外国直接投资）］
EBRD	欧洲复兴开发银行（European Bank for Reconstruction and Development）
EC	欧洲共同体（European Community）
ECB	欧洲中央银行（European Central Bank）
ECSC	欧洲煤炭钢铁共同体（European Coal and Steel Community）

EEC	欧洲经济共同体（European Economic Community）
EMS	欧洲货币体系（European Monetary System）
EMU	（欧洲）经济与货币联盟［（European）Economic and Monetary Union］
ENEL	国家电力公司（意大利）［National Corporation for Electric Energy（Italy）］
ENI	国家油气公司（意大利）［National Hydrocarbon Corporation（Italy）］
ERM	欧洲汇率机制（European Exchange Rate Mechanism）
EU	欧洲联盟（European Union）
ExImBank	美国进出口银行（US Export-Import Bank）
FDIC	美国联邦存款保险公司（Federal Deposit Insurance Corporation）
FOB	离岸价（free on board）
FRY	前南斯拉夫共和国（Former Republic of Yugoslavia）
GATT	关税与贸易总协定（General Agreement on Trade and Tariffs）
GE	通用电气公司（General Electric）
G-7	七国集团（Group of Seven countries）
G-20	20 国集团（Group of Twenty countries）
IADB	泛美开发银行（Inter-American Development Bank）
IBFs	国际银行设施（International Banking Facilities）
IBRD	国际复兴开发银行（世界银行）［International Bank for Reconstruction and Development（World Bank）］
IMF	国际货币基金组织（International Monetary Fund）
IRI	国家工业复兴研究院（意大利）（National Institute for Industrial Reconstruction）
ITO	国际贸易组织（International Trade Organization）
LIBOR	伦敦银行同业拆借利率（London Inter-Bank Offer Rate）
LIFFE	伦敦国际金融期货交易所（London International Financial Futures Exchange）
LTCM	长期资本管理公司（Long Term Capital Management）

MBA 墨西哥、巴西、阿根廷（Mexico, Brazil, Argentina）
Mercosur 南方共同市场（Mercado Comun del Sur）
MITI 国际贸易与工业部（日本）（Ministry for International Trade and Industry）
MOF 财务省（日本）（Ministry of Finance）
NAFTA 北美自由贸易协定（North American Free Trade Agreement）
NTB 非关税壁垒（non-tariff barrier）
NYSE 纽约证券交易所（New York Stock Exchange）
OECD 经济合作与发展组织（Organisation for Economic Co-operation and Development）
OPEC 石油输出国组织（Organization of Petroleum Exporting Countries）
OTC 场外交易（市场）[over-the-counter (market)]
P/E 市盈率（price/earnings ratio）
PMI 私人抵押贷款保险（private mortgage insurance）
PIC 石油输入国（petroleum importing country）
PIN 个人识别号码（personal identification number）
RDF 法国广播公司（Radio Diffusion Française）
R&D 研究与开发（research and development）
S&L 储蓄和贷款（savings and loan）
SAR 特别行政区（中国）[Special Administrative Region (of China)]
SDR 特别提款权（Special Drawing Right）
STO 国家贸易组织（State Trading Organization）
TVA 田纳西流域管理局（Tennessee Valley Authority）
UNCTAD 联合国贸易和发展会议（United Nations Committee on Trade and Development）
USSR 苏维埃社会主义共和国联盟（Union of Soviet Socialist Republics）
WTO 世界贸易组织（World Trade Organization）
ZPG 零人口增长率（zero population growth）

目录
Contents

第二部分 100种国家货币的代价

导言
Introduction

国际金融常常被看成是一个神秘的话题，只有少数在欧元、瑞士法郎和日元上进行投机的人和少数中央银行家能够理解。在某种程度上，这种神秘性是由于日常语言的特殊应用造成的——滑动平价（gliding parity）与滑行带（sliding bands）、支持限制（support limits）与反投机（counter-speculation）、特别提款权（SDRs）与衍生品（derivatives）、零息债券（zero coupon bonds）与交叉汇率（cross-rates）、避税港（tax havens）、转移定价（transfer pricing）。这些词语大部分都相当直截了当，但其含义却令人难以理解。读者需要付出很多努力才能学会一种专门的语言，因此他们常常会打退堂鼓。

一旦行话壁垒形成之后，另一个问题就出现了——“公认的专家”常常对同一事件最适当的因果解释持不同意见。美元在货币市场上表现“强劲”，是因为美国的出口随着美国陷入衰退之中而减少，还是因为美元证券的利率很高，或者是因为美国的通货膨胀率下降到2%以下，抑或是因为美国政府产生了财政盈余？黄金的美元价格下降是因为俄罗斯正在出售黄金，还是因为中国减少了黄金的采购量，抑或是因为世界通货膨胀率已经下降到2%以下？当2006年美国的贸易赤字增加到8000亿美元以上时，专家们对其原因无法达成一致，有人认为赤字增加是因为美国石油进口支出的增加造成的，有人认为是由于美国在制造业方面的竞争优势下降造成的，有人认为是由于外国购买美元证券的增加造成的，还有人认为是由于中国不愿意让人民币大幅升值以对其贸易盈余的激增做出响应。

华盛顿和北京的“专家们”对中国购买美元证券和美国贸易赤字之间的因果关系无法达成一致。

即使专家们就其分析达成一致，他们推荐的最适合于调整大规模失衡的政策通常也是不同的。专家们也无法就下列事项达成一致：美国的国家利益是要通过继续依赖20世纪70年代初被采纳的浮动货币安排（floating currency arrangement）来得到更好的满足，还是要通过恢复到与20世纪50年代和60年代盛行的体系类似的可调整平价（adjustable parity）来得到更好的满足。实际上，在20世纪60年代，有人提议，美国应该主动将黄金的美元价格提高到每盎司70美元甚至100美元。大多数专家都不同意。结果，市场力量使得黄金的美元价格急剧上升。专家们正确地观察到，在19世纪货币钉住黄金时，各国的通货膨胀率要低得多；这些专家更喜欢低通货膨胀率，但他们之中只有极少数赞成退回到金本位。少数专家希望放弃国家货币，而支持一种全球性货币，其他一些专家则希望取消将美元作为一种国际货币，但几乎没有人提出能够实现这一目标的建议。专家之间对于最适当政策方案的不一致使得读者对于专家意见的价值产生了困惑和怀疑。

《新国际货币游戏》一书力图打破语言壁垒，努力将技术问题以一种简单易懂的方式展现出来，并尽可能少用晦涩的术语。在澄清概念时我们会使用比喻。对于专家可能不一致的原因我们将做出解释。我们不提供政策建议——相反，我们将提供一些对于重大政策问题十分重要的假设。

本书的7个版次跨越的时间超过35年。在这一期间，国际金融关系发生了戏剧性的变化，特别是货币市场的组织方法和黄金的货币角色变化更大。在20世纪70年代，对于许多观察家来说，两个德国和法国将在采用统一货币方面取得成功这一想法似乎十分荒谬。

本书的第1版完成于20世纪70年代初，当时，可调整平价的布雷顿森林体系（Bretton Woods system）——建立于20世纪40年代中期，目的是为了避免重复20世纪30年代“以邻为壑”（beggar-thy-neighbor）的政策——正在崩溃。自20世纪60年代中期以来，外汇危机似乎越来越频繁。人们日益担忧黄金和国际储备资产的短缺。20世纪60年代末，美国的通货膨胀率开始上升，超过了欧洲国家的通货膨胀率水平。作为国际金融关系核心的美元的稳定性受到了质疑。

本书第2版完成于20世纪70年代中期，当时国际经济正在从通货膨胀引发的繁荣走向25年来最严重的一次衰退。美元相对于德国马克和日元价格的上下波动比20世纪60年代浮动汇率的支持者预期的要大得多。当时的观点是：货币市场中的交易者需要时间来适应新的浮动汇率安排。支持者声称，一旦他们适应了这种安排，那么币值的变化将在某种程度上与各国的通货膨胀率差别保持同步。作为币值变化的结果，一些银行倒闭了，另一些银行则遭受了巨额亏损。

20 世纪 70 年代中期，由于石油价格的快速上涨，石油生产国每年都能赚取几千亿美元。大型国际银行似乎被石油输出国的声明吓坏了：除非它们的最高执行官更加关心这些国家的利益，否则它们将撤回它们的存款。

在 20 世纪 70 年代末本书第 3 版出版时，人们关心的主要问题是美国是否能够降低其通货膨胀率，当时，美国的通货膨胀率接近每年 15%。投资者纷纷抢购黄金、白银和其他硬资产以及收藏品，包括珍本图书和古董，以便在价格水平上升的情况下实现保值。黄金的美元价格在 1980 年 1 月达到了将近 1000 美元。德国马克和日元快速升值。欧洲和日本的中央银行增加了对美元的购买以限制其货币对美元的升值。1999 年秋天，美联储采取了严厉的紧缩性货币政策，以降低其通货膨胀率，同时遏制德国马克和日元进一步走强的趋势。

美元证券利率较高的影响之一是外国货币开始贬值。另一个影响是美国的通货膨胀率快速下降——石油价格也下降了。美国的住宅和汽车产业出现了萧条。杂志上的文章开始强调“超级美元”（Superdollar）。与出口相比，美国的进口快速增加，并且形成了贸易赤字。美国的失业率超过了 10%。

1982 年 7 月，当墨西哥宣布它没钱偿还 900 亿美元债务的利息时，金融风暴（financial tsunami）来临了。突然之间，在发展中国家，由政府和国有企业拥有的 8000 亿美元的市场价值出现了急剧下降。很少有投资者愿意花 60 美分或 70 美分良币（good money）去购买价值 1 美元的墨西哥贷款、波兰贷款或阿根廷贷款。这些贷款中，有一些以 20 ~ 30 美分的价格进行交易。引发这次危机的冲击——石油价格从每桶 36 美元下降到 29 美元——造成了位于俄克拉荷马一个购物中心中的一家小型银行［名为佩恩广场银行（Penn Square）］的倒闭。由位于芝加哥的伊利诺伊大陆银行（Continental Illinois Bank）——美国东海岸到西海岸之间最大的银行——收购的 10 亿美元石油贷款的价值立刻受到质疑。存款人——特别是其他大型银行和大型企业——从伊利诺伊大陆银行提取了 100 亿美元，这是自大萧条（Great Depression）以来首次挤兑大型银行。随着利率的提高和不动产价格的下跌，美国数百家储蓄机构［特别是储蓄和贷款协会（savings and loan association）］的偿付能力受到威胁。投资者认识到，“休斯敦的房地产贷款被石油贷款拖了后腿”。最终，美国政府支付了1400亿美元以确保将钱存放在国家担保的储蓄机构中的人不受损失。

到20世纪80年代中期，美国经济开始复苏。美国的通货膨胀率介于3%～4%之间——而且随着失业率的下降，通货膨胀率也不断下降。乌云飘到了其他地方——美国每年的财政赤字大约相当于10年前美国政府的总支出。美国的贸易赤字持续增加，贸易保护主义的气息越来越浓烈，超过了20世纪30年代以来的任何时期。

引人注目的美国经济扩张始于1982年，结束于1989年，与1981年相比，1989年，美国的就业人数增加了2000万。但是，在同一时期，美国财政部的债务由10000亿美元增加到了30000亿美元。里根总统持一种保守的观点，并减少了税收，同时采纳了凯恩斯主义利用高额财政赤字刺激经济的政策。其论据之一就是：高额财政赤字会迫使政府减少支出并降低其在经济中的作用。

美国曾经是世界上最大的债权国，但逐渐演变成世界上最大的债务国，这种发展在历史上是没有先例的。这一变化的一个值得注意的特点是美国财政部没有借入外国货币。另外，美国企业持续在外国进行投资，但几乎没有企业借入外国货币为其在美国的投资融资。美国净国际投资地位的变化使得外国人——特别是德国人和日本人——成为美元证券和美国不动产［包括洛克菲勒中心（Rockefeller Center）、加利福尼亚州卵石滩高尔夫球场（Pebble Beach Golf Course）、科罗拉多州斯廷博特斯普林斯滑雪场（Steamboat Springs ski area），以及包括风驰通轮胎公司（Firestone Tire）、哥伦比亚影业公司（Columbia Pictures）、哥伦比亚唱片公司（Columbia Records）和米高梅电影公司（MGM-Universal）在内的企业］最大的买家。

美国在20世纪90年代初的衰退是由不动产价值的急剧下降造成的，不动产价值的下跌在东海岸和加利福尼亚沿海地区尤其严重。纽约、芝加哥、洛杉矶以及其他许多美国大城市办公楼的价格下跌了30%～40%。不动产开发商破产了。向这些不动产开发商提供借款的企业（包括许多美国大型银行）蒙受了上百亿美元的损失。这些放贷企业的股价大幅下跌。美国的银行大量倒闭，其数量超过了自大萧条以来的任何时期。美国商业企业经历了一个显著的重组、裁员和外包期，特别是那些曾经在各自行业中处于榜样地位的企业——IBM、通用汽车公司（General Motors）、伊士曼柯达公司（Eastman Kodak）和西尔斯百货公司（Sears）。

商业不动产价值的暴跌是一个全球性的现象——多伦多、东京、巴黎和法兰克福的办公楼价格都在下跌。日本的经济问题似乎与美国遇到的问题一样——但滞后了18~24个月。到1992年中期，东京的股票价格指数下跌到略高于1989年12月的1/3的水平。日本的经济活动放缓了，其出口快速增加，而进口则快速下降。

自20世纪70年代初以来，最引人注目的发展之一是从有纸币以来影响最深远的金融变革。新的金融工具大量涌现——货币的期货合约（futures contracts in currencies）、期货合约的期权（options on futures contracts）、外汇掉期（foreign currency swaps）、利率掉期（interest rate swaps）、零息债券（zero coupon bonds）、抵押担保债券（collateralized mortgage obligations）等等，这一列表很长。具有相似特征的住房抵押贷款、信用卡贷款、学生贷款被打包在一起，放入一个信托基金（trust）中，然后销售给投资者，投资者对证券化（securitization）过程中产生的收入流具有求偿权。令人兴奋的是，附属于传统债券上的利息息票与本金分开了，每一张息票都变成了一张零息债券。新金融工具数量的快速增长得益于信息革命以及存储、操作和传送金融数据的成本大幅下降。

世界上已经有20多个国家建立了交易期货合约和期货合约期权的交易所。由于越来越多的金融交易发生在不受管制的市场，因此对于那些在受管制市场交易的企业的规制也放松了，以降低对它们造成的不利影响。

经济距离（economic distance）成本下降的结果之一是纽约、伦敦、苏黎世、法兰克福、东京、中国香港、新加坡离得更近了。以欧元、瑞士法郎和日元标价的证券被看成是美元证券的十分接近的替代品。最流行的词是全球化。成百上千家共同基金投资于新兴市场中。由于外国证券是美元证券的近似替代品，因此通过在地理上分散投资以降低投资组合风险的机会更小了。

自本书早期版本出版以来的另一个重大发展是政治局势的戏剧性变化。柏林墙倒塌了，两个德国重新统一。苏维埃社会主义共和国联盟（The Union of Soviet Socialist Republics）解体了，形成了15个“独立的”国家。波兰、匈牙利及其邻国［以前被称为东欧（Eastern Europe）］已经转向更多地依赖市场——在某些情况下，这是在曾经实行计划经济而现在发生彻底转变的同一些人的领导下发生的。这些国家在地理上转入了中欧（Central Europe）（东欧可能变得太拥挤了，再加上包括爱沙尼亚、拉脱维亚、立陶宛和白俄罗斯在内的新国家)。前南斯拉夫分裂成了7个国家——斯洛文尼亚、克罗地亚、塞尔维亚、马其顿、波斯尼亚和黑塞哥维那、黑山和科索沃。前捷克斯洛伐克分裂成了捷克共和国和斯洛伐克共和国。

德国马克、法国法郎、意大利里拉以及其他8个国家的货币结合成一种共同货币——欧元，最初，欧洲联盟（European Union）的15个国家中有11个采纳了欧元，而且许多新加入欧盟的国家也有可能采纳欧元。

30年来，中国的年均增长率一直维持在10%左右的水平上——这是一个引人注目的成就。中国贸易盈余占GDP的比率比其他任何早已实现了可持续经济增长的国家都要高得多。中国持有的国际储备资产也多于其他国家。

本书第7版为我们提供了反思自第二次世界大战结束以来国际金融发展的另一个机会。这一时期可以划分为两个部分，其分界点为1971年。1971年之前20多年的特点是采用钉住货币（pegged currency），对国际支付直接控制的依赖程度不断降低，以及美国持久、高额的支付赤字（payments deficit），并且这一赤字还在不断增大——尽管美国每年都有贸易盈余。1971年之后的时期是浮动汇率的时期，但各国中央银行进行了全面干预，以限制本国货币价值的变化，特别是升值。

一旦美国的通货膨胀率超过每年5%，抛开钉住货币体系就是不可避免的；如果年通货膨胀率超过3%或4%，钉住货币安排就不可行了。彻底抛弃可调整平价安排（adjustable parity arrangement）发生在1969年初，即理查德·尼克松（Richard Nixon）当选美国总统之后不久。如果美国政府能够说服日本和德国重新评估其货币的价值，那么1970年和1971年的收支不平衡将会小得多，而德国和日本的货币供给增加也不会那样快。其结果将是一场不太严重的全球通货膨胀，后来几十年的不稳定性将得以减弱。

一个与事实相悖的故事是：一旦货币根据各国通货膨胀率的差别进行调节，则德国、日本和其他国家可能会再一次令其货币钉住美元，同时美国也会再次设定美元的黄金平价，其水平将使得各国中央银行能够增加其黄金的持有量而不必从美国财政部购买黄金。

20世纪70年代初以来的时期是金融历史上最动荡的时期。美国以及大多数其他工业化国家价格水平的提高远远超过了其他任何和平时期价格水平的上涨。摆脱平价体系大约15年后，各国中央银行采纳了将“通货膨胀目标”（inflation targeting）或“价格水平目标”（price level targeting）作为其货币政策的支撑点——在某种程度上，这是为货币设定平价的一种灵活的方式。

货币价值变化的范围是根据各国通货膨胀率差别进行预测所得数值的4～5倍。一共发生了4轮金融危机。第一轮危机发生在20世纪80年代初，涉及墨西哥、巴西、阿根廷以及其他10个左右的发展中国家。第二轮危机发生于20世纪90年代，以日本为中心，当时由于资产价格和股票价格的暴跌，大多数金融机构都破产了。差不多在同一时期，挪威、芬兰和瑞典的银行也因为资产价格和股票价格的急剧下跌而破产。亚洲金融危机是这一系列危机中的第三轮，泰国、马来西亚、印度尼西亚、韩国陷入了危机之中——俄罗斯、墨西哥、巴西和阿根廷也陷入危机之中。美国、英国、爱尔兰、西班牙和冰岛发生的危机是第四轮危机，这些国家的资产价格大幅下跌，下跌幅度通常超过30%。

每一轮危机都是在一轮信贷泡沫（credit bubble）之后发生的，在每一轮泡沫期间，都会有3个、4个或更多个借款者每年的债务以20%～30%的速度增加，持续时间为3年或更长时间。因此，20世纪80年代初发展中国家债务危机的前奏是墨西哥和其他发展中国家的银行对政府和国有企业的贷款每年增加30%，持续时间近10年。20世纪90年代日本金融危机的前奏是在20世纪80年代后5年为购买不动产而发放的银行贷款快速增加；大约在同一时期，北欧三国的不动产贷款也快速增加。亚洲金融危机的前奏是工业化国家的钱大量流入新兴市场国家；这种资金流入的动机是投资银行家们发现了一种新的“资产类型”——新兴市场权益（emerging market equity）。2007年始于美国、英国、爱尔兰、西班牙和冰岛的金融危机的前奏是银行不动产贷款的激增。

对于那些被卷入各轮泡沫的国家来说，它们再次遭受同一类冲击的可能性是很大的——最初的假设是：对于这些国家中的大多数来说，这些冲击来自外部。另外，第二轮泡沫与第一轮泡沫完全无关的可能性似乎很低，同样，第三轮泡沫与第二轮泡沫完全无关的可能性也很低。

始于1997年7月、伴随着泰铢急剧贬值而爆发的亚洲金融危机引起了人们对全球金额协议稳定性的极度担忧。20世纪90年代，泰国、马来西亚及其邻国一直保持着经济的快速增长，被称为“四小龙”，这或多或少像是“四小虎”——香港地区、新加坡、台湾地区和韩国——的延续。世界银行出版了《东亚奇迹：经济增长与公共政策》（*The East Asian Miracle: Economic Growth and Public Policy*）一书。这本书喋喋不休地声称21世纪将成为所谓的“太平洋世纪”（Pacific Century）。或许是吧。但这一世纪很可能因这些国家众多企业和大多数银行的破产而推迟到来。

泰国、韩国及其邻国在20世纪90年代后几年的崩溃与20世纪90年代前几年日本不动产价格和股票价格的暴跌非常相似。在这两个例子中，银行为购买不动产和投资提供的贷款以很高的速度增长——这一速度高到了不可持续的程度。

始于20世纪90年代后5年的东南亚国家货币贬值造成了国际收支状况的急剧改变，从贸易赤字迅速转变为贸易盈余。相应地，美国的贸易赤字增加了，增加的数额与泰国及其邻国贸易差额的变化大致相同。美国贸易赤字的增加相当于流入美国的外国货币增加了。这些钱在很大程度上造成了美国股票价格的暴涨。

自20世纪70年代以来货币市场和资产市场的混乱反映了货币跨国流动的不稳定性。流入一国的货币数量的增加立即引发该国货币的升值——除非其货币是被钉住的。另外，对一国证券需求的增加会导致其价格的升高。价格升高反过来又会引发该国的内部调整，使其贸易赤字增加，而增加的数量等于外国资金流入的增加量。

第 1 章

系统的形成：对各部分的整合

20 世纪 70 年代以来的时期是货币历史上最动荡的时期。2008 年的世界价格水平是 1970 年的 5 倍多，很多个世纪以来，价格水平从来都没有出现过如此快速的提高。2008 年底，黄金的美元价格比 1970 年 35 美元的价格高出了 25 倍多——与年底相比，2008 年夏季这一价格还要高出 25%。2008 年 6 月，每桶石油的价格接近 150 美元，比 1970 年底要高出 50 多倍，从 2003 年到 2008 年，石油价格上涨了 5 倍，随后在 2008 年底下降到 50 美元以下。

美国的金融体系遭到了严重破坏。由政府支持的两个最大的放款人——房利美（Fannie Mae）和房地美（Freddie Mac）——加在一起承受了 50% 以上与美国住房抵押贷款相关的风险，现在则被"接管"，因为它们实际上已经破产了；持有这些企业的普通股和优先股股票的个人与企业损失了他们所有的金钱。世界上最大的保险公司 AIG 需要美国政府的巨额贷款。美国投资银行业崩溃了；五家最大的公司中有两家消失了，其中一家破产，另一家被兼并，而另外两家大型投资银行则将自己卖给了大型商业银行。在 20 家最大的商业银行中，有多家银行被迫从美国财政部借钱。

英国的银行业也处于混乱之中。英国最大的抵押放款者（mortgage lender）诺森罗克银行（Northern Rock）被政府接管。英国政府拥有苏格兰皇家银行（Royal Bank of Scotland）2/3 的股份，并且成了劳埃德集团（Lloyds）的大股东。同样，爱尔兰、冰岛和瑞士的银行也接受了各自政府的大笔资本投资。

全球金融危机造成了绝大多数工业化国家的衰退。日本因其汽车、电子产品和其他制成品的外国需求下降而“输入”了一次衰退。同样，中国台湾、韩国和新加坡也遭遇了出口的锐减。中国的增长率也急剧下降，有2000万流动工人失业。

始于2007年夏季的全球金融危机是自20世纪80年代初以来的第四次危机。第一次危机涉及墨西哥、巴西、阿根廷以及大约其他10个发展中国家无力及时偿还其以美元计价的债务。它们的货币大幅贬值，这些国家中的许多贷款人和银行破产了，如果监管当局不是默许“这些贷款可以得到偿还”这一谎言，曾经向这些贷款人大量放贷的美国大型银行就会破产。第二次金融危机于20世纪90年代发生在日本，当时，大多数商业银行、投资银行和保险公司都破产了。大约在同一时期，芬兰、挪威和瑞典的许多银行也破产了。第三次危机开始于1997年下半年，当时泰铢急剧贬值，这引发了马来西亚林吉特（Malaysian ringgit）、印度尼西亚卢比（Indonesian rupiah）、菲律宾比索（Philippine peso）、韩国元（South Korean won）的贬值，最终导致了俄罗斯卢布（Russian ruble）在1998年夏天、巴西雷亚尔（Brazilian real）在1999年1月、阿根廷比索（Argentinean peso）在两年后的贬值。当货币出现贬值时，这些国家的国内银行再次倒闭。

每次金融危机都是在信贷泡沫破裂后爆发的，在信贷泡沫中，会有一个特殊的贷款人集团，其债务快速增长，增长速度通常可以达到每年20%～30%，持续时间为3年或4年，或者更长的时间。20世纪70年代，主要的国际银行以每年30%的速度增加了对墨西哥和其他发展中国家政府及国有企业的贷款；这些国家的外债从1972年末的1200亿美元增加到了10年后的8000亿美元。在20世纪80年代，特别是在这个10年的后5年中，总部位于东京和大阪的银行的不动产贷款以每年30%的速度增加。工业公司也投资于不动产，因为持有资产的回报率远高于投资制造业的回报率。20世纪90年代后5年爆发的亚洲金融危机的前奏就是来自共同基金和养老基金的资金大量流入，造成了股票价格和不动产价格的提高。始于2007年的全球金融危机爆发前4年或5年间，不动产价格也出现了飞涨。

这些金融危机是一轮接一轮发生的，一般来说，每一轮危机通常都会同时有4个、5个或更多个国家被卷入其中，尽管20世纪90年代末一些非亚洲国家在泰铢崩溃一年多的时间里也被卷入危机之中。同样，在这些危机之前出现的信贷泡沫也是一轮接一轮发生的，每一轮信贷泡沫也会涉及4个、5个或更多个国家。有如此多的国家被同时卷入这些泡沫之中，这说明它们有一个共同的起源。

自20世纪70年代初以来，在外汇市场中，不同国家货币价值的变化就超过了以往任何时候，即便是根据不同国家通货膨胀率的差别进行调整后也是如此。尽管美国和欧洲每年通货膨胀率的差别不超过1个百分点，但在1999年和2008年间，欧元的美元价格的变化幅度却达到了80%。在2008年6月末，欧元的美元价格达到了1.58美元，比以往任何时候都要高——但到9月份，其美元价格下降到1.30美元以下。2008年6月，英镑的美元价格高于2美元，但到这一年年底的时候，其价格下跌到1.50美元以下。

尽管货币市场和证券市场极度混乱，但直到2008年下半年，国民收入和财富还是在迅速增长。随着中国、巴西、韩国、墨西哥以及其他新兴市场国家进一步融入全球市场，数千万人已经从贫困阶层进入了中产阶级的行列。

1980年，美国是世界上最大的国际债权国，其净外国资产比所有其他债权国净外国资产的总和还要多。到2000年，美国已经演变成了世界上最大的债务国，其净外国债务比其他债务国的净外国债务总和还要多。美国国际投资地位的这种戏剧性的变化是其他国家没有经历过的。另外，发生这种变化的原因并非美国的产品和服务过于昂贵，悖论在于：美国贸易赤字已经达到了其GDP的6%，而同时美元的价值被严重低估，以至于欧洲人和拉丁美洲人会旅行去纽约和其他美国城市进行圣诞节采购。观光客们发现，位于加利福尼亚州和佛罗里达州的迪士尼乐园比欧洲和亚洲的迪士尼乐园要便宜得多。

美国净国际债务的增长速度是GDP增速的2倍。20世纪90年代，墨西哥、泰国和许多其他国家也曾经历过债务相对于GDP的快速增长，当时外国货币的流入突然下降，这些国家的货币剧烈贬值，其中大多数国家都遭遇了金融危机。

20世纪90年代末美国股票价格的飙升是一次泡沫，在1996年美联储主席对“非理性繁荣”（irrational exuberance）做出评论后的3年中，美国股票的市值翻了1倍。欧洲股票价格的上涨速度几乎与美国一样快。在股票价格泡沫破灭之后，随之而来的是一场衰退，而不是金融危机。

国内价格水平的大幅提升、货币价值的剧烈变化、一轮轮资产泡沫的出现、银行体系的严重失灵，这些灾难之间毫无关系的可能性是很小的。我们需要建立一个模型，以便将不同国家货币价值的大幅波动和不动产及股票价格的短暂飙升联系起来。

每一个领域的科学家都会寻找能够描述各自领域中的各个基本要素如何整合在一起的模型。直到14世纪，天文学中的普遍观点还认为金星和火星围绕着地球转动。利用通过新型的、更强大的望远镜获得的数据，伽利略（Galileo）和哥白尼（Copernicus）提出了一个革命性的模型：地球、金星、火星和其他行星差不多是在一个平面上围绕着太阳旋转。他们的模型将太阳、行星及其卫星、彗星、小行星甚至太阳系与星群联系在了一起。

爱因斯坦（Einstein）将光速、物质和能量结合在了一起。生物学家们努力将对生命最微小、最基本的要素（包括基因和染色体）的理解联系起来。气候学家们在一个综合的模型中观察风力、降雨、温度、洋流的变化模式。

那些力图成为国际金融安排中的哥白尼的人，必须将美国、英国、日本、德国、法国及其使用欧元的邻国以及瑞士和150多个使用各自货币的国家的货币体系之间的关系整合在一起。这些模型必须强调美元、英镑、日元、欧元、瑞士法郎和其他货币的币值与各国货币增长率的变化以及以各自货币标价的国内商品、不动产和证券价格变化之间的关系。

在最近的5个世纪中，哥白尼和伽利略在其模型中提出的行星之间的关系没有发生变化，火星永远也不能取代金星成为离地球最近的行星。相比之下，与国际货币问题打交道的人认识到，金融安排变化不定。在19世纪，英镑是占优势地位的国际货币，但在第一次世界大战爆发之初，其地位就被美元取代。尽管美元保持着主导货币的地位，但其霸主地位因为美国的国际金融地位发生改变（转变为最大的债务国）而受到挑战。1900年，黄金曾经处于国际货币安排的中心，但在2000年，黄金却成为了这些安排中无关紧要的部分。

同样，各国GDP增长率和水平之间的关系也在发生变化。20世纪50年代和60年代，日本在GDP增长率排行榜上名列第一，而在20世纪80年代和90年代，中国则占据了这一榜单第一名的位置。在工业化的最初二三十年间，国家通常会经历相对较高的增长率，随后其增长率会放慢。19世纪中期，英国率先实现了工业化，在随后的几十年中，德国和美国紧随其后。

1.1 整合：中央银行货币政策

对国际金融安排的描述性称谓常常会发生变化。在19世纪的大部分时间以及直到第一次世界大战期间，“金本位”（gold standard）一直是一个恰当的名称，其主要特征是每一个参与国的中央银行都拥有一个用其本国货币标价的固定的黄金价格。20世纪20年代，这一名称发生了适度的变化，变成了“金汇兑本位制”（gold exchange standard），其显著特征是：某些中央银行持有以英镑和美元标价的证券作为其国际储备资产的一部分。从第二次世界大战结束到20世纪70年代初，“布雷顿森林体系”（Bretton Woods system）成了主题词［这个名称来源于新罕布什尔（New Hampshire）的一个小村庄的名字，国际货币基金组织（International Monetary Fund，IMF）成立的协议就是在这里签署的］，其主要特征之一——币值应该保持不变或者至少波动不太剧烈——是从金本位衍生出来的。其创新性的特征是币值的变化是独立的，并且应与IMF条约的规定相一致。这一可调整平价的体系在20世纪70年代初被废弃，后来的浮动汇率（floating exchange rate）安排的实质是货币价格根据市场力量而变化，就像市场中的股票、证券和大宗商品的价格一样。新安排最初的名字是“后布雷顿森林体系”（Post-Bretton Woods system）。许多中央银行都进行全面干预以限制各自货币价格的变动幅度——特别是升值，而这些安排被人们称为“布雷顿森林体系II”。

实际上，除了一些相对较小的国家之外，其他国家都拥有自己的本国货币，由其本国中央银行生产。冰岛拥有30万人口，它拥有独立的中央银行和自己的货币。与冰岛相比，巴拿马和卢森堡的人口要多很多，但却没有本国货币，100多年来，巴拿马一直使用美元作为其货币，而在采用欧元之前，卢森堡一直使用比利时法郎作为其货币。

建立中央银行——英格兰银行（Bank of England）、法兰西银行（Bank of France）、美联储（Federal Reserve）、日本银行（Bank of Japan）以及瑞士国家银行（Swiss National Bank）——是为了通过提供一种“有弹性的货币供给”（elastic supply of currency）来增加金融稳定性。每一家中央银行最初都为本国货币制定了一个相对于黄金的固定的价格，这是吸引个人持有其纸币的“营销计划”的一部分。在19世纪最后的几十年中，英国、法国、德国和美国的货币体系被从一个国家到其他国家的黄金流动联系起来。其理论是：作为对黄金流入的回应，一国的货币供给和价格水平会提高；相反，作为对黄金流出的回应，该国的货币供给和价格水平会降低。当一国货币钉住黄金时，它也就钉住了其他每一种钉住黄金的货币。

每一家中央银行都应该通过降低存款人在同一时间迫不及待地到一家或数家银行提取自己存款（因为他们担心如果银行倒闭，他们就会损失一部分或全部金钱）的可能性，以将其国家经济与个别银行的金融问题隔离开来。由于银行没有足够的钱来同时满足众多存款人的需求，因此人们迫不及待提款有时候会引发他们预料之中的结果。

在第一次世界大战期间，各国政府从其银行借钱，以便为其大部分军费开支融资。战后，政府为中央银行设定了新的目标，其中之一就是达到低通货膨胀率，另一个是实现高就业率（至少在一些国家设立了这一目标）。

自20世纪70年代初以来，中央银行就没有下决心维持其货币的固定价格，相反，许多中央银行优先考虑的是管理货币供给的增加这一国内目标。这样做的一个结果——至少是暂时的结果——就是各国通货膨胀率的差别加大了。

20世纪末最引人注目的发展是当时的15个欧盟（European Union，EU）成员国中有11个接受了欧元——从本质上说，这是一种超国家货币（supranational currency）——作为德国马克、法国法郎、意大利里拉以及其他8种国家货币的后继者。欧洲中央银行（European Central Bank，ECB）归各国中央银行所有，并为其成员国制定统一的货币政策。英国和其他几个欧盟成员国保留了本国货币，但后来希腊接受了欧元。计划加入欧盟的大部分国家似乎都有可能接受欧元，如果不是马上接受，也会逐步接受。

1.2 整合：各国货币的市场

购买商品、服务和证券的国际交易与国内交易有一种独特的差别——在国际交易中，不论是买方还是卖方都必须用一种外国货币进行交易。当美国人购买新的奔驰汽车和新的大众汽车时，他们向经销商支付美元，而经销商再向奔驰汽车和大众汽车的美国子公司付款。然后，这些子公司带着这些美元到货币市场上购买欧元，以便向位于德国的总部付款。

管理资本市场的两种基本方法之一就是各家中央银行通过买卖其货币来限制货币价格的变化，通常将波动控制在一个有限或适度的范围内，这一实践来自于金本位安排。另一种基本方法是各国货币的币值根据供需的变化而变化，就像肉类、政府债券、铜和股票的价格一样。中间方法（intermediate approach）是中央银行买入或卖出其货币以限制其价格的变化——并实现一些其他的国家目标。

自美国作为一个独立国家出现在世界上到20世纪70年代初的200年多中，英镑的美元价格在大部分时间里都是被钉住的，因为每盎司黄金的英镑平价为87先令6便士，而每盎司黄金的美元平价为20.67美元。在对英国硬币和美国硬币的含金量的微小差别进行调整后，两种黄金平价的比率为4.86美元=1英镑。1797~1821年间（即拿破仑战争期间及刚刚结束后的短暂时间），英镑的美元价格没有被钉住。在美国内战（US Civil War）期间及战争结束后（1861~1879年），英镑的美元价格也没有被钉住。抛弃货币的钉住价值反映了这样一个事实：战争与更高的通货膨胀率和不同国家通货膨胀率之间更大的差别有关。

钉住币值体系要求中央银行买入或卖出本国货币以限制其价格的变动。中央银行在外汇市场上卖出货币后持有的证券被当成是国际储备资产。

19世纪末，有些中央银行开始持有以英镑标价的证券和以美元标价的证券，因为它们希望获得来自这些证券的利息收入。然而，直到20世纪60年代，中央银行持有的黄金是其国际储备资产最大的组成部分。随后，以美元标价的证券成为了最大的组成部分。在20世纪60年代和70年代，中央银行开始持有以德国马克和日元标价的证券作为其国际储备资产，但以美元标价的证券仍然占其国际储备资产的2/3，以欧元标价的证券所占份额紧随其后。

19世纪，国际金融安排的稳定性来自于各个国家的自利。相比之下，在20世纪，各国政府签署了很多承诺对其货币进行管理的条约、协定、协议和公报。

从美元的日元价格变化与美元的瑞士法郎价格变化的对比中，我们可以看出自20世纪70年代初以来货币价值变化的一种非常明显的模式。1970年底，日元的平价为360，而瑞士法郎的平价为4.30，“交叉汇率”（cross rate）是84日元兑换1瑞士法郎。到2008年底，美元的日元价格为111，而美元的瑞士法郎价格为1.11，瑞士法郎的日元价格为100。美元相对于瑞士法郎的日元价格的下跌比瑞士法郎的日元价格的变动要大得多。我们可以推断，导致美元价值变化的许多冲击都集中在美国。

20世纪的通货膨胀率比19世纪的通货膨胀率高得多。19世纪末，美国和英国的价格水平与18世纪末相比差别并不太大，尽管在那个世纪中价格水平也出现了大幅上涨和下跌。相比之下，20世纪末美国的价格水平比20世纪初提高了将近20倍，而英国的价格水平则提高了25倍多。

20世纪期间，各国价格水平的提高主要发生在3个阶段。第一个阶段是第一次世界大战期间和结束后不久。第二个阶段是第二次世界大战期间及结束之后。各国价格水平大幅提高的第三个阶段出现在20世纪70年代，它与前两个阶段不同，因为其价格水平的提高幅度更大，而且是发生在和平时期。

19世纪期间，各国政府将国内价格水平的变化当成是维持其货币与黄金平价的一种手段。相比之下，在20世纪的大部分时间里，政府——特别是大国政府——都不愿意接受外部对其国内经济政策选择的约束。

尽管在第一次世界大战和第二次世界大战之间也爆发了重大的危机，但在20世纪最后的几十年中，金融危机比早期阶段的危机要严重得多。

1.3 金融霸权的兴衰

哥白尼认为，行星的轨道是由引力决定的，而且不会改变。同样，他并不担心不同行星的相对大小可能会改变。相比之下，国际金融安排的主要特征之一就是各国经济地位及其货币地位会发生变化。

19世纪，英国是占据优势地位的经济强国，伦敦是主要的国际银行业中心与金融中心。英国还是最大的国际债权国。当时，英镑是主导货币，进口价格和出口价格都以英镑报价，世界贸易也是通过以英镑标价的信用来融资的。美国铁路企业到伦敦借钱来为其扩张筹集资金。

在第一次世界大战期间，美国取代英国成为了占主导地位的经济强国，美国的GDP是英国GDP的3倍。在随后的30年或40年间——直到20世纪60年代——美国成为了更具优势地位的经济强国，部分原因是第二次世界大战后欧洲和亚洲生产与贸易地位的变化。美国的工业产能大幅增加，而战争的破坏使得英国、德国、法国和日本的产能大幅降低。

20世纪40年代末，看起来美国似乎能够“永远”保持其主导经济强国的地位。美国的工业霸权似乎没有受到挑战，而且也不可能受到挑战。美元成了主导货币，部分原因是美国工业处于领导地位，部分原因是美国保持低通货膨胀率的承诺似乎比其他大国更令人信服。

20世纪50年代和60年代期间，美国出现了持续的支付赤字，其黄金持有量减少了一多半，而外国持有的美元证券则大幅增加。尽管美国的黄金持有量减少了，但美国的国际金融地位似乎没有受到影响，部分原因是美国是全世界最大的净国际债权国。

1971年，一件10年前不可想象的事情发生了：美国停止以35美元的价格卖出黄金，黄金的价格开始上升，到20世纪70年代末，黄金的价格上涨到将近1000美元。在20世纪70年代的大部分时间里，美元相对于德国马克、瑞士法郎和日元大幅贬值。

1980年，美国开始出现持续的年度贸易赤字，其净国际债权国的地位开始下降，到20世纪80年代末，美国演化为一个国际债务国，到2000年，美国变成了世界上最大的国际债务国。

美国净国际投资地位从世界上最大的债权国转变为世界上最大的债务国，其原因是外国投资者和中央银行希望增加其美元证券的持有量。看不见的手发挥了作用，美国出现的贸易赤字对应着日本、中国和其他许多发展中国家的贸易盈余。

1.4　本书的设计

本书的章节被分成了两个主要部分。第一部分——第2章至第13章——集中讨论宏观的国际话题，包括黄金的货币角色的变化、浮动汇率以及钉住汇率的利弊、20世纪70年代以来的各次信贷和资产泡沫，以及美国从最大债权国到最大债务国的演变过程。第二部分——第14章至第24章——则集中讨论某些微观话题，包括全球化的本质、影响及原因，不同国家税率的差别对在不同国家进行生产的企业竞争地位的影响，以及国际银行业体系的变化。我们对石油输出国组织（Organization of Petroleum Exporting Countries，OPEC）在长期中对石油供给的影响进行了分析。

第一部分中的第一个章节（第3章）概述了近300年来黄金的货币角色的变化。第4章概括了国际金融安排的变化。第5章描述了外汇市场组织的变化，重点讨论了与各国通货膨胀率的差别相比，为什么在外汇市场中各国货币的价格变动范围如此之大。第6章讨论了美元在国际上独一无二的作用。第7章的重点是离岸金融市场（offshore banking market）的成长，分析了交易使用的货币与交易发生国的货币之间的不匹配。第8章分析了20世纪几次通货膨胀发生的原因。第9章讨论了自20世纪80年代以来各次资产价格泡沫之间的联系。第10章探讨了各次金融危机的成因。第11章解释了美国为什么会从全球最大的债权国变成全球最大的债务国。第12章的主题是各国货币供给增长率的决定因素。在可调整平价的布雷顿森林体系崩溃之后，人们最关心的问题之一就是货币改革，一个主要的问题就是如何在当今这个越来越难以驾驭的世界中维持一种开放的贸易体系。

第二部分的第一个章节（第14章）分析了几个世纪以来市场的全球化，并对后续各章进行了概述。第15章主要讨论了各国税收和监管制度对在不同国家进行生产的企业造成的影响。第16章重点讨论了金融危机对美国的银行与对其他国家的银行造成的影响。第17章分析了OPEC达成的限制产量的协议对马尔萨斯幽灵（Malthusian specter，即世界石油供给将被耗尽）的影响。第18章探讨了各国债券和股票市场是应该分开还是应该整合在一起。第19章的核心是金融革命以及新金融工具——期货、期权、掉期以及信用违约掉期（credit default swap）——的大量涌现。第20章讨论了跨国公司是否存在一个所有权模式的问题。第21章概述了20世纪60年代、70年代和80年代日本经济的成功。第22章回顾了中国从计划经济向市场经济的转型。第23章回顾了俄罗斯从计划经济向市场经济的转变。最后一章讨论了这些国际货币和金融问题变得不太严重的可能性。

第2章

游戏的名称是金钱——但争论在于工作在哪里

2.1 国际金融

国际金融是一个由两组参与者参与的游戏：一组参与者包括政治家、官僚以及不同国家中央银行的行长，另一组参与者包括巨型、大型、大中型、中型、中小型、小型公司以及银行、对冲基金和其他金融机构的首席财务官和财务主管。政府官员希望在选举中获胜，并因增强了经济福利和金融稳定性而在自己国家的历史中确立自己的地位。老话说："好工作薪水高。"少数人希望他们的肖像能够印刷在本国货币上。为了做到这一点，他们想要对经济进行管理，以便为其选民提供更多、工资更高的工作和更高的金融安全。这些官员希望避免通货膨胀率的大幅上升以及本国货币价格的暴跌。

首席财务官和公司财务主管希望从货币币值的波动（在一个拥有150多种货币的世界里，这种波动是不可避免的）中获利——至少要避免损失。大型国际银行和对冲基金的交易者希望个别货币的币值发生大幅波动，波动性越大，交易利润的空间就越大。

2.2 美元汇率的变化

考虑一下近50年来美元对日元汇率的变化。在20世纪50年代和60年代，美元对日元的汇率固定为360，这是在20世纪40年代末日本仍然被美军占领时确定的。与20世纪40年代初相比，当时日本经济的生产力要低得多，因为其工厂和商业关系在战争中受到了严重破坏，并且失去了几个殖民地。20 世纪 70 年代初，日本银行（Bank of Japan）停止钉住日元——主要是由于美国政府的坚持——到 20 世纪 70 年代末，日元升值到每美元 175 日元。相比之下，在 20 世纪 80 年代初，日元大幅贬值，而在 20 世纪 80 年代的后 5 年，日元又开始升值，1997 年曾一度达到了每美元 80 日元。在 1995 年至 2008 年的大部分时间里，每美元的日元价格在 110 ~ 150 之间波动，而到 2008 年底，日元再次升值到每美元 90 日元。

随着日元的升值，大多数日本公司的管理者和许多日本政治家都担心日本的出口利润会降低，出口量会减少，而进口会增加，因为进口的产品会变得更便宜，而且它们会对日本企业带来竞争的威胁。为了支持日本企业在全球市场上的竞争地位，日本银行经常买入美元以限制日元的升值。

当作为德国马克、法国法郎和其他 9 个不同国家货币“接班人”的欧元于 1999 年 1 月第一次出现时，欧元对美元的汇率是 1. 19。随后，欧元在几年中贬值到 0. 84 美元。后来，欧元开始升值——尽管有一些波动——在 2008 年 6 月底达到了 1. 58 美元，而到 2008 年底又下降到 1. 40 美元。

通过预测美元对日元汇率的变化以及欧元对美元汇率的变化，人们可以赚到很多钱——而且确实赚到了很多钱。由于没有预测到这些变化，人们也亏损了很多钱。美元对日元汇率的变化与日本贸易盈余有关，随着日元的贬值，与进口相比，日本的出口会增加。美国各种产品的生产商——纺织品、钢铁、汽车、电子产品的生产商——开始抱怨，特别是在华盛顿，它们抱怨日本遵循了不公平的贸易和货币管理方式，并且更加急于向美国人销售而不从美国人那里购买。大多数美国公司认为，日本政府追求人为地维持日元低价的政策，这种政策使得日本的出口商获益，而生产类似产品的美国企业则要付出高昂的代价。

各国货币币值变化的必然性反映了各国通货膨胀率和结构性因素（包括人口增长率和经济增长率）的差异。结果，一国居民向其他所有国家居民的支付与他们从外国居民那里获得的收入存在差异。

每一个经济部门都具有“预算约束”（budget constraint），必须保持其支出与收入基本上匹配，这一约束对个人、家庭、企业和政府以及一国中的不同地区都是适用的。西弗吉尼亚具有预算约束，纽约也有——纽约人在 20 世纪 70 年代末慢慢认识到了这一点，而当时其他城市和州的居民还在逃避为城市的预算赤字融资。同样，每一个国家都具有预算约束，在长期中，它向外国人的支付不能超过从外国人那里获得的收入。

任何一个政府都会采取措施使得支出与收入在当前占主导地位的币值下大致相等，否则这些价值就会发生变化以使支出与收入变得平衡。一般来说，与改变货币政策和财政政策使得支出与收入保持平衡相比，改变币值使支出与收入保持平衡似乎更容易一些。

在全球层面上，一系列冲击——通货膨胀率的变化、石油价格的飙升、国家储蓄率的变化、GDP增长率的改变、出口企业生产率的提高、进口价格的变化、以本国货币标价的证券回报率的变化——可能会导致以现行币值计算的向外国人的支付与从他们那里获得的收入出现差别。

在一个国家的经济中，只有一种货币，因此无法通过币值的变化来针对这些冲击进行调整。相反，调整是通过不同地区的价格、工资、家庭收入增长率的关系以及失业率的变化来进行的。现在，已经有超过12个国家采纳了欧元作为其货币，币值的变化在这些国家之间不会再发生——除非某个国家离开欧盟。与一国之内不同地区间的冲击相比，国家间的冲击通常要大得多。有一些国家遭受的大规模冲击就是因为币值的变化造成的。

2.3　币值、工作与通货膨胀

“穷好还是富好？”对这个问题的回答似乎很简单。富永远都会更好一些，因为富人不仅拥有穷人具有的所有机会，而且还有很多其他的机会。那么，“一国货币的币值是高好还是低好？”对这个问题的回答要复杂得多。

一国货币的币值越高，则其对外国商品、服务和证券的购买力就越高。但币值越高，则该国国内生产的产品在国外市场上的竞争力就越弱，而外国商品在国内市场上的竞争力就越强。

对于一国货币升值的争论存在于消费者（他们从高币值中获益）和生产者（他们从低币值中获益）之间。有些国家和地区，特别是亚洲国家和地区——最初是日本和台湾地区，后来是韩国，最近是中国大陆——遵循了出口导向的增长战略。这些国家和地区都维持了各自货币的低币值，都希望增加出口产品生产企业的就业人数。它们都希望提高其产品在国际市场中所占的份额，这意味着它们要对这些产品制定相对较低的价格。这些国家中某个企业市场份额的提高必然会以其他国家企业市场份额的降低为代价，而这些市场份额几乎总是从过去已经实现工业化的国家手中抢占的。

在每一个国家中，币值的提高都意味着消费者更富裕，因为进口产品更便宜了，而生产商——至少是那些可贸易商品（tradable goods）产业中的生产企业——则变得更糟糕了，因为其利润和雇用人数因更高的进口水平而被压低了。

2.4 币值管理

每一个国家的政府都需要决定是否将其货币钉住某一其他货币（19 世纪末，大多数货币都钉住了黄金），或者让市场力量决定其货币的价值。一种货币默认是浮动的，除非中央银行拥有一个平价，并且采取措施来限制其货币偏离这一平价。

这两个基本的选择有无数种变形——如果中央银行钉住其货币，那么它很可能允许其货币围绕着平价在一个适当的范围内浮动。即便没有平价或没有被钉住，中央银行也可以买入并卖出其货币来限制其每天、每周和每月的波动范围——为了限制因升值而导致的竞争力下降，许多中央银行会卖出其货币。

在 19 世纪的大部分时间里以及在第一次世界大战之前，货币是被钉住的，浮动汇率的主要持续期间开始于 20 世纪 70 年代初。当货币被钉住时，一个主要问题涉及政府将要采取的减少支付赤字或支付盈余（这种情况比较少见）的措施——这种调整是否涉及市场导致的相对价格或相对收入的变化，或者需要改变货币政策或财政政策来降低这种失衡？一个相关的问题是：拥有支付赤字或支付盈余的国家会主动采取措施来降低被认为过大的失衡吗？

各国当局一般都认为，如果针对广泛的收支失衡而进行的调整要包含某一货币平价的改变，那么最好是外国政府主动采取措施来实现这一变化。那些拥有支付盈余的国家当局认为，拥有支付赤字的国家应该主动采取措施，因为它们对其经济管理不当，并容许其价格水平上涨。相反，拥有支付赤字的国家当局认为，拥有盈余的国家正在过快地获得国际储备资产，因而引发了其贸易伙伴的支付赤字。

银行家们——特别是大型国际银行、跨国公司和对冲基金中的外汇交易者——都在寻求从货币价格变化中获利，这些价格的变动越大，其交易收入和利润就越丰厚。当货币是浮动的而不是被钉住时，银行从外汇交易中获得的收入和利润要高得多（考虑一种极端的情况——当各国钉住其货币，只允许币值围绕着其平价在一个非常狭窄的范围内波动时，交易收入就会非常微薄。当德国和法国及其邻国采纳了欧元后，数千名对其货币进行相互交易的个人转向了其他金融工具的交易）。

2.5　平价与冲击

最近200年来，令人感到神秘的是在19世纪的大部分时间以及直到第一次世界大战之前，每一种货币都有一个固定的黄金折算价格。不同国家的通货膨胀率十分相似。一旦战争爆发，大多数货币与黄金兑换就会被暂停，因为政府要利用其银行系统作为一种融资的来源。在战争期间，各国通货膨胀率出现了巨大的差别。战争结束后，大多数国家发现自己已经不可能再回到战前的平价，因为与美国的价格水平相比，其价格水平上涨得太多了。

从20世纪40年代后5年到20世纪70年代初，作为国际货币基金组织（International Monetary Fund，IMF）成员国的承诺，大多数国家再次为其货币设定了平价，该组织的每一个成员国有责任防止其货币偏离其平价，最初是不得偏离0.25%，后来是不得偏离1%。自20世纪70年代初以来，在某种程度上，大多数货币都是浮动的，或者至少没有被钉住，但大多数中央银行都在进行广泛的干预以限制其货币的升值。

20世纪40年代间，成立IMF的依据是这样一种观点：20世纪20年代和30年代的大多数金融风暴都是由于币值的剧烈波动造成的。20世纪50年代，特别是20世纪60年代间，即使事实证明改变货币的平价对于许多市场参与者来说是必要的，但中央银行都不愿意改变其货币的平价。推迟改变货币平价的原因之一——或许是最重要的原因——是：人们相信，改变平价的国内政治成本会很高，不管是要令其货币贬值还是升值。

因此，在20世纪60年代末、70年代初，对于许多美国人和一些日本人而言，日元明显被低估了——日本拥有巨额贸易盈余，部分原因是由于在20世纪40年代末确定的日元价值（当时日本的生产能力还比较低）为日本企业在外国市场上提供了巨大的竞争优势。华盛顿的观点是：日本应该让日元升值，或许应该从360提高到300（相对于美元），这样日本的进口就会更快地增长，而其出口则会以慢得多的速度增长。东京的观点是美国应该让美元贬值，以抵消美国价格水平的提高对美国企业的国际竞争地位所产生的负面影响。如果日本令日元升值，那么日本汽车在美国就会更贵。如果美国人主动让美元贬值，那么这些汽车在美国同样会更贵。在这两种情况下，美国从日本的进口增加速度都会慢一些，而且会有更少的从事汽车、钢铁以及纺织品生产的美国工人失去他们的工作。

最后，美国政府采取了主动，并在 1971 年 8 月迫使日元升值——这一事件被称为“尼克松第二冲击” （Nixon Shockku II）记录在日本货币历史中（“尼克松第一冲击”是美国向中国开放）。

在 1961 年、1969 年和 1971 年，美元的德国马克价格出现了下跌，部分原因是德国政府希望抑制本国的通货膨胀压力，部分原因是为了降低大量美军从欧洲撤出以减少美国支付赤字的可能性。20 世纪 60 年代，法国总统戴高乐（Charles de Gaulle）从美国财政部购买了 520 亿美元的黄金，以试图迫使美国政府提高黄金的美元价格。戴高乐总统认为，黄金的美元价格的提高将使他的国内支持者（持有黄金的那些支持者）受益，并且恢复法国的声望及其货币的稳定性，同时证明美元是一种脆弱的货币，美国是一个不值得信任的盟友。

戴高乐将军追求的提高黄金的美元价格的目标在很长时间以后实现了，第一次上涨发生在 1971 年，当时黄金的美元价格上涨到每盎司 38 美元（这实际上使美元贬值了 12%），第二次上涨发生在 1973 年 2 月，每盎司黄金的美元价格上涨到了 42 美元。这些上涨都是虚张声势，因为美国财政部不会在这些价格上买入或卖出黄金。

私人投资者不理会美国财政部黄金平价的变化，他们在 1974 年报出了将近 200 美元的价格，随后在 1980 年 1 月报出了接近 1000 美元的价格。戴高乐似乎有先见之明。在 20 世纪 70 年代、80 年代和 90 年代，美国财政部仍然以每盎司 42 美元的价格来计算其 2.5 亿盎司黄金的价值，而市场价格要高得多。在 20 世纪 90 年代，黄金的价格在 280 ~ 400 美元之间，而到 2008 年上半年，其价格上涨到 1000 美元以上。

2.6 钉住货币与浮动货币

1973 年 2 月，美国、德国、日本和其他一些主要的工业国家放弃了可调整平价的布雷顿森林体系，允许各自的货币浮动。19世纪，在拿破仑战争（Napoleonic Wars）期间，英国暂停了英镑和黄金之间的可兑换性，而从美国内战开始，美国也暂停了黄金的兑换。可兑换性的暂时停止与政府从银行借钱来打仗而导致国内价格的显著提高有关。只要以固定的价格将国内货币兑换成黄金的承诺仍然处于暂时停止状态，那么这些货币就会保持浮动。在拿破仑战争结束几年后，英镑重新钉住了黄金，而美元则在美国内战结束14年后钉住了黄金。

20世纪70年代向浮动汇率安排转变的特别之处在于：发生这一转变时，主要的工业国家都没有处于战争之中。自20世纪70年代初以来，美元相对于德国马克（1999年后是欧元）、加拿大元、英镑、日元的价格波动范围很大。中央银行有时需要进行干预，以限制各自货币币值的变化（常常是限制其升值，因为这会导致国内产品的竞争力下降）。

相互矛盾的是，与货币被钉住时相比，在浮动的情况下，中央银行会更多地购买美元。另外，用贸易赤字和贸易盈余与GDP的比率来衡量，许多国家存在着很大的收支不平衡。

2.7　贬值与升值

商业机会来自于预测各国货币价格变动的能力。1992年秋天，当欧洲货币体系（European Monetary System，EMS）瓦解时，乔治·索罗斯（George Soros）从英镑和意大利里拉的贬值中获利10亿美元以上。相比之下，作为这些变化的一种结果，政治前景则让人有些不安。在钉住汇率体系下，各国货币当局都会“固定”本国货币相对于某一他国货币（通常是美元）的价格。包括美元在内的少数货币拥有相对于黄金的平价。一国货币币值的变化方向几乎总是可以预测的：如果一个国家每个季度都拥有支付赤字，而且其国际储备资产的持有量正在减少，则我们就可以有把握地预言其货币将贬值。同样，如果一个国家拥有支付盈余，并且其国际储备资产的持有量正在增加，则我们就可以有把握地预言其货币将升值。但是，这些变化发生的时间及其数量很难预测。

有时候，一些货币的平价变化似乎存在着“周期性”（periodic cycles）。英镑在1914年、1931年、1949年、1967年贬值，其“周期”似乎为18年。

但是，这一“周期”被1975年和1976年的英镑大幅贬值打断。但是，英镑仍然在1985年达到了相对于美元的一个低点。一般来说，法国法郎每隔10年就会出现一次贬值——这些贬值发生在1919年（本应在1929年发生的贬值被推迟到了1936年）、1939年、1949年、1959年和1969年。1979年，法国法郎以及其他欧洲货币开始相对于美元大幅贬值。

与20世纪50年代相比，在20世纪60年代末、70年代初，各国货币的贬值与升值更加频繁。1967年11月（英镑）、1968年5月（法国法郎）、1969年9月（德国马克）、1970年6月（加拿大元）、1971年5月（德国马克、荷兰盾和瑞士法郎）、1971年8月（日元、英镑和法国法郎）以及1972年6月（英镑和意大利里拉）都爆发了货币危机。危机发生频率的提高与各国通货膨胀率的差别越来越大密切相关，特别是与20世纪60年代后5年美国通货膨胀率的提高有关。

美元相对于德国马克和其他一些欧洲货币以及日元价格的变化如表2.1所示。相对于美元，这些货币可能会在同一时间升值和贬值。美元相对于德国马克和日元的价格波动范围非常大——比可以根据当时美国与德国和日本通货膨胀率之间的差别所能预测到的要大得多。20世纪70年代末，德国马克和日元大幅升值，而在20世纪80年代的前5年快速贬值，在随后的5年中又开始升值。20世纪90年代中期，德国马克和日元都出现了贬值。自2001年起，欧元和日元开始升值。

表2.1　　1970～2008年美元的价格

年份	瑞士法郎	日元	英镑	德国马克
1970	4.31	358	2.39	3.65
1971	3.92	315	2.55	3.27
1972	3.77	302	2.35	3.20
1973	3.24	280	2.32	2.70
1974	2.54	301	2.35	2.41
1975	2.62	305	2.02	2.62
1976	2.44	293	1.70	2.36
1977	2.00	240	1.91	2.11
1978	1.62	195	2.03	1.83
1979	1.58	240	2.22	1.73

续表

年份	瑞士法郎	日元	英镑	德国马克
1980	1.76	203	2.39	1.96
1981	1.79	220	1.91	2.26
1982	1.99	235	1.61	2.38
1983	2.18	232	1.45	2.72
1984	2.59	251	1.16	3.15
1985	2.08	201	1.45	1.94
1986	1.62	159	1.48	1.58
1987	1.28	124	1.87	1.78
1988	1.50	126	1.81	1.78
1989	1.55	144	1.61	1.69
1990	1.29	134	1.93	1.49
1991	1.36	125	1.87	1.52
1992	1.46	125	1.51	1.61
1993	1.48	112	1.48	1.73
1994	1.31	99	1.56	1.55
1995	1.15	103	1.55	1.44
1996	1.35	116	1.69	1.56
1997	1.46	130	1.65	1.79
1998	1.38	116	1.66	1.67
1999	1.59	102	1.62	0.99
2000	1.64	115	1.49	1.07
2001	1.68	132	1.45	1.13
2002	1.39	119	1.61	0.95
2003	1.24	107	1.79	0.79
2004	1.13	104	1.93	0.80
2005	1.31	118	1.72	0.85
2006	1.22	119	1.96	0.76
2007	1.17	114	2.00	0.68
2008	1.09	109	1.83	0.68

注：瑞士法郎、日元和德国马克的数值为每美元兑换相应货币的数量，英镑的数字为每英镑兑换美元的数量——期末平均值。

资料来源：International Financial Statistics.

国家间的关系及其政治领导人的立场既受到各自货币价格变化的影响，也受到为降低支付盈余和支付赤字所采取措施的影响。20世纪60年代，德国拥有高额支付盈余，而美国则具有更高的支付赤字。美国政府不断对德国政府施加压力，要求其采取措施减少支付盈余，包括支付各种费用，以抵消美军驻扎在德国的某些成本，这些压力最终迫使路德维希·艾哈德（Ludwig Erhard）总理下台。1971年8月，美国政府采纳了对美国进口品加收10%关税的措施，再加上日元升值17%，使得日本佐藤首相提前下台。

20世纪60年代，美国政府官员极不愿意承认黄金的美元价格上涨是不可避免的。英国和法国的货币当局通过暗示将从美国财政部购买更多黄金来迫使黄金涨价，这将使美国的黄金储备量降低到100亿美元以下。黄金的美元价格的上涨不仅仅是美国的问题。黄金生产国（如南非和前苏联）也都会从中受益，因为它们生产的黄金的价值会更高，最终它们会生产更多的黄金。持有大量黄金的国家（如法国、瑞士、意大利和德国）也会获利，因为其中央银行持有黄金的市场价值提高了。美国也会受益，因为美国财政部黄金储备的市场价值也会提高，而美国的黄金储备比其他任何国家都要多。

几乎每一个国家的财政部长都会关心本国货币价格的变化，因为这些变化意味着生产出口产品以及进口竞争性产品的国内企业的利润变化，以及生产这些产品的企业雇用情况的变化。20世纪70年代末，欧洲政府抱怨美元的价格太低，因此美国出口商在国际市场上具有一种不公平的竞争优势。20世纪80年代初，这些国家的财政部长们开始抱怨美元证券的利率太高，严重损害了他们采取降低高失业率政策的能力（他们没有抱怨在美元强劲时他们的出口商在美国销售商品所赚取的极高利润）。作为欧洲国家的财政部长，其工作的一部分就是确定美国的哪些政策可以成为抱怨的依据。

同样，美元的日元价格是否应该提高不仅涉及美国和日本，而且还涉及德国、韩国以及生产竞争性产品的其他国家。丰田汽车的利润与日元的价格变化方向相反。当日元疲软的时候，丰田、日产、本田等公司就会在国外市场上具有强大的竞争优势。而当日元坚挺的时候，这些企业的出口竞争力就会下降。如果不能在外国市场上提高汽车的销售价格，这些日本汽车生产商的利润率就会下滑（实际上，有些企业可能会亏损）。但是，如果它们提高销售价格以维持其利润率，那么其销售量和市场份额就会下降。

2004~2007年间，随着中国的全球贸易盈余以及与美国的双边贸易盈余的猛增——同时，随着美国制造业就业率的下降，美国对“不公平”行为的关注开始指向中国。沃尔玛（Wal-Mart）日益被看成是中国制造的产品的零售商店。大多数中国企业从事的业务是从日本和韩国进口高价值的部件，然后在国内进行装配。美国财政部一直在对中国政府施加压力，迫使人民币升值，或者允许人民币汇率浮动。2006 年，中国政府开始让人民币逐步升值。

2.8　输出本国的问题

币值的变化会在不同国家的企业和工人之间重新分配工作与利润。日元和欧元坚挺的直接后果就是降低了日本和德国出口企业的利润，同时提高了竞争性美国企业的利率，并允许美国企业的工资水平更快速地提高。20 世纪 80 年代末、90 年代初，由于德国马克的升值，奔驰（Mercedes Benz）、宝马（BMW）和保时捷（Porsche）汽车来自北美销售的利润率下降。奔驰汽车和宝马汽车都在美国建立了工厂，因为与在德国生产相比，在美国的生产成本更低。

输出本国的问题是一种典型的国际行为方式。在国内的选举中，国外的选票并不重要。通常，在国内采取能够解决失业问题、通货膨胀问题或“行业不景气”（depressed industry）问题的措施的政治成本比输出本国问题的政治成本更高。然而，如果一个国家输出了其失业问题，那么其他一些国家就很有可能遭受制造业工作的损失。在 20 世纪 30 年代的大萧条中，各国都采取“以邻为壑”（beggar-thy-neighbor）的政策来输出其失业——提高关税以减少进口，令货币贬值以增加出口。没有哪个国家会希望或愿意输入失业。

20 世纪 90 年代，一些国家再次采纳了具有“以邻为壑”特征的政策。当时，日本年度贸易盈余比其 GDP 高出 3%，在国内需求增长极度疲弱的情况下，这有助于日本制造企业维持其就业。2005 ~ 2008 年间，中国出现了高额贸易盈余，不论是在绝对数字上，还是在占其 GDP 的份额上，都超过了日本。其他许多国家也都希望获得大量贸易盈余以弥补增长极度缓慢的国内需求。

显然，并非所有国家都能够在同一时间获得大量的贸易盈余，从这种意义上说，一个国家获得了更多的贸易盈余，那么另一个国家就会产生更多的贸易赤字。自 2000 年以来，许多国家都拥有了贸易盈余，而美国则相应地产生了贸易赤字。

2.9 货币的政治与技术

最近30年来，由于计算能力和电信技术的显著进步，通信成本大幅下降。经济距离的成本（costs of economic distance）显著降低，各国的商品和证券市场之间的联系更加紧密。从经济意义上看，东京、伦敦与纽约的距离更近了。20世纪末，几十家全球金融企业在这三个主要金融中心以及区域金融中心（如法兰克福和新加坡）进行着大量的交易活动。

国际货币政治是分散化的。每一个国家都有各自的利益和经济目标。每一个国家的中央银行都希望控制其货币供给的增长速度，以实现通货膨胀目标和就业与增长目标。由于各国的目标和经济体制不同，一些国家会更多地追求较高的货币供给增长速度。例如，德国和瑞士在希望保持低通货膨胀率的国家排行榜上名列前茅。一些国家则对保持低失业率赋予了较高的优先级。

国际货币安排必须适应各国在低通货膨胀率和高就业率的优先级上的差别。国际机构［包括位于华盛顿的国际货币基金组织、位于瑞士巴塞尔的国际清算银行（Bank for InternationalSettlements，BIS）、位于巴黎的经济合作与发展组织（Organisation for Economic Co-operation and Development，OECD）］为各国政策的协调提供了框架。各国的财政部长每年都会在国际货币基金组织会见两次。七国集团（Group of Seven Countries，G-7，以前为G-3，现在为G-8）的总统和总理每年会见两次，讨论协调其政策的问题——或者至少讨论如何协调其政策，如果他们打算协作的话。一些由各国财政官员组成的小团体开会讨论共同感兴趣的问题——这些问题总是离不开贸易失衡的规模和不同货币的价值。

国际金融协作的形式多种多样。当外国货币持有量下降时，中央银行之间就会相互借入各国的货币，并且常常联合干预货币市场。人们已经采取了适当的步骤，以开发出能够取代中央银行持有的国际储备资产中黄金的替代品。尽管这类协作能够抵消各国政府分散化的决策，但它并不是集中决策的一种有效替代品。

1991年12月，当时的欧洲共同体（European Community）成员国承诺到20世纪90年代末将开发出一种共同货币，这就是人们所谓的《马斯特里赫特协议》（*Maastricht Agreement*）。这些国家同意遵守一系列标准以促成这一行动，每个国家都同意将其通货膨胀率降低到 3% 以下，将财政赤字与 GDP 的比率降低到不超过 3%，将政府债务与国民收入的比率保持在 60% 以下。不久之后，大多数欧洲国家就开始明白接受这一义务的代价，当德国联邦银行（Bundesbank）采取紧缩性的货币政策以降低因两德重新统一而造成的通货膨胀时，德国的利率上升到了很高的水平。英国、法国和其他欧洲国家从法兰克福输入了这种高利率，因为它们的货币钉住了德国马克。实际上，它们的利率比法兰克福的利率还要高一点儿，因为投资者担心他们的货币相对于马克可能会贬值。由于它们不存在像德国那样高额财政赤字的经济刺激（德国需要将东部的生活水平提升到西部的水平），因而它们的通货膨胀率比德国的低。结果，这些国家的实际利率比德国的更高。德国的欧盟邻国输入了衰退。1992 年 9 月，英国和意大利不再将其货币钉住欧洲货币体系，这样它们就可以大幅降低其利率。西班牙、葡萄牙和斯堪的纳维亚国家紧随其后。

尽管如此，通向共同货币的列车还是准时启动，欧盟 15 个国家中的 11 个在 1999 年采纳了欧元。欧盟的另外两个成员国此后也采纳了欧元。实际上，这些国家的中央银行成为了新欧洲中央银行（European Central Bank，ECB）的分支机构。采纳共同货币在这一组国家内消除了支付时币值变化的不确定性。人们关心的问题是一国（或几个国家）的失业率有可能提高到很高的水平，而政治当局可能没有能力做出响应，因为他们对货币政策没有控制能力，而且其扩大需求的财政政策也受到自己对限制财政赤字的承诺的约束。

向共同欧洲货币的转变意味着某些欧洲国家的政府需要提高税收（相对于支出来说）。法国和其他一些国家的失业率一直保持在 10% 以上。法国总统希拉克（Chirac）进行了一次选举，社会党（Socialists）获得了胜利——获胜的基础是承诺不采用严厉的政策。但是，紧缩性的财政政策仍然在持续。

2.10　新兴工业化国家的挑战

一种典型的情况是：经济增长与工业化有关。劳动力从农田和乡村转移到工厂和城市中。通常，劳动力离开农田对于农业产出的影响微乎其微，因为相对于其生产能力来说，在农田中从事劳动的人太多了。最初，这些工厂只生产基本的制成品，通常是纺织品、服装、自行车和厨房用品。

工厂的所有者开始寻找外国市场，部分原因是外国的价格可能比国内市场更高一些。它们开始挑战外国企业的市场份额。它们有可能具有工资较低的优势，还可能具有币值较低的优势。

20 世纪 50 年代和 60 年代，日本利用相对工资较低和日元币值较低的优势来增加其制成品的出口。最初，日本企业从较大的国内市场中获益，这种较大的市场使它们能够获得规模经济。一旦单位成本下降了，它们就可以利用这一优势来提高其在国外市场的份额。由于最初外国消费者不熟悉日本企业的名字，它们一般通过以较低的价格销售、在折扣商店中向价格非常敏感的低收入居民销售而获得市场份额。

日本的工业化涉及提升产品的质量以及生产附加值更高的产品，部分原因是随着家庭收入的增加，消费者希望买到更好的产品。日本出口产品的质量不断提高，种类也不断增加。最初，日本利用从出口中获得的美元来购买更多的初级产品。其模式是：日本出口产品在美国市场与美国生产的产品进行竞争，在英国同英国生产的产品进行竞争。从日本进口的增加明显造成了工作岗位的流失，而向日本出口带来的工作岗位的增加却很少。

韩国和中国模仿了日本的经验。韩国缺乏自然资源，其企业在外国市场的成功是低工资、低币值以及渴望从日本手中夺取市场份额的结果。

2.11 新国际货币游戏

与金本位相关的一个概念是“游戏规则”（rules of the game）——中央银行为了维持其货币的平价而需要遵循的规范。这些规则保证了不同国家当局的冲突以既有的程序进行解决。当规则限制了国家政策时，这些国家有时候就会忽视这些规则，并在以后寻找法律依据，正如美国财政部于 1971 年 8 月关闭其黄金窗口（gold window）时尼克松总统所做的那样。20 世纪 70 年代，主导中央银行对货币市场干预活动的规则和程序受到侵蚀，且干预活动日趋临时化。汇率危机发生的频率并不高，但不同国家财政部长之间关于币值——以及贸易不平衡——的冲突却越来越严重。

公司的财务人员和个人投资者都在外汇市场上对抗这种币值的变化。他们从利率低的国家借钱，并将这些钱投资到利率高的国家。他们借入预计币值会下降的货币，并购买用预期会升值的货币标价的证券。20 世纪 60 年代和

70 年代，通过预期到货币平价的变化，敏锐的外汇市场交易者和公司财务人员为其公司赚取了成百上千万美元——或者德国马克和瑞士法郎。1992 年，对冲基金预期到英镑和意大利里拉将贬值，通过卖出这些货币，它们挣到了数十亿美元。1994 年，投资者因赌墨西哥比索将贬值而赢得了数十亿美元。

但是，并非所有的公司财务人员都分享到了这些利润。20 世纪 60 年代，他们中的一些人相信当局就平价不会改变的声明，并进行了相应的投资，结果却失去了工作——而其他人本应受到惩罚。公司财务主管发了一笔横财，赚到了很多英镑和欧元——因为他们进行了“聪明的理财”（smart finance）。20 世纪 70 年代中期，一些公司报告因币值变化而损失了上千万美元。1992 年，几家日本石油公司因为在货币交易中受到误导而损失了超过 10 亿美元。跨国公司的财务人员知道如何从不同国家的利率差别、币值的变化以及这些国家财政部长的失误中获利。

在可调整平价时期，许多外汇交易者对他们预测币值变化的能力具有极大的信心。当货币开始浮动时，他们继续进行投机。有些盈利了，有些则遭到了亏损——布鲁塞尔银行（Banque du Bruxelles）称损失了 6000 万美元，富兰克林国民银行（Franklin National）称损失了 4200 万美元，德国赫斯塔特银行（Herstatt）称损失了 7000 万美元。这是富兰克林国民银行和赫斯塔特银行最后的重大损失，因为这两家银行随后就破产了。

银行家和公司财务人员不断学习和适应——否则他们就会被那些不断学习和适应的人取代。到 20 世纪 80 年代，大型跨国银行称它们每年从货币交易中获得上亿美元的利润。在美元升值的时候，它们称从货币交易中获利，而在美元贬值的时候，它们也称从货币交易中获利。因此，一个关键的问题就是：这些利润来自何处——由于货币市场是一种零和博弈（zero-sum game），如果银行作为一个整体始终从其货币交易中获利，那么肯定是以其他群体的损失为代价。

除了预测币值的变化外，国际货币游戏还涉及企业和个人绕开本国的管制。印度农民储藏黄金，因为他们认为这种贵金属是比卢比更好的价值贮藏手段。华沙的购物者持有美元和欧元作为其贮藏价值的方式，实际上，华沙、莫斯科、伊斯坦布尔、特拉维夫市的住宅都用美元标价，而出售者通常只接受美元和欧元付款。俄罗斯持有美元的数量几乎与持有卢布的数量相同。美国的银行在伦敦、拿骚（Nassau）、开曼群岛建立了分支机构，以避开美国货币当局的管制。

2.12 商业与币值的相互依赖

关于货币游戏存在着一种观点——这种观点被一些报纸的专栏所强化，即币值的变化与国际商业竞争是相互独立的。与其对立的观点——也是本书的观点——是这些事件相互关联，国际贸易与投资的模式受到币值变化的影响。币值的变化又是来自投资者对通货膨胀率特别是预期通货膨胀率观点的变化以及由这些观点的变化而造成的国际资本流动的结果。

20世纪50年代，美国企业向全球挺进（就像20世纪20年代一样），这些企业在国外的销售量以及它们拥有的生产设施快速增加，在20世纪60年代这一趋势得到了进一步加强。美国的公司与加拿大、欧洲和拉丁美洲的公司进行激烈的竞争，收购东道国的某些竞争对手，迫使其他竞争者倒闭。最后一家法国计算机公司Machines Bull公司无法在国际竞争中生存下来，因为由IBM设定的世界计算机价格水平与法国的生产成本相比太低了。罗尔斯—罗伊斯（Rolls-Royce）也无法继续在喷气式航空发动机领域进行竞争，因为由美国竞争者——通用电气（General Electric）和联合科技公司（United Technologies）的普惠发动机公司（Pratt and Whitney）——设定的价格相对于英国的生产成本来说也太低了。

罗尔斯—罗伊斯公司宣告破产，随后被重组。英国利兰汽车公司——英国最大的汽车公司——被迫破产，因为与世界汽车价格相比，英国的成本上涨过快。

20世纪70年代末，特别是在20世纪80年代末，日本企业扩大了其外国投资。日本汽车公司是非常强大的竞争者，在15年的时间里，它们改善了其产品线的大小、款式和质量。日本消费电子产品公司在世界范围内主导了这一产业，特别是高品质部件的生产，其新产品开发的步伐快得令人吃惊。

亚洲四小虎——中国台湾、韩国、中国香港和新加坡——经历了像日本一样的高速增长。然后是四小龙——泰国、马来西亚、印度尼西亚和菲律宾——也实现了高速增长。从20世纪70年代末开始，中国的年增长率超过了10%，其沿海省份的增长率还要高得多。

这些非凡的经济成就使人们产生这样一种观点：太平洋世纪（Pacific

Century）来临了，美国20世纪经济强国的地位将被取代。但是，在20世纪90年代初，随着股票价格和不动产价格的大幅下降，日本的繁荣逐渐失去了光彩。到20世纪90年代中期，日本的银行开始收缩，其外国贷款和外国办公室的数量都减少了。

国际货币游戏反映了政治学和货币技术之间的差别。世界上的每一种证券——纸币、银行存款、政府债券和抵押贷款——都是以一国或另一国的货币标价的，每一种货币——美元、欧元、日元和英镑——都是一个品牌名称，差不多与汽车、香烟、牙膏、洗涤剂和玉米片的品牌是一样的。拥有本国货币的优势很少受到质疑。其中一些优势可能很明显。本国货币——就像本国的航空公司、钢铁厂等一样——会带来声望。对本国货币生产的控制能够带来利润。国王和总统们为在阿尔及利亚、越南和伊拉克的战争融资，并利用新生产出来的货币为自己建立不朽的功业。

对货币生产的控制通常意味着货币供给增加的速度快于需求增加的速度，这造成了货币的购买力下降。通货膨胀是一种间接的或秘密的税收：美国2007年的价格水平差不多比1970年的价格水平高4倍，1970年1美元的购买力到2007年只剩下20%，负收益率为每年6%。债务人从货币购买力的下降中获益颇丰，特别是在20世纪70年代——而最大债务人就是美国财政部。通过印钞票和通货膨胀来收税比提高税率更容易，而且也不会造成很大的混乱。通货膨胀税是隐性的，至少在短期内是隐性的。国家的统治者操纵货币政策，因为他们希望确保充分就业、高速增长和发展、参与战争，或者实现某些能够赢得选民支持的有意义的目标。

除非能够将其国内货币和债务市场与国际市场隔离开来，否则中央银行行长和财政部长们可能无法有效地制定各自国家的经济政策。20世纪60年代美国的征兵法为我们提供了一个类比：如果有过多的潜在应征者转移到了加拿大或瑞典，或者未能登记，那么征兵就不可能是有效的。同样，如果过多的美元证券持有者或英镑证券持有者预期到当局的行动并把他们的钱转移到国外，那么政府的政策就会受挫。

最近几十年来，由于技术进步以及跨国运输和通信成本的大幅下降，各国货币之间的联系更加紧密。随着这些成本的降低，国家垄断货币生产的有效性下降了。随着有关外国投资机会的知识不断增加以及利用这些机会的成本不断下降，各国货币体系之间的差别变得越来越重要。

在各个国家相互孤立的时代，国王们对臣民手中的钱拥有垄断权力，这些臣民不可能将他们的财富转移到其他地方，他们也不可能以其他现金的形式来持有其财富以逃避统治者的税收。货币的政治学主要涉及一个国家。但是，国王和总统们的垄断权力不断下降，与政府相比，各类政府部门不断进行调整以适应这个新世界的速度要快得多。政府常常需要签订国际协议以修改某些已经建立的体系，而通过谈判达成这些协议常常旷日持久。

今天，由于运输成本不断降低，通信更加便捷，实际上，各国的货币、证券、储蓄和股票市场已经成为了国际市场的一部分。在任何时刻，与纽约的价格相比，IBM 股票在阿姆斯特丹、伦敦以及其他能够交易 IBM 股票的交易中心的价格相差不过几分钱。一群被称为“套利者”（arbitrager）的人在价格便宜的交易中心购买股票，然后在价格较高的交易中心卖出以获利，这就使得价格保持了一致。货币的技术是国际性的。

第一部分

国际货币协议、货币与政治

第3章

黄金——“野蛮的遗迹”价值几何?

约翰·肯尼迪（John F. Kennedy）总统曾经注意到，美国的收支平衡（balance-of-payment）问题是他必须应对的第二大棘手问题，而最大的问题是避免核战争。他担心的是：美国政府可能不得不提高黄金的美元价格，这可能会在全世界范围内造成高昂的成本，因为这将打破永远保持35美元黄金平价的承诺，同时也会在国内造成高昂的成本，因为这会被看成是政府支出极度浪费的一个指标。但是，当理查德·尼克松（Richard Nixon）总统在1971年8月关闭美国财政部的黄金窗口并暂停出售黄金，并于几个月后将黄金的美元价格提高到38美元、一年后将这一价格提高到42美元时，国际反响很温和，相应的国内政策的负面效果也微不足道。

尼克松总统提高黄金的美元价格的决策具有讽刺意味。在1960年竞选总统时，尼克松暗示，如果肯尼迪当选总统，美元就会贬值。尼克松说对了——肯尼迪当选总统，而且美元的确贬值了！事实证明，肯尼迪对贬值的国内和国际政治成本估计得过高——而大幅低估了将黄金的美元价格维持在过低水平上的国内及国际政治成本。

黄金在货币问题中的作用常常受到挖苦讽刺。约翰·梅纳德·凯恩斯（John Maynard Keynes）将黄金称为“野蛮的遗迹”（barbarous relic）。戴高乐说，只有黄金才能成为新国际货币体系的基石。这两种说法可能都是正确的。

3.1 作为商品的黄金转化为货币

许多世纪以来，作为价值的储存手段和支付手段，黄金发挥了重要的作用。远隔千里且相互之间没有什么联系的社会——秘鲁、中国和土耳其——都将黄金作为一种装饰品，并且将其当成是储存价值的手段。现在，人们将宝贵的声誉描述成“像黄金一样”。“黄金标准”（gold standard）是最高的赞扬之一。在奥林匹克运动会上，金奖颁发给冠军得主。

在有文字记载的历史之前，黄金就从一种商品转化为货币。货币有三种基本属性——存储价值、以低成本用于支付，并且是一种记账单位——一种测量杆（measuring rod）或码尺（yardstick）。实际上，每一种商品都是一种存储价值的手段，在庭院里销售二手货就是将二手服装或家庭用品——它们拥有“储存的价值”——转化为流动性更好的资产——货币。印象派画家的作品、古董和邮票收藏品也储存着价值。一种商品要想转化为货币，那么用它进行支付产生的成本必须低于支付的价值。只有当一种商品的质量一致或者是同质的，它才可以被当成是一种记账单位，这样同样大小或重量的单位才能很容易地进行交换——实际上可以完美地相互替代。

为什么需要货币？黄金是如何演化出货币角色的？与其他任何商品相比，为什么黄金能够更好地满足货币的要求？

如果没有货币，商品就要通过易货贸易的形式进行交换，这非常耗时。首先，一个想买一种商品的人必须找到一个愿意购买他出卖的商品的人。然后，买家和卖家必须对两种商品的交换价格达成一致——多少头牛和一匹马的价值相同？另外，双方用来交换的商品的价值必须大致相等。

最终，某些人意识到，在支付中使用一种中介商品会降低交易成本，前提是这种中介商品是同质的、便于分割成更小的单位，并且能够维持其购买力。不同商品的卖家可以用中介商品的一个标准单位（以重量来衡量）报价——这就是记账单位（unit-of-account）的职能。各种商品的卖家可以将各自的物品换成不同数量的中介商品，这样他们就不必花时间寻找那些他们想要购买的且与其准备卖出的商品价值大致相等的商品。只要中介商品能够分割成较小的单位，那么在支付时使用的中介商品的数量就可以很容易地与支付的价值相匹配。

令黄金成为一种有吸引力的中介商品的一个属性是它的同质性——每一

盎司黄金实际上都是一样的，而不管是从哪里开采出来的。第二个属性是黄金很容易分割成更小的单位。黄金可以被铸成价值较高的大硬币，也可以被铸成价值较低的小硬币（尽管最小的金币对于小额支付来说价值还是太高了）。另外，与其重量相比，黄金拥有高价值，因此在支付时黄金的运输成本就比较低——比使用其他商品进行支付的成本要低得多。由于其价值—重量比较高，因此储存黄金的成本比储存其他商品的成本更低。黄金很稳定，不会“磨损”。

高昂的开采成本保证了黄金的供给不会快速增加——这意味着与那些供给可能会快速增加的商品相比，用黄金来衡量的一篮子商品的价格可能会更稳定。因此，黄金是一种比其他任何商品都好的价值储存手段。

直到16世纪，白银都是最主要的商品货币（commodity money）。白银拥有黄金的一些属性，包括耐久性和同质性，但它的价值—重量比较低——这反映出白银比黄金的储量要丰富得多。由于价值—重量比较低，因此利用白银进行支付的成本比黄金要高。在进行小额支付时，银币比金币更实用。

世界不同地区同时使用金币和银币。许多商品的卖家既用金币报价，也用银币报价——除非黄金相对于白银的价格是固定的（不管是由铸币局规定的，还是由银行规定的）。金币和银币之间的固定价格不可能简单地出现：需要政府的政策将黄金与白银的折算价格固定下来。19世纪中期，美国政府将价格比率设定为15:1（15盎司白银与1盎司黄金具有相同的美元价值）。但是，事实证明，这一比率并不令人满意，因为对这两种贵金属的开采使得白银的供给比黄金的供给增长更快。由于越来越稀缺，黄金变得价值更高。人们开始储藏黄金，这就迫使黄金相对于白银的价格上涨。

由于各国政府发现不可能在不会导致人们窖藏黄金的情况下设定黄金与白银的持久折算价格，因此它们不再同时将黄金和白银作为货币使用。黄金最终战胜白银成为了至高无上的商品货币。

3.2　法定货币和货币支持的担保

最近300年的货币历史就是法定货币或纸币取代黄金的历史，因为用于支付时它们的成本更低，特别是支付数额非常大时。另外，纸币的生产利润极高，因为与价格高昂的纸张和印刷成本相比，1000美元的纸币甚至100美元的纸币的购买力都会高出很多倍。最初，只有当想要印刷纸币的企业承诺纸币的所有者可以任意将纸币兑换成黄金时（旨在防止纸币的过量生产），它们才有可能获得政府的特许。对于纸币的持有者来说，这种可转换性要求就像是"货币支持的担保"（money-back guarantee）。

持有纸币的个人和企业要承担纸币购买力有可能下降的风险，这有可能是纸币生产过多造成的（与导致白银价值下降的因素一样），或者是因为纸币的生产商无法履行其"货币支持的担保"承诺。

可兑换性要求的潜在成本是：如果人们担心生产纸币的银行面临财务困难，他们就会迫不及待地将纸币兑换成黄金。此时，银行就需要卖掉资产以获得黄金，由于面临财务困难，其资产价格会下跌，纸币持有者从一开始就预料到的问题终于发生了——这几乎是一个自我实现的事件。另外，这些资产价格的下降会危害持有类似资产的其他银行的财务健康。

银行业的历史涉及开发制度安排以降低个别银行或一组银行因"挤兑"——储蓄者突然之间迫不及待地将其持有的纸币兑换成某种其他货币，他们认为这种货币在不确定性很高的时期是一种更好的储存价值的手段——而破产的可能性。

中央银行作为"最后的贷款人"（lenders of last resort）而成立，以提供一种优良的货币，这样银行就不必卖掉其任何贷款或其他资产从而获得向那些担心银行可能破产的储蓄者进行支付的货币。

可兑换性要求——货币支持的担保——是一把双刃剑，因为它迫使银行采取一些有助于它们应对当前金融问题（特别是它们的政府对货币的需求）的政策。战争期间，政府会暂停可兑换性要求，以便能够从银行获得金钱来支付战争费用。

3.3 黄金的货币作用的下降

在20世纪前50年的货币历史中，重要的事件之一是各国政府努力削弱因将本国货币兑换成黄金（或其他国家货币）的要求而为货币供给增长施加的约束。只要纸币的生产者受制于可兑换性要求，那么其垄断权利就是"有限的"，消除这一要求可以增强政府生产更多纸币的能力。

1931年9月，英格兰银行停止买卖黄金，英国当局希望能够自主地采取一种更具扩张性的货币政策，以应对高水平的失业率。1933年，美国政府要求所有美国人将其黄金卖给美国财政部，作为保护美国的银行不必将其储蓄负债兑换成黄金的一种方式，否则会有更多的银行破产。

20世纪，黄金作为一种国内货币的作用下降了，这既是因为个人和公司发现在支付时使用纸币的成本更低，也是因为政府暂停了可兑换性要求以增加其垄断权利。黄金作为货币的作用下降的另一面是纸币的购买力相对于黄金的购买力而言下降了——人们采纳货币支持的担保本来是要避免这一结果的出现（这也是货币支持的担保被放弃的原因）。自从1971年美国财政部关闭黄金窗口以来，美国的价格水平提高了4倍，而世界价格水平提高了5倍多。

有些个人持有黄金作为一种储存价值的手段——或者是作为对抗通货膨胀的一种手段，或者是为了防范可能降低纸币可接受性的政治风险。有些投资者购买黄金是为了从预期的价格上涨中获利——有些投资者卖出他们借来的黄金，以从其价格下跌中获利。

同样，黄金作为国际货币的作用也下降了，中央银行很少使用黄金作为一种支付手段。国家间的收支不平衡主要是通过美元和欧元存款的转移来进行融资的。

1971年美国财政部暂停黄金交易是对此前50年中的大部分时间里黄金持续短缺的一种响应——同时也是对自第一次世界大战期间开始的纸币生产快速增加的一种响应。各国的价格水平大幅上升，而在20世纪20年代初，世界价格水平差不多比战前翻了一番。英国和其他几个暂停将其货币兑换成黄金的欧洲国家希望能够在战争结束后很快重新恢复其平价。由于各国的价格水平差不多上涨了1倍，中央银行担心黄金短缺会进一步加剧，因为采矿企业会受到双重挤压：其生产成本大幅上涨，而销售价格与1900年时相同。另外，私人对黄金的需求会进一步增加，因为相对于黄金而言，与其进行竞争的白银和其他金属的价格都上涨了。最后，中欧新独立国家的中央银行也需要黄金作为其国际储备资产——其货币的“支撑”，这会减少其他国家可以获得黄金的数量。政府官员担心黄金的短缺会对各国价格水平产生向下的压力，延迟经济复苏或使其变得更加复杂。国际联盟（League of Nations）召开了几次会议，建议中央银行持有英镑证券和美元证券而不是黄金作为一种国际储备资产。

1934年，黄金的美元价格提高到35美元，以刺激美国经济从大萧条中复苏，人们相信，美国的消费价格水平将上升，并扭转过去3年来下降30%的局面。几年后，法国、意大利和荷兰也以大致相同的比例提高了黄金的价格。

20世纪30年代黄金的货币价格上涨了约70%，这导致了“黄金过剩”

(gold glut)，因为每年黄金的生产量远远超过个人的需求量。过量的黄金流向货币当局，特别是美国财政部，这使其经历了一场“金色的雪崩”（Golden Avalanche）：美国的黄金储备从1934年的70亿美元增加到1939年的200亿美元。

第二次世界大战使各国的价格水平有所提高，但提高的速度低于第一次世界大战期间。黄金过剩很快就消失了，采矿企业再一次遭受到高生产成本和不变销售价格的双重挤压。私人对黄金的需求重新开始增加，因为与白银和其他商品相比，黄金正变得越来越便宜。

美国的黄金储备在1949年达到240亿美元的峰值，并在20世纪50年代下降了50亿美元。最初，向外国中央银行出售黄金被看成是一种为世界贸易增长提供金融基础的有效方式。到20世纪60年代，人们对黄金短缺的担忧首次变得非常严重，美国黄金储备下降了80亿美元，人们越来越清楚地认识到，中央银行对黄金的需求量大于来自新开采出来的黄金供给量。

专题3.1　每盎司35美元与3.1416不是一样的数字

1934年1月，选择35美元作为新平价是一次历史的偶然，新平价可以是30美元，也可以是40美元。罗斯福总统确信，刺激美国经济的方式就是大幅提高黄金的美元价格，或许需要提高1倍。作为对高价格的响应，黄金生产量将会增加；更多的黄金将会出售给美国货币当局；美国的货币供给将增加，这反过来又会导致消费价格水平的提高。结果，商业企业将不再因库存价值的下降而蒙受损失，破产的企业会更少，银行也就不会再面临因贷款价值下降而破产的威胁。

为了提高黄金的美元价格，美国政府所有的复兴金融公司（Reconstruction Finance Corporation）的一家下辖子公司在纽约买入黄金，这使得根据当时英镑的美元价格计算，黄金的美元价格超过了黄金的英镑价格。套利者受到激励，他们从伦敦购买黄金，然后运到美国将其出售给美国财政部。但是，他们首先要买入英镑，这就提高了英镑的美元价格，从而使得英国企业在美国和其他外国市场中的竞争地位下降。英国政府抗议美国买入黄金，因为美元价值的降低将导致英国出口的下降。当自由市场的价格接近35美元的时候，美国稳定了黄金的美元价格。如果英国在市场价格达到40美元时才提出抗议，那么新的美元黄金平价将会高得多。

即将发生黄金短缺的第一个明确信号出现在 1960 年，当时在伦敦市场中，黄金的市场价格上涨到将近每盎司 40 美元。英格兰银行采取的措施是卖出黄金，以防止黄金的美元价格在伦敦超过 35 美元，而英格兰银行需要从美国财政部购买黄金以补充其储备。英格兰银行的某些官员对于能否从美国财政部购买黄金缺乏信心，因此停止卖出黄金，这使得黄金价格急剧提高。最终，英格兰银行向私人出售黄金，黄金的价格下降到 35 美元。

如果美国财政部没有以 35 美元的价格向外国中央银行出售黄金，那么黄金需求量的增加会导致其价格的上升。解决短缺问题的一种方法——这种观点隐含在金本位制的运行机制中——是降低多个国家的价格水平，这会因采矿成本下降而造成黄金生产量增加，以及因白银价格下降而造成私人对黄金需求降低（19 世纪 60 年代末至 19 世纪 90 年代初，世界价格水平下降了 30%）。另一种方法——对任何短缺做出响应的传统方法——是将黄金的美元价格提高到每盎司 70 美元或者 100 美元，同时按相同的比例提高大多数国家的黄金价格，这与 20 世纪 30 年代出现的价格上涨非常相似。黄金的生产会受到刺激，而私人的需求则会下降。第三种方法是开发出能够有效替代黄金的新纸币。

美国政府和欧洲政府不愿意采取有可能导致其国内价格水平下降的金融政策，因为与失业、企业破产和在大选中失利相关的成本很高。美国政府强烈反对提高黄金的美元价格，因为这会造成负面的政治后果。美国关于黄金的法规发生了变化，禁止美国公民在美国之外购买或持有黄金。

对提高黄金的货币价格这一提议的批评之一是：美国其他承诺的可信度会降低；另一种批评是：这一提议对国内政治造成的负面影响对执政党不利；第三种批评是南非和前苏联会获得大量的意外收获，而这两个国家的政治体制都不是西方国家所希望的。另外，投机者也会从中获利。

1965 年，私人对黄金的需求量首次超过了新的生产量，各国中央银行卖出了 5000 万美元的黄金以防止其价格上涨到 35 美元以上。英镑平价稳定性的不确定性使得私人对黄金的需求大增，1976 年，各国中央银行卖出了 16 亿美元的黄金以防止其价格上升，在 1968 年最初的 10 个星期内向私人卖出的黄金达到了 7 亿美元。

各国中央银行非常担心 20 世纪 30 年代的灾难会再次来临：它们担心一旦英镑贬值，投资者会断定其他货币很快也会贬值——多米诺骨牌会再次倒塌。投资者相信，黄金的美元价格至少会翻倍，提高黄金的美元价格的潜在利润非常高。1965～1968 年间，私人从各国中央银行购买了超过 30 亿美元的黄金，这些需求都是通过美国财政部间接得到满足的。

1968 年 3 月，美国和欧洲货币当局同意将私人黄金市场和中央银行相互之间买卖黄金的“市场”分隔开来。在这种双重安排（two-tier arrangement）下，非货币黄金（non-monetary gold）和货币黄金（monetary gold）成了“不同的商品”。私人黄金市场与官方市场之间的联系被切断了。大多数新生产出来的黄金都在私人市场中出售，以满足工业、艺术和储藏的需求，私人市场中的价格可能会上涨到 35 美元以上，也可能降低到 35 美元以下。中央银行相互之间的黄金交易价格保持在 35 美元。

黄金体系“双轨制”的采纳导致的问题是：南非应该将其每年价值 10 亿美元的黄金产量卖给私人，还是卖给中央银行。南非政府希望从黄金的销售中获利最大的收入，它希望将新生产的黄金中的一半至 2/3 以 38 美元或 40 美元或者更高的价格卖给私人市场，剩下的黄金以 35 美元的价格卖给中央银行。欧洲的中央银行赞成南非的提议，因为这会增加它们的黄金储备。

相比之下，美国当局则希望南非在私人市场中销售其所有的黄金，因为美国政府相信或希望黄金的价格将会下降，或许会降到每盎司 30 美元或 32 美元，这会动摇中央银行对黄金的货币前景的信心。

最终，各方达成了妥协。南非被允许以 35 美元的价格向中央银行出售有限数量的黄金。但是，在这一妥协刚刚达成之际，它就变得无关紧要了，因为私人对黄金需求的增加意味着南非差不多所有的黄金产出都能够以 40 美元甚至更高的价格卖出。

一旦私人市场的黄金价格超过官方价格，第二个问题就变得非常明显了——如果市场价格更高，那么中央银行就不愿意以 35 美元的平价相互买卖黄金。具有讽刺意味的是，提高黄金的市场价格降低了中央银行持有黄金的流动性，这个结果是人们没有预料到的。

3.4 黄金购买力的变化

自 20 世纪 70 年代初以来黄金的美元价格如表 3.1 所示。自 1968 年采纳双重安排之后的几年里，黄金的美元价格只是略高于35美元。1973年和1974年，黄金的美元价格上升到将近200美元，然后在1976年又下降到略高于100美元。随后，价格又开始上升，开始时上涨的速度并不快，但后来却出现了急速上涨，到1980年1月时达到了将近1000美元。然后，黄金的美元价格开始下降，在20世纪90年代末达到最低点。2008年3月，黄金的美元价格达到了1040美元，到2008年底，其价格为800美元。

表3.1　　伦敦市场中黄金的美元价格

	期末				
	20世纪60年代	20世纪70年代	20世纪80年代	20世纪90年代	21世纪前10年
0	35.60	37.37	589.50	385.00	274.45
1	35.15	43.63	397.50	353.60	276.50
2	35.07	64.80	456.90	333.25	342.75
3	35.08	112.25	381.50	390.65	417.25
4	35.12	186.50	308.30	383.25	438.00
5	35.12	140.25	327.00	386.75	513.00
6	35.19	134.75	390.90	369.25	635.70
7	35.20	164.95	484.10	290.20	696.70
8	41.90	226.00	410.25	287.80	872.10
9	35.20	512.00	401.00	290.25	1150.00

黄金的美元价格的这些变化导致了不同日期黄金购买力的巨大变化，同时也导致了在不同持有期内黄金作为一种投资资产的收益率的变化。

在黄金市场中，“一价定律”（Law of One Price）仍然成立，因此黄金相对于欧元（以前是相对于德国马克和法国法郎）的价格可以很容易计算出来，即黄金的美元价格和欧元的美元价格的乘积。

黄金的美元价格的变化反映出了预期美国通货膨胀率的变化、欧元的美元价格的变化以及一些结构性力量的变化（包括黄金年产量的变化以及中央银行出售黄金数量的变化）。当预期到20世纪70年代后5年美国的通货膨胀率将上升时，黄金的美元价格提高了；同时，德国马克和瑞士法郎的美元价格也上升了，此后，黄金相对于这些欧洲货币的价格上升幅度小于黄金的美元价格的上升幅度。相反，当预期到20世纪80年代前5年美国的通货膨胀率将下降时，黄金的美元价格出现下降（尽管美国的通货膨胀率仍然保持在高位），德国马克和瑞士法郎的美元价格也下降了，与黄金的美元价格的下降相比，黄金相对于这些欧洲货币的价格下降幅度较小。

在解释黄金的美元价格的变化时，次重要的因素是德国马克和瑞士法郎的美元价格的变化，当这些欧洲货币贬值时，黄金的美元价格就会下降，而当这些欧洲货币升值时，黄金的美元价格就会上升。黄金的美元价格与欧洲货币的美元价格之间密切的关系反映出了黄金的市场价格更多的是由欧洲而不是美国决定的。

结构性冲击（包括私人部门用于工业生产和作为装饰品的黄金需求量的增加）使得黄金的美元价格以及黄金相对于欧洲货币的价格以差不多相同的比例变化。中央银行出售黄金（最初是由加拿大银行卖出，后来由荷兰中央银行卖出，最后是由大多数欧洲中央银行卖出）是另一种结构性冲击（中央银行签署了几个为其设定年黄金销售上限的协议）。

同样，采矿公司远期销售黄金是一种会导致黄金的美元价格以及黄金相对于欧洲货币的价格发生相应变化的结构性冲击（采矿公司从中央银行借入黄金）。这些销售增加了黄金的供给，导致黄金的美元价格和黄金相对于欧洲货币的价格下降。结果，当采矿公司偿还其黄金贷款并减少其空头远期头寸（short forward position）时，其销售量小于其生产量，黄金相对于美元和欧洲货币的价格就会提高。

专题 3.2　黄金购买力的变化

在货币经济学中，最古老的谚语之一是“黄金是对抗通货膨胀的良好工具”。其意义非常明显——如果商品价格水平提高，黄金的价格就会上涨，因此相对于一市场篮子商品，一盎司黄金会维持其购买力。

作为价值的储存手段，黄金拥有出众的记录。想一想 1800 ~ 1900 年以及 1900 ~ 2000 年黄金相对于一市场篮子英国商品和一市场篮子美国商品的购买力。

1900 年，单位黄金相对于一市场篮子美国商品的购买力与 1800 年的购买力非常相似——在这两年，黄金的美元价格是一样的，1900 年美国的价格水平与 1800 年的价格水平没有明显的差别。

1900~2000年间，黄金的购买力出现了巨大的波动，最初，1900~1930年间，随着美国和外国价格水平的提高，黄金的购买力下降。在随后的几年里，黄金的购买力不断提高，开始时随着价格水平下降而提高，随后在1934年当美国的黄金平价达到35美元时快速提高。接着，直到20世纪70年代之前，黄金的购买力随着价格水平的提高而再次下降。20世纪70年代，随着市场价格的提高，黄金的购买力出现了大幅提升。

2000年，美国的消费价格水平差不多是1900年的20倍，而黄金的美元价格差不多是1900年的15倍。如果我们做一些调整以反映出与2000年的趋势相比黄金的美元价格极低（因为欧元的美元价格与这一趋势相比也比较低），则在20世纪末黄金的购买力与这一世纪初时的购买力并没有太大差别。

美国、英国、瑞士消费品市场篮子在3个不同的基年（1900年、1935年和1965年）的价格如表3.2所示。

表3.2 **1900~2008年黄金的购买力**

	1900~1934	1935~1964	1965~2005	2006~2008
	市场篮子			
美国	100 106 (0.0016)	100 44 (-0.0260)	100 205 (0.0266)	100 92 (-0.0017)
英国	100 103 (0.0008)	100 51 (-0.0222)	100 151 (0.0095)	100 82 (-0.0016)
瑞士	100 63 (-0.0131)	100 63 (-0.0153)	100 106 (-0.0010)	100 43 (-0.0092)

资料来源：*The Economist*, International Financial Statistics, Swiss National Bank.

黄金的购买力从1900年的100提高到106反映了与1900年到1934年美国消费价格水平的升幅相比，美元平价从20.67美元到35.00美元的提高略大一些。每一个持续期间中括号内的数值显示出了对不变实际黄金价格的年度平均偏离值——如果黄金的购买力是不变的，则这个数值就会为0。在“美国”一行中最右边的括号中的数值（-0.0017）意味着，从1900年到2005年，黄金购买力以平均每年略低于0.2%的速率降低。

在长期中，随着新产品和服务的出现并不断替代较老的商品，市场篮子中商品的构成也在不断变化。想一想计算机的出现对打字机需求的影响，以及打字机的推出对钢笔需求的影响。另外，许多商品的质量——实际上是绝大多数产品的质量——都有所改善。但是，几乎所有衡量市场篮子价格变化的指标都没有能够反映出因质量的提高而导致的商品价格的下降。

作为一种投资，黄金的收益率与其购买力直接相关，购买力提高的幅度越大，收益率就越高。假设最初黄金的美元价格持续改变，改变的幅度与消费品市场篮子中商品的美元价格变化的百分比相同，如果在一个特定的持续期间内，市场篮子的美元价格上涨了10%，则黄金的美元价格也上涨10%。那么，持有黄金而得到的实际收益率就为0（许多人会将持有黄金的非货币收益联系起来，就像拥有绘画和雕塑一样）。在20世纪70年代通货膨胀加速时期，黄金的美元价格比美国价格水平的上涨快得多——结果，实际收益率为正。当20世纪80年代初预期美国通货膨胀率下降时，黄金的美元价格也下降了，尽管美国的价格水平继续上升，但黄金的实际收益率为负。

对比一下20世纪70年代、80年代和90年代黄金投资的收益率。20世纪70年代，美国的价格水平翻了一番，而黄金的美元价格则上涨了20倍，黄金的实际收益率极高。相比之下，在20世纪80年代，美国价格水平上涨了50%，而黄金的美元价格则下降了1/3，其实际收益率为负。同样，20世纪90年代黄金投资的实际收益率也为负。

3.5 对货币遗迹应该做些什么？

20世纪50年代和60年代，美国当局希望避免与提高黄金的美元价格相关的政治成本。他们没有能够维持住35美元的平价，他们高估了与提高黄金的美元价格相关的政治成本，并且低估了维持这一平价的经济成本。另外，他们还低估了提高黄金价格为美国带来的利益。他们对35美元平价的承诺是基于成本收益计算得到的，而现在看来，美国当局算错了，或许是因为他们对与提高黄金的美元价格相关的政治成本赋予了过高的权重，而对由此带来的经济利益赋予了过低的权重。

让我们来做一个与历史事实不符的练习：如果美国政府在20世纪60年代初将黄金的美元价格提高到70美元，或者在20世纪60年代末提高到100美元，会发生哪些事情？市场价格的上涨以及随之而来的黄金产量的提高意味着西欧主要国家可以通过购买新生产的黄金来满足其国际储备资产需求的更大份额，美国的黄金销售量将会更少。同样，自20世纪80年代以来的美国贸易赤字将会更少，因为黄金在中央银行国际储备资产持有量的增加中所占比例更大。

从各国中央银行在20世纪90年代中期卖出黄金我们可以推断出，银行认为，黄金作为一种国际储备资产并不像以美元和欧元标价的证券那样有用。这些中央银行是否应该就黄金作为国际储备资产达成一个协议，以便提供一系列指导方针，或者是否应该卖出更多各自持有的黄金？

由于提高黄金平价的政治成本已经发生了（而且几乎可以肯定已经被人们遗忘了），而市场力量已经迫使其价格大幅提高，使得其购买力与1800年和1900年时的购买力接近，因此，继续让黄金作为一种货币资产或者停止使用黄金的收益与成本是可以估计出来的。

1950年，黄金是国际货币资产中最大的组成部分。最近，中央银行的黄金储备占国际储备资产的12%，而黄金在2008年底的市场价格为800美元。市场价格越高，黄金在国际储备资产组合中所占的份额就越大。

中央银行仍然持有其在20世纪70年代初持有的大部分黄金。中央银行黄金储备大约是每年黄金产量的10倍，因此与其储备相比，中央银行卖出黄金的速度较慢。每年销售黄金的数量增大会对市场价格产生很大的影响。有些中央银行继续持有黄金似乎是不理性的，因为与其他国际储备资产相比，黄金不会获得利息，而其他储备资产的实际收益率每年为2%～3%。对这种偏好的一个解释是传统。中央银行在19世纪期间开始持有黄金，它们的偏好一直没有改变。但是，这一解释缺乏说服力。各国中央银行出售黄金表明，它们认为，黄金在国际收支不平衡的结算中用途并不大，而且其市场价格会下降。由于中央银行将继续持有国际储备资产，因此问题就变成了：为什么有些中央银行要减少其黄金持有量？

对于黄金的货币角色，我们可以描绘出三个基本的场景。每一个场景对于那些黄金生产大国都是有意义的，显然，这些国家都希望黄金价格上涨。

每一个场景对于持有大量黄金的国家也是有意义的。美国财政部的黄金储备比紧随其后的5个国家的黄金储备总和还要多。正如黄金价格上涨会使黄金生产国更富裕一样，持有大量黄金的国家也会从黄金价格的上涨中获益。

每一个国家都可以针对任何一个场景开发出自己的收益与成本算法。每一个场景对于金融稳定和国际货币协议都是有意义的。

第一个场景——也是默认的场景——“维持原状”（more of the same），中央银行继续出售黄金，或许与限制销售量的协议保持一致，以降低对市场造成颠覆性影响的可能性。任何一家中央银行都不应被迫卖出其黄金。

第二个场景是可以形成非正式的协议，使得中央银行相互之间可以以市场价格或根据市场价格确定的价格买卖黄金。希望增加黄金储备的中央银行将买入黄金，而认为储备过多的中央银行将卖出其黄金。对这一场景的一个扩展是：希望减少其黄金储备的中央银行有权请其他中央银行购买它想要卖出的部分或全部黄金，价格可能是根据市场价格确定的。两家中央银行之间的直接交易意味着中央银行出售黄金不会对市场价格造成直接影响。

做出这类安排的主要原因是：中央银行愿意持有更加分散的国际储备资产组合，而不愿意只持有以美元、欧元或其他几种货币标价的证券，这些银行认为，更加分散的投资组合的优势会超过黄金实际收益率较低的成本。从作为一个整体的中央银行的观点来看，其论据是：将黄金作为国际储备资产是全球收支不平衡问题（这个问题是第11章讨论的核心）的部分解决方案——有很多国家希望增加其国际储备资产的持有量，很少有国家希望拥有收支逆差。

第三个场景——这是一个更有雄心的场景——是可以由几家中央银行建立其货币相对于黄金的新的平价，作为限制其货币价格波动协议的一部分。最初，各家中央银行购买黄金的价格会低于19世纪的平价，同样，它们卖出黄金的价格会高于19世纪的平价。两个价格之间的差额决定了私人市场中黄金价格的波动范围。另外，各家中央银行会指定它们向其他中央银行出售黄金的条件。

这一安排面临的主要问题之一是对平价的选择。

已经为其货币确定平价的中央银行需要决定是否向私人和未为其货币确定平价（相对于黄金）的中央银行出售黄金。继续持有黄金作为一种国际储备资产的优势应该与回归到类似于19世纪的金本位安排这种更加雄心勃勃的建议区分开来。

3.6　黄金的不同货币角色的政治含义

当凯恩斯将黄金称为“野蛮的遗迹”（barbarous relic）时，他的意思是采掘黄金以生产一种国际货币是不必要的浪费。利用生产60亿美元黄金的生产力和设备，我们可以生产出60亿美元的其他商品。如果IMF或其他国际机构生产出60亿美元的“纸黄金”（paper gold），那么其成本是很低的——只不过是某些政府谈判代表和少数职员记录哪家中央银行欠谁多少钱所需的时间。而出于生产货币的目的去采掘金矿所需的劳动力和设备可以转到修建水坝、学校和医院上。

生产60亿美元或80亿美元黄金的成本落到了那些喜欢在其储备中持有黄金的国家身上（而它们本来可以持有IMF生产的货币或以美元或欧元标价的证券），因为这些国家必须通过出口产品和服务（实际上是向黄金生产国）来获得黄金。对黄金有强烈需求的国家将购买大部分新生产的黄金，同时也要承担生产这些黄金的大部分成本。

改变黄金价格的政治影响是什么？人们曾经担心提高黄金价格会为前苏联和南非带来意外的巨额收益，这太糟糕了，争论仍然在继续，因为前者是社会主义国家，而后者实行种族隔离制度。自本书第1版出版以来，发生了很多事情。前苏联解体了，分裂成了很多个国家。种族隔离在南非已经不复存在，这个国家已经转向了多数决定原则（majority rule）。如果市场价格为每盎司800美元，那么南非的黄金生产将占其GNP的15%，占其出口的50%。南非的黄金开采量越来越少，部分原因是对人们担心黄金将会失去货币的资格，且价格有可能下降，从而造成投资不足。

如果黄金被非货币化，那么通过生产纸黄金来满足世界对国际货币需求的承诺的可信度就很低。与令黄金非货币化相比，提高黄金价格与IMF的体系及其协定条款更加一致——但IMF几乎肯定会反对黄金发挥更大的作用，因为这意味着作为国际储备资产的提供者，IMF的作用会有所降低。黄金非货币化将会对那些现在持有黄金的中央银行造成巨大的损失，而那些持有美元和其他储备资产的中央银行可能会因为无法分享升值的收益而感到难过。

提高黄金价格可能发生在货币被再次钉住之后甚至之前。如果货币被再次钉住，那么美国将又一次需要关注其收支状况以及由外国中央银行拥有的大量美元证券，如果这些中央银行急于将其持有的美元兑换成黄金，那么美国财政部的黄金储备会很快被耗尽。

如果这些场景是有效的，那么对于当前的浮动政策，哪一种更可取呢?

由于美国当局将不用再担心美国的支付赤字，因此黄金非货币化“是有效的”，因为外国官方机构不能再要求美国财政部出售黄金。黄金价格上涨也是可行的，因为黄金供给的年增加量足以使其他国家满足其对国际货币的需求，而不必迫使美国发生支付赤字并出售黄金。实际上，由于每年黄金生产量的增加，每一个国家都有可能同时增加其黄金储备。

与依赖其他选择来满足对国际货币的需求相比，对黄金的依赖是一种成本更高的方式。但是，问题与黄金无关，而是与世界各国中央银行的态度和偏好有关——以及与它们关于各国政府相关部门承诺可信度的经验有关。欧洲对黄金的偏好似乎有些过时。但这是各国中央银行的偏好——而且它们支付了将黄金保留在这一体系中的成本。

最终，按照戴高乐的观点，黄金在国际货币安排中的角色是美国的一个选择。美国必须确定，如果中央银行继续在其国际储备资产中持有黄金，国际金融安排是否将更顺利地运行，以及美国的利益是否能够得到更好的满足。至少在最近40年来，美国当局一直在努力使欧洲的中央银行放弃它们对黄金的偏好，这一努力没有取得显著的成功。在某种程度上，美国的官员还要围绕着这些偏好来建立一个体系。

在货币事务中，当局无法承受因模棱两可而造成的损失，因为这会为私人投资者创造出获利的机会。因此，它们永远都不能暗示自己将改变一个平价、从钉住汇率转向浮动汇率，或者赞成货币黄金价格的变化。但是，当时机恰当的时候，它们会忽然扭转其政策。

第 4 章

在世界最大市场中表演的“苏黎世侏儒”

4.1 全球货币市场

“苏黎世侏儒”（Gnomes of Zurich）是指那些从“击败其他国家货币”中获利的交易者。它们的收益是以公众的损失为代价的。人们认为，这些“侏儒”造成了货币价值既偏离了当地政治领导人认为恰当的位置，也偏离了“经济基本面”（economic fundamentals）——不管它意味着什么。20 世纪 60 年代末，当英镑被高估时，这一词变得流行起来，这些“侏儒”的交易使得贬值提前发生了，这一贬值是不可避免的，同时也是英国当局努力防范的。

这些“侏儒”的工作十分繁重，因为货币市场比任何其他市场都要大。在繁忙的一天中，货币交易的数量为 400 亿美元——每年有 250 个交易日，因此每年的交易量高达 1000000 亿美元——是世界 GDP 总量的 3 倍多，是国际商品、服务和长期证券交易量的 40 ~ 50 倍。巨大的货币交易量表明，在这些交易中，90% ~ 95% 是在大型国际商业银行之间进行的，包括同一银行位于不同金融中心（如伦敦和纽约）的分支机构之间进行的交易。剩下的 5% ~ 10% 是在这些银行的交易员和从事进出口业务的大大小小的公司、对冲基金以及买卖外国证券和资产的人之间进行的。

在 20 世纪 80 年代和 90 年代，美国的货币中心银行——在 20 世纪 70 年代本书第 1 版问世时共有 8 家，现在只剩下 4 家，即花旗银行（Citibank）、摩根大通银行（JP Morgan Chase）、美洲银行（Bank of America）、富国银行（Wells Fargo Wachovia）——报告称，它们在外汇交易上的收入和利润越来越多。我们可以放心地说，其他一些大型国际银行——德意志银行、野村（Nomura）——包括那些欧洲和亚洲的银行，其交易收入和交易利润也出现了增长，因为这些银行遵循类似的交易策略。

货币交易发生在各个国家的主要金融中心——伦敦、纽约、东京、法兰克福、苏黎世、中国香港、新加坡和悉尼。由于美元独一无二的“交易货币”（vehicle currency）的角色，在这些交易中，至少有90%使用美元。大多数国际贸易都是以美元标价的。当墨西哥和加拿大进口商购买美国商品时，采购合约几乎总是指定用美元支付，同样，当墨西哥和加拿大出口商在美国进行销售时，它们的销售合约也几乎总是规定付款时接受美元。墨西哥进口商必须购买美元，而墨西哥出口商必须卖出美元，双方都有可能在墨西哥城（Mexico City）的银行中完成这些交易——当然它们也可以在一家美国银行和西班牙银行的分支机构完成这些交易。同样，加拿大进口商购买美元，而加拿大出口商卖出美元，它们很可能在位于多伦多的银行中完成这些交易，也可能在纽约进行交易，如果利率更诱人的话。

当日本的奔驰汽车进口商希望向位于德国斯图加特市的奔驰汽车厂支付欧元时，位于东京的进口商银行首先要用日元（更准确地说，是以日元标价的活期存款）购买美元（更准确地说，是以美元标价的活期存款），然后利用美元购买欧元。这一模式反映了美元是位于东京的银行持有的主要外国货币。同样，我们也可以对在多伦多、圣保罗和曼谷经营的银行持有的货币构成做出类似的声明。

另外，大多数中央银行在卖出各自货币以限制其货币升值时，都会买入美元，同样，在它们买入自己的货币以限制其贬值时，它们也是卖出美元。在其国际储备资产组合中，大约有2/3的证券是以美元标价的。

一国货币的市场主要是场外交易市场（over-the-counter market），交易者通过电话或计算机进行相互沟通（芝加哥和伦敦有外汇期货市场，套利者将这些期货市场中货币的价格同银行间、场外交易市场中同种货币的价格联系起来）。

伦敦、纽约、苏黎世、东京和其他地区金融中心的货币市场是总体全球货币市场的分支，不同地理区域的交易者通过电话和计算机联系起来。在任何时刻，纽约英镑的美元价格和伦敦英镑的美元价格实际上是一样的，在一份数百万美元的标准交易（standard transaction）中，两个价格之间的差别不会超过万分之二或万分之三。如果价格差距过大，那么交易者就会在相对便宜的交易中心购买英镑，并在价格相对较高的交易中心卖出这些英镑，从这一不大的价格差距中获利。

伦敦货币交易量比其他城市的交易量大得多，纽约的交易量紧随其后，但交易量要小得多。伦敦发挥着独一无二的作用，部分原因是伦敦的交易时间与欧洲大陆各国的交易时间重叠，部分原因是伦敦市场是纽约市场在欧洲的延伸。美元在伦敦的交易频率超过了任何其他货币的交易频率，包括英镑。

4.2　现汇合约、远期外汇合约与掉期

大多数外汇交易都涉及买卖以不同货币标价的银行存款。约翰牛[①]购买美元以便在纽约进行支付，他购买了以美元标价的银行存款，并以英镑标价的银行存款进行支付。小规模交易包括旅行者进行的纸币和旅行支票兑换，这些旅行者或者到银行进行兑换，或者与专门买卖货币和旅行支票的公司进行交易——特别是在晚上和周末银行不营业的时候。

货币交易的基本类型——现汇交易（spot transaction）、远期外汇交易（forward transaction）和掉期（swap）——是根据当事人兑换存款的日期来进行划分的。约翰牛可能会考虑进行“现汇交易”，在这种情况下，存款的兑换发生在他与银行签订合约两个工作日后。例如，如果约翰牛在星期一签订合约，那么存款的兑换发生在星期三。

约翰牛可以考虑“远期外汇交易”（forward exchange transaction），他同意在签订合约的 1 个月、2 个月、3 个月甚至更长时间之后兑换存款（这些标准期限与国际贸易交易的支付日期一致）。约翰牛知道在 3 个月后他因为向纽约的分销商销售英格兰威士忌而可以收到多少美元，并通过一份 3 个月的远期合约买入美元——与他预期将要收到威士忌销售款的日期一致。由于存款的兑换发生在未来的不同日期，而时间就是金钱，因此一般来说 1 个月到期与 3 个月到期的远期合约价格是不同的，同时与现汇合约也不一样。

约翰牛可以考虑“掉期交易”，现在，存款的兑换发生在两个不同的日期（现汇合约和远期合约的一个共同特点是存款的兑换发生在同一日期）。他可

---

① John Bull，指英国人——译者注。

能同意在1个月后向其银行支付英镑，并在2个月后收到英镑。

“侏儒们”喜欢在远期市场中购买一种货币，因为他们不必马上进行大笔现金支付。但是，只有在某些非“侏儒”卖出英镑远期时，“侏儒们”才能在远期市场中买入英镑。例如，如果“侏儒们”相信英镑将要升值，他们就会在远期市场中买入英镑（这意味着他们会在远期市场中卖出美元）。如果他们认为英镑将升值，那么许多外汇市场的参与者就不愿意在远期市场中卖出英镑。

但是，某些投资者——套利者——只有在现汇市场中买入英镑后，才能在远期市场中卖出英镑，通过这种方式，他们可以保护自己免受英镑升值而造成的损失。因此，套利者可能会在现汇市场以每英镑1.95美元的价格买入英镑，同时以1.98美元的价格在远期市场中卖出英镑。不管英镑的美元价格发生何种变化，他们都会从现汇市场与远期外汇市场的英镑的美元价格差中获利。

当“侏儒们”在货币价值的预期变化中寻求利润时，套利者（从定义就可以看出，他们不愿意承担与币值变化相关的风险）则从一种货币在即期外汇市场以及远期外汇市场中的价格差异中获利——只有在年化百分比基础上计算的两个价格与以同两种货币标价的最具可比性的证券的利率差不同时，他们才能获利。

考虑一下即期外汇市场中英镑的美元价格，远期外汇市场中1个月、3个月和6个月远期合约中的英镑的美元价格，以及预期的1个月、3个月和6个月英镑的美元价格。即期外汇市场和远期外汇市场中英镑的美元价格被印刷在成百上千种日报上，这些价格在彭博社和路透社的电子屏幕上也可以随时看到。未来不同日期的英镑的美元价格是未知的——它们是被预测出来的，是某些人对未来的预言。

很多专家都提供未来不同时期货币价值以及价值变化的预测，有些人对这一服务收费，而另一些人则免费提供这些信息，通常希望以某种间接的方式获得补偿。另外，实际上每一个市场参与者［包括重要国际银行的操盘手（proprietary trader）］都开发出了各自对未来不同日期美元的英镑价格的估计。

每当外汇市场参与者认为一种货币在远期外汇市场中的价值与远期外汇合约到期时的预期价值出现重大差别时，他们就可能会进行一次交易以便从这种差异中获益。他们的交易常常会导致远期市场中货币价值的变化，并造成远期市场和现汇市场中货币价值的背离，以及外国证券和大多数可比国内证券利率的不同。套利者随后观察到存在着赢利的机会，他们会立即在现汇市场中买入一种货币，并在远期市场中卖出，他们的交易造成了这种货币在现汇市场中的价值沿着远期外汇市场中该货币价值变化的轨迹而变化。

简要地总结一下。远期汇率与预计的即期汇率因成千上万试图从价格的重大变化中获利的市场参与者而紧密联系在一起。因此，当一次冲击或“新的消息”导致一种货币在未来不同时期的预期价值发生变化时，远期汇率很可能也发生改变，以反映预计的即期汇率的变化。由于套利者的存在，即期汇率与远期汇率是直接相关的。

因此，即期汇率的变化可能会反映出未来不同时期预计即期汇率的变化，而且它们也可能会反映出将即期汇率和远期汇率联系在一起的利率的变化。

4.3　货币市场中的赢家和输家

货币市场的主要参与者都是一些大型国际银行，它们参与这一市场是为了向其客户提供服务，同时也是出于自己的目的——从货币价值的变动中获利。通常，他们收集的关于他们同其商业客户所从事交易的支付方式变化的信息有助于他们制定自己的交易策略。参与国际贸易的企业有必要参与这一市场，并利用大型国际银行提供的服务。有些对冲基金参与这一市场是为了从货币价值的变动中获利。

这些对冲基金和大型国际银行并不是慈善机构，它们受利润的驱使。货币市场是零和博弈，如果对冲基金和大型国际银行可以从其交易中安全获利，那么这些钱一定是来自其他一些市场参与者。令人惊讶的是，没有人说自己赔了钱（当货币被钉住时，中央银行可能会报告交易损失，因此，当英镑在 1967 年 11 月贬值时以及 1992 年脱离汇率机制时，英格兰银行报告了损失）。

主要有 4 个群体参与外汇市场——中央银行、大型国际商业银行、参与国际贸易和其他交易的大型跨国企业和较小的企业，以及参与这一市场以便在货币价值的变动中寻求利润的企业。

在布雷顿森林体系下，当货币被钉住时，每一家中央银行都会限制本国货币价格在其平价的适当范围内波动——最初是 0.25%，后来是 1%，再后来是略高于 2%。实际上，货币是在中央银行买入本国货币的价格与其卖出其货币的较高价格之间"浮动"。一旦平价被废弃，中央银行就会买卖本国货币以限制其货币相对于美元价格每日及每周的波动，许多中央银行会进行全面干预以限制本国货币的升值。

大型跨国企业、较小的进出口公司、旅游者、国家政府、国际机构、国际航空公司和海运公司以及连锁酒店都会买卖外汇以满足其国际交易的需求。在这些企业和组织中，大多数都将其货币交易看成是一件麻烦事，将其看成是参与国际交易时发生的另一种成本。只有少数企业建立了相应的部门，以从货币价值的变化中寻求利润。

一些大型国际银行雇用三种类型的交易者——做市商（market maker）、短线交易者（day trader）和操盘手（proprietary trader）。做市商同时提供两种报价——一个报价是他准备购买"标准数量"美元的价格，另一个报价略高，是他准备卖出同样数量货币的价格——这些报价在几秒钟内有效。这些交易者并不知道客户更有可能成为美元的买家还是卖家。

相比之下，银行中的短线交易者每天可能会进行50次甚至更多次买入，他们买入价格上涨的货币，在获得小幅赢利之后就将它们卖出。他们的格言是："趋势是朋友。"利润一旦赚到了，就会被"存到银行里"，他们不大可能因有利可图而增加头寸的规模。他们会一次次重复这一过程。在一天结束时，这些短线交易者平仓然后回家。

而银行中的"操盘手"对一种或几种货币的价格在不久的将来可能会发生的变化具有"强烈的观点"，他们会在几天、一周或两周内持有自己的头寸。

有些人拥有一些更适合于某种类型交易活动的技能。银行将每一个交易者看成是一个"利润中心"——它们会鼓励不能创造利润的交易者去寻找新的工作。

与投入到这些活动中的资本相比，大型银行获得的交易利润非常高。这些利润来源于同参与国际贸易的企业进行的交易。

4.4 浮动还是不浮动，这是个问题

在国际金融领域，多年来一直争论不休的一个问题是：中央银行是否应该将其货币价格的波动限制在一个十分狭窄的范围内，还是只靠市场力量来决定其价格。IMF条例中规定，其成员国应该限制各自货币价值的波动，而

制定这些规则的动机是基于20世纪20年代和30年代浮动汇率带来的惨痛经历，另外还有其他一些原因。其中之一是货币价值的不确定性遏制了国际贸易和投资。另一个原因是投机交易使货币的价值变得不稳定，既加大了货币价格波动的范围，又造成了本不应该出现的更大幅度的货币贬值（可能是对短线交易者所做交易的回应）。第三个原因是，如果货币没有被钉住，那么一些国家的中央银行就会在外汇市场中进行干预，以改变其货币的价值，从而增加国内收入和就业，这些中央银行会采取后来被称为“以邻为壑”的政策。

20世纪50年代和60年代两种互补的发展趋势对钉住汇率发起了挑战。一种趋势是汇率危机的爆发越来越频繁，特别是在20世纪60年代后半期，因为各国政府在改变其货币平价方面反应迟缓。由于反应迟缓，其平价可能会与根据各国通货膨胀率的差异而确定的货币价值的差别越来越大，有可能达到10%或15%，甚至20%。企业和投资者改变了其资产的货币面值，以及他们从预期货币价值变动中获利的可能性——一般来说，他们的交易风险很低，而且有利可图，因为即使这些平价变化发生的时间和规模都不确定，但其变化方向却是“已知的”。

浮动汇率的支持者质疑这些关于货币价值波动的经验主义断言。他们的基本假设是：货币市场与其他市场（如猪肉市场、石油市场和股票市场）没什么差别，在决定个别货币价值方面，市场力量比政府官僚更有效率。赞成浮动汇率安排的一些人希望消除中央银行选择货币政策时的外部约束，他们认为，每一家中央银行都应该设法令其国内货币以一个稳定的速度增长，不应该因担心货币会贬值或因需要买入一种外国货币以防止自己的货币升值而改变这一速度。

专题4.1　你妈妈永远也不知道的外汇市场的10大事实

1. 外汇市场是世界上最大的市场。在一个繁忙的工作日，交易量可能达到4000亿美元，是纽约证券交易所交易量的50倍。

2. 大多数外汇交易（90%～95%）只涉及银行：进行银行间交易是为了调整其货币的头寸，以便抵消因非银行客户买卖造成的失衡。

3. 大型国际银行在主要货币中扮演着做市商的角色：它们持有这些货币的库存，随时准备以规定的价格进行大量的买入和卖出。相比之下，对于其他货币，银行作为经纪人进行操作，并避免价格风险。

4. 外汇市场是世界上最有效率的市场，至少从其交易成本极低的角度看是这样。假设你用100万美元去购买加拿大元，但很快意识到自己犯了个错误，并卖出加拿大元以购买美元。最终，你的钱会少于100万美元，减少的数量等于两笔手续费的总和——等于买卖价差。减少了多少呢*？

5. 外汇市场永远都不会闭市，或者说几乎永远不会闭市。当东京时间为下午3点的时候，香港地区是下午2点，而在新加坡是下午1点。当新加坡时间是下午3点的时候，巴林正是中午，而当巴林时间为下午3点时，贝鲁特的时间为下午1点。当贝鲁特的时间为下午3点时，伦敦为下午1点，当伦敦时间为下午3点时，纽约时间为上午10点。当纽约时间为下午3点时，旧金山时间为中午。当旧金山时间为星期二下午3点时，悉尼时间为星期三上午9点。交易中心随着太阳的移动而在世界各地不断变化。

6. 大约99.44%的交易都涉及美元。如果一家瑞士进口商希望向其日本供应商付款，那么银行就会计算瑞士法郎的日元价格，计算方法是用美元的瑞士法郎价格乘以美元的日元价格。

7. 数量最大的外汇交易发生在伦敦。

8. 大多数客户的外汇交易涉及远期交易——企业客户承诺在未来指定的日期以当前达成的价格买入或卖出一种外国货币。

9. 自1973年以来，大约成立了20家靠出售货币波动预测为生的企业。我们可以断定：这些企业出售预测比利用这些预测进行交易能赚更多的钱。

10. 一位优秀的外汇交易员一年可以赚100万美元——也可以在一天内损失100万美元。

---

* 成本为230加拿大元。对其他货币的类似估计值会更大一些。

浮动汇率的支持者所拥有的主要优势之一是：如果货币没有被钉住，则货币价值就可以发生改变，以反映不同国家通货膨胀率的差异。他们声称，一种货币价值的变化是持续且逐渐发生的，而不是像布雷顿森林体系下那样突然发生贬值。另外，出现高估和低估的频率会比较低，而且市场价格与根据各国通货膨胀率差别推测出的价格之间的差距也更小。这些支持者的一种观点是：根据各国价格水平的差异来调整货币的价值比根据固定的货币价值来调整各国不同的价格水平更容易。因此，外汇危机会因为货币价值的持续改变而变得不太频繁，且不太严重。

对于“投机将破坏稳定性”这一批评，浮动汇率的支持者做出了如下回应：不稳定投机（destabilizing speculation）将无利可图，因为投机者将会高买低卖。他们指出，投机者有助于使货币价值更快速地变动到预期值，并认为远期汇率将成为远期外汇合约到期日的即期汇率的准确预测值。

抛弃可调整平价的布雷顿森林体系是由浮动货币价值的支持者提出的论点推动的，但是，这一转变因不同国家通货膨胀率的大幅提高而成为必然，特别是德国人需要极不情愿地接受一个很高的通货膨胀率，而这一通货膨胀率是美国人可以接受的。德国人痛恨其价格水平的提高，因为在20世纪20年代初以及第二次世界大战结束后他们经历了令人难以忘记的恶性通货膨胀。瑞士人也不喜欢通货膨胀，因为他们十分重视金融的稳定。

现在，我们已经拥有30年的关于货币价值变动的数据，这些数据可以用来评估这些主张。

这些主张被分为两组。其中一组涉及货币价值变动的模式。另一组涉及中央银行的行为，这些行为既包括其管理货币政策的行为，也包括它们干预货币市场的行为。

4.5　美元价格的变化

考虑一下英镑和欧元的美元价格的变化，以及美元价格相对于瑞士法郎、日元和其他货币的变化。

20世纪50~70年代间，这些外国货币价格的变化非常有限，因为中央银行——英格兰银行、日本银行、瑞士国家银行和德意志银行——会买入、卖出本国货币以限制货币价值偏离其平价。当它们改变其平价时，大多数国家都会让其货币贬值，而德国是极少数允许其货币升值的国家之一。1967年11月，英镑的美元价格下降了17%，从2.80美元贬值到2.40美元。1959年，法国法郎的美元价格下降了10%，1969年又下降了10%。1970年，日元的美元价格与1950年时相同。

由于20世纪70年代初偏离了平价，其他各种货币相对于美元的价格波动范围很大——比货币被钉住时要大得多。与货币被钉住时相比，这些货币偏离市场价值的程度数倍于对根据各国通货膨胀率预测的价值的偏离。

货币价值的两种类型的变动清晰地反映在表 2.1 中。美元相对于各种外国货币价格的变化模式是类似的。20 世纪 70 年代，这些货币不断升值，到 1978 年或 1979 年停止，然后开始贬值，直到 1985 年，随后又开始升值，到 1992 年开始贬值，直到 2001 年，然后几乎在同一时间开始升值。这些货币相对于美元价格变化模式的相似性主要是美国的事件造成的——或者是与美国相关的事件造成的。美元价格变动的范围很大。

美元相对于墨西哥比索、巴西雷亚尔、泰铢和其他发展中国家货币价格的变化模式与工业化国家货币的变化模式具有很大的差别，现在，具体国家的事件相对来说更加重要。想一想 1990 ~ 2000 年间美元的墨西哥比索价格的变化。在遭遇了其美元债务利率大幅上涨和石油价格暴跌的双重打击后，墨西哥在 20 世纪 80 年代经历了动荡的 10 年。1989 年，墨西哥新任总统萨利纳斯（Salinas）稳定了经济，并受益于为防止银行贷款违约风险而获得的资金（关于 20 世纪 90 年代初比索市场发展更详细的描述，请参见本书第 8 章）。随着该国的经济前景变得越来越有希望，流入墨西哥的外国资金不断增加。墨西哥对几百家国有企业实施了私有化，而且萨利纳斯政府放松了许多政府管制，因为它正准备让这个国家成为北大西洋自由贸易区（North Atlantic Free Trade Area）的成员。墨西哥银行采取了收缩性的货币政策以降低通货膨胀率。美元和其他外国货币大量流入墨西哥。墨西哥比索渐渐被高估，而墨西哥的贸易和经常账户赤字则骤然上升。墨西哥外部债务增加到其 GDP 的 60%。外国资金流入墨西哥刺激了经济的繁荣，因为资产价格的上涨导致了家庭财富的增加，消费支出和投资支出也同时增加。

当时的一些观察家认为，到 1994 年，比索已经被高估了 15% 或 20%，而这一年是总统大选年——也是政治上越来越不稳定的一年。外国资金向墨西哥的流动减弱了，墨西哥银行发现越来越难以维持比索的价值——随后，它继续支持比索的能力也被耗尽。墨西哥比索迅速贬值，从被适度高估变成了被大幅低估，比索丧失了其一多半的价值。墨西哥经常账户余额从赤字（占 GDP 的 6%）变成 4% 的盈余。比索证券的利率飙升，企业大量倒闭。比索大幅被低估对墨西哥经济造成的影响要比对美国经济造成的影响严重得多，部分原因是美国是墨西哥最大的贸易伙伴，而墨西哥是美国的第五大贸易伙伴。另外，与美国的外国部门占美国国内经济的比重相比，墨西哥的外国部门占其国内经济的比重要大得多。墨西哥的经济规模只相当于美国经济规模的1/20。

现在看一看欧元的美元价格的变化——1999年1月，当欧元取代德国马克、法国法郎、意大利里拉和其他历史悠久的货币时，其汇率为1.19美元兑换1欧元。随后，欧元的美元价格下降到0.84美元兑换1欧元，欧元的低价出现在2001年。在随后的6年中，欧元的美元价格提高到将近1.5美元。

在这些年中，美国的通货膨胀率与德国、法国和其他欧元区国家的通货膨胀率类似，一年中各国通货膨胀率的差异不超过1%。因此，当欧元的美元价格下降时，美国商品在全球市场中的估价就会过高，而当欧元的美元价格上涨时，美国的商品估价就会过低。从高估时的最高点到低估时的最低点，这一波动范围为50%。

4.6　关于外汇市场安排的争论——钉住与浮动再讨论

再考虑一下20世纪50年代和60年代浮动汇率支持者声称的优势。或许最主要的优势就是货币价值的变化与各国通货膨胀率的差异更加一致，因此货币被高估和低估的范围比钉住汇率时更小。数据显示，与货币被钉住时相比，当货币浮动时，高估与低估之间的波动幅度更大，而且大很多。

由于即期外汇市场中一种货币的价格是其远期外汇市场中的价格根据利率差别进行贴现后的现值，因此英镑和欧元的美元价格的变动是由预计的即期价格的变化造成的。所以，货币价值的变化会非常大，因为预期货币价值的变化很大，特别是当预期通货膨胀率很高的时候。

第二个原因是：货币价值的变化非常大，导致投资者不得不增加或减少对以某种货币标价的资产的需求。例如，1998年和1999年，由于价格大涨，投资者都希望购买美国的股票（同样，1988年和1989年，投资者希望购买更多的日本股票，因为其价格快速提高）。在购买美国股票之前，他们首先需要购买美元，当时美元不断升值，因而美国将产生较大的经常账户赤字，以便与其资本账户盈余的增加相对应。外国人购买的美元证券越多，美元的升值就越显著。因此，在这种情况下，美元必然会超越根据通货膨胀率差异推测出的价值。

2000年春天，当美国股票泡沫破灭后，其价格开始下降，投资者减少了对美国股票的购买，他们买入美元数量的减少将导致美元的贬值。他们卖出美国股票，然后把他们的钱转移到美国之外，从这个意义上说，美元的外汇价值下降的幅度更大。

因此，浮动汇率支持者的第一个声明——即货币价值的变化更加平稳，这些价值的变化或多或少地与各国通货膨胀率的差别相一致——与数据不符。与货币被钉住的情况相比，我们观察到的货币价值与根据通货膨胀率差异推导出来的价值之间的差异要大得多，可能是其3~4倍。在各种货币外汇价值的大幅变化中，很大一部分是由跨国资本流动的波动造成的。

浮动汇率支持者的第二个声明是：货币价值的变化将是逐渐发生的。事实确实如此，这些变化不像货币贬值时那样突然，但幅度却大得多。1994~1995年墨西哥比索的贬值以及1997年泰铢和其他亚洲货币的贬值发生得十分突然。

别忘了浮动汇率支持者的名言：允许货币根据经济调整比强迫经济根据平价进行调整更好。由于货币价值的波动远高于根据通货膨胀率的差异推测的货币价值的波动，经济不得不根据越来越严重的高估和低估进行调整，而这些高估和低估是由于不同时期资本流的大幅波动而造成的。

反对钉住货币的论点之一是：如果中央银行不再被迫进行干预以在外汇市场上支持其货币，它们的货币政策将更具独立性——它们可以控制货币供给的增长率以实现其国内目标。具有讽刺意味的是，货币价值的变动比根据通货膨胀率差异推测的结果大得多，因此中央银行不像它们希望的那样自由。

与货币被钉住的情况相比，浮动汇率下的金融危机在性质上是不同的——而且更严重。在浮动汇率的情况下，许多突然发生的大规模贬值与国内金融危机和许多公司及金融机构的失败有关，部分原因是与以外币标价的负债相对应的本国货币负债的大幅增加。

浮动汇率的支持者否认外汇市场中的投机行为会动摇如下声明：打破稳定的投机不会发生，因为这是无利可图的。聘用外汇交易员的大型国际银行不是慈善机构。它们向交易员支付丰厚的报酬，而且他们预计交易员会创造利润，否则这些交易员就得另谋高就。银行中的短线交易者追随趋势赚钱。银行中的操盘手也赚钱。许多对冲基金也是赚钱的，否则它们就会停止交易。

大型国际银行的外汇交易收入与货币价值波动的范围有很大关系，货币价值的波动越剧烈，交易收入就越高。在这些银行中，每一家的外汇交易收入都与其他大型国际银行——其竞争对手——的交易收入密切相关。另外，各家银行从交易外汇中获得的利润与其交易收入密切相关，我们可以推断，交易的固定成本会比较高，而变动成本会比较低，所以收入的任何增加中有很大一部分就直接变成了利润。

有时候，操盘手和短线交易者的收入来源于进行“逆向干预”（leaning against the wind）以及为了阻止其货币的价格在外汇市场中波动的中央银行。大型国际银行和对冲基金的大部分外汇交易收入都是来自于从事进出口业务的企业以及需要买卖外汇的其他参与者。银行赚取的利润是对涉及国际贸易和投资的企业征收的一种交易“税”。

4.7　浮动之后走向何方？

关于汇率安排的选择部分取决于论据的力量、既得利益以及政治上的争论。20 世纪 70 年代初以来的数据表明，货币价值的波动是各种冲击的主要来源，而且与货币被钉住时针对适度的高估和低估进行调整相比，针对货币价值的大幅波动进行调整给国民经济带来的成本有时候更高。那些赞成货币价值逐渐变化的分析家和观察家应该赞成平价的安排。

大型国际商业银行在保留浮动汇率安排方面拥有极大的既得利益，因为与它们已经投入的资金相比，它们能够获得极高的交易利润。

在限制新兴工业化国家获得更多贸易顺差的汇率安排方面，美国和其他成熟的工业化国家拥有巨大的既得利益。

历史经验表明，在通货膨胀率高达两位数以及世界范围内的衰退发生的年代，浮动汇率是不可避免的。当国际金融和政治关系需要调整时，依赖浮动汇率可能也是必然的。记录还表明，只要货币环境变得更加稳定，国家就会退回到某种形式的钉住汇率。一些国家会决定钉住其货币的最佳时机——除非各国就回到钉住汇率关系采取一致的行动。这类行动可能是在一次国际性会议召开之后或国际性协议达成之后采取的（这些会议或协议认为转向钉住汇率是有必要的）。否则，各国可能会单方面令其货币钉住其主要贸易伙伴的货币。

1999 年初，欧元作为欧盟 11 个成员国的共同货币被采纳是人们采取措施降低与货币价值波动相关的不确定性的一个典范，尽管这一行动的部分原因是为了加强这一单一的整合市场。欧盟的前身是欧洲经济共同体（European Economic Community，EEC），而欧洲经济共同体的前身是欧洲煤钢共同体（European Coal and Steel Community，ECSC）。随后，通过消除国内贸易的关税，以及采纳共同对外关税（common external tariff，CXT）和共同农业政策（common agricultural policy，CAP），经济一体化得以扩展。其成员国已经扩大到大多数西欧与中欧国家，而且这些国家也正在努力标准化一系列不同的政策和实践。

少数欧盟国家决定不采纳欧元作为其货币，因为这些国家认为，其经济容易受到某些独特的冲击的影响。挪威容易受到石油价格大幅波动的影响。英国容易受到对以英镑标价的证券需求（作为一种国际储备资产）的影响。在这些国家中，有些国家认为采纳统一货币是向政治一体化迈出的一大步。

最终，人们可能会就钉住货币价值达成一个新的协议。这样一个协议将在几个重要的方面有别于布雷顿森林体系。支持性的限制（support limits）可能会更宽松，甚至比史密森协定（Smithsonian Agreement）规定的2.25%的限制还要宽松。关于平价变化的规则将更加强调对改变不适当汇率的要求。这些规则有可能更加宽容，使得一些国家可能允许其货币自由浮动，而另一些国家则可能钉住其货币。

正如可以预言我们将退回到钉住汇率一样，这一协议也必然会逐渐落伍，并且与金本位和布雷顿森林体系一样被废弃。货币协议一般可以维持10年或20年，随着使得某一协议可行的经济条件发生改变，这一协议就会被淘汰。

第 5 章

历史上最伟大的货币协定

位于华盛顿特区的史密森学会[①]是美国珍宝的储存地。林德伯格的“圣路易斯精神号”飞机[②]挂在屋梁上。“希望之星”钻石（Hope Diamond）也存放在那里。在博物馆里，还陈列着乔治·华盛顿（George Washington）穿过的制服以及有史以来捕获的最大的蓝鲸。

1971 年 12 月，美国财政部长同来自英国、加拿大、日本、德国以及其他一些工业化国家的财政部长在史密森学会召开会议，设定了欧洲货币和日元相对于美元的一系列新价值。尼克松总统将《史密森协定》（*Smithsonian Agreement*）称为“历史上最伟大的货币协定”。其最引人注目的成就是：在多国框架下同时调整了多种货币的价值，这在以前是没有过的。这一协定使得《布雷顿森林条约》（*Bretton Woods Treaty*）焕发了生机，这一条约因几个月前美国决定关闭财政部的黄金窗口并对美国可征税进口产品征收 10% 的进口附加税而陷入绝境。

至 1972 年仲夏，英格兰银行停止钉住英镑，英镑立刻贬值 10%。随后，1973 年 2 月中旬，德国也停止钉住马克，而马克则大幅升值。其他大多数工业化国家也不再钉住各自的货币。向浮动汇率安排的转变自然而然地发生了，因为大量中央银行差不多在同一时间停止钉住自己的货币。

“历史上最伟大的货币协定”维持了一年零一个月左右。实际上，《史密

---

① Smithsonian Institution，唯一由美国政府资助的半官方性质的博物馆机构。由英国科学家史密森遗赠捐款，根据美国国会法令于 1846 年创建于美国首都华盛顿——译者注。

② Spirit of St Louis，林德伯格于 1927 年驾驶这架飞机飞越大西洋——译者注。

森协定》的崩溃意味着当前解决贸易不平衡和货币价值争端的机制也应该被送进货币历史博物馆，作为另一种遗产保存起来。旨在管理可调整平价体系的国际货币基金组织立刻就显得过时了——几千名待遇优厚的国际公务员会争先恐后地寻找另一个理由，作为他们继续获得高报酬的借口。

1991 年 12 月，欧洲共同市场（European Community，EC）成员国的总理在荷兰南部一个小省的首府马斯特里赫特（Maastricht）召开会议，同意到 20 世纪 90 年代末建立一种全新的欧洲货币。20 世纪 80 年代，这些国家中的所有国家都将各自的货币钉住其他成员国的货币，通过降低货币价值的不确定性来促进贸易和投资。20 世纪 80 年代末，这些国家的货币平价变化越来越不频繁，因此，承诺到 20 世纪 90 年代末转向一种共同货币看起来就是对过去维持货币平价承诺的一种延伸。

1992 年 9 月，芬兰（它并不是欧盟的成员国）使自己的货币——芬兰马克（markka）——贬值超过 30%，以应对向前苏联出口的锐减。投资者——投机者——随后开始卖出瑞典克朗（Swedish krona），他们预计，随着芬兰竞争地位的改善，瑞典的竞争地位会遭到削弱，因为芬兰和瑞典都出口木材和新闻纸。投资者开始卖出英镑、意大利里拉和西班牙比塞塔（Spanish peseta），希望这些货币也会贬值。到 1992 年底，欧盟成员国中，有一多半国家的货币出现了贬值或者被允许浮动。《马斯特里赫特协议》（*Maastricht Agreement*）似乎已经奄奄一息——但它还是得以幸存，随后，德国和法国及其邻国回到了采纳统一货币的时间表上。

《史密森协定》和《马斯特里赫特协议》都是人们为了降低货币价值的不确定性而付出的努力。两个协议的前提是：如果商人和投资者对货币价值拥有更大的信心，那么国际贸易和投资就会得到加强。参与制定《马斯特里赫特协议》的一些国家的政治领导人拥有更加雄心勃勃的计划，因为他们相信，统一货币是对“单一整合市场”的必要补充，而两者都是进行更加深入的经济和政治一体化的必要步骤。

5.1 金本位——规则与谎言

19 世纪的金本位制（gold standard）是一个“开放的会员俱乐部”，任何同意以固定价格（折合成其自己的货币）——其铸币平价（mint parity）——

买入和卖出黄金的国家都可以加入这个俱乐部。金本位并非建立在一个正式的国际协议或条约之上，相反，每一个参与国都相信，如果能够钉住自己的货币，那么本国的经济福利就会得到提高，因为其货币价值的不确定性将更低，各国政府和英国之外的企业将能够以更优惠的条件在世界上最重要的金融中心——英国——借款。

英国是世界上第一个将自己的货币同黄金挂钩建立平价的国家，1697年，皇家造币厂（Royal Mint）将英镑的平价设定为每盎司黄金为3英镑17先令10便士。1793年，美国第一届国会的第一个法案就确立了美元的平价为每盎司黄金20.67美元。英国和美国在其货币和黄金之间建立平价后，各自货币的汇率也就由其铸币平价确定了（根据两个国家硬币黄金含量的不同进行调整）。例如，英镑的美元价格等于20.67美元除以3英镑17先令10便士，即每英镑4.86美元（美国硬币的黄金含量比英国硬币的黄金含量要高一些，此为调整后的价格）。

金本位的重要特征是每一个参与的中央银行都必须以铸币平价从私人手中买入黄金，并以其平价卖出黄金。实际上，中央银行的黄金购买价格略低于其平价，而销售价格略高于其平价，平价与这两个价格之间的差别［有时候被称为金点（gold points）］补偿了中央银行在买卖黄金过程中的交易成本。如果英国出口商从其外国客户的支付中获得了黄金，它们就可以将这些黄金卖给英格兰银行，而英格兰银行将会用新创造的货币进行支付。作为同一交易的一部分，英国的货币供给以及英格兰银行的黄金储备增加了。相反，当英国进口商从英格兰银行手中购买黄金，用于向其外国供应商支付时，英国的国内货币供给就会减少。

金本位的吸引力在于：只要各国坚持其货币相对于黄金的平价，那么在长期中，消费价格水平就会非常稳定（短期中有可能出现波动），这就是回归这类安排对于杰克·坎普［Jack Kemp，他曾经是布法罗比尔橄榄球队（Buffalo Bills）的四分卫，后来在1996年和2000年两次被共和党提名为总统候选人］和罗恩·保罗（Ron Paul，2008年共和党总统候选人）具有诱惑力的原因。1900年美国消费价格水平是1800年时的2/3——尽管在这一期间价格水平曾经出现过波动。美国消费价格水平在19世纪50年代出现了适度上涨，随后在内战期间差不多翻了一番——但美国政府在战争开始之初就已经暂停用美元兑换黄金。战后，价格水平缓慢下降。在涉及大量银行倒闭的历次金融危机中（1847 年、1873 年、1884 年、1890 年、1893 年、1907 年都曾经爆发金融危机），价格水平不断下降，但每年的降幅通常不会超过 3% 或 4%。

在金本位下，市场力量——一系列看不见的手——会自动并且同时回答两个重要的问题：在各个国家中，国内货币供给增长的速度应该有多快？对作为一个整体的所有国家来说，其货币黄金供给增加的速度应该有多快？金本位的“游戏规则”假设：用黄金的流入衡量，当一国拥有收支盈余时，其国内货币的供给就会增加。相反，当一国拥有支付赤字时，其黄金储备和货币供给都会下降。汇率安排和货币政策是一致的，永远都不会出现国内货币供给增加过快导致中央银行黄金储备因进口大幅增加而被耗尽的风险。

恢复到令人满意的收支平衡的调整过程集中于提高那些黄金储备量和货币供给增加的国家的价格水平，并且降低那些黄金储备量和货币供给减少的国家的价格水平。这两类国家的居民从那些价格不断上涨的国家购买的商品数量减少了，而从那些价格不断降低的国家购买的商品数量不断增加。对这两类国家生产的商品需求量的变化将会降低收支不平衡，并且减少黄金的流入。

只要黄金不断流入，那么在买入黄金的国家中，价格水平就会上升，而在卖出黄金的国家中，价格水平就会下降。在黄金流入减少到在长期中（直到遥远的未来）都可以持续的水平之前，各国价格水平之间关系的变化将会延续。

市场力量还决定了中央银行、商业银行和个人组合黄金持有量的增长速度。在任何时期内，黄金的生产量都取决于中央银行的买入价格和采矿企业发现并生产黄金而发生的成本之间的关系。只要采矿企业继续生产，每一家中央银行的黄金储备就都可以在同一年中增加，但增加的速度不同。19 世纪 50 年代在加利福尼亚发现黄金后，以及 19 世纪末在加拿大的育空（Yukon）、阿拉斯加和南非发现黄金后，黄金储备量的快速增加导致了国内货币供给以及全球范围内消费价格水平的提高——但年度增长率较低。

当黄金供给的增长远远快于需求的增长时，价格水平就会提高。随着价格水平的提高，采矿成本也会增加，生产者将会受到成本增加而销售价格（即法定平价）不变的双重挤压。黄金持有量的增加将放缓——而各国的货币供给也将放缓。

当货币需求的增长远远快于供给的增长时，中央银行的黄金储备就会下降，而价格水平也将下降，采矿成本将会降低，而采矿企业将会发现生产更多黄金是有利可图的。货币供给会更快速地增加，消费价格水平的下降将受到抑制。

金本位的吸引力在于：黄金生产量的变化和消费价格水平的变化是稳定的、自动修正的系统的一部分。金本位自动、无个性特征（anonymous）、一致的属性吸引了无数的支持者，因为它限制了各国货币的增长。

5.2　实践中的金本位

在实践中，金本位并不像教科书中所描述的模型那样完美。黄金供给量的变化反映的通常是新金矿的发现以及提炼工艺的创新，而不是消费价格水平和采矿成本的变化。每当一次冲击造成货币黄金储备量发生变化时，这一模型自我修正的特性就开始发挥作用。由于不同国家货币供给的变化并非遵循模型提出的固定不变的、机械式的联系，这些特性会受到削弱。

另外，在 19 世纪的战争期间，货币供给的增长受到管制，以便为政府支出融资。但是，国家在战争期间暂时停止兑换并不能成为批评金本位的理由。价格水平的稳定性再加上快速的经济增长，使得很多分析人员都支持金本位这一安排。

与第一次世界大战相关的一些发展降低了金本位模型的重要性。在英国、法国、德国和中欧地区，民族主义（nationalism）是一股强大的力量。当时，各国中央银行对其货币政策进行管理，以便为其国家的战争行为进行融资。尽管经济距离的成本不断下降，但国际货币安排的凝聚力已经被瓦解了。

面对更加快速的货币供给增长，每个国家的价格水平都在提高，但有些国家的增长速度要快得多。20 世纪 20 年代初，美国和英国的价格水平差不多是 20 世纪前 10 年的 2 倍，而法国的价格水平差不多是原来的 4 倍。更高的价格水平意味着对货币和黄金的需求增加，而且由于生产成本更高，黄金的生产量较低。

20 世纪 20 年代初，人们对刚刚出现的黄金短缺十分担心。没有哪个国家愿意接受其国家价格水平的大幅下降，而这是回到战前黄金平价所必需的——也没有人认为中央银行会支付比战前高得多的价格购买黄金。但是，如果要满足对国际货币的需求，则或者黄金相对于各国货币的价格必须上涨，或者开发出黄金的替代品。

第一次世界大战造成了美国绝对经济实力和相对经济实力的大增，部分原因是美国各地区经济之间的联系更加紧密。另外，美国躲过了物质破坏和战后降临到几乎所有欧洲国家头上的金融风暴。第一次世界大战后，美国的经济规模差不多同排名其后的10个国家经济规模的总和一样大——这种在全球经济中的主导地位是英国从来也没有达到过的。

5.3 20世纪20年代和30年代的货币安排

20世纪20年代的政策制定者希望重新回到金本位，他们希望将各自的货币以战前占主导地位的平价钉住黄金。他们担心黄金出现短缺，因为较高的成本会造成年生产量的减少，而需求将会增加，因为欧洲一些新建立的中央银行将要购买黄金。最后，黄金作为商品的需求也会不断增加，因为与白银的价格（其价格随着价格水平的普遍上涨而有所提高）相比，黄金的价格较低。

金汇兑本位制（gold exchange standard）的实质在于维持金本位的特征，同时降低对黄金的需求。中央银行将会持有以英镑、美元和其他货币标价的资产，作为其国际储备资产的一部分——战前这一活动就开始了。个人和企业将受到激励以减少其黄金持有量。

在第一次世界大战结束后的几十年中，货币问题以3个主题为核心：民族主义、国际货币的缺乏，以及经济实力向美国的转移。20世纪30年代，国际贸易快速减少，主要是因为进口关税和贸易壁垒的提高，这又反过来造成了根据各国价格水平的不同增长对国际金融安排——不同国家的货币平价以及形成国际储备资产的机制——进行调整的失败。

20世纪20年代初，英镑、法郎、德国马克以及差不多所有的欧洲货币都是浮动的，其中大部分都相对于黄金和美元贬值。浮动汇率安排被看成是暂时的，因为大多数政府都希望以战前的黄金平价重新钉住其货币。但是，只有当国内价格大幅下降——或者美国的价格水平大幅上涨时，这一目标才能实现。没有哪个国家愿意采取降低其价格水平的政策以使回归1913年平价成为可能，而美国也不愿意提高自己的价格水平以促成必要的调整。

到20世纪20年代中期，大多数欧洲货币再次钉住黄金。英镑、瑞士法郎以及少数其他货币（这些国家在战争中保持中立）根据1913年的平价钉住黄金。越来越多的货币相对于黄金和美元大幅贬值——例如，法国法郎在1913年可以兑换0.183美元，而到1926年只能兑换0.039美元。

这一钉住汇率体系共同实施了几年的时间。但是，保持这一安排可行的各种要素之间存在着太多的不一致。英镑可能被高估了 15% ~20%，英国的价格水平没有充分下降到再次获得贸易盈余的水平。相比之下，由于在 1924 年和 1926 年遭受了几次投机冲击，法国法郎因其价值下降而被高估了。

20 世纪 20 年代末，随着农产品价格急剧降低，阿根廷、智利和其他主要农产品生产国都经历了出口收入的大幅下降，由于其黄金储备被耗尽，这些国家不得不停止钉住其货币。随后，1931 年 5 月，奥地利也不再让先令钉住黄金，因为它为了吸引外国资金而采用的高利率造成了如此多的破产，以至于维也纳最大的商业银行也破产了。1931 年 7 月，德国出于差不多同样的原因也不再钉住马克：维持平价需要其中央银行保持很高的利率，因而造成了大量的失业。后来，1931 年 9 月，英格兰银行停止钉住英镑，英镑大幅贬值。

1933 年 3 月，富兰克林 · 罗斯福（Franklin D. Roosevelt）当选总统后，美国政府立刻停止将每盎司黄金价格固定在 20.67 美元上，以减少对银行的挤兑，并降低其他银行倒闭的可能性。直到 1934 年初 35 美元的新平价确立之前，美元在外汇市场上都是浮动的。1936 年，黄金相对于法国法郎、瑞士法郎、意大利里拉、荷兰盾的价格上涨。在 6 年期间，黄金相对于几乎每一种货币的价格都上涨了大约 70%。20 世纪 30 年代末货币价值的排列顺序（alignment）与 20 世纪 20 年代末的顺序没有太大的差别。

20 世纪 30 年代，工业化国家——英国、美国、法国、荷兰、瑞士——货币贬值的后果类似于多米诺骨牌倒下一样。由于维持其建立的平价的利率导致国内失业水平很高，所以每一个国家都使其货币贬值。各国都担心，有可能造成更高水平失业率的代价更大的货币政策会导致黄金的大量外流。

有些国家试图通过提高关税和其他减少进口的措施来刺激国内的就业。每一个国家都希望通过降低自己的产品在外国市场中的价格、提高外国产品在国内市场的价格来输入工作岗位。当国内失业水平很高时，没有一个国家愿意输出工作岗位。世界经济体系在更高的贸易壁垒下分崩离析，出口量大幅下降。

5.4 布雷顿森林协定

20 世纪 30 年代货币和贸易安排的崩溃表明，世界需要一个能够让各个国家遵循的制度框架，这一框架要能让它们实现其国内就业目标。第二次世界大战期间，美国和英国牵头开发一个可以降低各国采取保护主义政策可能性的国际协定。

这一协定［被非正式地称为《布雷顿森林协定》（*Bretton Woods Agreement*），因为1944年7月最终的磋商是在新罕布什尔的这一山区度假胜地举行的］的两个主要组成部分之一——国际货币基金组织协定的条款——是一系列规则或限制条件，旨在指导其成员国在干预货币市场时的行为。这些规则要求每一个成员国都要确定其货币相对于美元或黄金的平价，并且限制了该国改变这一平价的能力。这些规则旨在避免各种货币不必要的平价变化，而平价的变化应该以有序的方式发生。这些规则的原理——基于对20世纪30年代的经验做出的解释——是：一旦一个国家不再承诺保持其货币的平价，其中央银行可能会控制其货币的价值以增加国内就业——以牺牲其贸易伙伴的利益为代价。

这一协定的第二个主要组成部分是建立一个由成员国货币——美元、英镑和法国法郎以及其他所有成员国的货币——构成的共同基金。这样，国际货币基金组织就可以变成像一国中央银行那样的"最后贷款人"（lender of last resort），它可以把这些货币借给一个成员国，以使它能够为支付赤字融资，特别是在赤字是由周期性因素（包括出口价格的下降）造成的情况下。能够得到这些货币有望降低一个拥有支付赤字的国家对其货币进行贬值的可能性。

平价改变程序的规则以及各国货币的资金池是这个一揽子计划的一部分，人们相信，如果能够确保借到外汇来为支付赤字融资，那么一个成员国就更有可能接受对改变其货币平价的限制。

5.5 对国际货币基金组织安排的压力

国际货币基金组织协议的主要缺点之一是：当平价变得不恰当的时候，没有一个诱导其发生改变的机制，事实证明，这对于拥有持续、高额国际收支赤字的国家来说尤其重要。第二个缺点是：没有一个机制能够保证国际储备资产的供给会不断增加，以满足需求的增加。

国家货币政策强调国内目标，再加上各国不愿意改变其平价，使得布雷顿森林体系面临着越来越大的压力，特别是在20世纪60年代的后5年。货币平价的改变变得不可避免，部分原因是许多国家的中央银行遵循了有利于国内目标的货币政策。各国当局不愿意承认其货币政策对货币平价的影响：尽管它们不愿意接受能够维持其货币平价的本国价格水平的提高和降低，但它们仍然保留着金本位的外汇市场安排。国际货币基金组织规则试图最小化不必要的货币平价的变化，但实际上，平价的变化极少发生，而且延误得过久：国际货币基金组织体系的可调整平价是“黏性的”或“冻结的”。

20世纪50~60年代，国际货币供给增长速度慢于需求增长速度。这与20世纪20年代的情况十分相似——在这两个时期中，国际货币的缺乏因战争期间以及战后各国国内价格水平的提高而恶化，这导致了对国际货币和黄金需求的增加。中央银行对黄金需求的增加高于货币黄金库存的增加。结果，各中央银行只能通过从其他国家手中购买黄金才能满足其对黄金的需求。20世纪50年代至70年代，美国向外国中央银行特别是欧洲的中央银行销售了大量黄金，其黄金持有量从230亿美元下降到110亿美元。

增加中央银行黄金储备的一个可选方法是增加以美元、英镑和其他主要货币标价的短期证券的持有量——从本质上说是金兑换本位制（gold exchange standard）。如果一个国家实现了国际收支顺差，那么它就可以增加其具有流动性的美元证券的持有量——但西欧国家和日本购买美元证券意味着美国会出现支付赤字。外国持有的美元证券从1950年的80亿元增加到1970年的470亿美元。

5.6 20世纪50年代和60年代的美国支付赤字

20世纪50年代末及整个60年代，美国当局采取了一系列措施以减少美国的支付赤字。美国政府援助的外国接收者不得不将这些钱花在美国商品上，尽管其他国家的商品更便宜。美国政府机构被要求购买本国生产的产品，除非类似外国商品的价格更低，最初要求低6%，后来要求低12%，再后来要求低50%，而美国军队也开始将密尔沃基的啤酒运到慕尼黑。美国居民购买外国证券要征税，最初征收1%，后来提高到2%。美国的企业和金融机构购买外国证券在1965年时要接受“自愿的”管制，到1968年，这一“自愿的”管制变成了强制性的。美国采取了一些措施以增加来自外国人的收入，如美国的航空公司为访问美国的外国旅行者提供特殊的低价格。德国和其他几个国家也被说服从美国购买更多的军事装备。

通过一些“不正当的途径”，这些措施有效地使美元贬值，因为美国购买外国商品和证券的税收以及其他壁垒提高了美国居民购买这些物品的价格。单独来看，这些措施降低了美国为购买各种物品的对外支付。但是，美国年度贸易赤字仍然很高。对美国贸易赤字居高不下存在着很多解释，包括美国进口英格兰威士忌、法国白兰地和德国啤酒的数量增加，美国在西欧和东南亚的军费开支增加，以及美国的汽车和钢材出口减少。另一种解释是，作为一个整体，其他国家希望以每年20亿~30亿美元的速度增加其国际货币储备——美国不得不对其收支差额进行调整，以满足其他国家增加储备的需求。当这些国家的收支顺差远低于其目标时，它们就会采取措施增加收入或减少支出。这样，美国采取的减少其收支逆差的措施被其他国家采取的维持其收支顺差的措施中和掉了（如图5.1所示）。

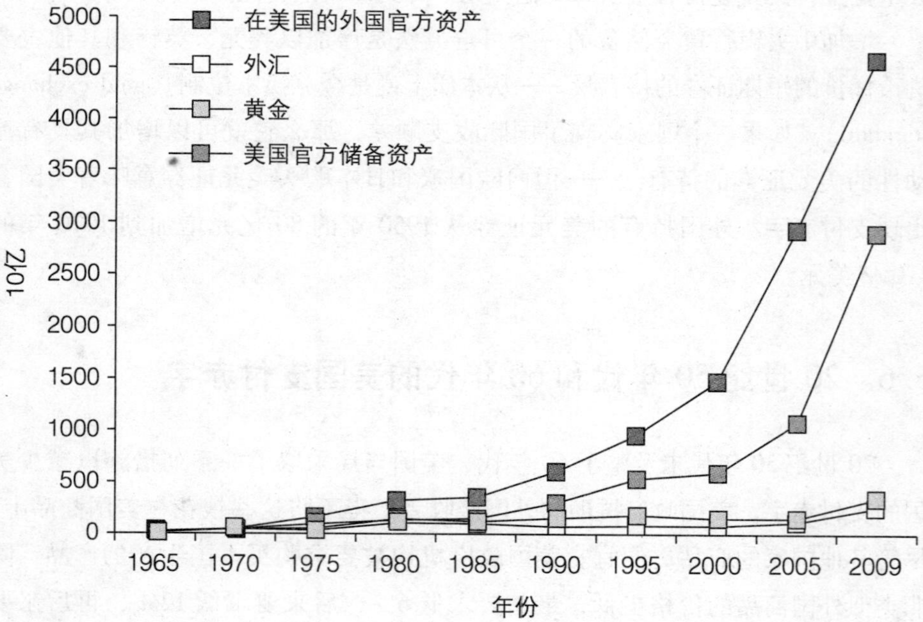

图5.1　1965~2005年美国国际货币头寸（10亿美元）

资料来源：International Financial Statistics.

这样，美国的进口和出口需要进行调整，以使美国的支付赤字等于其他国家希望达到的支付盈余。因此，直到20世纪60年代末，美国的支付赤字都是“输入的”，是对美元证券和黄金需求持续坚挺的结果。原因是：如果德国、日本、法国、意大利和其他国家增加其黄金和美元证券的储备，它们就不得不令其产品的价格低于美国产品的价格，这样才能实现支付盈余。同时，我们不可能找到一个认为自己的支付盈余过大的国家。这些国家的银行家和政治家不愿意承认这样一个事实：美国的支付赤字不断增加，使得作为一个整体的其他所有国家的收支得以平衡。

美国可以提供美元证券，以满足其他国家无限制的需求，实际上，美国的国库券和银行的存款是用不完的（美国的国家利益或体系的利益能否通过持续销售这些票据和存款而得到满足是一个不同的问题）。美国向外国中央银行供应黄金的能力是有限的，美国财政部每向外国中央银行销售10亿美元的黄金，其黄金储备就会减少10亿美元。美国政府面临的困境在于：在设计收支平衡的政策时，它无法区分哪些国家愿意增加美元证券的持有量，哪些国家希望增加黄金的储备。

20世纪50年代和60年代的大部分时间（可能直到1967年甚至1968年），外国的美元持有量不断增加，而美国财政部的黄金储备则不断下降，这不是因为美国的商品太昂贵或者外国的商品太便宜，而是因为外国中央银行希望增加其国际储备资产的持有量。美国是国际货币的主要来源。但是，美国不可能在不引发支付赤字的情况下向外国中央银行销售美元和黄金。

5.7　对持久收支失衡的政策回应

世界范围内黄金短缺的含义是：与黄金的生产成本相比，中央银行正在以过低的价格买卖黄金。对于此类黄金短缺，一个解决方案是提高黄金相对于所有货币的价格。黄金生产将会受到刺激，每年的开采量将会增加，黄金产出的价值由于金价更高、年产量更大的双重作用而以更快的速度增长。对黄金的私人需求将会减少，因为黄金相对于其他所有商品和证券来说都更加昂贵，大部分新生产的黄金将会被各国中央银行购买。通过这种方式，欧洲的中央银行将能够满足其对黄金的需求，而不必从美国财政部购买黄金。相反，它们可以从南非、俄罗斯和其他黄金生产国购买。在某一价格下——50美元、70美元或者100美元——每个国家都可以在不要求美国财政部出售黄金的情况下满足其对黄金的需求。

如果黄金的货币价格保持不变，那么只有在对黄金的需求下降的情况下，黄金短缺才会消失。减少需求的一种方式是降低外国中央银行购买美元的数量，这会导致它们对黄金需求的减少。

美国当局采取了一些措施来减少外国政府和中央银行对黄金的购买。美国财政部部长说服其他国家的财政部长不要购买黄金。美国军队在欧洲驻军的数量与德国承诺不购买更多黄金联系在一起。美国财政部开发出了以德国马克、瑞士法郎和其他外国货币标价的新证券，以期外国中央银行会发现这些证券是黄金的更有效的替代品。

到1965年，美国政府开始认识到，对美国支付赤字居高不下的一个更令人信服的解释是其他国家增加其黄金和美元证券持有量的要求。因此，美国支付赤字就是系统性的，并且反映了国际金融安排的不足之处，而不仅仅是美国特有的问题。设计新的制度安排，以使外国政府和中央银行能够在不必强迫美国年复一年地出现支付赤字的情况下满足其对国际货币的需求，这一工作十分复杂。拥有支付盈余的国家不相信美国持久存在的年度支付赤字是体系的一个问题，而是认为这些赤字反应了美国货币和财政政策的处置失当。另外，一些国家——法国、荷兰、比利时、瑞士、意大利和德国（最后两个国家程度较轻）等——喜欢持有黄金作为一种国际储备资产。它们赞成在全球范围内提高黄金价格。

5.8 “纸黄金”与特别提款权

美国政府希望国际货币基金组织创造一种能够满足其他国家对国际货币需求的证券。这种证券俗称“纸黄金”（paper gold），它具有黄金的货币属性，但不具备其物理属性——它不会发光，也不用提纯。每年纸黄金的生产量通过政治谈判来决定。在美国的支付赤字大幅下降之前，欧洲国家的政府——特别是法国政府——不愿意接受美国的这一动议，但难题在于：在外国对国际货币的需求下降之前，这一赤字是不可能显著下降的。

美国的观点逐渐占了上风，人们签署了一份国际协定，以便为生产新的国际货币做准备，在国际货币基金组织的框架内，这种新货币被称为“特别提款权”（Special Drawing Rights，SDRs）。1970～1972年间，大约有相当于

100亿美元的"特别提款权"被生产出来。如果没有任何重大冲击，"特别提款权"安排或许能够成功地满足系统对国际货币日益增长的需求。但是，越南战争以及美国和其他国家通货膨胀率的提高意味着"特别提款权"在可操作之前就变得不重要了。

5.9　越南战争对货币造成的影响

20世纪60年代末，具有讽刺意味的是：就在欧洲人开始接受他们对支付盈余的需求可能与美国持久的支付赤字有关（甚至可能是造成这种赤字的原因）这一观点时，美国支付赤字产生的原因发生了变化。1969年，美国的赤字增加到60亿美元，大约相当于1968年的2倍。美国军队在海外的支出大幅增加——而且更重要的是，美国的价格水平以更快的速度提高。随着美国的收入和价格的提高，美国对进口的需求也不断增加。德国和其他几个国家第一次得出结论：它们的支付盈余太多了——这意味着美国的支付赤字不能再用其他国家对支付盈余和国际储备资产的需求来解释。

美国希望其他国家主动恢复收支平衡。当一两个国家的国际货币持有量的增长速度超过期望的速度时——在一个超过100种货币的世界中，这并非不可能发生——这些国家就会出现货币问题，它们可以通过对其货币进行重新估值或采取其他措施以增加其国际支付与国际收入的差额来解决这些问题。20世纪60年代以来，德国和瑞士多次出现这种情况，1969年，加拿大和日本也出现了这种情况。当一个或两个国家拥有过度庞大的支付盈余时，并不能说明美国就应该限制其向所有其他国家的支付，就像20世纪60年代大部分时间它所做的一样。但是，当许多国家同时拥有过度庞大的支付盈余时，美国政府就更应该努力减少其支付赤字。

5.10　货币价值的变化

欧洲国家的政府处于一种微妙的位置。它们希望美国减少其支付赤字。它们可能会威胁利用出售其部分美元证券获得的资金来购买美国财政部的黄金。许多中央银行最初购买这些证券，是相信美国财政部将会以35美元的价格向它们出售黄金。有几个国家可能从美国财政部购买了少量的黄金——每次1000万美元或2500万美元。但是，德国、法国、意大利和日本实际上并不能用美元兑换黄金。欧洲人将美元兑换成黄金的威胁不再可信，因为到那时美国财政部可能会停止出售黄金。

从1969年到1971年夏天，事实越来越清楚，货币平价的排名将发生变化，根本问题在于美国或欧洲国家和日本是否会在改变排名中采取主动。德国在1969年10月对马克进行了重新估值。加拿大在1970年6月停止钉住其货币。从1970年末到1971年初，针对美元的投机压力越来越大。但人们不清楚哪个国家会率先调整平价排名，以及这种调整何时发生。

1971年5月，德国和荷兰允许其货币浮动。瑞士将其货币升值5%，奥地利对先令进行了同一幅度的升值。但是，投资者并不满意，他们继续将数以十亿计的美元证券转换成以德国马克、英镑、瑞士法郎和日元标价的证券。

5.11 美元的贬值

这场因货币价值失调导致的危机在1971年8月进入关键阶段。美国国会的国际金融专家建议黄金的美元价格应该略微上涨——即美元应该贬值。投机压力大幅增加，资金从美国流向主要的外国金融中心的速度提高。终于，在8月15日，尼克松总统宣布美国财政部将暂停黄金的销售（一旦1972年11月之前35美元的平价明显不再可行，在1972年大选之前尽可能继续暂停黄金的销售就符合尼克松总统的国内政治利益）。

尼克松政府并不相信关闭美国财政部的黄金窗口会自动导致各国货币黄金兑换价格排序的改变。大多数其他国家都不愿意让其货币升值，因为这会对生产出口商品的企业的利润与工作岗位造成不利影响。美国政府也采取了措施，对所有进口商品征收10%的附加税，以提高这些商品在美国的销售价格——也就是为了减少美国人购买这些商品的数量。美国政府官员声称，在货币平价重新协调、针对美国出口商品的歧视性贸易壁垒得以降低、欧洲和日本同意就“新国际货币体系”进行谈判之前，这一进口附加税将持续征收。欧洲和日本停止将其货币钉住美元，这些货币随后出现了贬值。

20世纪70年代的货币历史大都是因为1968年或1969年——当时美国的通货膨胀率开始加速上涨——未能及时改变平价的排序而造成的。由于这一延误，美国在1969年、1970年和1971年遭遇了400亿美元的累积支付赤字，而其他国家作为一个整体则拥有400亿美元的支付盈余——这造成了它们的货币供给快速增加。

大部分历史都拥有一种“如果……会怎么样”的特性。如果美国政府在1961年或1962年将黄金的美元价格提高到70美元甚至100美元，那么美国在20世纪60年代的大部分时间里支付赤字就可能会较低，有可能低得多。同样，如果美国政府在1969年或1970年主动调整货币价值的标准，那么拥有支付盈余的那些国家的收支不平衡和货币供给的增加将会小得多。如果货币的重新排序能够更早地实现，那么20世纪70年代的通货膨胀就不会那样严重。

5.12　各国货币对策与《史密森协定》

美国黄金销售的暂停是不可避免的，但10%的附加费却并非如此。征收附加费时，大部分国家都处于衰退之中——与20世纪30年代的情况一样，这些国家发现通过增加出口而输入工作是有吸引力的。但是，为了做到这一点，它们只能保持其货币被低估。在20年中的每一次防止“以邻为壑”政策的能力测试中，布雷顿森林体系都失败了。

两个纠缠不清的问题使得1971年下半年货币价值的重新排序变得十分复杂。第一个问题是：欧洲和日本的货币是否应该围绕着美元进行重新估值，而美元仍然以35美元的价格钉住黄金，或者黄金的美元价格应该提高。第二个问题关注的是各国货币相对于美元的价值的调整量。第一个问题涉及政治问题，第二个问题涉及经济问题。

在美国—法国关系的背景下，政治方面的问题很明显。如果美元相对于黄金贬值，那么尼克松总统在美国选民心目中的地位就会下降，而如果美元被从国际货币协定的中心地位赶下来，那么蓬皮杜总统（President Pompidou）就会赢得戴高乐主义（Gaullist）追随者的支持。黄金和其他货币的美元价格上涨10%或15%对黄金的产出只会产生适度的影响，但这样的上涨会为蓬皮杜赢得更多的支持者。

经济问题涉及货币价值调整对各国企业竞争地位的影响。在日本对日元设定一个较高的价值之前，德国不愿意为马克设定较高的价值。德国人希望确保日元的调整幅度高于马克，这样在国际出口市场上，德国生产商才能比其日本竞争对手占据更有利的地位。而在马克的汇率确定之前，法国也不会为法郎设定一个新的价值。

1971 年 12 月中旬，各国就重新调整货币价值达成了一个协议：美国提高黄金的美元价格 8%，达到每盎司 38 美元，其他国家也要调整其货币相对于美元的平价。日元在 1971 年 5 月的平价基础上调高了 17%，德国马克调高了 14%。

这样，《史密森协定》——“历史上最伟大的货币协定”——可能已经解决了与越南战争相关的通货膨胀造成的失衡问题，但并没有解决黄金短缺问题，也没有解决各国货币政策与货币安排的不一致问题。尽管人们认为需要一个新的货币体系，但对这一系统的关键特性没有达成一致。

新的货币安排必须从根本上适应经济现实。大多数国家更喜欢钉住汇率安排，而不喜欢浮动汇率安排，以降低与国际贸易和投资相关的不确定性。某些大国可能更愿意允许其货币浮动，因为它们不希望自己对最适当货币供给增长率的选择受到维持某一平价的限制。越来越多的国家优先考虑独立的货币政策，然后再通过改变对增加或减少国际支付的控制来根据外部干扰进行调整。人们普遍认为，美元的国际作用将会削弱——这是降低美国经济影响力的一种委婉的说法。新的体系将以某种形式的多边谈判和协商建立起来。

1972 年 6 月，对英镑的投机性攻击迫使英国当局停止支持其货币，这立刻使英镑贬值到了《史密森协定》之前的平价。1973 年初，针对美元的投机不断增加，在不到一天的时间里，原联邦德国中央银行就买入了 60 亿美元以维持其平价。德国货币当局担心他们会丧失对其货币供给增长的控制，因此停止钉住马克。其他国家也紧随德国的步伐。

一个新的史密森风格的协议实际上是不可能的。尽管各国货币当局可能会致力于一系列新设定的货币平价，但很少有投资者会相信这些平价是可靠的——各国货币当局将为保证这些平价可行而付出代价。

从 20 世纪 70 年代初开始的美元相对于欧洲货币和日元价值的变化比预期的更剧烈。德意志银行、日本银行和其他中央银行在外汇市场上进行了广泛的干预，以限制各自货币价值的波动。具有讽刺意味的事情之一是：与货币被钉住时相比，货币浮动时，中央银行购买美元证券的数量要多得多。尽管存在着广泛的干预，美元相对于德国马克、瑞士法郎和日元的价格还是改变了差不多 50%。

5.13 EMU[①] 不是鸟——但欧元是货币

20世纪后半叶的特点之一就是在德国、法国、意大利和其他欧洲国家之间达成的一系列协议，这些协议使得这些国家的经济进一步一体化——这是对降低经济距离成本（costs of economic distance）的响应。首先是欧洲煤钢共同体（European Coal and Steel Community，ECSC），然后是欧洲经济共同体（European Economic Community，EEC），它们采纳了共同的农业政策、共同的对外贸易关税，并消除了针对成员国内部贸易的关税和其他壁垒。多年来，成员国的数量增加到了25个，其中大多数是以前的中欧国家，包括斯洛文尼亚、斯洛伐克、捷克共和国、波兰和匈牙利。这些国家付出了越来越多的努力以整合各国的产品和服务市场，包括一个国家的专业资格在其他国家也可以得到认可。

20世纪70年代、80年代、90年代期间，大多数欧洲货币的价值共同提高或降低，这是由两个原因造成的。一个原因是：造成这些价值变化的很多冲击来自于美国，包括美国通货膨胀率的变化以及美元证券利率的变化。另一个原因是：大多数欧洲国家与其他欧洲国家的贸易份额不断增长。

名字改成欧盟（EU）表明一体化的决心更加坚定。参与一体化的国家的动机（不管是在国家内部还是国家之间）是不同的，有时候也有一些共性。法国和荷兰希望将德国围在一张经济、军事和其他关系构成的网中，以降低德国军队再次西进的可能性。生活在较小国家中的人常常认为他们的经济规模过小，国内市场不可能形成竞争，如果国内企业能够在更大的背景下参与竞争，那么这些国家的消费者的境况会更好。

在国际经济事务的管理中，法国将更大的、一体化的欧洲看成是对美国的制衡。在经过多年研制、提供了数以亿计的马克和法郎补贴后，空中客车公司（Airbus）已经成为波音公司主导世界大型商用飞机市场的一个不容忽视的挑战者。《马斯特里赫特协议》的签订为转向一种欧洲货币铺平了道路。法国银行、意大利银行、德意志银行和其他成员国的中央银行实际上变成了新

---

① 鸸鹋，一种大型的不能飞的澳大利亚鸟，类似于鸵鸟但是足有三趾，翅膀为灰色或棕色。此处的EMU是Economic and Monetary Union［（欧洲）经济与货币联盟］的缩写——译者注。

的欧洲银行的分支机构，这就像波士顿和旧金山的联邦储备银行是华盛顿的联邦储备体系的分支机构一样。

5.14 货币协议的未来

货币协议有两个一般特征。一个特征是限制各国货币价格变化的一揽子承诺。另一个特征是向外国中央银行借款的一揽子承诺。

这两类承诺限制了未来行动的自由。各国接受这些对其未来行动的约束，是因为它们相信自己可以从这些被其他成员国接受的约束中受益。在某些情况下，有些国家（特别是小国）接受这些约束，是因为它们感到自己受到了大国的胁迫。

《布雷顿森林条约》、《史密森协定》和《马斯特里赫特协议》涉及限制货币价值变动的努力。第二个特征是：这些协议并不会永远有效。布雷顿森林体系于20世纪40年代中期开始生效，到1971年就让位于《史密森协定》。

由于各国通货膨胀率存在着差异，因此浮动汇率安排是必要的，人们提出了一系列关于不为货币设定平价的优势的论点，这些论点推动了这种转变。自20世纪70年代初以来货币波动的数据与这些论点不符——货币价值的变化非常突然，被低估和被高估的范围比货币被钉住时要大得多。浮动汇率的支持者对这一点的嘲讽是：根据经济调整货币价值比根据货币价值调整经济更好——这种被迫的调整比货币被钉住时要大得多。

20世纪40年代，美国倡议成立国际货币基金组织的主要动机之一是：在缺乏对平价的承诺时，许多国家在管理货币价值时可能会采取"以邻为壑"的政策。国际货币基金组织协议将防止各国的货币过度贬值，并可以用来迫使各国对其货币进行升值。

自从抛弃货币平价以来，贸易失衡越来越严重，美国的贸易赤字大幅飙升。这意味着将有另一个货币协议来限制日元、欧元、人民币相对于美元的波动。

第6章

卢森堡电台和欧洲美元市场都是离岸经济活动基地

卢森堡电台（Radio Luxembourg）是作为一家商业广播电台于20世纪40年代建立的，它将向两个市场——英国和法国——超过1亿的潜在听众播出其节目。当时，英国政府和法国政府都不允许商业广播。广播是由政府垄断的，各国的节目反映了生产商——英国广播公司（British Broadcasting Corporation，BBC）和法国广播公司（Radio Diffusion Française，RDF）的官僚——认为其听众应该听些什么。或许这些政府官员正确地判断出了其听众的需求。或许吧，但可能性不大。如果他们能够做出正确判断，那就不需要垄断权力来限制公众对节目的选择。

通过生产以消费者为导向的节目来销售广告——这是一种有利可图的活动，卢森堡电台找到了一个利基市场。尽管广播信号是在卢森堡生产的，但它们是在英国和法国被“消费”的，这两个国家都不愿意对外国广播节目的进口提高“关税”或其他壁垒（当时，只有俄国和阿尔巴尼亚干扰无线电波）。无线电波的传输成本很低，卢森堡电台取得了成功。可以预见，将有无数的竞争性电台建立起来。例如，卡罗琳电台（Radio Caroline）的发送设施就安放在距英国管辖范围3英里远的一艘拖船上。

6.1 离岸基地和外部化活动

卢森堡电台是外部化活动的一个典型例子——在一个法定管辖区域生产的产品或服务在另一个区域被消费。在机场免税商店里销售酒和烟草产品是另一个例子，购买者不必因购买这些物品而纳税，因为它们将被带到海外消费。购买者不支付运输费用，也不支付进口关税（因此被称为“免税”）。华盛顿特区就是“一家免税商店”，因为在那里买酒支付的税收比在马里兰州和弗吉尼亚州购买同类产品支付的税收要低得多。两个州的居民都到华盛顿特区来买酒。将这些免税的产品带入马里兰州和弗吉尼亚州是非法的，但并没有进行严格管理，每年，税务人员都会采取一两次行动，以“非法进口”的罪名从这些州抓一些人，以希望报纸的头条新闻会阻止其他人这样做。

外部化活动的发生是因为两个不同的政府以不同的方式来管理同样的交易或活动。生产发生在税收低或管制少的地区，以满足税收较高、管制更严格的地区居民的需求。例如，美国人到墨西哥、加拿大去购买一些在美国买不到的药品。新罕布什尔州不征收销售税，那些住在花岗岩州①附近的缅因州、马萨诸塞州和佛蒙特州的居民都会到那里购物，以逃避自己所在州的销售税。

对于外部化活动来说，不同的管制是必需的，但只有在产品或服务从生产地区到消费地区的运输成本和对这些行动的壁垒加在一起小于管制成本的差异时，这些活动才会发生。

6.2 外部货币市场，以前被称为欧洲美元市场

今天，数额最大的外部交易都涉及伦敦、法兰克福、苏黎世和美国之外的其他金融中心以美元标价的银行储蓄产品，以及法兰克福、苏黎世和英国之外的其他金融中心以英镑标价的银行储蓄产品。描述这一市场的通用术语是“外部货币市场”（external currency market），而更流行的术语是“欧洲美元”（Eurodollar）或“欧洲货币”（Eurocurrency）市场。这一市场的特点是：位于某一城市的银行办公室创造一种存款，这种存款不以办公室所在国的货币标价，而是以其他国家的货币标价。这样，不以英镑标价而在伦敦创造的存款就是“欧洲美元”存款——即使这种存款以瑞士法郎和日元标价也这样称呼。

生产外部货币存款的银行就是欧洲银行（Eurobank）。每当销售以美元或

---

① Granite State，新罕布什尔州的别称——译者注。

瑞士法郎——实际上是除英镑之外的任何货币——标价的存款时，位于伦敦的银行就变成了一家欧洲银行。同样，如果位于苏黎世的一家银行销售以除瑞士法郎以外的任何货币标价的存款时，它也就变成了一家欧洲银行。欧洲银行不必坐落在欧洲。新加坡是一个不断发展的欧洲美元市场的亚洲分支，而在拉丁美洲，巴拿马城发挥着同样的职能。实际上，所有的欧洲银行都是某家大型国际银行的分支机构。

专题6.1　银行生产什么

向100位朋友提出下面这两个相似的问题：通用、梅塞德斯以及丰田等汽车公司生产什么？JP摩根大通、汇丰、德意志银行等银行生产什么？对于第一个问题，你很可能得到几乎一致的答案，而对第二个问题，你会得到各种各样的答案。每一家汽车公司都购买钢材、玻璃、橡胶、铝合金、布料和其他原材料以及某些制成品如雨刷和刹车片，这些基本物品是其生产流程的投入品。然后，这些企业对金属材料进行弯曲和冲压加工，将它们加工成不同的形状，用于生产各自品牌的汽车。各家汽车公司的材料投入差不多是一样的——当然除了设计之外。企业的名称被标注在其产品上。各家汽车公司凭借各自产品的独特性与其他公司区分开来（当然，有些批评家可能会说“它们都差不多”，但显然，这种说法是不正确的）。

现在，我们将这一对汽车行业的描述用到商业银行产业上。JP摩根大通银行和德意志银行都从政府、商业企业和家庭购买贷款和其他类型的证券，各家银行的投入品差不多是一样的，尽管其证券投资组合的构成可能不同。每家银行的产出都是其储蓄，这些储蓄都是以各银行的名义命名的。JP摩根大通创造的1美元储蓄并不是德意志银行创造的1美元储蓄的完美替代品。存单上印有各家银行的名称，而这些存单就是其产出——至少是其主要产出。

有可能让人感到困惑的一点是各家银行都为其产出——它们正在推销的东西——支付利息，这似乎有些奇怪，好像是颠倒了。银行对其存款支付的利率取决于其贷款利率和管理企业的成本，这些成本就像是其贷款利率与存款利率之间的一个楔子（wedge）。这些成本越高，银行贷款利率与存款利率之差就越大。

银行发生的成本之一是政府规制成本，包括最低准备金要求（reserve requirements）和存款保险费（deposit insurance premiums）。这些成本越高，银行能够为存款支付的利率与其从贷款和其他证券中获得的利率之差就越小。

欧洲银行业务（Eurobanking）只是商业银行的一种业务。位于伦敦的、销售美元存款的银行同时也销售英镑存款。一共有500多家欧洲银行，这些企业进行的欧洲货币交易是其国内银行业务之外的副业。在销售以美元、欧元、瑞士法郎标价的存款时，这些企业作为国内银行的声誉和信用评级决定了其竞争力。银行的信用评级越低，它为了吸引投资者购买其储蓄而必须支付的利率就越高。

一些主要的欧洲银行都是花旗银行在不同国家的中心城市（如伦敦、法兰克福、苏黎世和新加坡）建立的分支机构，其他一些则是美国银行（Bank of America）的分支机构，还有一些是JP摩根大通和德意志银行的分支机构。参与离岸货币市场是美国各家银行在伦敦的分支机构的主要活动。如果缺乏在伦敦销售美元存款的能力，那么美国的银行就不会愿意在那里维持分支机构。

位于伦敦的一家银行办公室购买和销售以美元、欧元、瑞士法郎和日元标价的贷款和储蓄似乎有些不合常理，因为看起来这家银行办公室销售以其所在国家货币标价的储蓄似乎更自然一些。各国的银行销售和购买以本国货币标价的贷款和储蓄是一种传统业务，而不是法律的要求，在大多数国家都是如此。银行可以销售以任何货币标价的储蓄，关键问题在于：个人和企业是否会以银行愿意支付的最高利率购买这些以不同货币标价的储蓄，或者他们认为这些利率太低了。

美国之外的银行销售美元存款，是因为许多国家的投资者希望购买以美元标价的存款。美元是一个记账单位——世界经济的计量标准之一——相当于加仑和米。“真正的”米——大约39英寸长的那段金属，相当于赤道和北极间距离的千万分之一——保存在巴黎附近的国际计量局（International Bureau of Weights and Measures）。法国无法阻止美国或日本使用“米”来度量距离。同样，美国政府也无法阻止位于伦敦、苏黎世和其他金融中心的银行销售以美元标价的储蓄，因为这些银行不在美国法律的管辖范围之内。因此，存在着伦敦美元存款和苏黎世美元存款，或许某一天还会出现上海美元存款。存款前面的限定词很重要，因为伦敦的美元存款受英国法规的管制，而苏黎世的美元存款受瑞士法规的管制。

英国当局没有动力去控制伦敦的美元交易（这与美国当局不同），如果他们进行控制，那么银行销售这些储蓄的成本就会提高，意味着银行对这些储蓄支付的最高利率将会降低。投资者可能会将其资金转移到苏黎世、卢森堡或其他金融中心，以寻求更高利率的美元存款。

银行早已做好准备来满足对外部化活动的需求。将资金从一个国家转移到另一个国家的成本极低。你只需要支付打一个电话的费用或传输其他电子信号的费用，就可以将1亿美元或10亿美元从大西洋的一边转移到另一边。

离岸储蓄市场不断增长的主要原因是它可以规避与创造以国内货币标价的国内存款相关的成本。不同国家对银行进行监管的范畴有很大差别，例如，美国对银行的管制比英国更加全面。另外，在大多数国家，与以本国货币标价的存款相比，以外国货币标价的存款受管制的程度较低。伦敦的美元存款不受最低准备金要求以及纽约美元存款利率上限的限制。这些存款准备金以无息存款的形式存放在联储（人们常说："存款准备金是对存款的一种税收。"当银行增加在中央银行的准备金时，其生息资产就会减少，因此其利息收入也会减少。结果，银行可以为存款支付的最高利率也会下降）。同样，欧洲银行也不需要像美国国内银行一样支付存款保险金。另外，在伦敦、苏黎世和其他主要的外部货币交易中心，适用于以本国货币标价的存款利率上限和管制并不适用于以外国货币标价的存款。

这样，在欧洲美元市场，借贷和储蓄活动就被外部化了——投资者将在纽约和芝加哥受控制的美元存款资金转移到受管制程度较低的外国金融中心，包括伦敦和苏黎世，主要目的是追求更高的存款利率。欧洲银行可以支付更高的利率，因为它们的管制成本较低。

美国、日本、德国的银行在伦敦和苏黎世设立了分支机构以从事"中介业务"——将借款人和出借人联系在一起——因为它们这样做可以避开国内对分支机构在不同区域扩张的管制。其中的法则是：如果规避管制的成本低于管制的成本，那就应该规避这些管制。

6.3 欧洲美元来自何处

2008 年底，以外国货币标价的银行存款达到了将近 450000 亿美元，而在 1961 年，这一数字为 10 亿美元。离岸储蓄中，大约有 70% 是以美元标价的，有大约 20% 是以欧元标价的。美元标价的储蓄占全部外部储蓄的比例已经出现了适度下降。离岸储蓄以每年 30% 的速度增长，比国内储蓄的增长速度快得多。20 世纪 60 年代末、70 年代初当美元证券的利率不断上升时，离岸储蓄的增长速度则更快。

伦敦是欧洲美元交易的主要金融中心。美国的外国货币存款数量很少，美国的管制使得这类交易对美国人在财务上没有吸引力，因为这些存款要提取存款准备金。

长期以来，欧洲美元都显得很神秘，没人有能够说明它们来自何方。想一想下面这个类比：一个在纽约市第五大道西边的一家银行（以下称西部银行）拥有存款的人将其资金转移到第五大道东边的一家银行（以下称东部银行）。东部银行创造的存款增加了——而且在短期内，东部银行在西部银行的存款也增加了。

欧洲美元存款的唯一不同之处在于：创造存款的银行位于伦敦，而不是第五大道的东边。如果山姆大叔将存放在纽约的 10 万美元存款转移到同一家银行的伦敦分行，那么伦敦分行就创造出了（或销售了）一笔以美元标价的离岸存款。现在，山姆大叔拥有了一笔由位于伦敦（而不是纽约）的银行创造的美元存款。伦敦分行将这张支票存储于自己在纽约一家银行的账户中。美国的银行存款总量并没有改变，但个人投资者持有的在美国的存款减少了，而在英国的存款则增加了，美国银行的伦敦分行在纽约的存款也增加了。在伦敦的美元存款数量一直在增加，在世界范围内，美元存款的总量也在不断增长。

在国内经济中，银行作为一个整体扩张其存款的能力受到中央银行的限制，而中央银行决定了银行系统的准备金基础（reserve base）［高能货币（high-powered money）的供给］和存款准备金。相比之下，外部货币市场没有最低准备金要求——也没有独立的准备金基础。每当银行提供的利率足够高从而能够吸引到投资者时，银行就会销售额外的存款。

对离岸存款没有最低准备金要求并不意味着银行可以无限扩张其储蓄和信用。离岸储蓄的增长受到投资者获得此类存款意愿的限制（这类存款要与国内存款进行竞争），这涉及离岸存款与国内存款风险和回报的对比。伦敦和苏黎世的美元存款市场是美国国内银行体系向管制比较宽松的离岸管辖区的延伸。

20世纪60年代和70年代，美国的银行迫不及待地在伦敦设立分行，因为它们希望扩大规模，并且发现在伦敦建立分行比在美国的一个州（除该银行总部所在州之外）建立分行更容易，因为美国的国内法规严格限制在其他州设立分支机构。20世纪70年代，总部设在伊利诺伊州的银行发现在伦敦设立一个办公室比在街对面设立一个办公室更容易，因为伊利诺伊州的法律禁止总部设在该州的银行在州内建立分支机构。另外，如果一家美国的银行不在伦敦或其他国外金融中心建立分支机构，它就可能将美元存款拱手让给外国银行和那些已经在伦敦和苏黎世建立分支机构的美国国内竞争对手。

如果伦敦的美元存款利率比纽约、芝加哥和洛杉矶的美元存款利率更高，那么投资者为什么要继续持有在这些城市的美元存款呢？一个答案是：美元存款的持有者并不知道伦敦的美元存款能够产生更高的收益。尽管在20世纪60年代甚至70年代可能是这样，但现在这个答案就不再可信了。另一个答案是：伦敦的美元存款面临着一些在国内不会遇到的风险，而这些风险——通常被称为“政治风险”（political risk）——可能会阻止资金流出伦敦。例如，英国当局可能会限制伦敦的银行履行其对外币存款的承诺，它们可能被告知，只有在满足X、Y、Z条件时，存款人才能取出其存款。或者，它们可能要求将外部存款出售给英格兰银行，以换取用英镑标价的存款。有些投资者可能担心美国当局会对从离岸银行流回美国的资金设置障碍。这些情况出现的概率都非常低。而且与国内存款相比，离岸银行存款带来的额外利息收入也很少。

美国货币市场资金的增长是离岸存款增长在国内的反映。那些持有这些资金的人可以用这些账户开支票（通常支票必须大于100美元），同时，其存款余额可以获得利息。

外部货币交易至少可以追溯到10世纪，当时一个国家可以伪造另一个国家的金币。对于20世纪50年代离岸存款市场增长的一个流行的解释是：冷战期间，前苏联希望持有美元存款，因为美元是为其国际交易进行融资的最有用的货币。但是，前苏联不愿意在纽约持有这些存款，因为它担心美国当局可能会“冻结”其资金，而认为伦敦美元存款的政治风险低于纽约美元存款的政治风险。

20世纪60年代和70年代离岸存款的迅速增长来自于三个因素：美元存款利率大幅上升（这使得避开华盛顿的管制更加有利可图）、跨国企业的扩张，以及总部设在美国和大多数工业化国家的银行扩张的期望。

希望将资金转移到外部市场的存款人必须决定是否要在伦敦、法兰克福、苏黎世或其他金融中心持有离岸存款。存款人根据其对政治风险的估计在这些中心中进行选择。莫斯科和圣保罗的风险似乎比较高——官僚政府管制的压力太大。尽管如此，如果利率足够高，还是会有一些投资者选择持有莫斯科美元存款，但是，创造这些存款的银行可能找不到足以产生如此高收益率的投资机会，从而无法支付高利率。

6.4 以不同货币标价的离岸存款之间的联系

以美元、英镑、欧元、瑞士法郎和其他货币标价的外部存款通过套利（interest arbitrage）而紧密联系在一起。伦敦的一家银行销售以8种或10种货币标价的存款，一般来说，银行会对不同货币提供不同的利率。例如，伦敦的一家银行可能会销售以瑞士法郎标价的存款。这家银行可能会购买瑞士法郎贷款或瑞士法郎证券，或者可能会在现汇市场上卖出瑞士法郎基金以获得美元，并购买以美元标价的贷款。为了使自己免受瑞士法郎升值而造成的损失，银行会在现汇市场卖出瑞士法郎的同时在远期外汇市场买入瑞士法郎。因此，如果瑞士法郎在远期外汇市场的价格高于现汇市场的价格，银行就会发生一笔“成本”。由于这种对冲货币风险的成本，银行能够为以不同货币标价的存款提供的利率会出现差别——远期汇率和即期汇率之差在利率上的体现。

外部货币市场将各国货币市场联系在一起。作为对利率差额和投资者估计的离岸存款风险变动的响应，资金流持续在国内和外部市场之间流动。通过提高与国内货币市场的联系，离岸美元市场的增长降低了各国中央银行的独立性。

6.5 纸牌搭起的房子?

中央银行行长和银行的管理者夜间难以入睡，担心投机者会在他们鞭长莫及的区域对其货币进行非法交易。伦敦的美元存款似乎不在美国的控制之下，因为它们存在于伦敦，而英国人对此也不关心，因为它们是以美元标价的。各国当局担心的是欧洲美元的增长在很大程度上导致了信用的扩张，并且呈一种倒金字塔形，很可能会崩溃。因此，每将 100 万美元从纽约转移到伦敦的银行 A，都可能导致欧洲美元存款的大幅增加，因为伦敦的银行 B 可能会向投资者 A 借款，并贷款给银行 C，等等。从一家欧洲银行借款的人可能会将款项存入另一家欧洲银行——或者从将款项存入一家欧洲银行的供应商处购买商品、服务或证券。结果，总的伦敦美元存款可能远高于最初从纽约转移到伦敦的数额。

中央银行行长担心对金字塔底部的冲击会造成灾难性的影响，导致这个信用金字塔彻底崩溃——也会让他们的职业生涯遭受灭顶之灾。人们常用"纸牌搭起的房子"① 来比喻这种情况。如果当局还记得欧洲银行没有准备金的要求，那么这种担忧会进一步加剧。假设银行 A 决定要求银行 B 偿还其贷款。银行 B 从哪里找到钱？或许是从银行 C。最终，体系中的某家银行必须减少向非银行借款人的贷款以得到偿还到期贷款所需的现金。如果借款人无法偿还，那么银行 C 可能就得不到现金来偿还银行 B。而如果银行 B 无法从银行 C 收款，那么银行 B 就可能无法偿还银行 A。

1974 年，当两家银行［法兰克福的赫斯塔特银行（Herstatt）和纽约的富兰克林国民银行（Franklin National）］因货币投机亏损而倒闭时，这个金字塔开始动摇。两家银行都从欧洲银行借了很多钱。人们担心的是：在这些欧洲银行中，有一些可能无法偿还存款人的存款，然后人们就会开始挤兑欧洲银行体系，而欧洲银行将不得不收回贷款以获得资金来偿还其存款人。

这种担心是不必要的，与国内银行体系一样，离岸体系也不大可能崩溃。所有的欧洲银行都是美国、瑞士、德国和其他国家大型银行的分支机构，只要国内的办公室还在营业，离岸分支机构就不会倒闭。中央银行肯定会提供

---

① house of cards，指不坚固的建筑物、安排或情况，随时有可能崩溃——译者注。

资金，以防止国内银行的离岸分支机构倒闭。然而，中央银行可能会推迟它们的援助，因为它们可能会感到自己没有责任来拯救银行，因为这些银行存在的理由就是为了逃避监管。

当局还担心，能够进入欧洲美元市场使得借款人、出借人、中介机构可以规避国内货币控制，因而降低银行法规的有效性，并造成参与这一市场和不参与这一市场的银行之间的不公平待遇。说不定在某一天会有一位聪明的创业者在离纽约5~10英里、停泊在大西洋中的一艘拖船上建立一家欧洲银行，这与卡罗琳电台十分相似，只不过是一家银行。美国居民可以将资金转移到拖船银行中，因为它提供的存款利率高于纽约和芝加哥的银行提供的利率。拖船银行在竞争中处于有利地位，因为它不受美国法规的管制。

必须对欧洲银行和外部货币交易进行管理，这种要求与时俱进，而且不可避免。英格兰银行在其法定管辖区域内对银行的外国货币交易活动进行控制，但比较宽松。美国当局要求美国银行对来自其外国分行的资金提取准备金。这些控制措施通常只适用于商业银行，因为只有这些银行才处于中央银行的职能管辖范围之内。由于管制降低了位于伦敦和苏黎世的欧洲银行业的赢利能力，因此离岸银行业务必然会转移到管制相对宽松的地区。

卢森堡电台能够满足其客户的需求，是因为官方不愿意干扰其信号，与此类似，只要存款人和借款人能够在卢森堡和拿骚①自由交易，那么欧洲银行在那里就会繁荣。只要美国当局允许美国银行的离岸分支机构以较低的法定准备金（相对于这些银行的国内机构而言）运营，那么欧洲银行就可以不断发展。如果美国当局准备增加美国银行离岸分支机构的法定存款准备金，并减少它们的国内存款，那么与非美国银行相比，这些美国银行的离岸分支机构就会处于相对不利的竞争地位。

美国政策对离岸存款增长的响应来得太迟，这使得银行可以在美国建立一些国际银行设施（International Banking Facilities，IBFs）——在这些位于纽约、芝加哥和洛杉矶的银行设施中存款不必受到法定准备金的限制。到那时为止，只有外国人有资格获得这些存款——具有讽刺意味的是，在美国的主要城市中，与美国居民相比，外国人能够得到的存款利率更高。美国当局正在歧视美国的纳税人！

---

① Nassau，巴哈马群岛的首都——译者注。

或许在某一天，世界各国会统一它们关于无线电广播和商业银行的法规。卢森堡电台将逐渐消失，欧洲银行作为一个整体规模会不断缩小，其中许多会最终不复存在。但是在今天看来，这种情况不会很快发生。中央银行当局曾经有机会尝试协调其法规以降低欧洲货币交易的激励，并试图对这些交易进行管制。这两件事它们都做过，但是，只要各种银行法规的总成本高于规避这些法规的成本，那么人们就会规避这些法规。通信成本的降低意味着避开这些法规的成本将不断下降（相对于法规的成本而言）。受管制交易的数量将逐渐减少。

第 7 章

美元和可口可乐都是品牌

货币生产业与汽水生产业一样，都是大量企业生产一种相似的产品。汽水是一种有颜色的水，里面含有一些碳酸气和一些甜味剂。一个品牌的汽水可以完美地替代另一个品牌的汽水，可口可乐和百事可乐为了争夺同一批客户而进行激烈的竞争。可口可乐、百事可乐、Dr. Pepper 和其他汽水生产企业努力让自己的产品更有吸引力，它们都设计出了大、中、小型的瓶子和大小不同的易拉罐。一旦一种产品取得成功，企业就会开发出各种衍生产品——可口可乐开发出了健怡可乐，后来又陆续开发出了无咖啡因可乐、健怡无咖啡因可乐，最后是经典可乐。

可口可乐的营销战略非常成功，其一加仑可乐——焦糖色的汽水——可以卖到 2 美元多，甚至一度超过一加仑汽油的税前价格。高税前利润吸引了很多竞争性的模仿者，这些模仿者通常会选择一个相似的名字，并试图动摇品牌领导者的市场地位。可口可乐巨大的成功催生了百事可乐。市场领导者努力使自己与竞争对手区分开来，它们通过版权法来保护自己的品牌名称。

7.1 货币的品牌

每一个国家的中央银行都生产各自品牌的货币，主要品牌包括美元、欧元、日元、英镑和瑞士法郎。在不同的政治管辖区域内，这些国家的货币都能满足同一些功能——支付的媒介、存储价值、记账单位。没有哪两个国家的货币是一样的。有一些与其他国家的货币存在着轻微的差别，但更多的货币之间存在着巨大的差别。美元和加拿大元都很好，但并不是彼此的完美替代品，在伦敦、安大略，我们很难用美元的纸币进行支付，而在佛罗里达州的坦帕市，用加拿大元纸币进行支付则更加困难。同样，韩元与日元也不能相互替代。

作为一种价值存储手段，有些国家的货币比其他国家的货币更优秀，根据一篮子可比商品进行衡量，它们的购买力下降得更小。几百年来，瑞士法郎作为一种价值存储手段拥有良好的记录，比美元和英镑的记录都要好。同样，在荷兰采纳欧元之前，荷兰盾作为一种价值存储手段的表现也非常好。

汽水行业和货币行业的类比在美国似乎不成立，因为尽管纽约和洛杉矶的超市销售许多种品牌的汽水，但大多数银行只经营美元这一种品牌的货币。在美国，几乎所有的交易都是以美元进行支付的。但是，为了便于做生意，或者是为了避开美国的货币和财政法规，有些美国企业和美国居民在伦敦、巴哈马、苏黎世持有大量的货币（参见第6章对欧洲美元市场的讨论）。更重要的是，由于美元的品牌领导者地位，外国中央银行、外国企业以及外国居民持续不断地购买美元证券。

20世纪50年代和60年代，美元是货币产业中的领导品牌。第二次世界大战后不久，美国的纸币在欧洲广泛流通，美元被认为是比大多数欧洲货币更好的价值存储手段。在拉丁美洲、欧洲和亚洲，许多企业和个人的金融财富中，相当大的一部分都是以美元存款和美元证券的形式持有的。一些拥有大量国际业务的欧洲和亚洲商业企业是以美元的形式记账的——尽管其工人的工资是以当地货币支付的。

在一些经历过高通货膨胀特别是恶性通货膨胀的国家，不动产——住宅——是以美元标价的，出售者要求用美元支付。

有些中央银行仿照“美元”的形式将其产品的品牌名称改成了“×元”以增加其吸引力，这种名称的变化有时候也伴随着包装的改变。当澳大利亚、牙买加和马来西亚从传统的英镑、先令、便士体系转换到十进制体系时，它们也将其标准货币单位重新命名为“×元”，作为对美元卓越地位的致意。但是，全世界只有一种美元，其他中央银行都试图与美国的中央银行建立一种亲密的关系。

还有一个很受欢迎的货币品牌，它对一个特定的小细分市场非常有吸引力［就像汽车中的法拉利和英格兰威士忌中的格伦利威（Glenlivet）一样］，这就是瑞士法郎。20 世纪 70 年代和 80 年代，德国马克变得越来越有吸引力，因为德国成功地实现了低通货膨胀率和马克的升值。

与生产汽水的企业一样，中央银行也销售它们的产品。生产货币和生产纪念邮票差不多。与邮票的面值相比，生产邮票的成本相对来说非常低，其主要成本是进行有吸引力的设计和开发仿制成本很高的纸张。这些彩色纸片的生产商希望公众持有其邮票，而且越多越好，它们更希望收藏家们将这些邮票放进收藏册里而不用来寄信。如果列支敦士登卖出的邮票都被用来邮寄信件的话，它早就破产了。同样，中央银行也希望公众更多地持有其纸币。

同样，旅行支票（traveler's check）——实际上，这是私人生产货币的一种形式——的生产者从其销售中赚了很多钱，因为个人购买这些无息支票的钱被用来购买生息的证券。旅行支票是现金的近似替代品，并且差不多同样有利可图。越来越多的银行和旅行社开始生产带有其自己名称的旅行支票，希望从这一行业的市场领导者手中分得一杯羹。

公众通过向政府提供产品和服务而获得由中央银行生产的货币。美国人通过向联储的所有者——美国政府——销售商品、服务和证券来得到这些由联储生产的纸币。公众对美元纸币的需求越大，美国政府不必征收收入税、进口税或其他交易税而能够获得的商品和服务就越多（美国财政部向联储销售其债券，以获得纸币，财政部就这些债券向联储支付利息，联储和利息被转移到美国财政部）。

就像可口可乐公司希望公众购买更多由它生产的汽水一样，每一家中央银行都希望公众购买并持有更多的由其生产的货币。需求越大，其产品——国家货币——的销售量就越大，必须通过征税或销售生息证券以支付政府开支的需求就越小。

每一家中央银行都有一个营销战略，以强化对各自货币品牌的需求。包装是营销战略的一部分——印刷货币时要使用两三种颜色。在美国，大部分纸币上都印有各位总统的肖像［美国第一任财政部长亚历山大·汉密尔顿（Alexander Hamilton）的肖像被印在了 10 美元的纸币上，而本杰明·富兰克林（Benjamin Franklin）的肖像被印在了 100 美元的纸币上］。在英国，在位的国王或女王被印在纸币上。在采纳欧元之前，奥地利通常将贝多芬和莫扎特的肖像印在其纸币上。

在动荡的 20 世纪 90 年代，俄罗斯人不相信卢布及其银行——他们持有美元纸币的数量同持有卢布纸币的数量一样多。据估计，俄罗斯人持有超过400亿美元的纸币，其中大部分是100美元的纸币，这一数量超过了纽约和华盛顿居民持有量的总和。1997年，美国财政部推出了一种新的、更难仿制的100美元纸币，财政部的官员担心如果俄罗斯人受到伪造的美元纸币的伤害，他们会更不愿意购买这些纸币。如果俄罗斯人没有购买这些美元纸币，那么美国财政部就不得不额外销售400亿美元的生息债券。如果这些债券的利率为6%，那么美国财政部每年要多支出24亿美元的利息。

汽水行业的包装方案是其定价策略的一部分：包装越吸引人，价格就越高。与一般商品的价格相比，名牌产品的销售价格要高得多。通常名牌产品的包装也更吸引人。在某些情况下，企业销售的是“生活方式”或自我形象，而不是一件产品，有些美国人会花费45美元购买名牌伏特加（伏特加没有气味、没有颜色，也辨不出滋味上的差别，因此在蒙眼口味测试中人们很难区分出领导品牌）。在货币生产行业，包装方案大致按照同样的方式进行设计，以强化品牌的吸引力，使得以这一品牌标价的证券利率与其他品牌相比低一些。

各国的财政部长都希望利率较低，这样就能最小化政府的借款成本。在英国，特定国库券的持有者可以参加特别的抽彩，这些证券的利率比传统证券要低一些。政府在抽彩奖品上的支出低于利息的节省。同样，持有某些美国财政部证券的人可以获得特别的税收优惠，以降低吸引投资者购买这些债券所需支付的利率①。从美国财政部的观点看，过去税收收入方面的成本低于利息支付的减少量。有些国家将国内证券的利率同黄金价格或美元价值挂钩，以增加这些证券的吸引力。所有这些工具都是营销创新，旨在激发投资者对某一货币品牌——政府生产的、与纪念邮票和棒球卡类似的物品——的兴趣。

与汽水生产行业一样，货币行业也会出现生产过剩。在汽水行业，任何迅速增加其产量的企业都可能不得不降价，否则一瓶瓶、一罐罐的汽水就会堆放在仓库里和超市的货架上。当生产的货币多于需求时，价格水平就会提高，个人可能会从国内货币转向外国品牌的货币以及其他“硬资产”（hard asset），他们相信这些硬资产作为存储价值的手段是更恰当的。中央银行可以生产更多的货币，但不能强迫个人持有超过其意愿的货币。

---

① 这一技术符合迈克尔·阿利伯第一定律：“当你购买棒球卡时，你就可以免费得到口香糖。”

7.2 各国货币品牌的市场地位

各国财政部长通常都会采取直接措施，以强化投资者对本国品牌的货币的需求。大多数政府都规定，在本国国内，只有本国货币是合法的货币，税务人员拒绝接受以外国货币支付的税收。各国财政部长不断借国家的名义对其货币进行“吹捧”。当自愿的方法无效时，强制性措施就会被采用，购买外国货币和以外国货币标价的证券会被征税，或者需要得到许可，或者被严格禁止。

与汽车和喷气式飞机的数量相比，货币品牌的数量要多得多。除了极少数国家和欧盟的大约15个国家之外，大多数国家都有各自品牌的货币，而生产汽车的国家较少，生产飞机的国家就更少。斯堪的纳维亚航空公司（Scandinavian Airlines）和墨西哥航空公司（Mexicana Airlines）会购买由波音公司和空中客车公司生产的喷气式飞机，因为与国内生产的喷气式飞机相比，这些飞机更便宜——而且肯定便宜得多。这些国家的航空公司（它们与联合航空公司、美国航空公司、达美航空公司、英国航空公司、汉莎航空公司、法国航空公司以及其他航空公司争夺顾客和利润）都不愿意承担国内生产的飞机的高成本，因为在全球市场争夺乘客的时候，它们会面临成本劣势。

几乎每个国家都坚持生产自己的货币的一个原因是：拥有本国货币看起来没有成本——至少成本不太明显。但对于大多数国家来说，拥有本国货币的决策意味着：与将其货币与一个主要国家的货币合并相比，以本国货币标价的贷款和证券的利率比较高。例如，如果加拿大打算放弃自己的货币并采纳美元，那么加拿大借款者的利率将与美元贷款的利率一致——在过去50年的大部分时间里，加拿大的利率一直高于美国的利率（只是自2004年以来，加拿大元证券的利率才低于最具可比性的美元证券的利率）。拥有本国货币意味着加拿大的贷款人在国际货币市场上具有成本劣势，因为他们的资本成本更高。当意大利采纳欧元后，意大利政府债券的利率下降了几个百分点。

实际上，20世纪70年代和80年代期间，许多加拿大公司以及英属哥伦比亚（British Columbia）、魁北克（Quebec）等省政府纷纷来到纽约发行以美元标价的证券，以减少其利息支付（如果在加拿大借款，其支付的利息会更高）。这些贷款人大多会面临外汇风险，但他们已经进行过计算：利息成本的降低将足以弥补在加拿大元贬值时的汇兑损失。从这个意义上说，对加拿大借款人收取的较高的利率是拥有本国货币的结果，对于加拿大来说，这是一种真实的成本，但是隐藏的成本，因为如果利率较低的话，有些投资项目就可以启动，但如果利率较高，这些项目就永远都不可能启动，结果使加拿大GDP的增长速度低于应有的速度。

尽管存在着成本，但大多数政府都会保留其货币，很少会有国家放弃自己的品牌，其中引人注目的例外是德国、法国、意大利、西班牙及其邻国采纳了欧元。一些国家保留本国货币的一个原因是它们想要得到这种影响力。另外，只有在拥有本国货币的情况下，一国才能采取货币政策［尽管采纳欧元的欧盟国家共同对欧洲中央银行（European Central Bank，ECB）的政策进行管理，尽管像爱尔兰、奥地利、葡萄牙等小国甚至一些较大的国家如意大利和西班牙对货币政策决策是否具有同样的影响力存在着争论］。国王和总统都希望其国民对他们的遗产感到自豪：从理论上说，他们越自豪，就越愿意纳税。

每一个政府都从拥有自己的货币中受益，因为与货币的购买力（购买产品和服务）相比，生产货币的成本——印刷钞票或发行存款——要低得多（别忘了美国财政部因俄罗斯人对100美元钞票的强劲需求而获得的利润）。这些利润是税收的一种间接形式。实际上，发行货币是对公众进行征税的一种成本较低的方式，特别是在政府的税务部门工作不力、贪腐成风、效率低下的情况下，能够生产货币使得政府领导者可以避开国会对更高税率的反对。

在市场经济中，金融证券的价格——或大部分金融证券的价格——随着供给和需求的变化而不断变化。调整价格是为了引诱个人购买这些证券。如果价格足够低，则人们也会购买风险很高的证券，如1976年宾州中央铁路公司（Penn Central Railroad）的债券和2000年阿根廷的债券。在一国之内，投资者根据他们对未来评估的变化和证券价格的变化而不断改变对短期证券、长期证券、成长型股票、公用事业股票的持有。同样，投资者也会不断比较各种不同品牌货币的吸引力。

每一种金融证券——银行票据、活期存款、政府债券和公司债券——都必须有一个品牌名称——每一个合约都规定了用某一特定国家的货币进行偿还。证券的购买者可以在12种“×元”、8种“法郎”或“克朗”以及几种不同的“元”（人民币、韩元和日元）、雷亚尔、泰铢、马来西亚林吉特以及无数其他国家货币品牌之间进行选择。投资者必须计算现在最有吸引力的货币品牌在将来是否能保持这种吸引力。他们需要对不同品牌的市场地位可能发生的改变——因此每一种货币的价值也会改变——进行认真分析。

20世纪80年代，以丹麦克朗标价的证券的利率高于以瑞典克朗标价的可比证券的利率，因为投资者担心丹麦货币有可能贬值，他们要求额外的利息收入以弥补持有以一种可能会贬值的货币标价的证券的潜在损失。如果投资者对货币价值变化的可预测性完全有信心，那么他们就会在丹麦证券和瑞典证券之间不断转移，直到以这两种货币标价的最可比证券的利率能够反映瑞典克朗相对于丹麦克朗价格的变化。如果投资者预期丹麦货币每年将贬值1%，那么他们就会买入瑞典证券并卖出丹麦证券，直到丹麦证券的利率与可比的瑞典证券的利率相比每年至少高出1%。如果人们更偏好瑞典证券，那么丹麦证券的利率很有可能会比可比的瑞典证券的利率高出不止1%。

货币品牌可以像流行歌曲排行榜一样进行排名，排名是根据类似证券（除了用来标价的货币不同外）的利率进行的。投资者对现金和旅行支票——通常不会直接带来市场收益的证券——的偏好可以从他们对以同种货币标价的长期生息证券的偏好中判断出来。例如，如果长期美元证券的利率低于英镑证券的利率，那么在货币排行榜上，美元的排名就会高于英镑。投资者将持有以英镑标价的证券，除非这些证券的利率高到足以弥补英镑的预期贬值。为了吸引个人购买英镑以及其他以英镑标价的证券，利率就必须提高——即对英镑的生产过剩进行调整。以一种货币标价的证券利率的提高发生在国际货币市场中，它与汽水市场中的降价是一样的。

在购买证券时，有些投资者似乎不在意品牌问题，许多借款人在发生新的债务时也是如此。大多数投资者购买以本国货币（即他生活的国家的货币）标价的证券。同样，大多数个人在一次次选举中都会投同一个政党的票。政治候选人的竞选活动只是为了争取10%～20%的选民，他们的偏好变化会影响选举结果。

人们对香烟和啤酒的品牌忠诚度很高——或者曾经很高。不同领域——烟草、酒、汽车、洗衣皂、牙膏、货币和政治——的生产商都需要向摇摆不定的购买者和摇摆不定的选民推销其产品。便利性、无知、货币价值的不确定性以及外汇管制解释了对国内货币品牌的偏好。但是，越来越多的投资者开始计算——或者至少是试图计算——购买以某一外国货币标价的证券的优势。与大国的居民相比，小国的居民更有可能比较外国证券和国内证券，部分原因是小国的居民实现投资分散化的机会较少。例如，与美国投资者相比，荷兰和瑞士的投资者更熟悉以外国货币定价的证券，许多美元证券都在阿姆斯特丹和苏黎世的证券交易所交易。

19 世纪的大部分时间到第一次世界大战前，英镑排在货币排行榜的前列，伦敦是世界上最重要的金融中心。与以差不多所有其他货币标价的可比证券的利率相比，以英镑标价的证券的利率最低。总部设在美国、阿根廷、加拿大的企业和各国政府发现，与用本国货币为其证券标价相比，用英镑为其借款标价的成本更低，它们得出结论：预期利息支付的减少足以弥补外汇风险，以及当其货币相对于英镑贬值时重新估值的损失。

作为与第一次世界大战相关的经济与金融事件的结果，美元取代了英镑排名在货币榜单的第一位。英国采纳了外汇控制，以防止外国借款人在伦敦销售新的证券。另外，战争期间，英国价格水平的涨幅超过了美国价格水平的涨幅，英镑证券的利率超过了可比美元证券的利率——但不足以安慰投资者。美元是第一次世界大战期间唯一坚持钉住黄金的主要货币（如表 7.1 所示）。美国金融市场为投资者提供了各种各样的证券，美国逐渐开始在国际经济中发挥最重要的作用。美元成为了越来越重要的存储价值的手段、支付手段和非美国人的记账单位。另外，大部分国际大宗商品（包括黄金和石油）都是以美元报价的。欧洲各国和其他国家的中央银行购买更多的美元证券，作为其国际储备资产的一部分。

表 7.1　　　　1970 ~ 2005 年的名义利率和实际利率

	1970 年	1975 年	1980 年	1985 年	1990 年	1995 年	2000 年	2005 年
美国								
利率	6.44	5.82	11.62	7.49	7.51	5.5	5.8	3.2
通货膨胀率	5.90	9.10	13.50	4.00	4.80	2.8	3.4	3.4
实际利率	0.54	−3.28	−1.88	3.49	2.71	2.7	2.4	−0.2
德国								
利率	8.60	5.40	7.85	5.04	8.13	4.4	4.3	2.0
通货膨胀率	3.40	5.90	5.40	2.20	2.70	1.7	1.5	2.0
实际利率	5.20	−0.50	2.45	2.84	5.43	2.7	2.8	0.0

续表

	1970 年	1975 年	1980 年	1985 年	1990 年	1995 年	2000 年	2005 年
日本								
利率	8.28	10.67	10.95	6.46	7.24	1.2	0.1	0.0
通货膨胀率	7.70	11.80	7.80	2.00	3.10	-0.1	-0.7	-0.3
实际利率	0.58	-1.13	3.15	4.46	4.14	1.1	-0.6	-0.3
英国								
利率	7.62	6.08	15.11	11.55	14.09	6.3	5.9	4.6
通货膨胀率	6.40	24.20	18.00	6.10	9.50	3.4	2.9	2.8
实际利率	0.62	-18.12	-2.89	5.45	4.59	2.9	3.0	1.8
法国								
利率	8.98	7.84	12.20	7.79	10.18	6.6	4.2	2.0
通货膨胀率	5.80	11.70	13.50	5.80	3.40	1.8	1.7	1.8
实际利率	3.13	-3.86	-1.30	1.99	6.78	4.8	2.5	0.2
瑞士								
利率	6.75	2.75	2.29	3.75	8.33	2.8	2.9	0.7
通货膨胀率	3.60	6.70	4.00	3.40	5.40	1.8	1.5	1.2
实际利率	3.15	-3.95	1.71	0.35	2.93	1.0	1.4	-0.5
加拿大								
利率	5.99	7.40	12.79	9.43	12.81	6.9	5.5	2.7
通货膨胀率	3.40	10.30	10.20	4.00	4.86	2.2	2.8	2.2
实际利率	2.59	-2.90	2.79	5.43	7.95	4.7	2.7	0.5

资料来源：International Financial Statistics.

从1915年到20世纪70年代中期，以美元标价的证券一直位于品牌排行榜的首位。曾经经历过严重通货膨胀和货币贬值的国家的货币在榜单上的排名较低，以这些货币标价的证券的利率较高。因此，以英镑、加拿大元、日元和德国马克标价的证券的利率比以美元标价的证券的利率要高。许多外国借款者都用美元为其借款标价，以降低其净利息成本。

在货币榜单上，瑞士法郎占据着一个特殊的位置，在很长一段时期内，以瑞士法郎标价的证券的利率低于以美元标价的证券的利率。出于多种原因，瑞士对投资者有吸引力——第一个原因是政治稳定，第二个原因是财政稳定，第三个原因是其实现价格水平稳定的记录好于任何其他国家。瑞士法郎一直是一种十分强势的货币，并且相对于其他货币（包括美元）不断升值，特别是在 20 世纪 70 年代初。瑞士法郎证券利息收入的税率一直很低。另外，瑞士为“来源可疑”的钱提供了一个洗钱场所。瑞士人提供这种服务所得的报酬十分丰厚，因为那些购买服务的人只能获得很低的利率。瑞士人向外国居民销售了大量的金融服务。

20 世纪后半叶，美元成为了一种身兼数职的货币。当大多数中央银行干预外汇市场以支持其货币时，它们会使用美元。自 1970 年以来，美元证券的持有量在中央银行的储备中占最大的份额。跨国企业和投资者将美元当成是一种“交易货币”（vehicle currency）：更多的交易是以美元而不是其他货币标价的。大多数大宗商品也是用美元定价的。

美元的多重金融角色是由多种因素造成的。一种因素是在世界经济中，美国的经济规模占据支配地位。几十年来，美国经济规模相当于西欧国家经济规模的总和。美国的经济波动对外国的经济具有显著影响。美国货币供给的变化对世界货币供给变化的影响很大，美元证券利率的变化对以外国货币标价的证券的利率也有着很大的影响。美元价格水平的变动对其他国家价格水平会产生很大的影响，比美国占全球 GDP 的份额所显示的影响要大得多。另外，在 20 世纪前 2/3 的时间里，美国保持着良好的金融稳定性，通货膨胀率差不多比任何其他国家都要低。最后，美国被看成是一个“安全港”（safe haven）——在军事方面和政治方面都很安全。

由于美国在全球经济中的重要地位，美元常常成为货币兑换率计价基准货币（numeraire currency），或者在美国没有参与的交易中作为记账单位。因此，国际航空公司的标价常常以美元的形式报出，在伦敦，伦敦到纽约的机票价格是机票的美元价格乘上英镑的美元价格。

这些角色说明，世界正处于“美元本位制”（dollar standard）中，就像曾经处于金本位制中一样。“金本位”这一术语的含义非常明确——各国中央银行宣布其货币相对于黄金的平价，黄金在一些中央银行持有的国际储备资产中占据最大的份额，每一个国家货币供给的变化都是黄金流入和流出的结果。“美元本位制”的含义则有些模糊不清。一个含义是：其他国家持有美元证券是出于各种各样的目的。非美国人持有大量美元证券说明了美国作为国际货币主要提供者的角色。美国输出美元证券以满足外国人的需求，就像德国输出大众汽车、厄瓜多尔输出香蕉、南非输出黄金一样。只要投资者对美元这个品牌保持着信心，那么用“赤字”来描述外国人计划之中的、自愿的美元持有量增加在某种程度上就会产生误导。

7.3 美元在榜单上的位置

英镑在货币榜单上的榜首位置被取代产生了这样一个问题：美元是否也可能失去其第一的位置。英镑被取代出于多种原因：英国的经济规模变得相对较小，而在战争期间其外汇管制措施降低了外国投资者购买以英镑标价的证券的意愿，而且英国的价格水平上涨幅度远高于美国。另外，在货币市场中，英镑价值的不确定性越来越高。

在20世纪50年代以及60年代的大部分时间里，美元的主要吸引力之一是：美国的通货膨胀率低于其他任何一个大国——至少到20世纪60年代末是这样。另外，美国金融市场拥有足够的深度、广度和弹性，因大量购买和出售而造成的资产价格的变化较小，而同等规模的交易如果发生在任何其他市场中，其对资产价格变化的影响则要大得多。外汇管制没有限制外国货币流入、流出美国——尽管从1965年就开始针对美国居民实施这种管制，以试图降低美国的支付赤字。自20世纪80年代初以来，国际金融环境的显著变化是美国成为了世界上最大的债务国。尽管这一变化的主要原因是美元证券对外国人的吸引力，但美国已经形成了巨大的贸易赤字，这种贸易赤字太大，在长期中是无法维持的（参见本书第11章对全球失衡的全面讨论）。

许多外国货币——瑞士法郎、欧元、英镑、日元、新加坡元以及巴西雷亚尔（real）——相对于美元都升值了。这些货币的升值可能是周期性的，可能是因为其相对较多的出口收入造成的，特别是那些出口基础产品（basic commodity）的国家。瑞士法郎、欧元、日元的升值反映出这些国家的通货膨胀率低于美国的通货膨胀率。

20世纪70年代末、80年代末以及2000年以后美元的贬值是否意味着美元的“波托马克河空难”[①]？以日元和欧元标价的证券的利率一直低于以美元标价的证券的利率。与过去几十年相比，20世纪70年代，以美元、德国马

---

① Afternoon on the Potomac，1982年1月13日下午，佛罗里达航空公司的一架喷气式飞机在一次猛烈的暴风雪中坠落在华盛顿特区冰封的波托马克河中，78人遇难——译者注。

克、日元和其他货币标价的证券利率显著提高，而在 20 世纪 80 年代的提高幅度更大。外国个人购买美元证券表明他们受到了这些证券不同属性的吸引。外国中央银行购买美元证券数量的增加限制或防止了其货币的升值，不过，它们或许已经购买了以某种其他货币标价的证券。

在被英镑取代之前，荷兰盾位居货币排行榜的首位。最近 400 年中，有三个国家的货币曾经占据货币榜单的榜首位置，最初是荷兰，后来是英国，再后来是美国，这些国家曾经拥有诱人的金融市场，价格相对稳定，对国际贸易和投资开放，并在各自的时代拥有主导国际经济的力量。今天，还没有哪个国家在这些方面对美国构成挑战。尽管瑞士拥有引人注目的政治稳定性和低通货膨胀率，但它太小，缺乏成为主导型国际货币所需的金融市场深度与广度。日本过于边缘化，其经济对外国人过于封闭。德国的长期货币稳定性和政治稳定性记录太差，其 20 世纪 60 年代和 70 年代的出众表现是在 20 世纪更早些时候的两次恶性通货膨胀之后发生的。似乎没有哪个国家能够像美国那样将经济规模和金融稳定记录结合在一起。但是，如果美国的通货膨胀率显著提高，投资者将寻找美元的替代品，作为价值的存储手段。

报纸都在喋喋不休地强调纽约、伦敦、法兰克福和东京作为主要金融中心的作用。东京是这一群体中的后来者，其主要优势是可供外国投资使用的巨额储蓄，以及自 20 世纪 90 年代初其资产价格泡沫破灭以来的低利率。但是，东京拥有显著的劣势——在很长一段时间内，管制限制了外国人参与日本的金融市场。其金融市场缺乏美国市场所具有的深度、广度和弹性。另外，日本允许改变其收支状况以使外国人成为日本证券净买家的可能性似乎很低，因为这意味着：到那时，日本将必须拥有贸易赤字和经常账户赤字，只有在日元大幅升值的情况下，这种情况才会发生。

在某种程度上，伦敦是东京的翻版。国内储蓄池很小。英国对于金融交易的管制一直采取“不干涉”的做法，特别是当交易涉及除英镑之外的货币时。实际上，伦敦的主要角色是一个离岸金融中心——在伦敦进行的交易更多是以美元而不是英镑标价的。与纽约相比，伦敦的主要优势在于它能“领先”5 个小时，以及它的工作时间与欧洲国家的工作时间在很大程度上是一样的。如果通过某种神奇的力量使伦敦和纽约的工作时间相同，那么伦敦的作用将打折扣，而且很可能是大打折扣。伦敦的主要作用是：在纽约闭市时，它是欧洲人交易美元证券的一个中心。

直到1968年或1969年，国际收支不平衡可以很容易地用外国中央银行对国际货币的需求和一些货币的贬值——主要是马克——而不是对美元的高估来解释。在20世纪60年代初期和中期，美元被高估的说法是不正确的，但到60年代末这种说法就成立了，因为随着美国通货膨胀率的提高，美国的支付赤字越来越大，已经无法用外国中央银行对美元证券的长期需求来解释。20世纪70年代，外国中央银行持有美元的数量大幅增加，使得人们越来越担心国际货币安排的稳定性。几个问题出现了。其中一个问题是确定外国中央银行每年购买的国际储备资产比其希望的持有量多多少，以及对防止其货币升值的承诺。相关的问题：它们每年要买入多少美元证券以限制其货币的升值？

与20世纪60年代相比，20世纪70年代外国的美元资产持有量的增加更多。在1973年许多货币开始浮动之前，外国持有美元资产的增加部分反映了美元的弱势，外国货币当局不愿意让其货币升值。20世纪70年代末，当美国的通货膨胀率加速上升时，外国货币当局购买美元证券以限制其货币的升值。矛盾之处在于：它们似乎是在购买以一种弱势货币标价的资产——以限制它进一步变弱的速度。但在20世纪80年代初，美元证券更高的利率以及预期美国通货膨胀率将会下降结合在一起，使得美元大幅升值。结果是“超级美元”（Superdollar）。外国持有美元证券资产的数量快速增加，美元被大幅高估，这一点从美国的高额贸易赤字中就可以清楚地看出来。矛盾在于：当美元处于弱势时，外国人是美元证券的大买家，而当美元处于强势时，他们仍然是美元证券的大买家。

自相矛盾之处在于：美国从世界最大债权国向世界最大债务国的转变是由外国对美元证券的强劲需求造成的。本书第11章讨论了美国对其贸易差额进行调整，以便与作为一个整体的其他国家的贸易差额相互协调。所有国家都希望拥有贸易盈余，而美国则必须提供与其相应的贸易赤字。然而，2005年、2006年、2007年和2008年美国的贸易赤字高到了无法维持的地步，因此调整不可避免——其中部分调整涉及美元贬值的可能性非常大。

现在的核心问题是：欧元是否有可能取代美元成为主导型国际货币。欧盟的经济规模与美国相当，但欧洲的金融市场缺乏美国市场所具有的深度和弹性。

美元吸引投资者的主要优势之一是美国金融市场的流动性——其深度、

广度、弹性和透明性。上亿美元美国政府证券的交易对其价格的影响微乎其微。相比之下，欧洲市场则没有与美元证券相当的证券，因为至今还没有一种由政府收税能力“支持”的欧盟证券。

美国通过成功地降低其通货膨胀率、改变美元的外币价格、改变黄金的货币角色，从而强化了美元在榜单上的位置。20世纪80年代初，作为对美国紧缩性货币政策的响应，美元大幅升值。如果美国的通货膨胀率持续低于2%，那么美元的价值出现任何显著的趋势性变动的可能性将很低，而且美元将保持在榜单的首位或前列。

关于未来黄金将扮演何种角色的决策将会直接影响美元在未来的吸引力。黄金再次成为一种储备资产的决策将会消除关于其未来角色的不确定性。美元的国际货币地位将更加稳固，因为相对于美元证券的外国持有量而言，美国的黄金持有量将大幅增加。美国财政部将能够出售黄金以交换外国货币当局持有的任何过量美元。在未来的某一时间，美国将不再需要大量生产国际货币以满足其他国家的需求。

从经验中我们可以学到一点，即具有决定性的行动可能比不断对金融安排做出小的调整更可取。为了试图消除或延迟英镑不可避免的平价变化，英国付出了极高的代价。在整个20世纪60年代，美国当局也遵循了类似的战略，以试图避免一些不可避免的变化——最初是黄金的货币价格的变化，后来是汇率结构的变化。幸运的是，美国当局不再专注于保持美元的固定价值，但对美元在国际金融安排中的独特作用却没有一个明确的观点。

实际的因素——美国经济的规模和财富——表明，美元将会继续占据榜单的首位。但是，货币因素是不确定的。未来经济管理不当会降低美元对投资者的吸引力。

第 8 章

他们发明了货币，因此他们可能会遭遇通货膨胀

100 年前，1 英里就是 1 英里，1 美元就是 1 美元，1 升水的重量是 1 千克。2010 年的千克与 1910 年的千克是一样的，但 2010 年的美元只不过是 1910 年和 1810 年美元的一个苍白的影子。

从现在开始 100 年后，作为距离和重量的单位，英里和千克不会改变（但是，随着世界上越来越多的讲英语的国家采纳米制体系，英里很可能将被废弃）。同样可以肯定的是，美元的价值将会更低，瑞士法郎和日元也是如此。尽管货币价值的度量不像光速和月球与地球间距离的测量那样科学，但度量中的误差并不是问题——地球围绕太阳公转的轨道还会改变呢。问题在于：为什么货币是为数不多的甚至唯一一种价值会不断收缩的记账单位——有时候是逐渐发生的，有时候则变化很快？的确，有时候货币对传统的商品和服务市场篮子的购买力提高了——但在近期价格水平的变化中，很可能只有不到 5% 涉及货币购买力的提高。在 20 世纪期间，价格水平显著下降只发生在第一次世界大战结束后和大萧条期间。

通货膨胀与货币供给联系在一起，而一个国家货币供给的增长受到其中央银行的管理。许多国家的中央银行都是在 19 世纪建立的，目的是降低发生金融危机的可能性和严重程度，而当时爆发金融危机的频率较高。这些中央银行最初的任务之一是保持本国货币相对于黄金的固定价格或平价（美国联邦储备体系成立于 1913 年，由于美元在此前的 100 年中一直钉住黄金，因此英格兰银行是实际上的美国中央银行）。另一项任务是通过降低“挤兑银行”的频率和严重程度来增强银行体系的稳定性。

在金本位时期，各国价格水平的长期变化很小。美国1900年的价格水平与1800年没有显著的差别，尽管在某些时期价格水平有所提高，但随后又降了下来，特别是在内战期间及内战结束后。同样，英国1900年的价格水平与1800年也没有明显的差别，其间也存在着价格上涨和回落的时期。一只（或几只）看不见的手似乎在管理着货币供给的变化，因而价格水平能够在长期中保持稳定。各国价格水平下降后通常会爆发金融危机，以及大量银行的倒闭。19世纪，美元价格水平的年均变化远低于1%，年均变化超过2%的年份很少。19世纪60年代到90年代期间，随着新土地——美国西部、加拿大、澳大利亚和阿根廷——的开放，美国批发价格指数下降了30%，更不用说粮食价格（当时它是价格指数中非常重要的组成部分）的下降了。同样，价格水平的下降平均每年也不超过1%。

20世纪，各国价格水平的变化则显著不同。美国2000年的价格水平比1900年高了将近20倍，而英国的价格水平则上涨了差不多25倍。

这是一种进步吗?

8.1　20世纪的通货膨胀

各国货币当局有时候有一种贬低其前任的趋势——它们会砍掉货币单位上的3个零，这通常发生在纸币的面值过大并且硬币被熔化（因为它们作为大宗商品更有价值）之后。1959年，戴高乐将军采纳了“重法郎”（heavy franc)：100旧法郎兑换1新法郎。1983年，阿根廷采纳了新比索，1新比索相当于1000旧比索，1985年，阿根廷重复了这一做法，令1000比索等于1奥斯特拉尔（austral)。后来到了1989年，又有3个零被抹掉了。1993年，巴西的克鲁赛罗（cruzerio）被减掉了3个零，新货币被称为克鲁赛罗雷亚尔(cruzerio real)。1998年初，俄罗斯将卢布减掉了3个零。土耳其超越了所有这些国家，2005年，它在其货币上减掉了6个零。

传统上，货币价值的降低与战时财政有关，政府通过“印钱”来向军队支付费用并购买武器。从政府的观点看，通货膨胀比被打败更好一些。20世纪的第一次通货膨胀发生在第一次世界大战期间和战争结束后，1915～1920年间，美国的消费价格水平差不多翻了一番——每年的上涨速度平均为15%，差不多与内战期间一样高。第二次通货膨胀发生在1940～1948年间，即第二次世界大战期间和战争结束后，通货膨胀率平均为7%。第二次世界大战期间的上限（ceiling）限制了价格的上涨，而那一时期的大部分上涨发生在战争结束后上限被提高之后。1950～1952年，即在朝鲜战争爆发的两年间，美国的通货膨胀率平均为5%。从1965年美国全面参与越南战争开始到1970年达到最高点，美国消费价格指数（consumer price index，CPI）平均每年上涨4%，而美国的通货膨胀率则在1970年达到最高点，接近7%。

在这四次战争中，价格水平年增长率的大幅下降表明，美国政府在战争过程中"量入为出"（pay-as-you-go basis）方面越来越成功。

20世纪内的第三次通货膨胀发生在20世纪70年代，在这10年中没有战争。美国的价格水平提高了1倍还多，1980年，年通货膨胀率达到了13%的高点。

20世纪70年代，美国、英国以及全世界价格水平的大幅上涨打破了人们对政府控制通货膨胀的能力的信心。"两位数通货膨胀"（double-digit inflation）这一新的术语出现在各大报纸的头条新闻上。美国价格水平的上涨速度与大多数战争期间的上涨速度相差无几。从几乎所有的和平时期的标准来看，1972～1975年的4年间，通货膨胀水平都是史无前例的：美国消费价格水平提高了36%，每年提高将近10%，比第二次世界大战期间的提高速度快得多。

8.2 通货膨胀从哪里来？

人们对于通货膨胀的来源存在着广泛的分歧，部分原因是他们混淆了基于关联（association）的论点和基于因果关系（causation）的论点。在商业和货币领域，每一时刻都会有许多事件发生。我们必须区分原因与定义、原因与关联、原因与结果。说通货膨胀是由价格上涨造成的就好像是说死亡是由心力衰竭引起的，尽管所有的死亡都与心脏运动的停止有关，但心力衰竭并不能排除癌症、中风和交通事故。定义并不是关于因果关系的陈述。大脑停止活动可以用来判断死亡，就像价格水平的提高可以度量通货膨胀一样，需要回答的问题是：为什么大脑会停止运转？价格水平为什么会上涨？

两个经常成对出现的事件有时候会导出一个"科学真理"或规律，仿佛因果关系可以从关联中推导出来。偏离一般趋势会导致下面的陈述："这正是证明规则成立的一个例外。"这一陈述应该这样解读："这正是证明这一规则错误的一个例外。"统计规律表明，年底时货币供给会增加，这是一个事实，

但认为货币供给的增加导致圣诞节来临就非常危险。随机观察表明，人们常常在火灾现场附近看到救火车，但只有傻瓜才会认为救火车引发了火灾，或者火灾是使得救火车停在那里的原因。

通货膨胀只会发生在一个有货币的世界中。在易货贸易的时代，相对价格会发生变化，但绝对价格的变化是没有意义的，因为没有一种记账单位来度量一市场篮子的商品和服务在一个月或一个世纪中发生的价格变化。

通货膨胀衡量的是一般价格水平的上涨，或者货币购买力的下降，二者的含义是一样的。尽管上涨的速度不一定一样（因为相对价格或多或少是连续变化的），但大多数商品和服务的价格都提高了。16 世纪，随着黄金从墨西哥和秘鲁流向西班牙及其贸易伙伴，欧洲的价格水平每年上涨 2% ~3%。19 世纪，价格水平呈现阶段性增长，常常是因为发现了新的黄金，但除了战争时期之外，每年价格水平的上涨很少超过 2%。随后，价格水平会出现回落，因此 19 世纪末的价格水平与 19 世纪初的价格水平没有多大差别。

专题 8.1　恶性通货膨胀

有时候，通货膨胀会演化成恶性通货膨胀，价格水平将以每年 300% 的速度提高。当每年的通货膨胀率提高到 20% 或 25% 以上时，通货膨胀就倾向于加速，因为政府财政到那时会更加不稳定，原因是个人和企业发现推迟缴纳税款在财务上是有益的。延迟的时间越长，实际税收负担就越小。政府可能会对逾期纳税提高利率，但通常利率的提高落后于通货膨胀率的提高，因此纳税人仍然会发现推迟纳税是值得的。

如果说没有货币就不会发生通货膨胀，那么，如果没有很多货币，就不会发生恶性通货膨胀——更准确地说，应该是“没有货币供给增长的加速，就不会发生恶性通货膨胀”。价格大幅上涨的触发器可能是相对于大量的货币供给而言可获得商品数量的大幅减少，因此，许多次恶性通货膨胀都发生在战争之后，特别是在那些战败国或被占领国中。通常，战败国的领土面积会缩小，其实际 GDP 与大量货币供给相比要低得多。第一次世界大战后不久，几个新独立的国家（它们曾经是奥匈帝国的组成部分）经历了恶性通货膨胀，而德国也在 1923 年爆发了恶性通货膨胀。第二次世界大战后，德国再次经历了恶性通货膨胀，日本也是如此。20 世纪 90 年代，俄罗斯和一些从前的东欧国家在从计划经济向市场经济转变的过程中也出现了恶性通货膨胀。

随着价格水平的上涨，对货币的需求不断下降，个人和企业会充分利用其货币储备，因为他们希望避免与价格上涨相关的财富损失。与货币需求减少相对应的是对商品的需求增加，因而价格水平的上涨速度快于货币供给的速度。随着价格水平越来越高，个人希望持有更多的大额纸币。用于生产纸币的高质量纸张数量越来越少。一些政府重新命名了其纸币，一个人可以拿着10张面值为10000单位的纸币到一家银行，银行会在其中一张纸币上盖上一个100000单位的戳，以换取另外9张面值为10000单位的纸币，这些纸币将回到政府手中。

津巴布韦的恶性通货膨胀始于2004年，是由政府对成功的商业性农业造成破坏的政策引发的。土地被重新分配，通常是在地方层面通过强制手段进行的。各个政府部长以某种方式成为了这些资产的部分所有者，或者至少居住在这些土地上。农业生产和农产品出口大幅下降，政府的课税基础受到了侵蚀。

为了支付其账单，政府印刷了更多的钱。价格上涨了。政府通过设定上限来限制价格的上涨。零售店主买入商品时需要支付较高的价格，但又因价格上限而无法提高销售价格，从而受到双重挤压。商品从商店中消失了，政府部门承认根本无法度量通货膨胀率，因为商店里没有足够的商品。

2008年3月底，《纽约时报》报道称，津巴布韦的通货膨胀率达到了100000%——“一瓶软饮料价值3000万津巴布韦元，一只鸡价值2亿津巴布韦元，一箱汽油价值18亿津巴布韦元。”

针对价格水平加速上涨的一种调整措施是：货币已经丧失了它的某些有效性，因而回归到了易货贸易——个人将不再以本国货币销售商品。另一种调整措施是：越来越多的货币交易涉及一种外国货币。所有的恶性通货膨胀都会结束，其规律是：当政府确定恶性通货膨胀的成本超过自己从中获得的收益时，它就会进行必要的调整以增加税收收入（相对于支出）。通常，当一个新政府上台并承诺恢复货币的稳定性时，恶性通货膨胀就结束了。

在长期中，如果没有货币供给的增加，通货膨胀就不会发生。但是，即使货币供给增长率保持不变，商品价格水平也可能因个别商品的短缺而上涨。玉米收成欠佳几乎肯定会造成玉米价格的上涨，因为较高的玉米价格可以实现在相互竞争的买家之间进行“配给”。原理是：如果个人在玉米上的支出占其收入的份额较大，那么他们能够花在其他产品上的钱就会减少，而这些产品的价格就应该下降，结果是消费价格水平将保持不变。但是，少数产品价格的上涨可能会使得家庭对价格水平更快速提高这一预期越来越敏感——他们可能会疯狂地花钱，以减少他们持有的货币，避免财富的减少。尽管如此，这些因素只能造成价格水平的一次性（也有可能是两次性）的上涨，而不是持续上涨。

20世纪70年代的问题不同于1973年和1974年出现并在1979年和1980年再次出现的问题，这些年出现的问题以前并没有出现过。第二个问题是：为什么在20世纪70年代各国价格水平的增长率相差如此之大？第三个问题涉及通货膨胀的严重程度与紧随其后的衰退的严重程度之间的关系。

尽管自出现货币以来通货膨胀就一直存在，但人们对其产生的原因仍然存在着尖锐的对立。即使分析家们同意通货膨胀是由货币供给的过快增长造成的，但他们可能仍然无法对下述问题达成一致：货币供给的增加是造成价格水平上涨的原因（需求拉动的情况），还是货币供给的增加是对某些造成特定商品价格水平上涨的自发因素做出的响应（成本推动的情况）。在第二种情况中，增加货币供给可能是为了防止或限制因特定商品价格大幅上涨而引发的失业人数的增加。

例如，假设因为战争，或者因为某种形式的政治冲突，导致石油供给量下降，石油的价格出现了大幅上涨。对石油产品的需求缺乏价格弹性，特别是在短期内。如果个人在石油产品上花费较多的钱，那么他们在其他产品和服务上花的钱就会减少，对这些产品和服务的需求就会降低——根据推断，这些产品和服务的价格有可能下降。如果这些产品和服务的价格因存在价格黏性而难以下降，那么它们的一些生产者就会失业。

现在，中央银行面临着一个困境：是应该提高货币供给增长率以降低失业率，还是应该等待市场力量降低其他产品和服务的价格呢？

8.3 通货膨胀税

战争与通货膨胀之间的传统联系在于政府依靠“印刷机”来获得金钱，以便进行战争。这表明政府不愿意将税收提高到足以满足其支出增长要求的数量。除了增加货币供给之外，政府还从银行系统借钱——从中央银行和商业银行借钱。一旦价格水平开始上涨，那些持有纸币、银行存款和其他“固定价格”资产的人都要缴纳“通货膨胀税”（inflation tax）——它是价格水平上涨的倒数，是度量其货币购买力下降的一个指标。

假设2000年山姆大叔在床垫下面发现了他祖父在1900年存放的100万美元纸币。这些纸币的购买力相当于1900年购买力的5%，平均每年的通货膨胀率略高于3%。这是复利的结果。

通货膨胀税的受益者是生产这些货币的人，因为他们通过提供较少的产品和服务就能换来这些货币。

通货膨胀税是由那些持有货币和其他固定价格资产——银行存款、政府及公司债券——的人支付的。这些资产获得的利息支付的购买力下降了，同样，这些存款和债券本金的购买力也下降了。

通货膨胀税与其他大多数税收不同，因为它是“自愿的”——没有人是被迫缴纳这一税收的。为什么所有人都会缴纳通货膨胀税？有些个人和企业毫无准备，它们几乎总是低估通货膨胀税，因而也就低估了他们将要缴纳的总税赋。另外，使用货币进行支付是有效率的，因此持有货币能够带来巨大的隐含的便利性，这种便利性的好处超过了通货膨胀税，至少在通货膨胀率较低的情况下是这样——然而，家庭和商业企业可能会减少其货币持有量（可供选择的做法是回归易货贸易的世界，这需要一些人们早已忘记的技能——但在恶性通货膨胀爆发期间，易货贸易确实再次出现了）。第三，银行存款的名义利率可能会提高，存款（不是纸币）的通货膨胀税在某种程度上低于每年消费价格水平的上涨。

一个标准的特征是，在通货膨胀期间，“实际货币余额”（real money balances）下降了，这是通过货币供给占GDP的比率来衡量的。相对于其收入来说，个人和企业减少了其货币持有量以降低他们不得不缴纳的通货膨胀税。这意味着通货膨胀率的提高速度比消费价格水平上涨所反映出的数值更快，因为对货币的需求——个人愿意持有的货币数量——下降了。

当政府支出下降的时候，通货膨胀就结束了，或者是因为政府的税收相对于政府支付增加了，因此政府对于从银行系统借钱的需求降低了，或者因为利率已经上升到异常的水平，从而不得不减少银行的借款。

20世纪70年代通货膨胀税的受益者是那些增加了其债务，并且能够以低于价格上涨水平的利率借款的人，即那些以低于历史平均值的实际利率借款的人。政府几乎总是享有特权的借款人，有些政府对利率设置了上限，以增加他们从通货膨胀税中获得的收益。

8.4　水门经济学

在美国，总统大选前一年很可能会出台扩张性的财政政策。掌权的政党希望选民去投票处投票时经济是繁荣的。如果经济处于萧条状态，执政党可能很快就会出局。如果通货膨胀率不断飙升，那么政府也可能会遇到麻烦。政府希望在选举前的几个月中对经济进行“微调”，增加就业人数，实现价格水平的稳定。

假设经济处于衰退之中。只要还存在着大量未使用或未完全使用的产能，那么最初的扩张经济的措施很可能带来较高的产出和就业率，而不是价格和成本的提高。随着经济的扩张，它将越来越多地遭遇供给约束，价格将会上涨，以便对这些越来越稀缺的产品进行配给。最初，随着某些产品出现稀缺，价格上涨将是有选择性的，而随着越来越多的产品出现稀缺，价格上涨将更加普遍。微调的意思是当局将试图控制扩张的时机，使其在选举开始前的两三个月达到最大就业效果。有些人担心大选之后会出现价格上涨。

1959年，人们对美国在1960年11月出现衰退的预期十分强烈。美国经济顾问委员会（Council of Economic Advisers）前主席、当时副总统尼克松的非正式顾问亚瑟·伯恩斯（Arthur F. Burns）建议应该采取措施以增加支出，提高经济增长率，为尼克松在1960年大选中获胜做好准备。艾森豪威尔总统可能拒绝将这一建议转交当时的联邦储备委员会主席威廉·麦克切斯尼·马丁（William McChesney Martin）。肯尼迪凭借“推动经济再次前进”（Getting the Economy Moving Again）的承诺赢得了大选。尼克松则去了加利福尼亚。

1969年，尼克松总统任命亚瑟·伯恩斯为白宫的顾问，一年后，伯恩斯成了联储的主席。在1970年连续实施紧缩性货币政策以消除美国经济中的通货膨胀后，1971年春，联储开始提高货币供给的增长速度。1971年8月，尼克松新经济政策中有一个要素是价格和工资上限，这使得支出增加的影响从提高价格水平变成了增加产出和就业。美国经济开始繁荣——工业生产、就业、工人每周的工作时间以及股票市场都出现了好转。

作为一个衰退年，1971年是不同寻常的。失业率达到了6%的高点，但消费价格水平仍然以每年3%的速度提高。相比之下，在过去的衰退中，当失业率达到顶峰时，价格水平的上涨通常不会超过1%。

一种解释称这是因为美国经济结构发生了变化：在通货膨胀率下降到1%之前，失业率在几年中保持在7%或8%是有必要的。第二种解释是：如果货币扩张不是从1971年中期开始的，那么经济就不会在1972年11月开始繁荣。在1972年的大选中，尼克松的优势是最大的。

1972年通货膨胀发生时，价格水平就已经在以每年3%的速度上涨，而不是像在20世纪50年代和60年代初的衰退年份那样以1%的速度提高。1972年，美国公众见证了在过去5年中美元的购买力下降了30%——在和平时期，这是从来没有发生过的事情。当价格水平重新开始快速上涨时，公众开始预期通货膨胀率可能会提高，与其在其价值下降时冒险持有货币，不如减少货币余额以避免更多的财富损失。公众开始更加快速地花钱（与仅仅根据货币供给的增加预测的数值相比，价格水平上涨的速度更快）。

1972年大选后，当工资和价格上限将要被提高的时候，价格水平的上涨就不可避免，只是时机还没有确定。在尼克松的经济政策中，第一阶段、第二阶段以及第N阶段的价格上限延缓了价格的上涨。尼克松和伯恩斯抓住了老虎的尾巴，他们不能松手——至少在大选之前不能松手。

美国价格向上的压力还来自于货币市场中美元价值的下降，这种情况发生在1971年底，并在1973年再次发生。20世纪60年代末，美国的消费增长速度远远超过了收入的增长速度，因为相对于出口来说，美国的进口增加了。只要外国中央银行愿意增加其美元证券的持有量，美国进口相对于出口的增加就可以抑制美国价格水平上涨的压力。美元贬值的推迟和价格上限结合在一起，使得本应在1971年和1972年出现的价格上涨被压缩到了1973年更短的时期中。美元贬值后，美国消费者收入增长的速度超过了商品增加的速度，价格上涨是不可避免的。随着美元的贬值，对美国人来说，进口商品价格的上涨速度超过了本国商品价格的上涨速度。在 1973 年美元贬值后，对其他工业化国家的消费者来说，美国商品的价格下降了，美国的出口大增，而美国消费者也从昂贵的外国商品转向了本国商品。因美国贸易赤字下降造成的商品供给的减少，再加上美国进口商品的国内价格较高，加强了联储货币扩张造成的美国价格水平上涨的压力。价格上限延缓了价格水平的上涨，但这些上限在 1973 年初被取消了——此时，1972 年大选刚刚结束，而离 1976 年的大选还有很长的时间。

政府很少承认自己的错误。如果其政策出现了偏差，那么问题就是未预料到的——而且是无法预料到的——事件发生了。因此，美国 20 世纪 70 年代中期的通货膨胀被归因于供给的短缺而不是过量的需求。秘鲁和厄瓜多尔西海岸的凤尾鱼消失了，因此世界的蛋白质供给出现了不足。俄罗斯小麦的收成差，因此全球小麦的价格飙升。这些供给短缺造成了价格水平的上涨。但是，大多数其他商品的价格也在上涨。在需求没有大幅增加的情况下，供给短缺不应该对价格水平造成如此大的影响。联储过于冒险，如果政府在 1972 年大选前的几个月采取比较保守的扩张性货币政策，那么这些供给短缺制造的麻烦就不会如此令人头疼。

水门事件是一种过分的举动：即使没有从民主党总部可能收集到的信息，尼克松也会赢得 1972 年的大选。同样，即使 1971 年不进行快速货币扩张，尼克松也会赢得 1972 年的大选。尼克松的团队选择了不承担风险。这些成本落到了美国公众的身上，而且代价极大。

1974 年，尼克松回到了加利福尼亚。当杰拉德 · 福特当选总统的时候，通货膨胀率高达 11%。1976 年，福特没有再次参加大选。

与共和党相比，民主党在传统上更重视就业，其竞选口号是“推动经济再次前进”。当 1977 年 1 月吉米 · 卡特（Jimmy Carter）当选美国总统时，失业率是 7.4%，通货膨胀率是 5%。当他在 4 年后离任时，失业率没有改变，但通货膨胀率却是 12%。

20 世纪 70 年代末，联储的政策是提高货币供给速度以应对货币需求的增加，从而使利率的提高不致太快。结果是：货币供给增加的速度造成了消费价格水平的提高。价格水平的提高诱使消费者卖掉债券，而利率增长的幅度达到了令联储感到不舒服的程度。

利率与通货膨胀率一样高，因此实际利率很低，甚至为负数。尽管名义利率在20世纪70年代的后5年一直在提高，但实际利率却一直在下降。

专题8.2　是联储造成了银行倒闭吗？

19世纪，银行破产司空见惯。当存款负债超过其贷款、抵押贷款和其他资产的价值时，银行就关门大吉。一旦一家银行可能陷入困境的风声传出来，存款人就会迫不及待地取回自己的钱，速度远远超过他们准备卖出一种即将贬值的货币的速度。如果银行倒闭，存款人可能只能拿回30%～40%的钱，这取决于银行的管理状况有多糟。

在某些情况下，挤兑一家银行会造成另一家本来经营状况良好的银行破产。银行被迫卖出其资产以满足存款人取款的要求。卖出资产进一步弱化了银行的地位，因为它肯定会首先卖掉最好的资产，与卖出受损资产相比，这样做会使银行遭受较少的损失。一家银行的倒闭会引发多米诺骨牌效应，威胁到其他银行的稳定性，从而使破产不断漫延。如果公众失去对银行的信心，信用系统就会崩溃。银行破产还意味着货币供给减少，衰退通常会随之而来。

人们进行了一些制度创新以最小化银行的倒闭。根据1863年《国民银行法案》(*National Banking Act*)，货币监理署（Comptroller of the Currency）得以成立，旨在通过保证银行持有"优质"资产以保护银行及其存款人。但是，1883年、1896年和1907年仍然有大量银行破产。联储于1913年成立，以承担"最后借款人"的角色，为陷入困境的银行提供资金——新印刷的货币，这样它们就可以向试图减少存款或清空其存款账户的存款者付款。尽管如此，20世纪20年代仍然有将近6000家银行破产，1930年有1352家银行破产，1931年有2294家银行破产，1932年有1456家银行破产，1933年有4000家银行破产。为了遏制提取存款的滚雪球效应，美国政府在1933年设立了联邦存款保险公司（Federal Deposit Insurance Corporation，FDIC）。最初，个人存款最高保险额度为10000美元，后来提高到20000美元，1975年，这一上限提高到40000美元，1980年又提高到100000美元。银行向FDIC支付保险费，多年来，FDIC逐渐建立起了储备金，它从保险费中累积的总资本共计210亿美元。FDIC在美国财政部拥有5000亿美元的信用额度。

尽管有这些制度性保护，20世纪70年代仍然有一些银行倒闭了。圣地亚哥（San Diego）的美国国家银行（The US National Bank）因其管理者向下属公司提供高风险借款而倒闭。1974年，富兰克林国民银行（The Franklin National Bank）因外汇交易损失而倒闭。长岛的国家安全银行（The Security National Bank）因从事过多的无担保借款而倒闭。

20世纪80年代初，有3000多家美国的银行和存款机构倒闭。美国第八大银行伊利诺伊大陆银行（Continental Illinois）由于向石油行业的开发者以及拉丁美洲国家政府和政府所有企业提供借款而倒闭。

实际上，得克萨斯州的所有大型银行都因亏损而破产，部分原因是由石油行业中的公司造成的，部分原因是由依赖这些石油企业的公司造成的。具有讽刺意味的是，“休斯敦的房地产贷款被石油贷款拖了后腿”。

2008年7月中旬倒闭的是第二大银行是因迪美银行（IndyMac），这家总部位于加利福尼亚的银行在抵押贷款上遭遇了重大损失，特别是在次级货款上损失惨重，因为随着房地产泡沫的破灭，美国住宅价格不断下降。

一个重要的问题是：是否还会有大量银行倒闭，以及保护措施要达到何种程度。1974年和1975年，新闻报道指出，财政部和联储正在密切关注几百家银行。在衰退期间，这些企业以及它们提供的房地产贷款中有一些出了问题。它们的资产的市场价值不抵它们的负债。这些损失减少了FDIC的累积储备。

联储面临着一个困境。其紧缩性货币政策造成了银行资产价值的下降，迫使银行在技术上破产。而设立联储的根本目的是为了防止银行的倒闭。但是，对消除两位数通货膨胀的渴望将银行推到了破产的边缘。为了防止银行倒闭，联储被迫进行经济扩张——让信用危机“浮起来”（float off）。货币扩张会导致通货膨胀，通货膨胀又会导致银根紧缩，而银根紧缩将造成更多的银行破产。这就形成了恶性循环。

20世纪80年代的通货膨胀率明显低于20世纪70年代的通货膨胀率——20世纪80年代是通货膨胀率下降的10年，而20世纪70年代是通货膨胀率上升的10年。到20世纪90年代末，美国、法国、英国的年通货膨胀率都低于2%——差不多与20世纪50年代和60年代初时的水平相当。

政治领导人——至少是美国的政治领导人——常常声称：如果国内的情况不太好，那么国外的情况至少会更糟。尼克松喜欢对比美国和其他国家的通货膨胀率——只要是美国的通货膨胀率更低，他就会进行这类比较。20 世纪 70 年代初，对美国价格水平造成上升压力的因素之一——联储的扩张性货币政策——并没有直接影响其他国家；欧洲人和日本人不能在 1972 年的大选中投票。另外，如果美元贬值应该使美国的价格水平以更快的速度上涨，那么与其相对应的一方——德国马克、瑞士法郎、日元的相应升值——就应该能够抑制这些国家价格水平上升的压力。出于这两个原因，外国的价格水平上涨速度应该比美国慢。但实际上，大多数国家（包括货币升值的国家）的价格上涨速度都比美国快。参见表 7.1。

8.5 里根经济学

当罗纳德·里根（Ronald Reagan）于 1981 年 1 月入主白宫时，美国的通货膨胀率接近 15%，而美国政府的债务高达 10000 亿美元。当里根离开白宫时，美国的通货膨胀率为 3%，债务为 30000 亿美元。在乔治·布什（Ronald Reagan）担任总统的 4 年中，美国财政部的债务又增加了 10000 亿美元。

美国通货膨胀率的下降可以归因于 1979 年 10 月联储采取的严厉的紧缩性货币政策。两个月前，卡特总统指定当时的纽约联邦储备银行（Federal Reserve Bank of New York）总裁保罗·沃克（Paul Volcker）担任联邦储备委员会主席，命令他将通货膨胀率降下去。联储采纳了一系列新的运作流程——它不再追求最小化利率的变化，而是追求货币供给增长率的稳定。货币供给增长率下降了，美元证券的利率大幅上涨，因为对货币供给增长率的限制意味着银行提供贷款的速度大幅下降。

10 多年来，美国利率的上涨第一次超过了通货膨胀率的提高。结果，实际利率——名义利率减去通货膨胀率——达到了大萧条以来的高点。20 世纪 70 年代期间，美元证券的实际利率一直在下降，到 20 世纪 70 年代末，实际利率变成了负值。名义利率的大幅上升带来了实际利率差不多同等程度的上升。

实际利率大幅上升的直接结果就是支出下降了——美国迅速陷入衰退之中。投资者受到美元证券的高利率和预期美国通货膨胀率降低的双重吸引。在投资者能够购买美元证券之前，他们首先要在外汇市场上购买美元，这就引发了美元的升值。反过来，强势的美元使美国进口激增，这就降低了美国的通货膨胀率——既是因为美国的商品供给增加了，也是因为美国的生产商不大可能提高其产品的价格。

8.6　通货膨胀目标——一种新的信仰

20世纪80年代初，通货膨胀率逐渐下降，“大稳健”（The Great Moderation）这一术语被用来描述价格水平的变化。许多国家采取的货币政策都是逐渐降低通货膨胀率，以避免对投资者的预期造成冲击。

抛弃可调整平价的布雷顿森林体系意味着中央银行不能再刺激其货币政策，因为它们希望避免可能导致持久性支付赤字的价格水平上升。实际上，取消平价还意味着货币政策不再锁定在一个具体目标上。

管理货币政策的一种方法是：当通货膨胀率提高到某一范围之上时，中央银行将提高其贴现率，而当通货膨胀率降低到这一范围之下时，则降低贴现率。目标通货膨胀率被限制在一个狭窄的区间内，或许是1%～2%。如果通货膨胀率处于这一范围内，那么中央银行将设定利率水平，以使实际利率与经济增长率大致相同。如果通货膨胀率高于这一范围，那么利率就会被设定得高一些。许多国家的中央银行将通货膨胀率的目标设定在1%～2%这一范围内，另一些中央银行即使没有确定一个明确的范围，但似乎也在采取类似的政策。

这一政策带来了几个问题。一个问题是：为什么要设置一个范围？第二个问题是：目标为什么不是0？设定一个范围而不是一个数值为中央银行带来了某些回旋余地，当通货膨胀率低于这一范围的下限时，它们不必立即采取更具扩张性的政策，而当通货膨胀率高于这一范围时，也不必采取更具紧缩性的政策。在相邻的两个月中，通货膨胀率可能相差很大，而通货膨胀率的范围使中央银行能够采取针对更长时期的政策。

为什么不将范围设定为围绕0波动，比如说从+1%到-1%？人们担心的是，如果通货膨胀率下降到每年1%，那么名义利率就会下降，但由于名义利率不能低于0，因此实际利率的下限将是+1%。中央银行可能认为，作为一种刺激投资支出的方法，将实际利率降低到1%以下是有利的［人们还担心债务通缩陷阱（debt deflation trap）。注意这里没有对称性］。

只要主要经济目标是低通货膨胀率，那么通货膨胀目标就可能是一种成功的政策。在某个阶段，通货膨胀目标相对于其他目标来说成本会显得过高，并随后采取一种替代性的方法，甚至连名字都不改。没有哪个国家的政府会故意追求高通货膨胀率，但是，在追求其他目标时，可能会意外地造成通货膨胀率过高。

第 9 章

全球失衡与美国持久的贸易赤字

1980 年，美国是世界上最大的债权国，其净外国资产比其他债权国加在一起的净外国资产还要多。英国、法国、荷兰、瑞士是其他一些债权国。到 2000 年，美国已经变成了世界上最大的债务国，其净外国负债比其他所有债务国加在一起的净外国债务还要多。2000 ~ 2008 年间，美国净国际债务从 16000 亿美元增加到 32000 亿美元，美国净国际债务同 GDP 的比率从 2000 年的 16% 提高到 2008 年的 24% 。

这种在净国际债权人地位上的戏剧性变化是其他任何国家都没有经历过的。在第一次世界大战刚刚爆发的时候，英国是世界上最大的债权国，在随后的 70 年中，尽管债权较少，但它仍然是一个债权国。其净债权国地位的降低反映了两次世界大战造成的沉重的财政负担。在最近几年中，英国也变成了一个国际债务国，法国和荷兰也是如此。瑞士是唯一一个从 1980 年至今保持净债权国地位且债权数量很大的国家。

美国国际投资地位的戏剧性逆转与美国贸易差额的变化有关。实际上，从 1915 年到 1980 年间，美国每年都有贸易盈余，其净国际债权国的地位不断提高。1980 年以后，美国开始出现贸易赤字，最初是净债权国的地位不断下降，后来是净债务国的地位不断提高。

一个描述性的命题是：一个国家从一年的年底到下一年年底在净国际投资地位上的变化反映了它在这一年中的贸易差额。如果该国拥有贸易盈余，那么其净债权人的地位就会提高，净债务国的地位就会下降；如果该国拥有贸易赤字，那么其净债权人的地位就会下降，或者说其净债务人的地位就会提高。在这种逻辑中不存在因果关系；在某些情况下，进出口之间关系的变化会造成一国净债权人地位的改变，而另一种可能性是：资本的跨国流动会直接改变一国的净债权人地位，这会导致其贸易差额的相应改变。

有一个指标使得比较各国净债权人地位的变化与其贸易差额更加容易，这个指标就是这些变化的绝对值占各国 GPD 的比率。目前，日本是全球最大的债权国，而在 1980 年时，它还是一个微不足道的小债权国；到 2008 年底，其净债权占 GDP 的比率为 42%。瑞士的净外国资产与其 GDP 一样多。新加坡的净债权是其 GDP 的 4 倍。中国是一个很大的净债权国，因为其持有数量极其巨大的国际储备资产。

美国国际净债权人地位的变化是由证券市场和商品市场中的自愿交换（voluntary exchange）造成的。主要问题之一是：导致美国净债权人地位发生改变的冲击是起源于美国国内还是来自于国外？一个相关的问题是：这些冲击最初来自商品市场的交易，还是来自证券市场的交易（这导致了贸易差额的相应变化）？第三个问题是：美国净国际债务的年度增加量是否可持续，如果不可持续，那么在不发生重大经济或政治危机的情况下，将美国净国际投资头寸调整到可持续的数值是否可行？

9.1 一国净债权人地位的生命周期模型

最近 200 年间，美国净债权国地位的变化可以被放到一个生命周期模型中进行观察，这一模型涉及一国在从农业经济向工业经济转变的过程中其经济增长率的变化。其特征是：在工业化的初期阶段，经济增长的速度很快，并随着工业化的放缓而下降。我们可以用个人收入与其消费（也就是在从婴儿到老年这一生命周期中他们的“储蓄”）之间的关系来进行对比说明。婴儿、初学走路的孩子和儿童花的钱比挣的钱多，他们的钱来自于父母和其他人的赠送，或是借来的。一旦这些人进入劳动力队伍，他们的收入就会增加，并且通常会超过其消费，尽管在购买耐用商品（住宅和汽车）时，他们的债务会在几年中增加。随着收入的持续提高，每年为退休而进行的储蓄也越来越多。退休后，大多数人的支出超过了其收入。

同样，大多数国家在年轻的时候以及在工业化的初始阶段都是花的比挣的多，它们利用其他国家的赠与和贷款为其支出超过收入的部分融资。尽管只有在其他一些国家成为债权国时，一个国家才能成为债务国，但最初大多数国家都是债务国（荷兰是第一个国际债权人，参见第20章关于跨国公司国籍的论述）。在生命周期中的债务人和债权人阶段都有自己的幼年期和成年期。年轻债务国的主要特征是：它拥有贸易赤字，而且用于偿还外国债务利息的钱是以新贷款的形式从其债权人那里获得的。随后，这个国家就会步入成熟债务人的阶段，其特征是拥有贸易盈余，这些贸易盈余为最初偿还其外国债务的利息提供了部分资金。随后，随着贸易盈余的增加并超过向外国债权人支付的投资收入，这个国家就会以更快的速度获得外国资产，并减少其欠外国的净债务。

后来，随着工业增长逐渐放慢，这个国家发展成一个年轻的债权国，其主要特征是贸易盈余以及获得了外国净资产投资收入。再后来，这个国家发展成一个成熟的债权国，其特征是拥有贸易赤字，最初，与从债务人那里获得的净投资收入相比，贸易赤字数额较小，一段时间之后，这个国家的债权人地位提高了。随着这个国家贸易赤字的增加，并超过获得的投资收入，其净债权国的地位下降了。

这个国家最初从赤字到盈余的变化来自其竞争力的提升，很多时候是因为其货币的贬值。相应地，从年轻债权人向成熟债权人的转变是因为这个国家竞争力的下降，部分原因是正在以较快的速度实现工业化的更年轻的国家在全球市场中的份额不断增加。这个国家可能会在一段时期内继续存在贸易赤字——或者只要它能够为其贸易赤字融资。

当1789年乔治·华盛顿首次宣誓就任美国总统时，新独立的美国是一个债务国，因为殖民政府曾经从法国和荷兰借款以便在解放战争期间向军队支付费用。另外，原属13州殖民地的各种财产现在归居民和其他国家所有。

在内战爆发之前，美国的国际债务占其GDP的份额稳定增加，而内战爆发后，美元兑换黄金被暂停了。美元大幅贬值，美国出现了贸易盈余。直到20世纪初，美国一直是一个成熟的债务国。

在第一次世界大战期间，美国变成了一个国际债权国，部分原因是美国向英国和法国政府贷款，部分原因是欧洲个人和各国政府开始出售外国资产以获得购买武器的资金。美国人购买了其中一些资产。另外，欧洲各家企业的国际竞争地位不断下降，由于企业转产战争所需的物资，因此这些国家的出口大幅下降。相比之下，美国的贸易盈余大幅增加，主要是因为欧洲国家的进口猛增。

在1980年之前，美国每年的出口几乎都超过其进口。从年轻债权国向成熟债权国的转变发生在1980年，当时美元大幅升值，美国进口量大增，连年不断的贸易赤字从此开始。1980年和1981年，美国仍然拥有经常项目顺差（current account surplus），因此其净国际债权国的地位继续提高。美国的经常项目顺差反映了其净国际债权头寸中的收入高于其贸易赤字。1982年，美国经常账户余额变成了负数。

美国的净债权头寸在1981年达到顶峰，占其GDP的10%。如果在计算美国跨国公司在外国的投资以及外国跨国公司在美国的投资时使用历史数值，则美国在1987年演变成了一个净债务国，而如果以市场价格计算这些投资，则转变发生在1995年。

表9.1　美国贸易赤字与美国经常账户赤字占GDP的百分比

（1）、（2）、（3）列的单位为10亿美元

	（1）	（2）	（3）	（4）	（5）
	美国贸易差额	美国经常账户余额	美国GDP	（1）/（3）	（2）/（3）
1980	-24	2	2684	0.9	-0.1
1981	-28	5	3001	0.9	-0.2
1982	-36	-12	3115	1.2	0.4
1983	-67	-45	3356	1.9	1.4
1984	-113	-99	3725	3.0	2.8
1985	-122	-126	3974	3.1	2.8
1986	-145	-151	4205	3.5	3.6
1987	-160	-167	4497	3.6	3.2
1988	-127	-127	4847	2.6	2.6
1989	-113	-106	5198	2.2	2.0
1990	-104	-79	5522	1.9	1.4
1991	-74	-28	5723	1.3	0.5
1992	-96	-38	6020	0.9	0.6
1993	-131	-74	6343	2.1	1.2
1994	-164	-105	6931	2.4	1.5
1995	-172	-114	7398	2.3	1.5
1996	-189	-125	7817	2.4	1.6

续表

	(1)、(2)、(3) 列的单位为10亿美元				
	(1) 美国贸易差额	(2) 美国经常账户余额	(3) 美国 GDP	(4) (1) / (3)	(5) (2) / (3)
1997	-196	-140	8304	2.4	1.7
1998	-245	-214	8747	2.8	2.5
1999	-343	-299	9268	3.5	3.0
2000	-450	-415	9817	4.6	4.2
2001	-424	-389	10128	4.3	3.8
2002	-479	-472	10467	4.6	4.5
2003	-544	-527	10961	4.9	4.8
2004	-662	-665	11713	5.7	5.7
2005	-779	-792	12456	6.3	6.4
2006	-832	-857	13247	6.3	6.5
2007	-815	-731	13807	5.9	5.3
2008	-800	-714	14350	5.6	4.9

公理之一是：如果美国经常账户赤字占美国 GDP 的比率与美国 GDP 的增长率保持一致，那么美国净国际债务占美国 GDP 的比率将保持不变。例如，如果这一比率是3%，而且美国 GDP 的增长率也是每年3%，那么美国国际债务占美国 GDP 的比率将不变。在1980~1999年的大部分年份中，美国的经济增长都非常强劲，增长速度超过了经济账户赤字占美国 GDP 的比率，因此，尽管美国净国际债务的绝对值在不断增加，但美国净国际债务占美国 GDP 的比率下降了。然而，从2000年开始，美国经常账户赤字占美国 GDP 的比率逐年大幅提高，而净国际债务占美国 GDP 的比率也在不断提高。美国净国际债务不可能持续以高于美国 GDP 增长速度2~3倍的速度增加，否则在未来的某一天，美国的所有资产都会归外国人所有。在那一天到来之前，美国必须进行调整——这一调整可能是实现"硬着陆"（hard landing），即对就业和价格水平进行大幅调整，或者是实现更加渐进式的"软着陆"（soft landing）。

9.2　全球失衡——美国是肇事者还是受害者？

在全球层面上，净债权头寸之和与净债务头寸之和必须大致相等，这种关系是一个会计恒等式。一只看不见的手保证了所有国家作为一个整体的贸易差额的变化加在一起应该等于0。如果一些国家的贸易盈余增加了，那么其他国家的贸易赤字必然会增加相应的数量［更准确地说，进口是以GIF（货物保险与运费）计价，而出口是以FOB（离岸价格）计价，因此，考虑到运输费用，进口品的价值应该高于出口品的价值，同样，贸易盈余变化之和应该超过贸易赤字变化之和，差额相当于货物保险和运费］。最后，这只看不见的手保证了每个国家的净债权头寸在一个会计期末到下一个会计期末间与这个国家在这两个会计日期之间的贸易差额相等（更精确地说，是其经常账户余额）。

“全球失衡”（global imbalance）是美国持久的、越来越高的贸易赤字以及美国债权头寸下降和美国国际债务增加的委婉说法或代名词。对于这些失衡，一类解释集中在源于美国的冲击，另一类解释强调了来自外国（包括挪威和其他产油国以及中国、日本和其他拥有持久、高额贸易盈余的国家）的冲击。后一类冲击的特点是：美国贸易赤字是因为其他国家对贸易盈余的“需求”而产生的，或者是这些国家的政府希望实现盈余而直接造成的，或者是因为它们不愿意采取措施以减少因市场力量作用带来的盈余而间接造成的。

从生命周期模型中得出的推论是：美国净债权国地位的下降与美国贸易赤字相关，这些赤字或者是由于美国商品的价格比外国商品的价格上涨更快造成的，或者是其他国家货币的贬值（在实际上和名义上）造成的。就其本身来看，生命周期模型并没有回答美国商品竞争力的变化是由与美国开展贸易的企业在商品市场中的自主发展造成的，还是由货币价值的变化造成的。

分析持久失衡的来源或原因的一种方法是提出两种类型的解释——一类解释强调美国是这些冲击的来源，另一类则包括了对源于外国的冲击的解释。然后，我们根据事实对每一种解释进行“检验”。

在以美国为中心的解释中，我们可以找出4种原因来说明美国净债权国地位的变化，这些解释中的一些是相互重叠的。一种解释是：20世纪80年代初，相对于美国的供给和供给能力来说，美国私人和公共消费大幅提高，美国国内的需求超过了其生产能力。作为对美国过量需求的响应，美国的进口和贸易赤字大幅增加。

以美国为中心的第二种解释是：由于美国的通货膨胀率高于其他国家的通货膨胀率，因此美国的产品在全球市场上变得缺乏竞争力。其含义是：美元早就应该贬值，以最小化美国贸易赤字的增加。这一解释与第一种解释不同，它认为美国价格水平的提高与美国的过量需求无关。

第三种解释——“双重赤字”（twin deficits）——是：美国在20世纪80年代初日益增加的财政赤字造成了美元证券利率的提高，结果，从外国流入美国的资金增加，并引发了美元的升值——美国的进口相对于出口增加了。这一解释强调了因货币价值的变化导致的相对价格水平的变化。

第四种解释强调了美国家庭储蓄率的下降造成的美元证券利率的提高，利率的提高又使得来自国外的资金流入增加（这种情况与双重赤字的情况是不同的，因为利率的提高是储蓄率下降造成的，而不是由于美国政府对这些储蓄的需求增加造成的）。美国贸易赤字的增加是由美元升值造成的各国价格水平的变化引发的。

以美国为中心的第一种解释和第二种解释意味着美元早就应该贬值，而第三种解释和第四种解释意味着美元应该升值。

现在，我们来看一看强调引发持久失衡的冲击来自其他国家（这些国家对贸易盈余的“需求”增加）的解释。我们需要区分个别国家出现贸易盈余的原因与这一贸易盈余的增加为什么会造成美国贸易赤字的增加，而不是阿根廷或赞比亚贸易赤字的增加。

2008年，生产和出口石油的国家——包括沙特阿拉伯、科威特、墨西哥、俄罗斯、伊朗、委内瑞拉和挪威在内的一系列国家——的贸易盈余加在一起达到了4000亿美元。与趋势相比，它们的总贸易盈余高得出奇，因为石油价格异常高。这些国家正在将物质财富转变成金融财富，它们的石油出口使得它们能够购买各种各样的商品和服务以及外国资产。从中期来看，一些石油输出国的商品和服务进口与其从石油出口中获得的收入大致相等。这些国家拥有相对较多的人口，在石油价格水平正常时，它们并没有贸易盈余（实际上，它们可能拥有贸易赤字，因为它们花的一些钱是在石油价格极高时积累下来的）。相比之下，另一些石油输出国——那些与石油出口收入相比人口较少的国家——进口的商品和服务少于其出口收入，它们用体现为贸易盈余的钱来购买外国证券。它们会为后代的利益而增加其金融财富，以便为将来商品和服务的进口超过出口收入做好准备。在因储备不断减少而使其石油产量下降之前，这个群体中的国家总会拥有贸易盈余，当石油的市场价格远高于正常水平时，这些盈余会非常高。

一旦一个石油生产国出现了贸易盈余，其中央银行和主权财富基金必须决定如何对其现金进行投资，具体来说就是购买以美元标价的证券，还是购买以欧元或其他货币标价的证券。考虑这个国家面临的几种投资组合选择，如果其中央银行使用所有的现金来购买美元证券，那么美国贸易赤字将增加与其购买量相等的数量。

相反，如果石油输出国并不购买美元证券，那么尽管美国进口了大量石油，但其贸易差额将仍然保持0（石油生产国作为一整体是否能够拥有4000亿美元的支付盈余，取决于石油输入国拥有相应贸易赤字的意愿）。在这两个选择间发挥着中间作用的第三个假设是：石油输出国购买一些美元证券，在这种情况下，与第一种情况相比，美元在货币市场上的价值略有降低，而与第二种情况相比，美元的价值则略有提高。

一些采取“出口导向型增长”政策的国家拥有贸易盈余。这一群体中的每一个国家都希望其货币的价值较低，这样其出口的产品在全球市场上就具有竞争力，其出口将快速增长，每个国家都希望在那些工资率和货币价值较高的国家占据一定的市场份额。货币的价值低意味着出口行业的利润较高，这些国家的企业将能够用自己的利润为其大部分扩张融资。它们相信，如果它们拥有高额且不断增加的贸易盈余，它们的增长率就会更高。日本、韩国和新加坡就是这一群体中的国家。中国的贸易盈余曾经达到过GDP的10%～12%。只有当这一群体中的国家利用来自其贸易盈余中的资金购买美元证券时，这种观点才可以解释美国贸易赤字的增加。

拥有贸易盈余的第三组国家最近遭遇了经济增长率的显著下降，这差不多总是因为投资率相对于储蓄率下降造成的，就像英国在19世纪70年代铁路建设大繁荣结束后的情况一样。日本自20世纪90年代初就成为了这一群体中的一员。德国也处于这一群体中（尽管在两德重新统一后差不多10年的时间里它曾经一度退出了这一群体）。对外国证券购买的增加导致了这一群体中的国家的货币贬值，它们的贸易盈余增加了。只有当拥有较多贸易盈余的国家的中央银行增加其对美元证券的购买时，来自这些国家的储蓄资金才会使美国的贸易赤字增加。

第四组国家由那些在政治上很脆弱或处于不稳定边缘的国家构成。通常，在这些国家，法律制度并不十分牢靠，个人对于其金融财富不会因高级政府官员甚至低级官员的武断行为而受到损害缺乏信心。这些个人将其部分或全部财富转移到更安全的金融中心或安全港，这使得其货币的价值降低。俄罗斯自20世纪90年代初就进入了这一群体。只有当这些国家的投资者增加对美元证券的购买量时，这种观点才能解释美国贸易赤字的增加。

第五个群体是由那些拥有货币发行局（currency board）的国家和地区［如香港地区、厄瓜多尔、爱沙尼亚以及阿根廷（在20世纪90年代的一段时间内拥有）］构成。这些国家和地区的金融体系的目标是：如果对货币的需求增加了，这些国家就会出现贸易盈余和支付盈余，因而其银行体系的准备金基础（reserve base）也会增加。随着对外国证券购买量的相应增加，这些国家就会形成贸易盈余，美国的贸易赤字会有所增加，数量仅相当于这些中央银行增加的美元证券购买量。

第六个群体由那些不愿意增加其货币供给的国家构成，或许是因为它们担心出现通货膨胀。这些国家拥有过量的商品供给（这与过量的货币需求是相反的）。商品供给过量导致了贸易盈余，来自这些盈余的外国货币被卖给了它们的中央银行。

中国有一些特别，因为高速发展的国家通常拥有贸易赤字。中国一直遵循出口导向型增长策略，一些中国企业——包括一些国有企业——增加了其外汇和外国证券的持有量，因为它们担心国内的法规会发生变化。

第二组解释的要点是：美国形成贸易赤字，是因为其他国家希望拥有贸易盈余，而且它们利用来自这些贸易盈余的部分资金购买美元证券。美国是被动的，并发挥着独一无二的进行全球协调的作用——如果所有其他国家都希望拥有贸易赤字，并且能够为这些赤字融资，那么美国就被迫拥有相应的贸易盈余，就像在两次世界大战期间一样。如果所有其他国家作为一个整体希望拥有贸易盈余，那么美国就需要提供相应的贸易赤字，只要贸易盈余国购买美元证券即可。

美国的作用是提供全球性协调（global consistency）这种观点意味着：作为对外国储蓄流入的响应，美国的储蓄率下降了。另一个含义是：美国的财政赤字部分是因美国的贸易赤字而产生的。如果由于某些国家遵循出口导向型增长策略，美国的进口相对于出口增加了，那么美国可贸易商品部门（tradable goods sector）的计税基础将受到侵蚀。

对于导致失衡的自发性冲击是源于美国还是源于拥有贸易盈余的国家，我们可以进行下面的测试：这一群体中的任何国家是否认为其贸易盈余太多了。没有哪个国家被迫在货币市场上购买美元，实际上，其中央银行可以允许其货币升值。认为自己的贸易盈余过多的国家越少，导致贸易失衡的自发性冲击源于美国的可能性就越小。如果其他国家通过对其政策的正确管理（或不正确管理）实现贸易盈余，那么如果这些国家的中央银行和投资者购买美元证券，则看不见的手就会保证美国形成相应的贸易赤字。

寻找美国国际投资地位发生急剧变化的解释不应该让我们忽视英国、荷兰和法国国际投资地位的变化——这些国家在1980年时也是净国际债权国，并且经历了货币的流入。它们和美国的共同特点是对金融市场具有吸引力，尽管它们的市场规模比美国的市场规模要小得多。

外国货币的流入还与国内储蓄率的下降有关。一种解释是：国内储蓄率的下降触发了吸引外国资金流入的经济力量。另一种解释是：货币的流入使得看不见的手发挥作用，导致国内储蓄率的下降。

9.3 美国贸易赤字的可持续性

每一类经济体系都需要某种机制以实现其各要素的协调。一种机制是调整个别商品的价格或总价格水平。如果一个国家拥有高额、持久的支付盈余，同时它又坚持金本位，那么调整机制就是其支付盈余导致货币供给增加，这反过来又造成了价格水平的提高，这个国家生产的商品的竞争力下降。同样，拥有持久支付赤字引发的该国价格水平的下降会造成其支付赤字的减少。

另一种机制是：如果一个或几个价格因为受到某种法规的限制而不能进行调整，那么其数量就必须调整。因此，20世纪50年代和60年代，价格为每盎司35美元的黄金的需求超过了供给，对过量需求的调整受到美国财政部出售黄金的意愿的影响。与20世纪30年代末相比（每盎司35美元的黄金的供给超过需求），如果美国财政部没有在35美元的价格上大量购买过量的供给，那么黄金的价格就会下降。

16世纪，作为对货币供给超过需求的回应，从新世界流入欧洲的黄金造成了欧洲价格水平的提高。相比之下，19世纪末，即19世纪70年代初至19世纪90年代初，世界价格水平下降了大约30%——这个数字看起来很大，但实际上每年只下降1%多一点。这个时期是大繁荣时期之一：在大多数欧洲国家和美国，工业生产大幅上升，澳大利亚、加拿大、南非和阿根廷的“新土地”上的农业产出快速增加，将距离遥远的各城市市场连接在一起的铁路和轮船快速发展。与高速经济增长相关的对货币需求的增加超过了货币供给的增加，结果对价格造成了适度下降的压力——在这种情况下，价格根据数量进行调整。

作为自愿交换（voluntary exchange）的结果，失衡形成了，并不断发展。产生贸易盈余的国家认为自己由于拥有这些盈余而会变得更好——否则它们就应该对其经济进行管理以减少盈余。从这个意义上说，美国的贸易赤字增加了美国人可获得的商品供给，许多美国人都变得更好。尽管美国经济增长了，但美国贸易赤字的增加意味着美国可贸易商品部门在相对值和绝对值上都出现了收缩。美国制造业的就业大幅下降，尽管并非所有的下降都可以归因于美国进口相对于出口的增加。一些美国人已经因为离开可贸易商品的生产部门而付出代价，通常，他们的工资较低——或者是“提前退休”。另外，在向不可贸易商品过渡的过程中，一些从可贸易商品生产中转移出来的资源在很长时期内得不到应用。这些从可贸易商品生产中转移出来的资本和劳动力的所有者的情况变得更糟，否则大多数人在促成这种变化的净进口增加之前，就会转向不可贸易商品部门。最后，如果在降低美国贸易赤字的调整过程中意味着资源必须从不可贸易商品的生产转向可贸易商品的生产，那么美国人在未来还有可能遭遇某些成本。

我们是否应该对这些贸易失衡和美国持久的贸易赤字感到担忧？关键问题是：美国2008年高达8250亿美元、占其GDP的比例为5%～6%的贸易赤字是否过高，因而在长期中无法维持。如果是这样，那么是否可以将美国的贸易赤字调整到一个可持续的数值而不会对价格和就业造成严重影响？

每一个经济单位——家庭、企业、当地政府和国家——的核心问题在于：其净债务的增加不能在一个无限的期间内快于其收入的增加。美国在19世纪的经历就是其净国际债务在很长时期内的增长速度高于GDP的增长速度——尽管在80年中美国外部资产占其GDP的比率从来没有超过20%。

由于美国净外部债务不可能相对于其GDP无限增加，因此在某个阶段，美国净外部债务的增长速度必须放慢到与美国GDP的增长速度相同。在进行这一调整时，调整的范畴将取决于美国净外部债务占其GDP的比率。

自20世纪90年代中期以来的全球贸易失衡与20世纪50年代和60年代持久的收支失衡有些类似。当时还不存在一种机制，能够使那些希望增加国际储备资产持有量的国家在不导致美国收支赤字过高而无法维持的情况下实现其目标。能够协调它们对国际储备资产长期需要的一种制度变革是接受黄金相对于美元和其他每一种货币的更高的价格，黄金的产量将增加，现有黄金储备的货币价值将会更高，黄金作为消费品的需求将减少。应该存在着一种黄金的价格，在这一价格下，希望增加自己国际储备资产的每一个国家在不必迫使美国出现贸易赤字的情况下实现其目标（如果一个国家希望增加其美元证券而不是黄金的储备，那么美国的黄金储备将会增加）。

1971 年，美国财政部关闭了其黄金窗口，并采纳了浮动货币体系，以减少美国的收支逆差。20 世纪 70 年代，美元的实际价值大幅贬值，但美国的贸易赤字并没有明显减少。具有讽刺意味的情况之一是：与钉住时相比，在浮动的情况下，外国中央银行美元证券持有量的增加要多得多。

全球失衡大幅加剧反映了拥有贸易盈余的国家希望增加其国际储备资产的持有量。同样，美国需要阻止或防止其贸易赤字的趋势性增加，同时也要防止其贸易赤字围绕这一增加的趋势周期性波动，但与美国的这些要求相比，这些国家维持其贸易盈余的要求更强烈——尽管近年来美国政府已经要求中国政府允许人民币升值。

考虑一下愿意接受自己贸易赤字增加（这些赤字的增加对应于其他国家贸易盈余的增加）的国家的特征。必要条件是：这些国家愿意接受贸易赤字的增加；而充分条件是：这些国家“可以吸引投资”（bankable），即其证券对外国人有吸引力。阿根廷和赞比亚都希望拥有较高的贸易赤字，但这两个国家没有号召力，而且它们的证券市场规模都很小。阿根廷有时候赖账不还，它是一个富裕的国家，但却有对其债务违约的传统。因此，随着其贸易赤字的增加，一个国家必须接受或者至少要同意资源从可贸易商品行业中转移出来，而且国家的金融市场必须拥有能够吸引外国投资者的特性。

美国贸易赤字反映了其他国家政府增加其美元证券持有量的愿望。这些国家的政府还增加了以欧元和其他货币标价的资产的持有量，它们对以美元标价的证券的强烈偏好反映了美国经济规模的庞大以及美国金融市场所具有的诱人特征——深度、广度、弹性以及透明度。

美国净外部债务占其 GDP 的比率可以稳定在很多水平上——30%、40%、60%、70%，甚至 120%——尽管这一比率不能持续提高。一旦达到其中的某一个水平，美国净国际债务就会同美国 GDP 以同样的速度增长。达到稳定时这一比率的水平越高，美国向外国债权人支付的投资收入净支出就越多，对美国贸易赤字下降的最低要求就越大。

表9.2最初的假设是：美国净国际债务与美国GDP的比率有7个不同的、可以维持的数值，从40%到200%。假定美国的GDP为150000亿美元，并以3%的速度增长（隐含的假设是消费价格水平不增长）。美国净国际债务的回报率假设为5%。美国净国际债务的可持续增长与这些假设一致，其净外部债务占GDP比率的不同水平显示在表9.2的第一行中，而其对外国投资者投资收益的净支付显示在第二行中。

表9.2　　**为了使美国实现可持续的外部平衡而进行的调整**

1. 比率	40%	50%	60%	70%	80%	120%	200%
2. 净债务（10亿美元）	6000	7500	9000	10500	12000	18000	30000
3. GDP增长率3%（10亿美元）	180	225	270	315	360	540	900
4. 净投资收入（10亿美元）	300	375	450	525	600	900	1500
5. 美国贸易盈余（10亿美元）	120	150	180	210	240	360	600
6. 美国贸易差额的变化	870	900	930	960	1000	1120	1370

假设美国净国际债务占GDP的比率稳定在50%，那么，如果美国经济以每年3%的速度增长，那么在第一年中，美国经常账户赤字最高为2250亿美元，即第二行与第三行的乘积。在这一年中，美国向外国投资者进行的投资收入净支付将为3750亿美元，即第二行乘以5%。美国将需要1500亿美元的贸易盈余，即第三行和第四行的差。考虑到美国在2008年的贸易赤字为8250亿美元，相对于进口，美国的出口必须增加9750亿美元。

这是一个巨大的变化——这意味着只有当其他国家作为一个整体愿意接受其进口相对于出口增加上述数额时，这种情况才会发生。

从表9.2中可以得出一个推论：不管美国净国际债务占GDP的比率稳定在40%还是200%，美国都必须产生贸易盈余。尽管这一比率越高，所要求的贸易盈余就越大，但实际上，随着美国净债务的增加，美国贸易盈余的增加相对来说很少。

表9.2中包含的两个基本假设很容易修改。一个是美国GDP增长率，增长率越高，美国债务增加的速度就可以越快，而美国贸易盈余的最低要求就越低。如果美国经济以每年4%的速度增长，而债务比率为50%，那么美国

经常账户赤字就可以是3000亿美元（不是2250亿美元），美国的贸易盈余将可以减少750亿美元。第二个假设是美国向外国债权人的净利息支付，如果净收益率是4%，那么净投资收益支付将为4800亿美元，与美国经常账户赤字相等。在这种情况下，美国的贸易盈余将为0，而美国的贸易赤字的减少将为7000亿美元。

美国贸易差额所要求的变化范围是从8700亿美元至13700亿美元。与美国贸易差额的变化相对应的是美国可贸易商品部门占美国经济的份额必须扩大。美国可贸易商品部门占美国GDP的约15%，或者说是22500亿美元。美国可贸易商品部门的过量产能在1000亿美元至1500亿美元之间，而这一部门的产能每年可能需要增加2000亿美元。美国贸易差额的必要变化可能需要4年或5年的时间才能实现。

与美国可贸易商品部门规模扩大相对应的是：拥有贸易盈余的那些国家的可贸易商品部门的规模必须收缩，就像美国的可贸易商品部门随着其贸易赤字的增加而收缩一样。与收缩那些拥有贸易盈余的国家的可贸易商品部门相比，增加美国可贸易商品部门的产能更容易实现。

9.4 软着陆与硬着陆

关于将美国贸易差额调整到一个可持续的水平，一种老套的观点借鉴了航空领域的术语："软着陆"（soft-landing）和"硬着陆"（hard-landing）。软着陆就是平稳降落，不会令通货膨胀率或失业率明显提高。相比之下，在航空领域，硬着陆意味着至少会有几个轮胎爆裂，甚至意味着起落架受损。

20世纪90年代初加拿大的经历可以用来说明经济的软着陆。加拿大政府拥有大量的财政赤字，且以加拿大元标价的债务利率很高。投资者纷纷将其资金转到加拿大以享受这种高利率，而加拿大则出现了贸易赤字和经常账户赤字。加拿大外部债务的增长速度超过了GDP的增长速度。加拿大是一个年轻的债务国，它需要获得资金来支付外国债权人的利息。加拿大政府提高了相对于支出的税率，结果财政赤字下降了，以加拿大元标价的债务利率也下降了，来自其他国家的资金流也减少了，在外汇市场上，加拿大元开始贬值，而加拿大则开始出现贸易盈余。这是一次软着陆的例子。

相比之下，1994～1995年间，墨西哥在从萨利纳斯（Salinas）政府向塞迪略（Zedillo）政府过渡期间经历了一次硬着陆。1994 年，墨西哥的经常账户赤字占其 GDP 的 7%，每年需要 250 亿美元的新增外国资金来维持其令比索缓慢贬值的政策。由于几次政治事件，外国资金的流入突然停止，墨西哥银行被迫停止在外汇市场上支持比索，因为其国际储备资产被耗尽了。墨西哥比索大幅贬值，从 1 美元兑换 3.4 比索贬值到 1 美元兑换 6.4 比索，结果使得其经常账户差额占 GDP 的比率改变了将近 11%（从 7% 的赤字转变为 4% 的盈余）。由于墨西哥没有必要拥有贸易盈余，因此这种调整可能过于剧烈。这一冲击造成了通货膨胀倾向，因为进口商品和出口商品的比索价格大增，同时也造成了通货紧缩倾向，因为通货膨胀率迅速提高以及信贷的可获得性大幅下降造成了比索利率的大幅提高。

墨西哥和加拿大的例子非常有用，但这两个国家都不算是大国，另外，这两个国家的大部分调整都涉及同美国的双边贸易平衡的变化。在这两个例子中，货币的贬值导致其出口相对于进口增加，而与之相对应，美国的进口相对于其出口则增加了。这种类推是经过检验的，因为与其贸易伙伴相比，美国的规模要大得多，而在美国试图减少其贸易赤字的时候，这些国家中有许多都不愿意令其进口相对于出口大幅增加。

墨西哥比索的贬值幅度巨大。相比之下，加拿大元贬值了约 15%。美国贸易差额需要减少的数额相当于其 GDP 的 5%——美国可贸易商品部门的规模要扩大 30%——在 5 年或 6 年的时间里完成，这是一次大规模的调整。

调整最平稳的情形——软着陆的情形之一——是增加外国对美国商品的需求，并且保持货币价值不变。相对于不可贸易商品部门来说，美国可贸易商品部门将扩大，而那些拥有高额贸易盈余的国家中的可贸易商品部门将收缩。同时，由于对美国商品需求的增加，各国的储蓄率将下降，支出将增加。外国对美国商品需求的增加将是逐渐提高的，并与美国扩大这些商品生产的能力相一致。

一种不确定性将涉及石油和其他初级商品价格的大幅下降，生产这些商品的国家的贸易盈余将减少，从而导致相应的贸易赤字的下降。

第二种最平稳的调整涉及外国对美国商品的需求因美元贬值而增加，这可能是由于美元证券的利率下降造成的，而这种利率下降可能是因为美国税率提高使得其财政赤字减少带来的，或者是因为美国家庭储蓄率上升带来的。

第三种情形涉及美国对外国商品需求的减少，或者是由于“购买美国货”

(Buy American) 的告诫造成的，或者是由于美国政府对美国所有的进口商品或特定国家的进口商品设置进口壁垒造成的。在这种情况下，外国货币将会贬值，但贬值的幅度会低于有效进口壁垒。一种设想是：这一变化应该逐渐发生，以降低因美国人增加对美国商品的需求导致价格大幅提高的可能性。

硬着陆的情形之一是：由于担心美元将会大幅贬值，外国对美元证券的需求下降——这是一种自我证实的事件 (self-justifying event)。在美元新的、较低的价值水平上，美国以及外国对美国商品的需求相对于可贸易商品部门的产能来说将大幅增加，美国的通货膨胀率也将大幅提高。

想一想，如果美国可贸易商品部门的产能增加，而其他一些国家不愿意接受自己贸易盈余的下降（这意味着美国希望减少其贸易赤字），会发生什么情况。全球可贸易商品的供给相对于不可贸易商品的供给将会增加。

这是一种大致的估计，而且这一调整可能不会在 1 年内发生，实际上，如果所有的调整都在 1 年内发生，那么代价将十分巨大。如果这些调整发生在 5 年或 10 年间，我们就能够具备这些调整所需的条件。调整的期间越长，调整就越平缓，但调整的总体幅度就越大。

拥有高额贸易盈余的国家的调整涉及将资本和劳动力从可贸易商品的生产转移到不可贸易商品的生产，这与 20 世纪 80 年代初以来美国因贸易赤字增加而进行的调整类似。这种调整将对收入和就业产生一种紧缩性的影响。相比之下，美国的劳动力和其他资源将从不可贸易商品的生产转移到可贸易商品的生产，这种调整将对经济产生扩张作用，因为需要对可贸易商品的生产进行投资。

第 10 章

30 年中的 5 次资产泡沫——新的世界纪录

1979 年 12 月，日本的日经 225 股票价格指数是 8500 点，10 年后，这一指数达到了将近 40000 点的高点。日本 1989 年的不动产价格是 1979 年价格的 9 倍。日本不动产的市场价值是美国不动产市场价值的 2 倍（尽管日本的 GDP 还不到美国 GDP 的一半），东京人常说，东京皇宫周围的土地价值超过了加利福尼亚州所有不动产的价值。

20 世纪 80 年代，日本经历了显著的资产价格泡沫——可能是有史以来最严重的泡沫，至少是在重要的工业化国家曾经发生过的最严重的泡沫。投资者——以及日本的民众——既购买不动产，也购买股票，因为它们的价格都在上涨。不动产以及股票的价格不断上涨，因为日本人和他的朋友们正在不断购买这些资产。日本人购买这些资产是因为它们的价格不断上涨。如果这听起来像是一个循环，那么它确实就是一个循环。泡沫最典型的特征就是：资产价格的近期上涨为价格继续上涨提供了依据，因此刺激人们继续购买。

随着资产价格的攀升，日本的消费支出与投资支出大幅提高，其经济经历了超常的繁荣。20 世纪 50 年代、60 年代和 70 年代，日本的经济增长率名列榜首，在经历了第二次世界大战的毁灭性破坏之后，日本取得了巨大的成功（参见第 21 章关于日本的论述）。这 30 年中高速经济增长造成了不动产和股票价格的稳定增长。

资产价格泡沫涉及跨越一个从理性繁荣（rational exuberance，与高经济增长率相关）到非理性繁荣（irrational exuberance，从最近的价格提高推断在不久的将来价格会继续上涨）的模糊的界限。只要经济还处于这一界限的理性一侧，那么不动产的价格就是基于租金收入确定的，股票价格是基于公司收入及对其增长率的估计确定的。一旦经济进入这一界限的非理性一侧，那么不动产价格的增长就不再与当前以及预期的租金收益率有任何关系。同样，股票价格的上涨也不再与公司收入和预期增长率相关。

在20世纪80年代的后5年，“博傻理论”（Greater Fool Theory）在东京十分盛行。不动产和股票的购买者认识到他们的购买价格已经极高，尽管如此，他们仍然期望通过购买这些资产获得极高的收益率，因为他们知道，其他买家很快就会出更高的价格。

信用泡沫的第一个特点是：某一特定群体借款人的债务增长率通常达到每年20%～30%。这些借款人的利息支付的增长速度差不多与其债务的增长速度相同，但在及时偿还利息方面，他们拥有完美的记录，因为他们支付利息的所有资金都是来自新的贷款。第二个特点是：借款人的债务增长速度高于其收入增长速度。在某个阶段，放款人不可避免地会担心这些借款人的债务增长速度太快了，随后，借款人债务增长速度的降低引发了突发性的调整，他们会大量违约。第三个特点是：一旦价格停止上涨，就无法保持在高位，相反，不动产价格会下降，因为相对于租金来说，它们的价格太高了；股票价格也会下降，因为相对于公司收益来说，它们的价格也太高了。第四个特点是：风险被低估了，事实证明，与借款人违约时放款人遭受损失的可能性以及损失的数额相比，他们设定的利率太低了。

在19世纪最后几十年中，在电报和股票市场自动收录器（stock market ticker）发明之后，那些从股票交易中追求短期投机收益的人就被称为“纸带观察者”（tape watcher），他们将某一股票价格的变化与成交量的变化联系在一起。如果股票自动收录器的纸带上显示一支股票的购买量和价格同时增加，那么这些投资者就会买入这支股票。相比之下，如果一支股票的成交量和价格都在下降，他们就会卖出这支股票。他们的“战略”可以由下面这句话来描述：“趋势是你的朋友。”最近，追随这种战略的人被称为“动能交易者”（momentum trader）。

专题10.1　关于"泡沫"这一术语

"泡沫"这一术语意味着资产价格的增长率或者借款人债务的增长率过高而无法维持，当增长率降低时，其价格立刻就会下降，因为最近的一些买家已经变成了绝望的卖家，他们已经没有钱支付利息了。"信用泡沫"（credit bubble）是指一组借款者的债务增长速度极高，通常体现为银行贷款。"资产泡沫"（asset bubble）是指不动产或股票的价格以超常的速度提高，而在很多情况下是两者的价格同时快速提高。

信用泡沫和资产价格泡沫密切相关，并且是部分重叠的。大多数信用泡沫会导致资产价格泡沫，而大多数资产价格泡沫都是由信用泡沫引发的。不动产泡沫总是要求信用的快速增长，因为许多买家购买不动产所需要的大部分钱都是借来的。与资产价格上涨无关的一次信用泡沫是20世纪70年代银行向墨西哥和其他发展中国家的政府及国有企业贷款的迅速增加。另一个例外是20世纪90年代末美国股票价格的飙升，它与信用的数量关系不大。

最近30年的一个显著特点是：全球出现了5轮泡沫，每一轮泡沫都会有4个、5个甚至更多个国家同时出现信用和债务的快速增长。相比之下，尽管在20世纪20年代末期美国出现了一次股票价格泡沫和不动产泡沫，但在过去200年中，泡沫出现的次数非常少。第一轮信用泡沫涉及20世纪70年代银行向墨西哥、巴西、阿根廷以及其他国家政府和国有企业贷款的大幅增长。第二轮泡沫发生在20世纪80年代后5年，以日本为中心，其溢出效应影响到了芬兰、挪威和瑞典的不动产市场和股票市场。第三轮泡沫发生在20世纪90年代的中前期，涉及的国家包括泰国、马来西亚及其亚洲邻国，以及俄罗斯、巴西和阿根廷。在这轮泡沫中，墨西哥的股票价格和不动产价格也出现了快速升高。在20世纪90年代的后5年，美国经历了一次股票价格泡沫。另外，在2002年和2007年间，美国、英国以及大多数其他讲英语的国家再加上爱尔兰、西班牙和冰岛在其住宅不动产市场上都出现了泡沫。

各国在每一轮泡沫中不相关的可能性很低。另外，各轮泡沫之间没有关系的可能性也很低。

专题10.2　查尔斯·庞齐与阿尔巴尼亚的不动产泡沫

查尔斯·庞齐（Charles Ponzi）是美国历史上最著名的“银行家”之一，现在人们则是通过“庞氏骗局”（Ponzi scheme）这一术语来记住他。庞齐承诺他的3个月期借据的年利率为45%。他声称用于支付利息的资金来自对国际邮政回邮代金券（reply coupon）进行套利交易而获得的极高利润。20世纪20年代初，与第一次世界大战前的价值相比，英镑、法郎、意大利里拉和其他欧洲货币出现了大幅贬值。庞齐声称他以极低的价格买入了欧洲的货币，并用这些钱去购买欧洲各国的回邮代金券，然后，他将这些代金券运到美国，以它们的平价买回美元。随后，庞齐将重复这一过程，再次买入贬值的美元，然后购买更多的邮政回邮代金券，再运到美国，这一过程会一直持续下去。

庞齐关于对邮政代金券的故事完全是烟幕——全是胡扯。他利用从星期二购买其借据的那些人手里得到的钱来支付星期一购买其借据的人的利息，同样，他利用从星期三购买其借据的那些人手里得到的钱来支付星期二购买其借据的人的利息。

大多数购买庞齐借据的人最初都很愿意将其大部分或所有利息收入进行再投资，实际上，他们将能够赚取“利息的利息”。只要在星期一购买其借据的大多数人将大部分利息收入进行再投资，那么庞齐对用于利息支付的现金的需求就不会太大。

庞氏骗局的管理人员不可避免地会遇到现金流问题，因为随着金融财富的增加，越来越多的投资者希望拿走自己大部分的利息收入。这时，管理人员就必须在更大的地理区域内销售借据，以获得新的资金来满足日益增长的现金需求。随着获得新资金越来越困难，管理人员提高了借据的利率，但更高的利率加剧了现金流问题，因为欠那些借据持有者的钱增加的速度更快了。

因此，随着更大的傻瓜数量越来越少，管理人员开始对存款人每天可以取款的数量进行限制，以试图阻止不可避免的崩盘。采纳这一规则就等于宣判了管理人员的死亡，因为新资金的流入停止了，所有的借据持有人每天都会尽可能多地取出其资金。

> 20世纪90年代，庞氏骗局在东欧地区——包括俄罗斯、南斯拉夫和阿尔巴尼亚——流行起来。在计划经济的早期，民众的金融财富主要是在政府所有的银行中的存款，而这些存款的利率非常低。在计划经济崩溃的时候，管制出现了真空期，没有任何法规来阻止个人销售借据，其利率比银行利率高得多。大笔闲置的资金等待投入其中以获得其承诺的高利率。阿尔巴尼亚经历了一次由几个将军一手操纵的庞氏泡沫。新“银行”提供的高利率诱使许多阿尔巴尼亚人卖掉了自己的住宅，以获得现金来购买存款，这些卖家继续住在自己的房子里，而这些房子现在是从买家的手里租来的，但通过计算，他们认为自己的境况更好了，因为他们从存款中获得的利息比支付的租金要多得多（这些住宅的买家是新银行的经营者，尽管他们的租金收入比存款的利息收入少得多，但他们也认为自己的境况变好了，因为他们拥有了这些住宅，租金给他们带来了现金流，而部分或所有存款利息支付只不过是存折上的一条记录而已）。另外，居住在意大利、柏林、纽约和芝加哥等地的阿尔巴尼亚人也将数以百万计的美元转移到阿尔巴尼亚，以购买高利率的存款。
>
> 阿尔巴尼亚感觉良好，许多人有生以来第一次越来越富有——非常富有。消费支出大增。投资支出也是如此。
>
> 可惜这种好日子无法长久。
>
> 并非所有的庞氏骗局都会导致资产价格泡沫。但实际上，在每次信用泡沫中，我们都能从中发现庞氏骗局的身影。

10.1 “国家不会破产”——20世纪70年代对墨西哥、巴西、阿根廷和其他发展中国家借款人的银行贷款猛增

20世纪70年代，沃尔特·瑞斯顿（Walter Wriston）担任花旗银行的总裁。他将这家公司转变成了全球最大的金融机构之一，分支机构遍布100多个国家。花旗银行向墨西哥和其他拉丁美洲国家政府及政府所有企业的贷款大幅增加。瑞斯顿的名言是：“国家不会破产。”这令公司的股东付出了上百亿美元的代价。

20世纪70年代的一个显著特征是初级产品——石油、铜、小麦、大豆、

咖啡、橡胶和锡——的价格大幅提高。这些商品是由墨西哥和其他发展中国家生产的，随着价格的逐步提高，这些国家的实际收入也大幅增加。

1972 年，对这些国家的银行贷款开始以每年 30% 的速度增长，这些国家的外部债务则以每年 20% 的速度增长，持续时间长达 10 年。其中的创新之处在于：总部设在欧洲和日本的银行希望增加它们向拉丁美洲国家借款的市场份额，而传统上这是美国银行的领地，这些银行通过离岸存款市场来获得贷款所需的资金。美国的银行通过降低贷款的利率来进行还击。借款人主要是政府和一些政府所有的、生产钢铁和电力的企业以及受管制的航空公司或地铁公司等。这些国家政府的财政赤字不断增加，部分原因是利用大型国际银行为这些赤字进行融资比利用国内税收进行融资要容易得多。

大多数贷款都是以美元标价的。这些银行贷款的利率是浮动的，可能比伦敦银行同业拆放利率（London Inter-Bank Offer Rate，LIBOR）高出 0. 75% 或 0. 5%。随着放款人资金成本的提高，特定贷款的利率也将提高相同的数量——这是一种成本加成利率协定。许多贷款的偿还期为 8 年，通常在借款人第一次偿付债务之前还有两年的宽限期。

通过银行贷款的形式流入这些国家的美元的增加导致了这些国家货币的升值，以及进口相对于出口的增长。

1979 年秋季，美元证券利率的大幅提高使世界陷入了衰退之中。初级产品的价格直线下跌，工业化国家和发展中国家的 GDP 增长大幅下降。跨国银行认为，与其收入相比，政府和政府所有企业的债务过高，放款人进行新贷款的意愿大幅降低。

10. 2 “资产价格泡沫之母”——东京的不动产

根据住宅财富占 GDP 的份额来衡量，20 世纪 80 年代后 5 年日本的资产价格泡沫是有史以来最严重的。与 20 世纪 80 年代初相比，20 世纪 80 年代末，不动产价格上涨了 5 ~6 倍。由于日本的 GDP 按名义值计算增长了 1 倍，不动产市场价值占其 GDP 的比率也比 20 世纪 80 年代初提高了 2 倍。

不动产和股票价格的大幅上涨是由 3 个因素造成的。在第二次世界大战结束后的 30 年中，由于政府努力加速复兴，日本经济受到全面管制。在战争中，日本的工厂和基础设施遭到严重破坏，另外，它也丧失了曾经被它当成殖民地的地区，特别是丧失了原材料和粮食的来源。日本政府采取了一系列“十年规划”以刺激经济增长。设计这些计划的动机之一是“永不重蹈覆辙”（“Never Again” syndrome），管理经济的政府官员希望最小化日本对其他国家的依赖。

金融管制相当全面，银行向存款人支付的利率很低，通常低于通货膨胀率——因此银行存款的实际利率常常是负的。银行对其贷款能够收取的利率存在着下限。在这些低利率下，商业企业的信用需求远远超过供给，政府官僚给予“窗口指导”（window guidance），指示哪些企业应该首先得到借款。这些管制严重地限制了购买不动产所需信用的可获得性。

中度通货膨胀造成了家庭金融财富实际价值下降，这意味着家庭需要很高的储蓄率才能保证其金融资产的购买力随着收入的增加而增加。

不动产价格的上涨在某种程度上快于GDP的增长，因此其实际收益率是正的。股票实际收益率也是正的，这反映出企业的销售和利润的增长也快于GDP的增长。

有两个因素造成了20世纪80年代后5年资产价格的大幅上涨。一个因素是日本当局不愿意让日元升值，他们希望保持因日元在20世纪80年代前5年大幅贬值而形成的竞争优势。另一个因素是日本从20世纪80年代初开始放松对金融的管制，在某种程度上，这是由于美国政府促成的。日本政府采纳了美国的这些倡议，因为日本工业经济各大部门中的企业已经得到了进行扩张所需的信用。放松管制的国内措施包括提高利率上限，以及减少对银行贷款分配的行政控制。日本的银行获准无限制地增加其不动产贷款，随后，这些贷款增加的速度达到了总贷款增加速度的3倍。

借款人利用这些从贷款中获得的资金来修建新住宅、公寓大楼、办公大楼，并购买现有的不动产。由于将土地转变成大型建筑工地是一个缓慢的过程，因此，来自新贷款的资金大多被用于购买现有的不动产——这些不动产的价格越来越高。

不动产价格开始以更快的速度上涨。日本存在着大量的不动产公司，随着其不动产资产市场价格的提高，其股票的市场价格也不断提高。另外，日本的银行持有大量不动产和股票，因此，这些资产价格的上涨使得银行资产和银行资本大幅增加——这些日本银行的股票价格也开始上涨。

日本似乎发现了经济“永动机”（perpetual motion machine）。不动产价格每年上涨20% ~30%刺激了许多个人购买不动产。汽车、钢铁、纸张和化学领域中的企业发现，不动产投资的回报率比投资新工厂和新设备的回报率要高得多，因此它们利用来自银行贷款的一部分资金购买不动产和其他公司的股票。由于不动产价格持续上涨，银行在其不动产贷款中的损失微不足道。

日本的银行以很快的速度在伦敦、纽约、法兰克福、苏黎世和其他国家金融中心设立外国分支机构和子公司。这些分支机构利用它们从伦敦和其他金融中心的离岸货币市场中获得的资金来快速增加其贷款。它们的战略是将利率设定在略高于其资本成本的水平上，因此具有定价优势。

差不多在同一时间，芬兰、挪威和瑞典政府也放松了对各自国内银行在离岸货币市场中借款的管制。这些银行从设在伦敦、苏黎世和其他离岸中心的日本银行借入美元，然后利用美元购买自己的货币，这就使得它们自己的货币不断升值。另外，越来越多的外国资金流入芬兰、挪威和瑞典，造成了这些国家的不动产和股票价格的上涨。

东京不动产和股票价格的上涨本来可以持续到“时间的尽头”，或者是只要借款人能够从新贷款中获得资金来支付其未偿还贷款的利息即可。在某一阶段，银行不可避免地会降低其不动产贷款的增长速度，因为这些贷款在其贷款组合中所占的份额越来越大。当新上任的日本银行（Bank of Japan）总裁在1990年1月指示各家银行限制其不动产贷款以便与其总贷款相匹配时，“时间的尽头”来临了。此时，负债累累的借款人无法再从新的贷款中获得资金来支付其债务的利息，有些人被迫卖掉其不动产。不动产价格很快就出现了拐点，并在以后的15年中持续下跌。日本经历了通货紧缩，其经济在后来的15年中陷入了低迷。

10.3 泰国等国家的资产价格泡沫

20世纪90年代中期，曼谷、吉隆坡、雅加达、香港地区的股票与不动产价格大幅上升，1993年，这些国家和地区的股票价格都上涨了1倍。不动产价格大幅上涨。中国的几个大型城市——上海、北京和广州——都出现了建筑办公大楼的热潮。

东南亚各国以及墨西哥和其他拉丁美洲国家普遍出现了经济繁荣。创新之处在于：1989年布雷迪债券（Brady bond）的发行为各主要跨国银行面临的借款人债务风险找到了一个解决方案，来自养老基金和共同基金的资金大量涌入新兴市场国家。人们喋喋不休地谈论这些国家的股票收益率高于美国和其他工业化国家的股票收益率，因为它们的经济增长率非常高。

解决了银行贷款面临的风险，再加上新技术官僚政府的吸引力，使得资金大量涌入墨西哥，其经济为加入北美自由贸易区做好了准备。萨利纳斯政府有三个主要经济政策。第一个政策是对几百家企业实施私有化，这些企业涉及除石油之外的几乎所有行业。第二个政策是放松了许多阻碍经济增长的管制，特别是对“多重许可”（multiple permit）的要求。第三个政策是实现宏观稳定，特别是新政府执政后要降低每年高达140%的通货膨胀率。

美国、欧洲和日本的跨国企业开始将墨西哥看成是一个向高工资的美国和加拿大市场提供产品的低工资供给来源，因此它们在墨西哥的投资大增。外国企业收购了一些正在私有化的国有企业。随着墨西哥银行采取非常严厉的紧缩性货币政策以降低其通货膨胀率，实际利率很高的比索证券吸引了美国和全球货币市场中的资金。

流入墨西哥的资金导致了比索的升值。墨西哥进口相对于出口快速增长，贸易赤字占GDP的份额上升到6%。

新闻媒体不停地唠叨关于“四小虎”或“四小龙”（包括泰国、马来西亚、印度尼西亚、菲律宾）的情况（中国台湾、韩国、中国香港和新加坡是第一批“小老虎”）。世界银行出版了《东亚奇迹》（*The East Asian Miracle*）一书，亚洲货币在名义上和实际上都出现了升值（除了港币和人民币之外，这两种货币是钉住美元的），大部分国家和地区都出现了大量的贸易赤字。随着货币的升值，新加坡和中国台湾的贸易盈余不断下降。

泰国和其他几个国家的非银行放款人正在开展一些银行因法规限制而无法从事的贷款业务。在这些非银行放款人中，有一些是银行所有的（日本也存在着这类情况）。

泰国及其大多数邻国的外部债务的增长速度远高于各自GDP的增长速度。这些国家的借款人通过增加从外国银行的借款来获得资金，以支付国外债务的利息，而资金的流入使得这些国家能够为其不断增长的贸易赤字融资。

当泰国的非银行放款人遭遇大量贷款损失时，亚洲国家的繁荣就结束了。外国银行以及其他信用提供者借钱给这些泰国借款人的意愿减弱了。当外国货币的流入减少时，泰国中央银行最初通过卖出部分国际储备资产以便在外汇市场上支持泰铢。当其国际储备资产被耗尽后，中央银行就停止了对泰铢的支持，泰铢出现了大幅贬值。

10.4 “非理性繁荣”与美国股市泡沫

当联邦储备委员会主席格林斯潘在1996年12月对美国股票市场中的非理性繁荣进行评论时，道琼斯工业指数位于6600点，而纳斯达克股票指数位于1300点。在2000年最初的几个月中，这些指数达到了最高点，道琼斯指数达到了11700点，而纳斯达克指数达到了5400点。

如果不是认为股票价格水平被高估了至少15%～20%，格林斯潘主席是不大可能对其发表评论的。尽管担心股票价格过高，但联储并没有提高其贴现率，实际上，它在1997年的4个月中分3次将贴现率降低了0.25%，以应对亚洲金融灾难。1998年夏天，当莫斯科出现金融危机，美国最大、最著名的对冲基金——长期资本管理公司（Long Term Capital Management，LTCM）——即将倒闭时，联储再次降低了贴现率。1999年，联储为金融经济（financial economy）提供了丰富的信用，因为它担心在2000年货币体系会遭遇严冬。

20世纪90年代末美国股票价格的飙升与网络公司的繁荣联系在一起，新技术的发展与计算机和互联网密切相关。与这些新技术相关的企业的股票在场外市场进行交易，其价格的变化由纳斯达克指数进行衡量，四大公司——微软、思科、英特尔和戴尔——的股票市值占纳斯达克市值的份额超过了80%。相比之下，“传统企业”的股票在纽约证券交易所（New York Stock Exchange，NYSE）进行交易。纳斯达克股票市值提高的百分比超过NYSE交易股票市值提高的2倍，但NYSE股票市值的增长是纳斯达克股票市值增长的2倍。

20世纪90年代后5年，其他国家股票的市值也出现了增长，但增长速度比不上美国的股票。

20世纪90年代末，美国经济出现了繁荣——通货膨胀率和失业率都在下降，而增长率在上升。

由于外国资金流入美国的数量增加，美元开始升值，美国的贸易赤字占GDP的比率从1995年的2%提高到2000年的5%。货币大量流入美国的部分原因是亚洲金融危机，这一危机造成了亚洲货币的大幅贬值，其出口相对于进口增加了1600亿美元。由于投资者预期美国股票市场会上涨，欧洲的资金也流入了美国。

那些将美元证券和资产卖给外国人的美国人对于他们从这些销售中获得的现金有两种基本选择：他们可以增加自己的消费支出，也可以从其他美国人手中购买证券。如果他们从其他美国人手中购买证券，那么这些证券的卖家也面临着同样的问题——用他们从销售证券中获得的现金做些什么。这两件事他们都会做，但大部分现金被用于购买美国证券。

如果这些卖家增加其消费支出，那么美国GDP的增长率就会提高。如果他们从其他美国人手中购买证券，那么这些证券的价格就会上涨——这意味着美国企业的资本成本下降了。

看不见的手正在发挥作用：美国证券的价格不断上涨，直到越来越高的消费支出以及储蓄率的下降与外国货币流入美国的增加相匹配为止。

美国股票价格同公司收入的比率提高到41，比其长期平均值（18）高了2倍多。华尔街的一些分析师预测公司收入将以每年15%的速度增长5年，这一增长速度差不多是GDP增速的3倍，他们相信，股票价格高可以用预期收入增长率高来解释。

在金融中，基本的命题之一是：在长期中，公司利润的增长速度与GDP的增长速度大致相同（另一种说法是：公司利润的增长速度慢于GDP的增长速度，这意味着利润份额将不断缩小，最终消失，这将是这一公司部门的终结。还有一种说法是：如果公司利润的增长速度高于GDP增长速度，那么美国公司的利润最终将高于美国的GDP——这也是一个不大可能出现的结果）。公司利润的增长速度有时候高于GDP的增长速度，有时候则低于GDP增长速度——这就好像是“向均数回归”（regression to the mean）现象在驱动公司的利润一样。在衰退中，利润大幅下滑，而在扩张中，利润的增长速度快于GDP的增长速度。

新千年到来后不久，联储就开始收回为2000年准备的部分流动性。美国股票市场泡沫破灭了，在接下来的36个月中，其股票价格下降了40%。

10.5　英语国家的不动产泡沫

新千年最初几年的显著特征之一是美国、英国、澳大利亚和大多数讲英语的国家以及爱尔兰、西班牙、冰岛的住宅不动产价格大幅上升，加拿大是没有经历不动产价格大幅上涨的讲英语的国家。与 1997 年相比，美国 2006 年的住宅价格上涨了 1 倍，住宅价格比家庭收入高出 2/3。南非的住宅价格比基年提高了 3 倍多，而英国、爱尔兰、冰岛、西班牙的住宅价格也差不多提高了 1 倍。

经历了住宅价格大幅上涨的大多数国家也发生了经常账户赤字。许多拥有经常账户赤字的国家都出现了住宅价格的显著提高。中国是为数不多的几个拥有经常账户盈余并且住宅价格大幅上涨的国家之一。

20 世纪 80 年代初，美国不动产价格出现了短暂的下降，并在 20 世纪 90 年代初再一次出现短时下降。1994 年，这些价格在名义上以及在实际上都开始上涨。美国住宅价格的大部分上涨发生在 2002 年和 2006 年之间，这是因为联储采取了更具扩张性的货币政策，旨在减弱股票价格下跌对企业投资和住宅消费支出造成的紧缩性影响。利率稳定地、有条不紊地下降了两年，直到短期利率达到 1.5%——低于通货膨胀率。

美国抵押贷款市场中的一项创新是“证券化”（securitization），是指将具有类似属性的抵押贷款进行打包，然后将其作为销售“抵押贷款担保证券”（mortgage-backed security）的基础，这些证券的买家有资格要求那些贷款购买住宅的人付款。这一创新意味着世界各地的投资者都可以用他们的部分资金投资美国抵押贷款市场。以前，美国抵押贷款市场一直是地方性的，想要购买住宅的人可以从当地银行或储蓄机构借款。

另外，美国的抵押贷款银行家们在开发新债务工具（debt instrument）方面颇具创新性，这些工具包括可调整利率抵押贷款（adjustable interest rate mortgages）、只付利息抵押贷款（interest-only mortgage）以及负摊销抵押贷款（negative amortization mortgage），有时被称为期权抵押贷款（option mortgage）。在最初的 3 年或 5 年中，采用负摊销抵押贷款的人每月支付的费用低于在支付所有利息时所应支付的金额，因此借款人的债务实际上因未偿还的利息而增加。第二个记录信息（documentation）方面的创新是：贷款人可以以一种利率选择记录信息充分的抵押贷款，也可以以一种较高的利率选择一种记录信息不太充分的贷款［后者有时候被称为“说谎者抵押贷款”（liar's mortgage）］。另外，如果个人购买了抵押贷款保险，那么他不必支付任何首付款就可以购买住宅。

在大西洋海岸、太平洋海岸、内华达州以及亚利桑那州，美国的住宅价格上涨速度比较快，大部分上涨发生在16个州，这些州的产出占美国GDP的近50%。相比之下，得克萨斯州、中西部地区的住宅价格上涨幅度适中。这意味着佛罗里达州南部和加利福尼亚州北部以及其他发达地区的住宅价格至少上涨了1倍。

美国不同区域之间以及欧盟成员国之间住宅价格上涨的差异表明，区域性因素对于住宅价格的上涨具有重要影响。

部分买家（大约占10% ~25%）购买住宅是为了卖出这些住宅或卖出购买合约，而不是要住在里面。由于住宅价格以每年15% ~20%的速度增长，而抵押贷款利率介于5%和6%之间，因此投资者得到的收益率极高，特别是在对不动产的现金投资不高的情况下（这些买家希望最小化自己在每一套住宅中的现金投资，因为他们希望购买大量的住宅）。另外，这些投资者非常愿意囤积不动产，因为这样做的收益率非常高。

地区间的套利也经常发生。与科罗拉多州、犹他州和其他地处山区的各州相比，加利福尼亚州的价格上涨更快，有些人卖掉了自己在加利福尼亚州的住宅，并在内华达州、亚利桑那州和其他价格不太高的州购买了住宅。美国住宅价格的上涨比以往任何时候都更加普遍。长期以来，美国住宅不动产的市场价值与GDP的比率大约为100，但是，从2001年到2006年，这一比率提高到了160。

在这一期间，外国资金流入美国的数量不断增加，而美国家庭储蓄率不断下降。在国家层面，尽管各个地区存在着明显的差异，但住宅价格在2006年达到了顶峰。尽管一些地区的价格开始下降，但有些地区的价格仍然持续上涨。

专题10.3　冰岛及其完美的资产价格泡沫

冰岛是世界上拥有独立中央银行和货币（冰岛克朗）的最小的国家之一，其人口数量略多于30万，其中2/3的人口居住在首都雷克雅未克（Reykjavik）市内或其附近。这个国家拥有3种基本的自然资源——鳕鱼、地热和水电资源非常丰富。冰岛的教育水平很高，并且是全世界生活水平最高的国家之一。

2002年和2007年间，冰岛的不动产价格翻了一番，而股票价格则上涨到原来的8倍。2002年，三家大型银行——它们在数年前已经被私有化——的资产加在一起差不多与这个国家的GDP一样多，而到2007年，它们的资产是这个国家GDP的8倍。

雷克雅未克喋喋不休地说冰岛正在成为一个国际金融中心。银行业和金融服务业的就业人数增加了不止1倍。冰岛的银行在伦敦收购了分支机构。冰岛的企业家也在英国收购了百货商店。

从2002年起，外国对以冰岛克朗标价的债券的需求大幅增加，而冰岛克朗则升值超过20%。冰岛贸易赤字占GDP的比率超过了25%——在世界范围内观察，这一比率也是非常高的。相对于在冰岛交易的不动产和股票的价值来说，外国货币的流入数量非常大，这些资产的价格不断上涨，而股票价格上涨时，银行资产的价值（更重要的是银行资本的价值）也上涨了。由于资本不断增加，它们能够借出更多的钱。一些借款人利用从这些贷款中获得的资金来购买股票，使得股票价格进一步升高。冰岛银行持有的股票价值提高了，使得银行的资本进一步增加，从而可以进一步增加其贷款。如此循环往复。

由于银行支付的利率很高，所以外国资金持续流入冰岛，克朗的供给也不断增加。那些从冰岛的银行贷款的人利用越来越多的资金在欧洲购买资产。在这些人中，有一些尝试从其他出借人手中借款时遭到了拒绝——但冰岛的银行的钱永远都借不完。

美国住宅价格的上涨是由联储的扩张性货币政策以及次级抵押贷款信用的大幅增加造成的。到2004年，次级贷款大约占贷款总额的8%，由于这些贷款比优质抵押贷款（prime mortgage）相比较少，因此在全部新增抵押贷款中所占的比例也不太高。住宅价格的持续攀升造成了次级贷款的增加，因为与这些贷款相关的风险似乎很低，那些无力支付月供款项的人可以毫不费力地卖掉他们的住宅来偿还债务。

美国、英国和其他许多国家住宅价格的提高表明，资产价格的上涨是由一个全球性的普遍因素造成的。

10.6　各次资产价格泡沫之间的联系

当人们问及美国最著名的小偷威利·萨顿（Willie Sutton）为什么抢银行时，他回答道："那是放钱的地方。"各次泡沫都与金钱的可获得性有关——有很多钱，最后是钱太多了。

不动产价格和股票价格的几轮大幅上涨造成了3个相关问题。第一个问题涉及在各轮上涨中不同国家价格提高之间的关系。第二个问题涉及各轮资产价格上涨之间的联系——特别是20世纪80年代后5年日本资产价格上涨与20世纪90年代初泰国等国资产价格上涨之间的联系。同样，20世纪90年代前5年东南亚各国资产价格的上涨与20世纪90年代后5年美国股票价格上涨之间也存在着系统性的联系。第三个问题集中在最近35年来的独特性，以及为什么会如此频繁地出现泡沫。

第一次泡沫与20世纪70年代墨西哥和其他发展中国家外国债务的大幅增加有关。这些国家的GDP因石油、铜、小麦和其他初级产品价格的飙升而快速增长。另外，总部位于欧洲和日本的大型跨国银行利用自己从离岸存款市场中获得的资金增加了对这些借款人的贷款。最后，总部设在美国和其他国家的银行希望成长壮大——扩大其资产负债表——而通过向从前没有提供过服务的一组借款人提供借款是增加其资产的一种比较简单的方式。向不同发展中国家政府和政府所有的企业贷款被看成是投资组合分散化的一种形式——有些出借人显然认为向主权国家贷款的风险微不足道。因此，向发展中国家贷款的大幅增加反映了发展中国家之外的一些因素、大宗商品价格的同时飙升以及大型跨国银行增加其贷款和资产的愿望。

20世纪80年代后5年日本不动产和股票价格的大幅上涨是由于银行持有的国际储备资产快速增加以及对银行向不动产贷款管制的放松共同造成的。东京资产价格的上涨在收入传导机制（income transmission mechanism）和资产价格套利机制（property price arbitrage mechanism）两个方面对其亚洲邻国造成了影响。这两种机制在夏威夷表现得很明显，而夏威夷相对于日本就像是南佛罗里达相对于纽约市一样——是打高尔夫球和休闲的好地方。随着东京经济的繁荣，日本的旅游业也出现了繁荣——而由于日元不断升值，日本人到夏威夷度假的成本不断下降。另外，东京不动产价格的飙升刺激着日本人在夏威夷购买不动产——酒店、公寓大楼、住宅以及高尔夫球场——因为它们的价格比东京和大阪的价格要低得多（投资者将其在日本的不动产作为抵押获得贷款，然后用这些钱在夏威夷购买资产）。

日本经济的繁荣使得其对中国台湾和韩国企业的收购增加，因为这些企业处于日本制造业的供应链中。

日本资产价格大幅上涨的第三个影响是对 3 个北欧国家（芬兰、挪威和瑞典）银行准备金基础（reserve base of bank）的影响。日本实施金融自由化，部分原因是要通过刺激日本的资金流出量增加，从而降低日元升值的压力，而在货币市场上资金的流出会对日元产生贬值的压力。同时，日本银行的外国分支机构不断扩张，芬兰、挪威和瑞典放松了对外汇的管制，以使其银行能够在离岸市场中获得资金。日本银行的欧洲分支机构向芬兰、挪威和瑞典的银行提供资金。

这些北欧国家的货币升值了。然后，这些北欧银行将钱借给国内借款人，而这些借款人用这些钱来购买不动产和股票，这造成了这些资产的价格快速上涨。卖出这些资产的芬兰人、挪威人和瑞典人拥有大量资金，而这些资金中的绝大部分被用来在周边国家购买类似的资产。

20 世纪 90 年代初，泰国、马来西亚、印度尼西亚和菲律宾股票价格同时出现上涨反映出了一个共同的因素。20 世纪 80 年代末，在“布雷迪债券方案”将拉美国家拖欠的银行贷款转化为债券后，这些国家资产价格出现了上升，这是金融市场对亚洲和拉丁美洲新兴市场国家“发现”的一部分。投资银行业将“新兴市场权益”（emerging market equities）看成是一种新的资产类别，其投资回报率高于工业化国家的投资回报率。

2000 年以后经历过资产价格大幅上涨的大多数国家还出现了资本账户盈余以及相应的经常账户赤字。随着美元在 20 世纪 90 年代后 5 年的升值，这些国家的货币也出现了升值，但是，即使是美国资本账户盈余增加的时候，美元还是贬值了。资金流入这些国家使得其资产价格上升，也使得这些国家能够提供更大数量的抵押贷款。对抵押信贷的需求在各个国家是不同的，影响抵押贷款需求的一个主要因素是就业和收入的增长。作为证券化的结果，抵押贷款的供给是全球化的，在很多国家，抵押放贷者都是从大型跨国投资银行获得资金。这些银行购买以英镑、澳大利亚元和其他货币标价的抵押贷款支持证券（mortgage-backed securities），并对冲外汇风险。因此，在对对冲外汇风险的成本进行调整后，各国抵押贷款利率差不多一样高。

这样，四个、五个或更多个国家同时被卷入其中反映出这些国家都经历了外国资金的流入，通常这些资金来自同一个来源。“钱在那里”。

10.7　资金流与泡沫

诸如日本、泰国、马来西亚、美国、南非发生的不动产泡沫都涉及来自银行和其他放款人的贷款快速增加，这些贷款使得借款人能够购买现有的建筑，或者支付建造新住宅和办公大楼的费用。不动产购买贷款的供给是顺周期的（procyclical），随着不动价格的上涨，银行更加急于放贷，因为不动产的价值在上涨，买家资产净值的增速超过了其债务的增速。由于住宅、办公大楼和公寓大楼的增加比较缓慢，所以需求的增加导致这些资产的价格快速提高。

随着不动产价格的提高，现有资产和新建资产的租金回报率（rental rate of return）降到低于新买家愿意支付的贷款利率水平之下。这些投资者愿意增加他们的负债，因为他们预期不动产价格的提高速度将是利率和利息支付增长速度的2倍或3倍。

随着利息支付超过其租金收入［技术术语是“负利差”（negative carry）］，一些借款人出现了现金流问题——但其不动产市场价值的增长意味着他们的财富在增长，而且他们的财产被当成抵押品抵押出去以获得新的贷款。放款人也很高兴，因为借款人在及时偿付债务方面拥有完美的记录，还因为这些贷款是有抵押的。

日本以及许多其他国家——但美国除外——的不动产泡沫都与股市泡沫相关。通常，占股票市场总体估值很大份额的是不动产公司，随着不动产价格的上涨，它们的资产价值也会上涨。因此，投资者愿意花更多的钱购买这些公司的股票。

另外，不动产的卖家必须决定卖出其资产并收到货币后要做些什么，他们的基本选择是购买更多的不动产或购买股票。他们的购买使得不动产和股票的价格进一步上涨。

资产价格泡沫引发了经济繁荣。由于经济增长率高于平均水平，而且资本成本很低，因此企业投资增加了。随着股票和不动产所有者的财富不断增加，他们的消费也随着增加，因此家庭消费支出大幅增加，而储蓄率则不断下降。由于经济活动激增，政府收入也快速提高，出现了财政盈余。

某些事件——利率的飙升、新法规的发布——使得一两个放款人对于增加新贷款变得更加谨慎。现在，与租赁收入相比，资产价格太高了，由于租赁收入低于其计划中的利息支付，因此有些负债累累的借款人就会出现现金紧张。少数借款人成为了绝望的不动产卖家。随后，不动产价格开始下降，随着投资者迫不及待地将其未实现利润转换为现金，价格的下降可能非常剧烈。

10.8 各轮泡沫之间的联系

实际上，除了20世纪80年代的日本和2007年的中国之外，几乎所有出现泡沫的国家的一个共同特点是它们都拥有经常账户赤字，这一赤字随着这些国家资产价格的提高而增加。在国际收支的会计科目中，这些国家产生了更多的资本账户盈余和更多的经常账户赤字。流入一国的货币的增加是自发的，并会产生两种直接的、即时的影响：一是该国的货币在名义上和实际上都会升值（除非该国货币钉住其他国家的货币）；二是该国的资产价格也会上涨。

流入一国资金的增加——反映在其贸易赤字的增加中——提高了该国的储蓄供给，它本身是紧缩性的，造成了GDP增长率的下降。然而，这些国家都经历了因投资支出和消费支出的增加而带来的经济繁荣。向外国人卖出资产和证券的国内卖家使用他们获得的资金从其他国内居民手中购买其他的资产和证券。这些居民面临着同一个问题：用那些钱干什么。他们利用大部分资金购买其他资产。

一个典型的事实是：实际上，经历贸易赤字增加和货币升值的国家的GDP都出现了增长。流入一个国家的资金增加造成的间接影响是：随着将资金转入该国的投资者同意为这些资产支付更高的价格，以便让这些资产的所有者将其卖给他们，这些资产的价格上涨了。

第一轮信用泡沫伴随着商品价格的暴涨而来，这导致了商品生产国GDP的大幅上涨。流入这些国家的资金增加使得它们拥有更多的贸易赤字，这意味着工业化国家相应地产生了更多的贸易盈余。引发泡沫破灭的利率冲击使得美元出现了史无前例的升值，由此造成的美国贸易赤字的增加比发展中国家贸易赤字的减少要大得多；其他工业化国家也经历了贸易盈余的增长。

20世纪80年代中期，当美元开始贬值的时候，日本极不情愿地接受了其贸易盈余的下降。日本银行对美元证券的购买阻止了日元的升值，使得日本各家银行在其中央银行的准备金以及货币供给快速增加。货币供给增加的很大一部分流入了资产市场，这主要是限制银行为不动产提供信贷的规定造成的。许多在东京证券交易所（Tokyo Stock Exchange）上市的公司都拥有资产，不动产价格的上涨意味着投资者会更多地购买这些公司的股票。日本的银行既持有不动产，也持有股票，这些资产价格的上涨意味着它们的资本在增加，因此它们可以增加其贷款数量。

当20世纪90年代初日本的泡沫破灭时，日本企业的生产从面向国内市场重新调整为面向外国市场，日本的出口与进口相比增加了，日元开始升值。这种升值造成了对“挖空”日本经济的担忧，日本企业增加了其在东南亚国家的投资，以利用那里较低的工资率和劳动力成本。在这些企业能够投资于泰国、马来西亚和其他邻国之前，它们必须购买泰铢、马来西亚林吉特，这些货币开始升值——在中央银行干预政策确定的范围内。总部位于日本、美国和欧洲的银行增加了向东南亚国家借款人的贷款。

外国资金流入这些国家造成了它们的货币升值以及经常账户赤字的增加。将国内资产卖给外国投资者的泰国、马来西亚、印度尼西亚面临着一个问题：用出售资产所得的资金做些什么。实际上，大多数国家用所有的钱从其他国内居民手中购买国内资产，这些资产的价格提高了。

泰国和其他东南亚国家不动产价格和股票价格的飙升是由两个原因造成的。一个原因是：在布雷迪债券计划于20世纪80年代末对到期未偿还银行贷款进行整合时，流入新兴市场国家的资金大幅增加。养老基金和共同基金对新兴市场国家证券的购买普遍增加（部分原因是受到全球投资组合超常回报数据的刺激，而这些投资组合建立在20世纪80年代日本股票价格惊人增长的基础之上）。

在日本企业能够投资泰国和其他邻国之前，它们必须首先在外汇市场上购买这些国家的货币，这些货币因此升值了。总部位于日本、美国和西欧的银行增加了在这些国家的分支机构。非日本企业也紧跟着日本企业进入了这些国家。

当泰国及其邻国的资产价格泡沫破灭时，它们的货币大幅贬值，贸易差额迅速从赤字变成了盈余1500亿美元，而这几乎自动地造成了美国同样数量的贸易赤字。外国资金流入美国的数量增加导致美元在货币市场上的升值，提高了美元证券的价格。此时，美国的证券卖家需要决定用这些钱做些什么。他们可以从其他美国人手中购买证券，可以购买消费品——当然也可以两者同时购买。大多数资金被用来购买其他证券，这就造成了证券价格的上涨，这些证券的卖家也同样面临着“用这些钱做什么”这一问题。

20世纪90年代末，美国股票价格的飙升是对从外国流入资金不断增加的一种反应。从1982年起，美国的股票价格就一直在上涨，尽管1987年11月价格出现了暴跌，但1987年底的股票价格仍然比一年前略高。加拿大、法国、德国和英国等很多国家股票价格的变化都与美国股票价格的变化相关。当时，美国股票的市值占全球股票市值的比例超过50%。从百分比的角度看，美国股票价格的上涨要大于其他任何国家。随着投资者的多样化，美国股票价格的上涨“拉高”了其他国家股票的价格。

在这些泡沫中，有3次与资金流入某些国家造成其经常账户赤字增加有关。资金流入一国的增加造成的第一种影响是引发该国货币在名义上升值，除非该货币是被钉住的，为了使进口相对于出口增加，实际升值是有必要的，这样，该国经常账户赤字的增加就可以或多或少地与其资本账户盈余的增加相一致［实际升值与超调假说（overshooting hypothesis）是一致的］。

从外国接受资本的国家必须进行调整，以使与贸易赤字和经常账户赤字的增加相关的实际资源被“吸收”。这些调整包括增加财政赤字、商业投资或家庭消费支出（这意味着储蓄率将下降）的某种组合。从外国接受较多资金的国家的资产价格上涨是这一调整过程的一部分，这对于实现实际转移来说是必要的。

作为对外国资金流入的响应，经历过信用泡沫或资产泡沫的国家的货币都出现了升值。有些国家和地区（主要是中国和中国香港地区）例外，是因为它们的货币是被钉住的，还有几个国家和地区（包括日本、新加坡和中国台湾）例外，是因为它们拥有经常账户盈余。但是，由于随着资产价格的上涨，预期收益率很高，所以货币仍然不断地流入这些正在出现泡沫的国家和地区。

1997年7月泰铢的大幅贬值在新兴市场经济体中引发了一系列贬值，直到 2001 年阿根廷爆发金融危机为止。这些货币的贬值造成了其经常账户余额的显著改变，几乎都是从经常账户赤字转变为经常账户盈余，或者在某些情况下，出现很大的经常账户盈余。

与亚洲货币的贬值相对应，美元在 1997 年和 1998 年出现了升值，因此，与其经常账户从赤字转变为盈余（或者在某些情况下是盈余的增加）相对应的，是美国经常账户赤字占美国 GDP 的比率提高了几个百分点。通过美国贸易赤字和经常账户赤字增加而反映出来的流入美国资金的增加促成了 1998 年和 1999 年美国股票价格泡沫，尽管这次泡沫早就处于酝酿之中。随着墨西哥比索的崩溃以及墨西哥的收支状况从贸易赤字转变为贸易盈余，美国的贸易赤字在 1995 年增加了。

美国经常账户赤字的增加是国内储蓄率下降的写照。看不见的手在发挥作用，其主要途径是美国股票价格的上涨，这造成了家庭财富的增加以及家庭储蓄率的下降。

始于 2001 年冬季的美国股票价格的下降与始于 2002 年的住宅地产价格的上涨之间的联系是联储在 2001 年采取了极具扩张性的货币政策。利率下降对住宅价格的影响与利率下降对债券价格的影响类似（尽管更准确的表述是：利率的变化反映并取决于债券价格的上升）。对不动产的投资性购买出现了飙升。

10.9　1970 年后的独特性

大部分泡沫的一个特点是：它们都与流入一国资金的增加相关，而资金流入的增加造成了其货币的升值。第二个特点是：一群借款人参与庞氏融资（Ponzi finance），并以新贷款的形式获得资金偿还其债务利息。20 世纪 70 年代，发展中国家的政府和政府所有企业的债务增长速度至少是其债务利息支付增长速度的 2 倍，资金流入的模式是不可持续的。同样，对于 20 世纪 80 年代后 5 年在日本购买不动产的许多人来说，他们支付的利息超过了其租金收入，但他们通过增加自己的债务得到了资金，以支付从前债务的利息。20 世纪 90 年代初，墨西哥、泰国和许多发展中国家的外部债务快速增加，而向债权人支付利息和红利的资金来源于新的贷款。美国和其他英语国家的不动产市场的一般特点是：抵押贷款债务的增长速度远远超过了利率的增长速度。

最近几十年来的悖论之一就是：尽管资产价格的大幅波动会造成经济“痉挛”，但经济增长率一直很高。货币价值波动的幅度比以往任何时候都要大得多。另外，经常账户盈余和经常账户赤字的数值也比以前要大得多。在一些国家，经常账户赤字占其 GDP 的比率达到了 6% ~8%。有些国家的经常账户盈余占其 GDP 的 4% ~6%。

资金流入一个国家与其经济的高增长率相关，这个国家的货币在名义上和实际上都出现了升值，这抑制了价格水平的提高——特别是可贸易商品价格的提高——否则它就会以高于平均值的速度增长。与货币没有升值的情况相比，货币价值提高对价格水平的良性影响可能会使扩张在一个较长的时期内得以持续。因货币流入造成的国内资产价格的上涨有助于繁荣的持续，因为投资支出和家庭消费支出增加了。

在这一时期发生的 5 次泡沫中，有 4 次与不动产价格的上涨有关，通常是住宅房地产，但也不限于此。不动产泡沫总是依赖于信贷的快速增长，因为买家只需要支付适当数量的首付款。日本的不动产泡沫是在政府长期通过指令限制银行的不动产贷款后产生的，一旦这些限制被取消，银行的不动产贷款就会快速增加。由于土地的大规模开发需要耗费较长的时间，因此在短期内，不动产需求的增长产生的价格效应（price effect）要大于产出效应（output effect）。不动产贷款是以资产的价值作为抵押，而不动产需求的增加会造成资产价值的增加，因此银行认为这些贷款是“优质的”。

大多数在 2001 年之后经历不动产泡沫的英语国家还拥有经常账户赤字，外国资金不断流入这些国家。并不是每个拥有经常账户赤字的国家都会发生不动产泡沫，也不是每一个经历了不动产价格显著上涨的国家都拥有经常账户赤字。然而，资金流入一个拥有明显经常账户赤字的国家与该国不动产价格上涨之间的联系非常紧密。资金流入一国导致该国证券和不动产价格上涨，而在正财富效应造成国内储蓄率下降（这或多或少与外国资金的流入相一致）之前，这些资产价格将持续上涨。

相比之下，2007 年中国的不动产泡沫与日本在 20 世纪 80 年代末发生的泡沫类似，当时这两个国家都拥有支付盈余，这使得中央银行的储备快速增加。由于银行的准备金迅速增加，因此银行可以快速增加其贷款。

美国以及大多数其他英语国家的不动产市场中的泡沫都与外国资金的流入有关，有时与外国资金流入的增加有关。这些资金的流入造成了资产价格上涨和经济的繁荣，而作为资金流入抑制了经济繁荣造成的大宗商品价格上涨压力的结果，这些国家货币的实际价值升高了。中央银行提高利率以抑制支出的努力产生了意外的影响：从其他国家吸引来了更多的资金，这造成了其货币的进一步升值。

在很多国家，包括日本和中国（但不包括美国和大多数其他英语国家），股市泡沫与不动产泡沫是同时发生的。

外国资金的流入与货币的升值引发了经常账户赤字，这些赤字占到了GDP的2%～5%或6%。随后，这些国家变得非常依赖外国资金的持续流入以维持其货币在外汇市场中的价值。当资金流入减少时，这些货币就会贬值，而且最初适度的贬值通常会引发资金流入的大幅下降，因为这些货币贬值的预期损失超过了任何额外的收入。

这一时期的一个特点是：与前几十年相比，经济扩张持续的时间（两次衰退之间的月度数）更长。美国经济在1982年和2007年间经历了两次持续时间较短且不太严重的衰退。传统上，当中央银行提高利率并且降低信用的可获得性时（这样做总是会抑制通货膨胀的压力），一次经济扩张就结束了。这意味着中央银行可能会越来越不愿意提高利率，或者是因为它们对通货膨胀越来越宽容，或者是因为在通货膨胀率达到无法接受的水平之前经济扩张可以持续更长的时间。通货膨胀率在1980年达到顶峰，并在随后的20年间呈现出下降的趋势。只要下降趋势没有改变，那么中央银行就可能愿意接受比以前更高的通货膨胀率。另外，在某种程度上，中央银行可能更愿意接受比货币被钉住时略高的价格水平的上涨，或者是它们认为，货币逐渐贬值的成本要比货币被钉住时贬值的成本小得多。

这一时期的另一个特点是：经济扩张通常与资金自发流入一个国家、其货币的升值以及贸易赤字的增加（或者是与日本、中国台湾和新加坡贸易盈余的减少）相关（一个主要的例外是：20世纪80年代，资金流入日本是对其股票价格的快速上涨做出的响应）。资金流入持续很长时间，促成了经济的繁荣，国内针对资金流入自发增加进行的调整是增加财政赤字、增加商业投资以及增加家庭支出相结合。20世纪70年代，外国资金流入墨西哥和其他拉丁美洲国家与资产价格泡沫无关，与贸易赤字增加相对应的是更大的财政赤字，在20世纪90年代，与其相对应的是购买正在私有化的政府所有企业的股份。相比之下，亚洲国家和美国的资产价格泡沫部分原因是由于针对外国资金流入增加（反映在贸易赤字的提高上）的调整造成的。看不见的手保证了资产价格不断上涨，直到储蓄率下降幅度与贸易赤字的增加基本一致为止。

随着资金流入的持续，这些国家的经济繁荣持续了很长时间——直到资本输入国的中央银行为了应对通货膨胀率的提高而采取更加紧缩性的政策为止。在所有这些插曲中，资金流入的模式是不可持续的，或者是经济中的某个部门的债务比其收入的增长速度高得多，或者是一个国家的债务比其 GDP 的增长速度高得多。

当资金流入减少时，这些国家的货币很有可能贬值，即便是最适度的贬值也会引发资金流入的大幅下降。第一段插曲出现在 20 世纪 70 年代，涉及银行向墨西哥和其他发展中国家的借款人贷款数量的增加，这些国家的借款人的外部债务每年增长 20%，持续了将近 10 年的时间。作为借款人的政府和政府所有企业通过新的贷款来获得资金以偿还其债务的利息。当新贷款的可获得性下降时，其货币就会贬值。

第二段插曲出现在日本，当时许多借钱购买不动产的人都参与了庞氏融资，这些借款人的利息支付超过了其租金收入。当借款人无法获得新的贷款时，他们就无法及时支付利息。1990 ~ 1994 年间，墨西哥面临的局面与其 20 世纪 70 年代的经历非常相似：资本流入大增（尽管是来自养老基金、共同基金和直接投资者），扣除物价因素后比索升值，经常账户赤字占 GDP 的比率提高到不可持续的水平。同样的插曲也发生在泰国及其邻国的不动产投资人身上。

资本向这些国家的流动是引发经济繁荣的一个原因，这反过来又会吸引更多的国外资金。“转移问题的过程”（transfer problem process）正在发挥作用，资本输入国需要进行调整以吸收这些实际资源，而这些资源反映在其经常账户赤字增加中。资本输入国必要的调整导致了支出的增加——政府支出、投资支出或消费支出的某种组合。大部分支出的增长都包含消费支出的增长。其中的机理是：将证券和资产卖给外国投资者的国内居民将其收入的一大部分用于从其他国内投资者手中购买证券和资产。随后，这群投资者也面临着同样的问题：用他们的收入做什么。大多数资金被用于再投资。资产价格持续上涨，直到国内储蓄下降的数量相当于外国资金流入增加的数量为止。

似乎有一批流动资金受到一个国家预期高回报率的吸引。当日本的泡沫在 20 世纪 80 年代后 5 年继续膨胀时，这些资金中的一部分流入了日本，日元升值了。当日本的泡沫破灭时，这些资金流入了泰国及其邻国，尽管日元正在贬值，这些国家的货币仍然升值了，而且它们的贸易赤字也增加了。当流入这些东南亚国家的资金减少时，它们的货币就出现了大幅贬值。这些资金流入了美国，美国的贸易赤字大增，股市泡沫加剧。美国的股市泡沫破灭后，美元出现了贬值。在这种情况下，货币继续流入美国，这些资金最终造成了美国住宅价格的大幅上涨。

第 11 章

新的世界纪录——25 年中的 4 次金融危机

挤兑银行——至少在发达工业化国家中——似乎是 20 世纪 30 年代大萧条期间发生的事情。疯狂的存款人排队等待银行营业，因为他们希望最早取出他们的存款。他们预期银行很快就会停业，因为它们的资金储备将被耗尽。2007 年 9 月，英国最大的抵押放款者诺森罗克银行（Northern Rock）经历了两次挤兑，一次发生在批发商业票据市场（wholesale commercial paper market），另一次发生在零售市场（retail market）。诺森罗克银行从英格兰银行（Bank of England）借款 4000 多万英镑以避免破产，随后被英国政府接管。大约在同一时间，美国最大的抵押放款者全美金融公司（Countrywide Financial）也在批发货币市场（wholesale money market）中经历了一次挤兑，并接受了美国银行（Bank of America）的资本注入。后来，美国财政部大量投资于美国银行，以保证它拥有充足的资本。

美国和英国挤兑最大抵押放款者几乎发生在同一时间并非巧合。全美金融公司和诺森罗克银行拥有同样的商业战略。两家公司都是通过在商业票据市场上卖出短期借据以获得部分资金用于长期抵押贷款。它们都是通过卖出新的借据以获得资金来偿还到期的借据。当商业票据的购买者不再愿意购买新的借据时（这意味着两家企业都没钱偿还到期的借据），它们都面临着破产。两家公司无法在商业票据市场上卖出它们新的借据是美国和英国住宅价格泡沫正在破灭、抵押贷款的市场价值——以及与抵押贷款相关的证券的市场价值——将要下降的预警信号。

自 20 世纪 80 年代初以来，有 50 多个国家的银行体系失灵。另外，其他

20个或30个国家中的大部分银行也遭受了高额的贷款损失，如果不是由政府所有，它们早就破产了。在某种程度上，经历过金融崩溃的国家数量庞大，这反映了殖民帝国解体后产生了更多的独立国家。然而，在根据更大数量的国家进行标准化调整后，银行体系崩溃的国家数量仍然很大。

当一家银行的贷款的价值相对于其储蓄负债的价值大幅下降时，它就破产了，造成破产的原因几乎总是因为银行错误地判断了一种或几种风险，包括出现风险的可能性，以及当借款人无力偿还时可能遭受的损失。这些贷款由抵押的资产担保，但有时候资产的价值可能会低于贷款的数额。信用风险（有时候被称为违约风险）是指借款人违约，且偿还的数额低于他们所欠的债务——甚至远低于他们所欠的债务。另一种风险是：货币价值的变化会导致某些企业的支出超过其收入，这些企业中的一些有可能破产，无法偿还其国内贷款。银行会遇到流动性风险，存款人将迫不及待地取出自己的存款，银行可能不得不亏本卖出其资产，以应对存款人的提款需求。银行总是面临着到期日风险（maturity risk，有时候被称为期限风险），与长期利率相比，其短期利率可能会大幅提高，其短期利息支出可能会超过其长期贷款的利息收入。

政府对金融机构的管制已经持续了200多年，最初是为了保护存款人免受损失，后来是为了保护经济免受大量银行同时破产而造成的困境。20世纪30年代，政府开始要求银行购买保险，以保护存款人免受损失——同时也是为了降低存款人挤兑的可能性。在某些情况下，政府使用纳税人的钱来保证银行倒闭后存款人不受损失，政府部门以低于市场水平的利率向银行提供贷款——实际上是变相对存款人进行补贴。

个别银行的倒闭不大可能引发金融危机，但大量银行——甚至是大量处于类似处境的借款人——的破产就会造成金融危机。

就像地球的两个板块之间的位置忽然发生改变会造成地震一样，金融危机涉及两种资产价格的意外变化，变化幅度可能高达30%或40%。大量资产的价值忽然变得高度不确定，其净值也变得不确定，而拥有这些资产和证券的企业的偿付能力也变得高度不确定。在危机爆发之前，这些资产和证券随时能够卖出，并被认为具有流动性，卖出大量此类资产不会对其价格产生向下的压力。一旦危机形成，这些证券就变得不具流动性，出售这些资产会造成其价格大幅下跌。

只要银行持有的这些资产和证券的市场价值仍然具有显著的不确定性，金融危机就会持续。对于大多数市场参与者来说，尽管事后回想起来他们可以看到自己曾经跨越了一个不可逆转的“临界点”，但危机的爆发都是出人意料的。

自20世纪80年代初以来的独特性在于出现了4轮金融危机，每一轮危机都包括4个或更多个国家，这些国家通常位于不同的地理区域。第一轮危机发生在20世纪80年代初，原因是1979年底美元证券利率的大幅上涨对美国和全球GDP以及原油和其他初级产品价格造成的影响。大宗商品价格的下降导致生产并出口石油、铁矿石、小麦、铜和其他商品的国家GDP大幅下降，20世纪70年代，这些国家的政府和政府所有企业的外债大量增加。总部位于纽约、芝加哥、伦敦、东京、多伦多的大型跨国银行忽然降低了向这些借款人放款的意愿，于是，这些借款人就不再能够及时偿还其债务。同样，在得克萨斯、俄克拉荷马、路易斯安那生产石油的一些企业也出现了拖欠贷款的现象。另外，谷物价格的下降意味着位于爱荷华、堪萨斯和其他产粮区的许多小银行在农民拖欠贷款时将遭遇大规模的贷款损失。同时，美国的存款机构受到利率（特别是短期证券利率）大幅上涨的不利影响，这些放款人通常利用出售短期存款获得的资金来购买长期抵押贷款。突然之间，它们为短期存款支付的利率超过了其贷款的收入，这使它们遭受了持续的损失。

第二轮危机发生在20世纪90年代初日本不动产泡沫破灭后。大约在同一时间，随着芬兰、挪威、瑞典的不动产和股票价格暴跌，这些国家的银行纷纷倒闭。这些国家的不动产开发商无法偿还其贷款。

第三轮是亚洲金融危机，始于1997年7月泰铢贬值引发的传染效应（contagion effect）。由于预期马来西亚、印度尼西亚和菲律宾的货币将大幅贬值，投资者开始从这些国家的银行提款。韩国也深陷其中，无法偿还到期的以美元标价的贷款。渐渐地，这次危机波及了俄罗斯、巴西和阿根廷。

第四轮危机开始于2007年夏末并一直持续到冬季以及2009年春季对全美金融公司和诺森罗克银行的挤兑。这次危机的一个因素涉及美国、英国、爱尔兰、西班牙和冰岛因不动产价格下降而造成的银行倒闭。另一个因素涉及波兰、匈牙利、拉脱维亚和其他中欧国家经历的外国资金的大量流入。

11.1　资金流与金融危机

每一轮危机的前奏都是在一段时间内资金快速流向一组借款人，而这种速度在长期内是无法持续的，借款人的债务增长速度远远超过了其收入的增长速度。在这些情况下，可预见的“残局”就是借款人最终需要一个新的资金来源，使得它们可以利用这些资金偿还其债务的利息。当资金流入一个国家的速度减缓时，这个国家的货币就会贬值，而货币贬值可能会造成资金流入更大幅度的下降。

让我们将纽约、伦敦和东京的银行与鲁赛尼亚（Ruthenia）借款人之间资金流动的模式看成是20世纪70年代跨国银行与发展中国家资金流动模式的模型。如果鲁赛尼亚的债务以每年20%的速度增长，其债务的利率为8%，那么资金（来自新贷款）向鲁赛尼亚借款人的流动是其未偿还贷款利息支出的2.5倍。例如，假设鲁赛尼亚在开始时拥有1亿美元的外部债务，其外部债务在第一年增加了2000万美元，而其当年的年度利息支付为800万美元。来自新贷款的、超过其未偿付借款利息支付的额外1200万美元可以用于购买进口商品，或购买外国证券，或购买军事装备。只要来自新贷款的资金流入大于未偿还债务的利息支出，则借款人就不会产生任何外债利息支付负担。

随着来自新贷款的资金相对于未偿还贷款利息支付的增加，鲁赛尼亚的货币——辨戈（pengo）——出现了升值，因为借款人利用他们新获得的部分美元购买辨戈。辨戈的升值引发了鲁赛尼亚进口相对于其出口的增加，其贸易赤字也增加了。

鲁赛尼亚国际资金流入的模式是“爆炸性”的，因为外部债务的增长速度超过了其GDP的增长速度。当这一比率较低或处于中等水平时，债务的增长速度可以快于GDP的增长速度，但是，外部债务占GDP的比率越高，某些放款人认为借款人债务过多的可能性就越大。随后，放款人在发放新贷款时就会更加谨慎，来自新贷款的资金流入相对于其未偿还贷款的利息支出就会下降。

放款人可以降低对鲁塞尼亚的贷款增长速度，或者可以在其资金成本的基础上提高利率加成，在这两种情况下，与计划中的利息支付相比，鲁塞尼亚的借款人获得的资金将减少，辨戈将贬值。但是，只要来自新贷款的资金持续超过未偿还贷款的利息，鲁塞尼亚真正的债务偿还负担仍然无足轻重。

当来自新贷款的资金下降到低于未偿还贷款利息时，鲁塞尼亚的借款人就需要一个新的资金来源，以支付其未偿还贷款的利息。相对于支出来说，政府不得不提高税收，可能会提高4%或5%，而政府所有企业将不得不增加其收入（相对于非利息支出）。

如果政府无法提高税收，以使其税收收入超过支出的数量足以满足利息支付的要求，那么它们就会拖欠贷款的偿还。放款人遭受的贷款损失可能会损害其资本充足性。

11.2 20世纪80年代初墨西哥和发展中国家的债务危机

在20世纪最后几十年中，墨西哥的经济历史就像是一个经济溜溜球（economic yo-yo），广泛的繁荣与大萧条交替出现。20世纪50年代和60年代，墨西哥是一个“金本位”的国家，有时候被称为“美国第13个联邦储备区”[1]。墨西哥银行的主要目标是保持墨西哥比索与美元的兑换价格不变。

对于墨西哥来说，20世纪70年代是好消息不断的10年，因为随着石油价格的飙升，墨西哥的石油产量也大幅提高。1976年，即将离任的墨西哥总统承诺每一个村庄都将拥有“一所新的学校和一座新的桥梁”。在他的任期结束时，政府的财政赤字增加了，通货膨胀率大幅提高，比索相对于美元出现了贬值，从1美元兑换12.5比索变成了1美元兑换20比索。由于石油产量的迅速增加，以及石油价格的大幅上涨，墨西哥的出口收入大增。同时，石油市场的这些变化促使墨西哥经济增长率提高，使得美国、欧洲和日本的大型银行大幅增加了对墨西哥政府和政府所有企业的贷款。

20世纪70年代，由于预期大宗商品的价格将持续上涨，而这将导致发展中国家的GDP增长率不断提高，因此发展中国家的经济前景似乎一片光明。这些基本原材料的生产获得的利润大增反过来又使这些国家增加了其生产投资，而预期GDP增长率的提高又吸引了外国资金。20世纪70年代期间，墨西哥和其他发展中国家的外债以每年20%的速度增长，从1972年底的1250

① Thirteenth US Federal Reserve District，根据《联邦储备法》，美国一共分为12个储备区，每个区设一个联邦储备银行——译者注。

亿美元增加到了 1982 年底的 8000 亿美元。

由于墨西哥和其他发展中国家的外债增长速度不可能在长期中快于 GDP 的增长速度，因此，对这些国家的银行贷款的增长率必然将会下降，这意味着这一组国家的货币将会贬值。借款人、放款人和国际金融机构（包括国际货币基金组织）应该预见到这一不可避免的调整。这些群体中的每一个人都应该提出这样的问题："当借款人无法通过新的银行贷款获得资金时，它们从哪里获得资金来支付利息？"

对不可持续的债务增长率进行必然的调整涉及墨西哥比索和其他发展中货币的贬值，这一贬值的幅度可能会很大，因为这一预期会导致资金大幅流出。于是，大型跨国银行对墨西哥和其他发展中国家提供的贷款的价值将会下降，因为借款人是否能够且是否愿意及时偿还利息存在着不确定性。货币价值的调整将会给债务国的企业和银行以及政府带来巨额成本。由于货币大幅贬值，以比索和其他发展中国家货币标价的证券的利率大幅提高。与以美元标价的债务相对应的本国货币债务增加的比例同货币价值改变的比例是相同的，许多企业破产，部分原因是与它们的美元债务相对应的国内债务大幅增加，部分原因是国内利率大幅提高。由于国内企业纷纷倒闭，这些国家中的许多银行也破产了。

这些国家的政府面临着一个巨大的调整问题，它们需要增加税收，以便拥有足够的国内资金用于购买美元，从而用这些美元来偿还债务。几乎没有哪个发展中国家的政府具有增加其税收以便有足够的资金来偿还债务的政治意愿，相反，它们会增加向国内银行的借款，以获得资金来偿还外国银行的债务。尽管从国内借款，但很少有发展中国家的借款人能够及时偿还其美元借款债务，这些贷款的市场价值大幅降低。

在债权国中，存在着两类主要的调整成本。跨国银行在向这些发展中国家的贷款中损失了 2500 亿美元，或者说价值降低了 30%。这些出借人继续向借款人提供"新贷款"，但数额要少得多。出借人希望声称这些贷款是可以偿还的，他们希望借款人偿还一些利息——但只有在出借人提供新贷款的情况下，借款人才会支付利息。实际上，几乎所有通过新贷款获得的资金都被用于支付那些未偿还借款的利息。如果出借人不继续提供新贷款，那么部分借款人就不会偿还任何利息，出借人就不得不承认在这些贷款上的损失。债权国面临的第二种调整成本是：随着发展中国家货币的贬值，它们向这些国家的出口大幅下降。

美国银行管理当局纵容“向发展中国家提供的贷款可以得到偿还”这种谎言。如果它们不这样做，那么各大银行将不得不降低这些贷款的价值，有些银行的资金就会减少到低于规定的最低水平。

国际金融中有一种非常老套的说法，即“国家不会破产”，其观点是：政府不会受制于信用风险，因为它们总是可以从其中央银行借款。这些中央银行不能印刷外国货币。如果这些借款人无法遵守贷款协议的条款，那么外国出借人就可能得不到这些政府的还款，因为这些贷款没有抵押。出借人依赖于政府对它们自己的信用声誉的重视程度。

20 世纪 70 年代末美元证券利率的大幅提高还造成了将近 1000 家美国的银行、储蓄银行以及储蓄与贷款机构的倒闭。一组出借人听信了 20 世纪 70 年代“商品价格将大幅提高”这种言论，扩大了对生产石油和其他初级产品（包括粮食）的企业的贷款。银行迫不及待地向参与石油生产的企业贷款，并向那些在土地价格快速上涨的时候希望扩大其土地面积的农场主贷款。20 世纪 80 年代初，当石油和谷物的价格大幅下降时，许多借款人都无法偿还其贷款。

第二组机构包括美国储蓄机构，传统上，这些机构所从事的是住宅抵押贷款业务。这些储蓄机构利用来自销售短期存款的资金购买长期抵押贷款——这就造成了“到期日不匹配”的问题。随着短期美元证券利率的提高，与其长期抵押贷款的利息收入相比，它们在短期存款负债上的利息支出增加了，并逐渐超过了其利息的收入，这些储蓄机构开始遭受亏损和资本减少。

这些储蓄机构处于左右为难的境地——如果它们什么也不做，那么只要短期利息持续高于长期利率，持续的经营亏损将抽干其资本。如果它们出售其抵押贷款，就将遭受高额直接损失，因为抵押贷款的销售价格将低于其面值。

当储蓄机构的亏损超过其资本时，它们将被管理当局关闭，联邦储蓄和贷款保险公司（Federal Savings and Loan Insurance Corporation）以及联邦存款保险公司（Federal Deposit Insurance Corporation）将保证储蓄者不受损失，倒闭的储蓄机构通常被并入银行和其他受信任的出借方。最终，由政府保险机构积累起来的储备将被耗尽——越来越多的储蓄机构倒闭，但它们仍然借助一种宽容的政策继续营业，因为政府所有的储蓄保险公司破产了，没有资金保证存款人不受损失。

11.3　东京资产价格泡沫的破灭

第二轮金融危机始于 20 世纪 90 年代初，并与日本不动产价格和股票价格的暴跌相关。当这些价格停止上涨时，它们会不可避免地降低到适合其收益能力的水平——甚至是暂时降低到这一水平之下。

许多日本公司都被组建为集团——三井（Mitsui）、三菱（Mitsubishi）、住友商事（Sumitomo）和大和（Yamato）就是这些集团中的一些，在第二次世界大战之前，它们被称为“财阀”（zaibatsu）。每一个集团都是一个相互支持的系统。最初，每一个集团都是以一家银行为核心，而且这一银行是这个集团中的企业的控股公司。在 20 世纪 40 年代末的战后被占领时期，这些控股公司安排被宣布为不合法，各集团中的银行被降级到与其他企业处于同一水平上。各集团中的每一家公司和银行都持有集团中其他公司的少量股份，这种做法被称为“交叉持股”（cross shareholding）。

在泡沫期间，由大型银行所有的工业企业的股份价值快速提高，结果，银行的资本也以类似的速度增长。银行资本的增加意味着它们能够快速“增加其贷款”，这会造成不动产价格和股票价格的上涨，反过来又会使银行的资本增加。这真是太好了。

银行和其他向不动产买家贷款的公司认为，它们的贷款政策是保守的，因为借款人将不动产作为抵押品，而且他们在及时支付利息方面拥有良好的记录。银行向不动产购买者提供的贷款迅速增加变成了一种自我证明的事件，因为不动产价格在不断上涨。

在某一阶段，银行放款人将不可避免地降低其不动产贷款的增长率，如果它们不这样做，那么这些贷款在其总贷款中所占的份额就会太大。这样，那些使用借来的钱购买不动产的人将不再拥有足够的资金以定期向银行支付利息。这些借款人的处境将像美国存款机构一样，这些机构支付的短期存款利息高于其长期抵押贷款的收入——它们将月复一月地面对负现金流。它们可以卖出其资产，但这样做会进一步打压价格。

1989 年底，新上任的日本银行总裁告诉银行要限制其不动产贷款的增长（相对于总贷款的增长）。东京的股票价格几乎是应声开始下降，几个月后，不动产价格也开始下跌。从 1990 年 12 月到 1991 年 12 月，股票价格下跌了 30% 多。随着不动产价格和股票价格的下跌，日本银行的贷款损失大幅增加，资本则不断减少。日本的银行在向从事不动产贷款的信用社（credit cooperatives）的贷款中遭受了损失。一些工业企业也投资于不动产和股票，当它们倒闭时，银行向这些企业提供的贷款同样也遭受了损失。

银行监管部门采取了一种宽容的政策，尽管其资产为负，但日本的银行仍然在营业。尽管没有正式的储蓄保险，但银行并没有遭到挤兑。人们知道，如果一家银行倒闭，存款人不会遭受损失。

不动产和股票价格的大幅下降意味着家庭财富大幅缩水，人们的一种反应就是家庭储蓄增加。企业投资下降，因为企业在泡沫繁荣时期的投资大幅增加，企业拥有了大量过剩的产能。“信贷紧缩”（credit crunch）出现了，日本的银行不愿意提供新的贷款，因为它们对借款人的信誉度缺乏信心——由于其负的资本头寸，它们也不愿意提供任何被认为存在风险的贷款。投资者不愿意购买日本银行的股票，因为他们不确定这些银行贷款损失的程度。

20 世纪 70 年代和 80 年代，日本一直是成长最快速的工业化国家。20 世纪 90 年代，日本成为增长最慢的工业化国家之一，在 15 年中，其经济都处于低迷之中。失业率大幅提高。在某些年份，价格水平下降了。名义利率很低，但由于价格水平的下降，实际利率反而更高。

11.4　20 世纪 90 年代中期墨西哥的崩溃和亚洲金融危机

20 世纪 90 年代初，墨西哥是最伟大的经济成功案例之一。1988 年底，拥有哈佛大学经济学博士学位的卡洛斯·萨利纳斯（Carlos Salinas）成为了总统，其内阁中的许多高级官员都拥有博士学位，并在以前的各届政府中积累了丰富的经验。萨利纳斯追求墨西哥经济的稳定。在他就任总统后不久，布雷迪债券计划为 20 世纪 70 年代以来大量的银行贷款提供了资金（同时也减少了这种贷款），外国银行用违约的银行贷款换取一种债券，这种债券部分由美国财政部提供担保（这些债券的利息支付是受到担保的，但本金的偿还没有担保）。

20 世纪 70 年代末，墨西哥与美国共同开发了一种有限制的自由贸易区，被称为“马奎拉多拉”（maquilidoras，即美墨边境加工出口区），即沿美国—

墨西哥边境建立加工厂，提供免税的部件进口，这些部件将再出口到美国，而不会对墨西哥的增值征收任何关税。

萨利纳斯政府采取了三种主要的政策，以使墨西哥做好准备与美国和加拿大一起参加北美自由贸易区。第一种政策是稳定宏观经济，并降低通货膨胀率，从1988年的将近150%降低到了1993年的15%。降低通货膨胀率的主要政策是紧缩性的货币政策，与美国1979年采取的政策类似。第二种政策是对500多家政府所有企业进行私有化，没有进行私有化的大型政府所有企业是石油垄断企业——墨西哥国家石油公司（Pemex）。在这些企业中，有许多通过简化其臃肿的就业和成本结构为私有化做好了准备。第三种政策是自由化政策，特别是消除了各种限制进口和保护墨西哥企业在本国市场上的垄断地位的政府管制。

这一被分为三个部分的计划吸引了希望将墨西哥整合到其全球供应链中的美国和其他国家的企业，它们打算将低工资的墨西哥当成是高工资的美国和加拿大市场的一个供给来源。几家欧洲和亚洲汽车公司在墨西哥建立了工厂，为美国市场生产汽车。美国和其他国家的企业购买了许多正在私有化的企业。由于墨西哥银行强硬的反通货膨胀政策而造成的高实际利率吸引了全球货币市场的资金。

萨利纳斯政府欢迎外国资金以及外国企业的进入，因为它们提供了就业机会。1989~1993年，流入墨西哥的资本不断增加，尽管墨西哥比索在名义上贬值了，但实际上却是升值了。墨西哥的进口速度超过了其出口速度，贸易赤字增加到占GDP的7%——其净国际债务增加到占GDP的60%。新的外国资金的流入为墨西哥提供了为其贸易赤字融资以及支付其不断增加的外债利息的资金。

1994年是墨西哥总统大选的一年，选举在8月举行，新当选的总统将在12月就职。政治不确定性大幅提高：1月，最南端的恰帕斯州发生了印第安人暴乱。3月，占优势的政党的主要总统候选人遇刺。9月，司法部的一位高级官员也遭到暗杀。

政治不稳定性的提高导致流入墨西哥的外国资金锐减。墨西哥银行做出了回应，它利用其国际储备资产来支持比索。墨西哥财政部发行了“国债”（Tesobonos），这是一种有货币担保的新证券，以吸引外国投资者——实际上这是一种墨西哥政府发行的以美元标价的债务。当墨西哥银行停止支持比索时，墨西哥比索大幅贬值，直到美国财政部安排向墨西哥政府提供一大笔贷款后，这一危机才得以停止。

进口商品和出口商品的墨西哥比索价格大涨，这造成了通货膨胀率的大幅提高。外部贷款的大幅下降导致了企业对国内信贷需求的暴涨，使得比索的利率直线上升。许多企业破产了。墨西哥银行的贷款损失大幅增加，这些银行（它们刚刚被私有化不久）也倒闭了。

在某个阶段，墨西哥增加其外债占 GDP 份额的能力会不可避免地降低。当到达这一阶段时，墨西哥外债的增长速度就会放慢，墨西哥将很可能没有钱来偿还外债的利息，并以当时的比索价格为其贸易赤字融资。如果贸易赤字年复一年地以适当的速度下降（或者由于出口大幅增长，或者由于比索贬值），这一阶段可能是逐渐到来的。

20 世纪 90 年代初墨西哥的资金流问题与 20 世纪 70 年代末的情况类似，尽管在较早的年代向墨西哥提供资金的是银行，而在后来的时期资金的提供者是共同基金、养老基金和中国公司。在这两种情况下，从外国流入的资金使得外债以一种无法持续的速度增长。

20 世纪 90 年代的亚洲金融危机始于泰铢在 1997 年初的大幅贬值。这次危机的前奏是 20 世纪 90 年代初流入泰国和其他亚洲国家的资金大幅增长，造成了不动产价格和股票价格的泡沫式提高。与墨西哥类似，外国资金的流入导致了这一地区国家货币的升值（除钉住美元的港币和人民币之外）。几个国家出现了赤字，这些赤字占其 GDP 的 4% ~6%。

1997 年 7 月初泰铢的贬值引发了传染效应，这一效应在某种程度上与墨西哥金融灾难后出现的龙舌兰酒效应①有些类似。股票的所有者迫不及待地卖出股票，股价直线下降。银行放款人不愿意发放任何新的贷款，也不愿意延长任何到期借款的期限，因为它们怀疑借款人的偿付能力。

传染效应就像是一连串正在倒下的多米诺骨牌。尽管韩国没有经历大规模的资金流入，但它也受到了冲击。韩国的经常账户赤字只占其 GDP 的 1%，这一比率远低于其他东南亚国家，其不动产价格和股票价格也没有大幅飙升。但是，许多韩国大型企业集团借入了巨额资金以便进行扩张和提高市场份额。

另外，韩国当时正在进行总统大选，在几天中，各位候选人竞相表现自

---

① tequila effect，指墨西哥经济危机对南部地区和巴西的影响——译者注。

己在抵制 IMF 财政援助条款方面有多么坚决。

跨国银行不愿意向韩国银行延长其到期的贷款，而韩国没有充足的国际储备资产偿还其贷款。在几个星期内，美元的韩元价格上涨了将近 50%，这使得许多“韩国财阀”（家族所有的企业集团）因货币重新估值而遭受了巨额损失，而韩国的银行则遭受了严重的贷款损失。

1998 年中期，俄罗斯也因亚洲金融危机而受到伤害。与东南亚发展中国家不同，俄罗斯拥有经常账户盈余，这些盈余是由于原材料相对较高的价格带来的。俄罗斯政府正在对许多企业实施私有化，其银行体系十分脆弱。俄罗斯政府面临着巨额财政赤字，随着国家向市场经济的转变，其税基并不大，政府发现很难减少支出，因为这会对就业产生负面影响。企业没钱发工资，便将它们生产的产品发给员工，再由员工把它们卖掉。越来越多的财政赤字是通过俄罗斯新近被私有化的银行进行融资的，它们迅速提高了贷款的利率。向这些银行提供贷款的是西方银行和投资者，它们卖出美元和德国马克以获得卢布，用于购买俄罗斯政府的债券。同时，它们在远期外汇市场上买入美元和德国马克，以对冲其外汇风险。

随着俄罗斯政府未偿还债务的增加（部分原因是由其利息支付的大幅增加造成的），它不得不提高利率以卖出其债券。IMF 提供了一些大额贷款以帮助俄罗斯政府，尽管其主要问题是与向市场经济转型相关的财政赤字，而不是收支赤字问题。

阿根廷是最后倒下的一块多米诺骨牌。20 世纪 80 年代末，这个国家就经历了恶性通货膨胀。随后，阿根廷将其货币钉住美元，并采纳了一种货币规则，即将比索的供给增加与阿根廷中央银行的美元持有量挂钩，这与 19 世纪采纳金本位时非常类似。在阿根廷国内，阿根廷的个人和企业可以用比索进行支付，也可以用美元进行支付。

20 世纪 90 年代初期，阿根廷政府出现了财政赤字，它通过出售政府所有企业获得的收入来进行融资。到 20 世纪 90 年代末，这一资金来源消失了，因为仍然没有私有化的企业已经比较少了，因此政府开始发行以美元标价的债券以为其赤字融资。政府债务占该国 GDP 的比率增加了超过 100%。政府通过发行新的债券获得了向债权人支付利息的资金。

从 1997 年夏季泰铢的贬值到 2001 年 1 月底阿根廷比索贬值，这一危机——或一系列危机——持续了 3 年半的时间。在这一期间，投资者一直等待着“另一只鞋子落地”——下一个让其货币贬值的国家。

11.5 2007年全球住宅泡沫的破灭

尽管不同的地理区域间存在着很大的差异，但美国的住宅价格在2006年底前后达到顶峰。当佛罗里达州、亚利桑那州和内华达州的住宅价格下降时，北卡罗来纳州的夏洛特、西雅图的价格仍然持续上涨。爱尔兰和西班牙住宅价格达到顶峰的时间略早，而英国达到顶峰的时间稍晚一些。

价格下降反映出供给增加的速度快于与人口增长相关的需求增加的速度，部分原因是由于人们预期到卖出这些资产可以获得很高的回报而产生的投机性购买，从而导致需求增加。另外，由于预期需求会增长，开发商增加了其库存。

当美国的住宅价格停止增长时，某些与次级抵押贷款相关的抵押证券价格开始下降。这些抵押贷款的一般特征是：它们都与信用评级较低的借款人有关，或许部分原因是住宅的购买者支付的首付款低于传统的20%。这些抵押贷款的利率显著高于优质抵押贷款（prime mortgage）的利率。这些贷款的违约率很低，部分原因是难以偿还抵押贷款的住宅购买者可以卖出其资产来偿还放款人。2005年和2006年，次级借款大幅增加，在某种程度上，这是由于这些证券的利率较高，从而使其需求显著增加。

住宅金融泡沫破灭的第一个冲击是美国比较激进的投资银行之一贝尔斯登（Bear Stearns）声称，它向其管理的一支对冲基金借款将近520亿美元，因为这支基金遭受了巨额投资损失。几周后，贝尔斯登宣布，由它管理的几支对冲基金将被关闭，它们的资产将被出售，基金的投资者将收到其收益，收益水平大致为每1美元的投资获得10美分的回报。随后，德国的一家小型银行宣布已经从德意志银行获得了25亿美元的资本注入。巴黎银行（Paribas，法国的一家主要银行）的总裁声称将对投资者从该银行管理的基金中提款的金额进行限制。

随着资产价值的下降，有些美国的住宅所有者会拖欠其抵押贷款的偿还，这一行为最初被认为与次级贷款有关。正如我们已经看到的，这类抵押贷款的借款人的信用评级通常较低，并支付了较少的首付款，通常少于10%——如果他们曾经支付首付款的话。只要资产价格不断上涨，难以按月偿还抵押贷款的住宅所有者就可以卖出其住宅并偿还债务。

直到20世纪80年代，美国的抵押贷款市场都是地方性的，银行和储蓄机构向区域内的家庭提供贷款，出借人了解借款者。20世纪80年代的金融创新是抵押贷款被“证券化”了——成百上千笔具有类似特征的抵押贷款被打包在一起，这种新型的资产支持证券（asset-backed security，ABS）或抵押贷款支持证券（mortgage-backed security，MBS）被卖给养老基金和其他希望获得抵押贷款所具有的较高利率的投资者。这一创新为那些想要借钱购买住宅的家庭与那些为抵押贷款提供资金的企业带来了“无限远的距离”。

美国抵押贷款业务公司是希望获得抵押贷款的个人与投资银行之间的“桥梁”，这些企业将抵押贷款卖给投资银行，并收取一定的费用。投资银行保留了在12个月或18个月内将所购买的抵押贷款退回抵押贷款银行的权利。在住宅所有者无法支付1个月或数月月供时，它们就会这样做。2006年最后一个季度，这些抵押贷款银行开始破产，到贝尔斯登宣布其对冲基金陷入困境的时候，已经有100多家此类企业关门了。

后来，人们又开发出了债务抵押债券（CDOs），抵押担保债券（CMOs）被分成了5部分，风险最大的部分被打包成一种CDO，风险次之的部分被打包成另一种CDO，依此类推。如果借款人违约，风险最高的CDO的持有者获得的收入将率先减少。最初，风险最高和风险最低的CDO之间的利率差为0.5%至0.75%。

每当投资银行将抵押贷款打包成CMO时，它们就会收取一笔费用。每当投资银行将CMO进行划分并将各个部分打包成不同的CDO时，它们也要收取一笔费用。在将CDO打包成CDO2时，它们还要收取费用。投资银行还管理着一些对冲基金，而这些对冲基金就是这些CDO的买家。

大量对冲基金向投资者“保证”每年的收益率可以达到11%～12%。将收益率为6%的抵押贷款转变为收益率为12%的CDO的主要方式是杠杆——对于每100美元的投资者资金，对冲基金将从短期商业票据市场上借入200美元、300美元或400美元，并以CDO作为借款的抵押品。激进的对冲基金会购买风险最高的CDO。如果它们具有4:1的杠杆比率，那么其借入资金的利率就会比抵押贷款的利率低1.5%，它们就能够赚到11%～12%的收益。

最先遇到财务问题的对冲基金是那些专门购买次级贷款的基金。只要住宅价格持续上涨，那么这些次级贷款的违约率就会很低，无法支付月供款项的借款人可以卖掉其资产以偿还抵押贷款。当不动产价格停止上涨时，许多次级贷款的借款人就会拥有“负资产按揭”（upside-down mortgage）——他们欠下的抵押贷款数额大于这些抵押资产的市场价值。

此时，许多次级贷款的借款人就会拖欠其抵押贷款。结果，具有较高风险的 CDO 的市场价值就会大幅下降。这些 CDO 的持有者将遭遇大量损失，而借钱购买这些 CDO 的人则遭遇重大损失。

秘密在于这些证券的持有者的身份。由于没有人能够确定谁持有这些抵押贷款，信贷市场会“举行罢工”——拥有资金的人不愿意将钱借给那些想要借钱的人。

第二个重大冲击是美国最大的抵押贷款放款人全美金融公司（Countrywide Financial）事实上的倒闭。全美金融公司遇到问题的第一个信号是它从 40 家银行借入了 115 亿美元，来自这些贷款的资金被用于为抵押贷款融资，而以前这些抵押借款是通过卖出商业票据进行融资的，但现在这些商业票据的买家消失了。几周后，美国银行宣布买入 24 亿美元新发行的优先股，实际上，美国银行持有了全美金融公司将近 20% 的股份。这意味着美国银行将买入更多的优先股以保证全美金融公司能够生存下去。

另一个冲击是对诺森罗克银行的挤兑，这家银行是英国第四大金融机构，并且是最大的抵押贷款的放款人。诺森罗克银行的商业战略表明，它与全美金融公司一样依赖从销售商业票据获得的资金为其抵押贷款进行融资。当商业票据的潜在购买者开始担心信用质量和它们自己的生存能力而使得全美金融公司不得不离开商业票据市场时，诺森罗克银行在商业票据市场中也遭遇到了重重困难。

这些冲击反映出了一种信贷危机，放款人不愿意购买某些金融机构的借据，因为它们可能向高风险借款人发放了抵押贷款。在抵押贷款市场中存在着大量的“有毒废物”，在这些证券的持有者被找出来之前，这种情况就不会改变。大量的美国抵押贷款银行倒闭了，有可能超过 50%，这些企业创造出了抵押贷款，然后将它们卖给投资银行，而投资银行将其作为发行抵押贷款支持证券（MBS）的基础，但是，投资银行保留了如下权利：如果借款人在第一年或第二年中无法支付月供，那么投资银行可以将抵押贷款退还抵押贷款银行。

抵押贷款市场危机最初涉及以次级抵押贷款为基础发行的证券，这通常是指向那些信用记录不佳的借款人发放的贷款，这些借款人交纳的首付款也很少，或者首付款是通过第二次抵押贷款获得的。只要资产价格不断上涨，这些抵押贷款的损失率就很低，无法继续按月归还借款的住宅所有者可以卖掉其资产以偿还抵押贷款。当资产价格停止上涨或开始下降时，住宅所有者就会拖欠贷款，放款人最终将获得这些资产的所有权。

2007年3月，贝尔斯登遭遇了一次无声的挤兑（silent run），它发现其他银行和金融企业越来越不愿意与它签订合同。贝尔斯登现在的处境与6个月前全美金融公司的处境非常相似，它无法继续为其拥有的证券筹集资金——其中某些证券严重缺乏流动性，因为其潜在价格高度不确定。联储协助安排了摩根大通对贝尔斯登的接管，摩根大通同意收购贝尔斯登拥有的300亿美元的此类证券，并将承担这些证券最初10亿美元的损失，联储将补偿后续的所有损失，这些证券的任何收益都归联储所有。

人们最担心的是住宅价格下降的范围以及在住宅价格与其收益重新达到平衡之前持续的时间。只要价格持续下降，拥有抵押贷款的企业就会继续遭受损失，其中一些企业很可能遭到挤兑。

与抵押贷款相关的证券价格的下跌造成了其他投资银行的重大贷款损失，其中包括房地美和房利美，这两家政府主办的企业承受着与美国所有抵押贷款相关的50%的信用风险。

雷曼兄弟公司也于9月中旬破产。信用评级机构下调了对当时全球最大的保险公司——美国国际集团（American International Group，AIG）证券的评级。AIG是最大的信用违约掉期（credit default swaps，CDSs，这是一种保险契约的形式，如果借款人违约，它保证CDS的持有者不受损失）的卖家。

西班牙和爱尔兰的住宅价格已经出现了下降，英国的住宅价格也开始下跌，其他经历了大幅价格上涨的国家同样有可能出现下跌。

每一次金融危机都是信用泡沫的必然结果，其标志为一组借款人的债务以较高的速度（通常达到每年20%~30%）增长。第二轮、第三轮和第四轮危机与不动产购买信贷的增长有关，而第一轮危机与银行对发展中国家政府和政府所有企业的贷款增加有关。

悖论在于：信贷的快速增长与经济繁荣相关，但信贷的增长速度远高于GDP的增长速度在长期中是不可持续的，在某个阶段，债务以很低的速度增长是不可避免的。由于预期到这种债务增长速度的下降，放款人就会提出这样一个问题："如果借款人不能通过新贷款获得资金，那么他们将从哪里获得资金来偿还其借款的利息呢?"由于大多数泡沫都涉及外部债务的增加，因此一个相应的问题就是："债务增长率的降低对货币的价值会产生何种影响?"

当银行和金融机构对一种风险的定价出现严重错误时（当一种贷款的利率过低时），它们就会倒闭。另外，放款人可能认为他们拥有贷款的多样化组合，而没有认识到不同借款人的违约可能不是独立的事件。违约通常是偶然发生的，但当经济即将发生衰退或已经出现衰退时，违约就会集中发生，这通常是由于新贷款的可获得性降低造成的。

这些危机的触发器（被定义为打断不可持续的资金流动模式的事件）各不相同。20 世纪 80 年代初发展中国家的债务危机是由于美联储实施极度紧缩性的货币政策导致美元证券利率大幅上升而引发的，来自新贷款的资金流的减少造成了各国政府收入相对于支出的大幅降低，以及各国货币的大幅贬值。造成日本资产价格泡沫破灭的触发器是中央银行关于日本的银行必须限制它们为不动产提供新贷款的规定。亚洲金融危机是由于人们认识到泰国一些借款人的债务相对于收入太多而被触发的。美国和其他国家不动产泡沫的破灭则是由于外国对与抵押贷款相关的证券的需求放缓而造成的。

11.6 金融危机、缺乏流动性与破产

一般来说，在与一次金融危机相关的一系列事件中，第一步通常是：某些放款人发现自己遇到了流动性问题（就像全美金融公司和诺森罗克银行一样），它们无法让其到期的短期负债"滚动起来"。墨西哥在 1982 年遇到了这一问题，韩国在 1997 年也遇到了这一问题。短期流动资产的提供者忽然对那些依赖短期借款为其长期证券融资的金融机构的偿付能力产生了高度怀疑。

人们最初的反应几乎总是债务缠身的借款人遇到了流动性问题，它们无法获得资金来偿还其债务或支持其货币。如果放款人担心借款人可能会破产，那么企业和银行也会遇到流动性问题；如果放款人非常担心借款人可能会破产或无能力偿还，那么它们就不大可能增加其信贷数量。

19 世纪建立中央银行的主要目标之一就是降低银行破产的可能性，因为出售资产以获得必要的资金来满足存款人的提款要求将会压低这些资产的价格。一家银行满足存款人此类需求的努力将会对拥有类似资产的其他银行造

成负面影响。中央银行关于流动性的规定将会降低流动性问题逐渐升级为偿付能力问题的可能性。但是，关于流动性的规定无法解决潜在的偿付能力问题。

考虑一下那些曾经在这四轮危机中进行过贷款的银行是否因为借款人违约造成大量贷款损失而破产。20 世纪 80 年代初，当墨西哥和其他发展中国家拖欠贷款时，主要的美国银行遭受的贷款损失巨大，如果不是银行的管理部门默许"这些贷款是可以偿还的"这一谎言的存在，则这些银行中的一些可能早已倒闭了。实际上，这一宽容的政策使得银行在几年中找到了解决资本不足这一问题的出路。在这一时期，美国 8 家大型货币中心银行中有 1 家倒闭了，并有将近 1000 家储蓄机构破产。

当日本不动产和股票泡沫破灭时，日本政府也遵循了类似的宽容政策。最终，日本银行的贷款损失是其资本量的 2 ~ 3 倍。这些银行面临着偿付能力问题，但奇怪的是它们并不存在流动性问题。一种有效的解释是：银行在使存款人和其他对银行拥有债权的人（但股东除外）遭受损失时，不允许破产。

亚洲金融危机之前这一时期的独特之处在于：向泰国、印度尼西亚以及韩国、俄罗斯、巴西、阿根廷和墨西哥提供资金的外国机构是由银行、共同基金、退休基金和跨国公司组成的混合体。当危机爆发并且这些国家对其货币进行贬值时，这些国家中的大多数国内银行都倒闭了。主要的例外是新加坡和中国香港。没有一家外国银行因向这些国家和地区的借款人提供贷款遭受损失而面临流动性问题或偿付能力问题。

美国、英国、爱尔兰、冰岛和其他国家住宅价格泡沫的破灭造成了与抵押贷款相关的证券价值的大幅下跌，这又导致一些国家的投资银行和商业银行的资本大幅缩水，这些国家包括发行此类证券的国家，还有一些国家的银行为了获得高预期收益而购买了这些证券，导致其国家受损失。这些企业中有许多明显遇到了偿付能力问题，因为它们的资本缩水十分严重，很难获得私人投资。

在其中的三轮危机中，出借人破产了。大型跨国银行没有受到亚洲金融危机的严重影响。大多数亚洲国家以及墨西哥、俄罗斯和阿根廷的国内银行破产了，因为随着其货币的大幅贬值，国内贷款的价值也出现了大幅下降。

危机之后从 IMF 借款的大多数国家最终偿还了其贷款，同样，墨西哥也偿还了它从 IMF 所借的钱。

韩国与泰国和其他南亚国家不同，因为它的经常账户赤字与 GDP 相比要少得多。实际上，其外债占 GDP 的比例不断下降。韩国的大型企业集团负债累累。

在某种程度上，偿付能力问题等同于破产问题。破产的会计定义是企业资产的价值低于其负债的价值，而经济定义是企业支出的现值大于其收入的现值。如果企业可以说服自己的员工接受较低的工资，或说服其供应商接受较低的价格，那么企业就有可能减少其支出的现值。

20 世纪 80 年代初，墨西哥和其他发展中国家是破产了，还是只是缺乏流动性？在这些国家中，大多数政府面临的问题是：如果它们增加税收或减少支出，以便产生现金盈余从而可以购买支付外债利息所需的美元，那么它们的国内政治支持率就会降低，政府就会下台。这些国家的选民需要决定：接受与维护国家信誉相关的负担是否值得。他们认为，信誉的价值低于为了维护信誉而采取措施的成本。

当价格开始下降时，许多日本不动产投资者破产了，日本的银行显然也破产了。日本的问题在于：与 GDP 相比，其不动产价格上涨的速度太快了，而与定期的利息支出相比，显性和隐性的租金收入太少了。更容易地获得流动资金可能会减缓不动产价格的下降，但这种下降是不可避免的。

墨西哥偿还了它在 1995 年所借的钱。墨西哥是只面临着流动性问题，还是面临着破产问题？20 世纪 90 年代初，墨西哥比索被高估，对比索的外币价值进行调整是必要的。如果在总统交替之初墨西哥银行能够获得更多的外部融资，那么比索的贬值可能就不会那样快，其影响也就不会那样大。实际上，比索实际价值的降低就相当于墨西哥人实际工资的减少。墨西哥人用新的、价值低得多的比索偿还了他们借入的所有钱，但这并不意味着，如果当时墨西哥介入干预并将比索钉住在更高汇率，他们就有能力在那样的汇率水平下偿还债务。

大多数在泰铢贬值之后受到影响的国家都偿还了它们从 IMF 的贷款，但是，它们的货币出现了大幅实际贬值。

IMF 是作为国内中央银行的国际复制品而成立的，这一组织将为其成员国的政府提供外国资金，以使它们能够为其支付赤字（特别是周期性赤字或临时性赤字）进行融资。成立 IMF 的目的是减少一个国家仅仅因为暂时的支付赤字就对本国货币进行贬值的可能性。这意味着因根本性失衡（fundamental disequilibrium）而造成的支付赤字将要求该国货币贬值。如果一个国家没有充足的储备和信用额度为临时性的支付赤字进行融资，则并非由根本性失衡造成的支付赤字可能也要求其货币贬值。

IMF向其成员国的贷款存在着两种不同的风险。一种风险——被称为道德风险（moral hazard）问题——是指尽管这些国家处于根本性的失衡中，因而它们的货币应该贬值，但它们可能使用从IMF获得的资金来延缓贬值。另一种风险是能够从IMF获得的资金太少，因此各成员国的货币贬值幅度会大于恢复根本性平衡状态所需的幅度。

当货币没有被钉住时，跨国资金流动数量的变化以及流动方向的变化几乎总是导致一种货币的价值在外汇市场上大幅下跌——调整的幅度总是过大。货币价值在短期内的下降总是比在长期中的下降更大，部分原因是当本国商品和外国商品的相对价格发生变化时，消费者无法立即做出改变，同样，企业也不能从在外国市场中进行销售立即转变为在国内市场进行销售。

在国际层面，偿付能力和流动性关系中的两个方面是在国内层面不存在的。在国内经济中，为了在企业破产后重新具有偿付能力，需要进行的必要调整是其劳动力成本必须降低，而如果实际工资减少，许多工人可能会选择离开；在国际经济中，货币的贬值使得实际工资在全国范围内下降。在国际层面，即使一国中的家庭、企业和政府有偿付能力，而且具有充足的流动资产，但这个国家仍然有可能缺乏流动性。一国流动性的缺乏反映了当进口价格大幅上涨或者对该国的出口需求下降时，它无法获得资金以减缓货币的贬值。

短期内货币价值相对较大的波动对国内具有重大的影响——与以外国货币标价的负债相对应的以本国货币标价的负债与汇率的变化成正比例增加。进口商品的国内价格飙升，这造成了国内通货膨胀率的上升。国内利率大幅上涨，而该国持有的资产的市场价值则不断下降。有些企业甚至某些银行金融资产的市场价值下跌，从而陷入了破产的困境之中。

不论从会计标准来看，还是从经济标准来看，一国的企业和政府以外国货币标价的负债越多，其货币贬值造成某些经济部门破产的可能性就越大。即使中央银行有充足的流动性阻止这一趋势的发生，某些经济部门仍然可能会破产。

20世纪80年代，由于美元证券利率的大幅上涨以及本国货币的大幅贬值，墨西哥和许多其他发展中国家的政府都拖欠了其美元借款。

有些观察家认为，1994年初，墨西哥比索被高估了15%或20%。墨西哥出现了流动性危机，美元的比索价格上升了将近100%。货币大幅贬值引发了大量的重新估值损失。事实证明，来自IMF的贷款太少了，美国财政部主动开展高额贷款项目，使得墨西哥政府能够防止更严重的比索贬值。

亚洲金融危机涉及印度尼西亚卢比（rupiah）、泰铢（baht）、马来西亚林吉特（ringgit）的大幅贬值，资金大规模流入这些国家造成了贸易赤字（占各自GDP的6%～8%），以及货币的隐性高估。当资金流动出现逆转时，货币就开始贬值，随着贸易模式的调整，这些货币从被高估变成了被严重低估（undershooting）。急剧的大幅贬值引发了国内企业的大量破产，因为这些企业为了降低其利息成本而从国外借入了很多资金。

韩国也受到这次危机的影响，主要是因为其地理位置的关系。韩国的经常账户赤字占GDP的份额很小。向韩国企业提供贷款的外国放款人不愿意延缓到期债务的偿还，美元的韩元价格上涨了50%。尽管因为韩元债务大幅增加造成了许多持有外币债务的韩国企业破产，但韩元的严重低估仍然大大增强了韩国企业的竞争力。

这些货币长期价值的低估表明，受影响的国家面临着流动性的缺乏，并且无力或不愿意阻止其货币价值的大幅下跌。成立IMF的目的是为了防止这类危机的发生，但它没有完成这一使命，原因可能是其资源过少，或者是因为其管理层过于谨慎。

放款人错误地估计了信用风险和货币风险。借入外国货币以降低其净利息支出的企业常常会增加其外汇风险。本国货币的大幅贬值造成了以本国货币计算的外币负债的大幅增加。以外国货币对其债务进行标价的公司错误地估计了这一风险，而向这些公司借款的银行也错误地估计了这一风险，因为它们未能认识到货币价值的变化对借款人的净值以及它们向这些借款人所提供贷款的价值的影响。

那些向外国政府以及总部位于外国的企业提供贷款的人没有认识到，这些借款人中有很多都参与了庞氏融资，并利用从新贷款中获得的资金来支付其未偿还贷款的利息。出借人似乎没有询问下面的问题："如果我们停止贷款，这些借款人从哪里获得资金来支付利息？"东京和大阪的银行也因为没有提出这一问题而遭受了两次损失：第一次是在20世纪70年代当它们把钱借给发展中国家政府以及政府所有企业时，第二次是在20世纪80年代当它们快速增加其国内不动产贷款时。亚洲金融危机的前奏就是外国资金大量流入墨西哥、泰国、巴西、阿根廷以及其他新兴市场国家，投资者似乎深信这些国家的投资回报率比工业化国家的投资回报率要高得多。美国、英国以及其他大多数英语国家不动产价格的快速提高反映出许多购买者对短期投资收益而不是对租金收入感兴趣。

放款人和投资者都没有认识到，这四轮危机中的资金流动模式与庞氏融资中的资金流动模式是一样的。在其中两次危机中，货币的价值受到这些跨国资金流的显著影响，流入资金的减少使得货币大幅贬值，这是一种自我证明。大幅贬值将会造成国内利率的飙升。借款人陷入了众所周知的“滑坡谬误”（slippery slope）中，在无法通过新贷款获得资金时，他们将不得不大幅减少其支出以获得资金用于利息的支付。

第 12 章

中央银行会看选举结果，而不是资产负债表

12.1 货币改革的圣杯

始于 2007 年的金融危机使得美国、英国、爱尔兰和冰岛采取了“拯救银行”的特别行动。其政策判断是：如果银行的贷款损失大幅超过其资本，而且它们倒闭了，并使存款人遭受损失，那么随着货币供给的下降以及家庭和商业企业对于支出越来越谨慎，商业经济将面临巨大的通货紧缩压力。政府感到需要向银行提供资金以保证存款者不受损失。资金的提供是临时性的，随后，政策制定者认识到，银行部分为政府所有带来了一个新的问题。

在过去几十年中的大部分时间，世界各国的财政部长都在寻找货币改革的“圣杯”（grail）。他们希望降低与货币价值变化相关的不确定性，而且担心国内贸易保护主义的压力。他们在国际货币基金组织每年秋季召开的会议上、在每年春季召开的临时会议上、在十国集团（Group of Ten）和 20 国委员会（Committee of Twenty）的会议上、在经济合作与发展组织（Organisation for Economic Co-operation and Development，OECD）的临时会议上、在纽约和日内瓦召开的联合国贸易和发展会议（United Nations Committee on Trade and Development，UNCTAD）上进行会面。欧盟成员国的财政部长在位于布鲁塞尔的欧盟总部进行会面，并轮流在各国首都召开会议。美国、日本、加拿大、英国、法国和意大利的总统和财政部长每年都会在温哥华、丹佛、朗布依埃（Rambouillet）、波多黎各、伦敦、波恩、东京、渥太华、凡尔赛和威廉斯堡（Williamsburg）召开峰会。这些国家还会召开很多的双边会议。但是，方案

仍然遥遥无期。

尽管没有进行变革，国际贸易也已经快速扩张，国际投资也出现了增长——至少在 2007 年金融危机到来之前情况确实如此。许多曾经的发展中国家实现了很高的增长率，数以千万计的人摆脱了贫困，成为了中产阶级。如果有一个恰当的体系（对中央银行干预货币市场和国际储备资产的政策进行管理的一系列规则），世界贸易和投资以及人均收入是不是会以更快的速度提高?

12.2　浮动汇率是否实现了其目标?

第一个问题是：浮动汇率安排是否得以有效运作，并实现了其倡导者在 20 世纪 50 年代和 60 年代做出的重要承诺。他们的普遍观点是：如果货币没有被钉住，那么货币价值的变化将会遵循各国通货膨胀率的差异。因此，在不同国家进行生产的企业的竞争地位只会发生不大的变化（如果会发生变化的话），而这一变化是由于各国的货币价值偏离根据各国通货膨胀率差别所得到的预测值造成的。另外，他们指出，货币价值的变化应该是渐进的，而不应该是突然发生的，而且这些变化应该是不带有政治色彩的，因为它们与不同国家企业的竞争地位无关。

在过去 35 年中，意外之处在于：与根据各国通货膨胀率的差异预测的变化相比，货币价值的变化过大——实际上，是太大了。20 世纪 70 年代末，美国的通货膨胀率比德国的通货膨胀率高 2 个或 3 个百分点，而美元每年贬值超过 10%。随后，在 20 世纪 80 年代前 5 年，尽管美国的通货膨胀率仍然高于德国的通货膨胀率，但美元相对于德国马克每年升值 12%。另外一个例子是：1995 ~ 1998 年，日本的通货膨胀率比美国的通货膨胀率低几个百分点，但在一年中，日元仍然贬值了超过 20%。1999 年至 2008 年 6 月，美国和欧盟的通货膨胀率差别总是低于 2%，但欧元的美元价格几乎上涨了 1 倍。

与根据各国通货膨胀率所做的预测相比，货币价值的波动范围要大多得。在长期中，货币价值的变化倾向于与各国通货膨胀率的差别一致，这种长期关系是国际金融中的“既成事实”（established fact）之一。但在两年或三年间，货币价值的变化与各国通货膨胀率的差别之间不存在系统性的联系。另外，与钉住时相比，在浮动的情况下，货币价值与根据各国通货膨胀率差别进行的预测之间的平均年度偏离程度要大得多。与浮动汇率安排的倡导者所做的承诺相比，货币价值的波动要剧烈、突然得多。

浮动汇率体系的主要优势在于：各国货币当局不需要应对被高估的货币和被低估的货币——它们可以将这些偏差归因于某些来历不明的市场力量。另外，它们对于因需要维持其货币的平价而将通货膨胀率控制在每年1%～2%的水平上也不是十分坚决。任何损失竞争力的倾向都会造成其货币以略快的速度贬值。

从美国的观点看，悖论在于：美元是被低估最严重的货币之一，而美国贸易赤字占其GDP的比率几乎高于任何其他国家。在某种程度上，教科书中声称的低货币价值应该带来贸易盈余的理论对于美国来说无效。具有讽刺意味的是，美国带头向浮动汇率安排转变，但与货币被钉住时相比，高估和低估的程度更大。同样，贸易失衡也更严重。

12.3 货币体系的改革

欧洲经济共同体（European Economic Community，EEC）的大多数成员国都对20世纪70年代和80年代欧洲内部货币价值的变化做出了反应，它们决定采纳一种共同货币。某些成员国认为，单一货币对于商品和服务的单一整合市场来说是非常恰当的，另一些成员国对于共同货币则抱有政治理由。

具有讽刺意味的是，为了保护国际货币稳定性而于20世纪40年代成立的机构——国际货币基金组织——在很大程度上忽视了国际货币安排中存在的系统性问题。犬儒主义者会说，与开发能够降低金融危机可能性和严重性的安排相比，国际货币基金组织的管理者去应对俄罗斯和亚洲的货币危机会更有意思，也更勇敢。

一些批评家针对IMF对韩国、印度尼西亚、俄罗斯和阿根廷采取的政策提出了批评，这可能会令IMF更加关注整个体系存在的问题，而这些问题正是IMF成立的原因。但是，由于未能预测到大量的危机，并且未能设计出适当的政策以应对日益严重的失衡，IMF很可能已经在很大程度上丧失了可信性。IMF的员工会前往世界各地，定期拜访每一个成员国，以评估其政策。但是，对于与亚洲金融危机相关的货币大幅贬值，IMF似乎感到十分惊讶。它没有预料到冰岛的崩溃，也没有预料到全球住宅泡沫会破灭并引发一次衰退。

国际货币安排的改革可以通过改变一些关键的特性来实现。钉住货币价值的体系可能旨在对支付赤字和支付盈余做出更灵活的响应，同时降低涉及国际贸易和投资的货币价值的不确定性。我们可以找到一种机制以适当减少国际货币的数量，而不必迫使美国产生贸易赤字和支付赤字。

12.4　国际金融稳定性的政治学

政治因素说明了为什么国际货币改革如此困难。由 100 多个国家提出的一个最引人注目的解决方案是采纳一种共同的全球货币。到那时，汇率将不复存在，因而也就不存在与货币价值变化相关的危机。没有必要协调不同中央银行的货币政策，因为只有一个中央银行和一种全球货币政策。也没有必要担心各国货币增长率与国际货币增长率之间的关系，因为两者之间没有任何差别。实际上，全球货币的优势如此明显，以至于人们奇怪为什么各国的货币仍然存在。

以前有一种全球货币——黄金。抛弃金本位说明了一种全球货币的想法为什么是一种空想。20 世纪的一个主要问题是民族主义——三次大规模战争和大型军事机构。各国政府对国内经济目标给予了更高的优先级，国家力量的增强以及对国内目标更加关注不是偶然的。在 20 世纪 20 年代，货币政策极力协助各国为第一次世界大战提供资金。随后，在大萧条期间，各国政府调整货币政策以扩大国内就业。第二次世界大战期间，货币政策努力为战时的支出进行融资。对金本位的依赖不复存在，因为各国政府希望管理本国货币以实现国内目标，特别是高水平的就业以及价格水平的稳定：选票是靠这些因素赢得的。

图书馆的书架上摆满了关于货币安排改革和降低其对危机敏感性的图书。这些图书中包含着大量的文章、段落、章节和分卷，详细说明了一个国家何时可以改变其货币的平价，何时不能，一个国家何时有权从一些国家或国际机构借入其他国家的货币，以及一个国家何时将不得不将其资金借给其他国家。实际上，所有这些文章、段落、章节和分卷都代表着一些很少被讨论的问题。每一个国家的政府都希望了解每一种被提议的安排将如何影响实现其国内目标——充分就业、稳定的价格水平、快速增长以及对自己命运的把握——的能力。每个政府的领导人都希望了解每一个计划将如何影响他们保持选民幸福以便赢得下一届选举或阻止下一次政变的能力。如果必须做出调整，各国政府希望能够确保大部分负担和成本由其他国家承担。如果某些事件对其选民造成了负面影响，他们希望能够证明这些事件是由外部因素造成的，政府无力控制，就像天气一样。

许多国家都担心国际货币安排可能会限制它们制定国内政策的自由，因而更加难以令其国内选民感到满意。虽然英国是欧盟的一个成员（尽管不是EEC的创始人），但英国决定不与德国、法国、意大利和8个较小的成员国一起从一开始就接受欧元，因为他们担心一旦由法兰克福的官僚们来制定货币政策，伯明翰和考文垂会遇到就业问题。不错，英国人在选择这些官僚时拥有自己的发言权，但他们都愿意让英格兰银行保持其独立性，而不是成为欧洲中央银行（European Central Bank，ECB）的一个分支机构。如果允许拟订条约、选择机构的管理者，并制定其政策，那么每一个政府都很乐意签署一份国际货币改革的协议。每一个政府都会设计一种安排，以最小化其选择国内政策的外部约束。在这种情况下，成员国身份将不会对提出提案的政府产生任何成本。针对变化和冲击进行调整的不可避免的成本将落到其他国家身上。当然，不同国家的提案会存在着矛盾。对法国有利的并不一定对德国有利——德国人已经明白了这个道理，但数年来已经使其纳税人付出了相当大的代价。

建立新规则的努力没有成功的一个原因是：不同国家的居民的利益常常是相互矛盾的。有一些国家生产和出口石油，很多国家进口石油。出口国希望其石油能卖出高价格，而进口国则希望支付低价格。有些国家希望价格水平稳定，或者至少使通货膨胀率不高于2%，而其他国家则更重视充分就业。有些国家认为，重大经济决策应该由市场力量的分散化相互作用来决定，而其他国家认为这些决策应该与一个中心规划保持一致，或者由布鲁塞尔或其他中心的官僚们来制定。一旦支付失衡发生，在赤字国家或盈余国家是否应该采取措施进行必要的调整以降低这些失衡这一问题上就会出现冲突。当货币价值大幅变化时，人们会对货币升值国家或货币贬值国家是否应该进行干预以阻止这些波动这一问题存在争论。政治领导人会谈论国际合作的优点，但国内因素常常会占上风，特别是当下一届选举在几个月后就会开始时。

货币改革只有少量的支持者——少数经济学家和一些中央银行行长，以及为数不多的社论作者。只有在一次重大危机之后，才有可能产生改革的动力。

如果每一个主要国家对于核心问题的立场是可以预测的，那么货币改革就可能得到推进：如果它们提议的生产国际货币以及调整贸易和支付中严重失衡的安排能够预先为人们知道的话。对这一问题，可能存在着系统性的知识。但在没有掌握这类知识前，我们必须要充分了解各国对通货膨胀、官僚主义、经济开放和市场的态度的差异。

12.5　通货膨胀绝不是偶然的

考虑一下英国和德国对体制改革会有哪些不同的观点。自 20 世纪 50 年代初以来，美元的英镑价格几乎上升了 1 倍，而欧元的美元价格上涨了 1 倍多——这是在承认采纳欧元作为德国马克和其他传统货币的继承者之后发生的。英镑价值的下跌反映了英国通货膨胀率高于美国的通货膨胀率，而欧元价值的上涨反映了德国的通货膨胀率一直较低。这些通货膨胀率的差异不是偶然的——各国在 20 世纪 60 年代、70 年代甚至 80 年代推行的金融政策可以追溯到它们在 20 世纪 20 年代的经历。在两次战争之间的那个时期，英国的失业率几乎达到了 20%。第二次世界大战后，英国的经济政策致力于维持充分就业，而不考虑其货币政策对通货膨胀率的影响。另一方面，德国几乎总是对其价格水平的上涨充满恐惧，因为它在 1922 ~ 1923 年以及 1944 ~ 1948 年间经历了恶性通货膨胀。在这两个期间，德国马克和以马克定价的证券变得一文不值。

价格上涨速度高于平均水平的国家（如英国和丹麦）倾向于拥有支付赤字，而且其货币也会贬值，与那些更重视价格水平稳定的国家（如德国和瑞士，它们倾向于拥有支付盈余和不断升值的货币）相比，它们对于国际货币规则还拥有更野心勃勃的方案。拥有赤字的国家希望能够自动获得外国的贷款和信贷，而不会附带任何要求其采取良好金融行为的条件。它们希望避免贬值的要求，它们希望其货币不会贬值。如果货币平价的改变是必要的，那么它们希望拥有盈余的国家采取主动。如果拥有赤字的国家必须采取主动，那么它们希望能够在不受其贸易伙伴或国际机构批评或监督的情况下限制其外债的偿还。

另一方面，拥有支付盈余的国家不愿意扩大对拥有支付赤字国家的信贷，它们担心如果这样做了，它们的支付盈余可能会变得更多，因此将输入通货膨胀。它们也不希望被推到不得不重新评估其货币的价值以避免通货膨胀的境地。

大量的收支失衡或货币价值的变化来自于各国货币供给增长速度以及价格水平的上涨速度之间的差异。货币增长率之间的差异有可能反映了其税制或劳资关系之间的制度性差异。

12.6 官僚主义是一个法国词并且是一个成长性行业

与在生物学中一样，变革在经济生活中也是不可避免的。个人在成长过程中要经历一系列阶段，年轻时，人们的体重增长很快，成年后，他们的体重趋于稳定。在生命周期中，人们会受到疾病和意外事件的影响，这可能会改变其成长的过程。

经济的发展也会经历不同的阶段，尽管各个阶段之间的差别不是特别明显。另外，不同国家各个阶段的长度可能会不同。最后，经济会受到冲击的影响——这些冲击包括结构性冲击，如粮食减产、进口品价格飙升，以及战争，还包括表现为通货膨胀率和利率大幅改变的货币性冲击。技术变革会对一个经济中的个人和企业造成冲击，因为随着对新的、更具成本效益的替代品的需求不断增加，对原有产品的需求将下降。

当出现冲击时，调整是必要的。很少有人喜欢冲击，除非这些冲击会使他们的收入提高，在政府活动中，越来越多的部分与抑制冲击以及减轻其影响有关。通常，政府会努力在纳税人之间重新分配一次冲击的成本，这一冲击的成本和风险被“社会化”了。灾难救济是对大众进行征税，以补贴那些因洪水、火灾或龙卷风而遭遇重大损失的人。失业救济是对有工作的人征税，以补贴那些失业者。社会保障是对正在工作的人口进行征税，以补贴那些老年人。

针对同一种冲击，各国采取的措施有很大差异。大多数国家都具有传统的经济模式，这显然是由于政府在决定价格、工资、信用、投资决策方面的作用造成的。在日本，官僚机构在设定目标增长率以及具体产业和企业的投资水平时发挥着重要作用（在法国也是如此，只是程度要低一些）。在其他国家，这些决策反映出了市场的力量。例如，美国喜欢分散化的决策制定方式：政府应该对货币政策和财政政策负责，而家庭应该制定消费决策，商业企业制定投资决策。要生产的产品和服务组合以及由谁生产是数以千万计的私人部门决策的结果。其他一些国家（如德国、瑞士以及最近的英国）也赞成美国的观点。另一些国家的政府会更多地参与生产和投资决策。

国家对政府干预的态度反映了官僚主义所具有的影响力。在日本和法国，顶尖大学最优秀的毕业生会竞争政府公职，在这些国家，投资和生产决策的政府干预是很容易被接受的。人们希望有一个强大的中央政府，官员被认为非常胜任。相比之下，在美国，官僚的声誉很低，官员工资的上限使得格雷欣法则（Gresham's Law）开始发挥作用——最能干的员工离开官僚机构去工资更高的私人部门工作。

官僚政府越强大，以市场为导向的决策范围就越小。从几个方面来看，政府干预是合理的，它可以降低与自由市场相关的不确定性，最小化过度竞争造成的浪费或减少企业间的竞争。官僚机构以几种方式影响决策的制定，如通过其对信贷分配的影响、通过税收，以及通过建筑、投资和进口许可证的发放等。

12.7　国际经济的管理

大多数政治家关于如何管理国际经济的观点都是其国内经济管理观点的延伸。不太重视官僚制度的国家更偏好开放的国际经济，对商品和资本的国际流动设立最低的壁垒。它们认为，货币价值应该由市场的力量决定。个人和企业应该能够根据价格自由地选择国内商品和外国商品，而不应该存在武断的进口限制。

另一方面，那些经济受到强大的中央集权官僚政府控制的国家更喜欢利用官僚控制来管理国际支付。这些国家通常不太重视国际货币改革，因为它们的官僚机构负责通过收紧或放松对购买外汇和进口的控制来修正其收支失衡。转向更加开放的经济将会削弱官僚的控制，因此会威胁到国家官僚机构的未来。

与法国和日本的官员相比，美国的政府官员最初更赞成浮动汇率。与其他国家的官员相比，美国的政府官员更加关注国际货币的充足性，这没什么让人感到奇怪的，因为其他国家的官员更愿意制定武断的决策来调整其国际支出。

美国之外的国家的政府官员必然会更加关心国民经济因两类错误而付出的代价：一类是国际储备资产的供给过少，另一类是供给过多。如果供给过少，如20世纪60年代初的情况那样，其他国家仍然可以通过迫使美国拥有支付赤字而获得支付盈余。如果供给过多，如20世纪60年代末的情况那样，这些国家就会输入通货膨胀，可能是从美国输入。外国官僚认为，针对供给过少进行调整的成本比针对供给过多进行调整的成本要低得多。毫无疑问，美国当局得出了相反的结论。

许多国家的当局可能会评估自可调整平价的布雷顿森林体系崩溃以来全球经济的发展，并得出结论：货币价值的变化比它们预期的要大得多。它们可能还会得出结论：30年中爆发5次或6次信用或资产价格泡沫是不正常的，爆发3次或4次金融危机也是不正常的。令人感到惊讶的是，尽管货币价值发生了大幅变动、出现了资产和信用泡沫以及广泛的金融危机，但经济仍然保持了适度的稳定增长。一种解释是：只要经济增长保持稳定、就业水平保持在高位，那么金融参数的大幅改变就被认为是适当的。

许多国家对于浮动汇率体系的观点与美国的观点不同，美国认为市场力量决定了各国货币的价值。对于许多其他国家来说，浮动汇率安排的意义在于：对其干预外汇市场的活动不存在约束——一个国家可以令其货币钉住美元或欧元，或者进行全面干预，以限制或阻止其货币的升值。

12.8 新重商主义

国际经济中的冲突之一是经济的开放性：外国居民是否得到了与国内居民一样的待遇，或者在市场准入、工作、投资和税收减免方面受到了歧视？在早期阶段，民族主义反对开放，而“重商主义”（mercantilism）是这种民族主义行为的代名词。重商主义者对于获得和储存黄金以增强其国家的力量感兴趣。显然，开放的国际经济将会对民族主义的倡导者造成威胁。民族主义意味着国内生产商的经济利益高于外国竞争对手的经济利益——国内居民在市场准入、产品和工作方面具有优先权。关税、配额以及外国人拥有国内资产所有权的限制反映了民族主义者施加的压力。

20世纪后半叶的迅猛发展使得世界更加开放——世界朝着降低壁垒以实现商品和资本自由流动的方向发展。针对商品流动的关税和非关税壁垒被降低了。对外国银行和金融机构进入各国本地市场的歧视也减少了。对国际资本流动的控制也减少了——尽管存在着恢复这种控制的压力，因为有人认为这是造成亚洲金融危机的主要原因。

面临民族主义沉重压力的国家很可能会在进口外国商品和服务以及向外国人销售国内证券方面设置大量壁垒。日本具有强烈的民族主义倾向。日本人在19世纪的最后30年迫不及待地实现现代化，反映了它担心外国帝国主义会开始将其瓜分为殖民地或飞地：日本发展自己的产业以抵抗感知到的外部威胁。日本对贸易和投资决策的态度持续反映了保持文化一致性的强烈意愿，因此日本拒绝外国投资，并且不愿意放宽其进口政策；国内居民不应该为了国际间的和谐而受到伤害。日本通过允许不到100人永久定居日本来应对成千上万的越南难民问题，相比之下，有10万多越南难民在美国定居。美国汽车工人应该失去他们的工作，这样日本的汽车工人就可以为美国市场生产汽车。

12.9　国有化和私有化

过去100年来，一个全球性的趋势是政府在生产中的作用不断加强。通常，当私人企业发现某个产业越来越无利可图时，外国的竞争会进一步减少国内生产商的数量。尽管不愿意向私人企业提供补贴，但政府通常希望维持国内的生产。因此，这种生产活动就转向了公共部门。意大利的许多“私人”企业都是由三家控股公司拥有的：国家工业复兴公司（National Institute for Industrial Reconstruction，IRI）、国家油气公司（National Hydrocarbon Corporation，ENI）和国家电能公司（National Corporation for Electric Energy，ENEL）。这三家公司在很大程度上都是由政府所有的。有时候，从国家安全的角度看，国家所有可能也是合理的。戴高乐将军坚持认为，出于安全的需要，法国应该拥有计算机产业，因此，当法国最大的计算机公司——布尔电脑公司（Machines Bull）——即将被清算时，政府对它进行了部分收购。同样，英国的保守政府对罗尔斯—罗伊斯公司（Rolls-Royce）进行了国有化，因为如果公司倒闭，那么其工厂周围地区的失业率就会大幅上升。

在过去十几年中，一个显著的变化是世界各地都在朝着私有化的方向前进。出现这一趋势，部分原因是世界经济开放程度的提高，政府所有的企业普遍缺乏竞争力，因为它们不需要接受市场的检验。结果，拥有大量政府所有的制造业企业的国家不愿意降低针对外部竞争而设置的壁垒，因为这类竞争会危及这些国内企业的生存，或增加财政补贴的成本。

尽管与美国相比，其他国家更倾向于民族主义，但在一定程度上，这种差异是一种幻觉。美国巨大的经济规模意味着任何直接的外国威胁都无足轻重；与对其他国家商业活动水平的影响相比，外国经济对美国商业活动水平的影响较小。在加拿大和法国担心美国会控制其经济和国家制度的同时，美国仅凭这种规模就可以保护自己不受其他国家的控制。美国企业的外国所有权所占份额一直很低。如果外国人试图收购美国大型企业（如 IBM 或英特尔）的大量股权，那么美国对外国所有权相对宽大的姿态肯定会改变。过去 10 年中，美国的外国经济政策转向了设置更多、更高的进口壁垒（如纺织品、服装、钢、牛肉和石油的进口配额），这说明美国也无法逃脱民族主义的压力。

12.10 改革需要共识

如果各个国家是同质的——如果每一个国家都是用同一个模子复制出来的，那么国际货币改革就必然会成功。但是，大多数国家的边界不是任意的，相反，它们将具有不同工业和制度结构以及不同价值观的选民的经济体区分开来。利益的冲突是不可避免的，这使货币改革更加复杂。另外，对国家利益的关注度日益提高是一个全球现象，民族主义的拉动加剧了官僚主义的孳生和国内对货币灵活性的需求。或许，这些民族主义的力量会适时地消失。同时，忽视这些压力的货币改革努力不大可能成功。

第 13 章

货币改革：问题去哪儿了？

13.1 相互矛盾的国家利益

始于 2007 年的金融危机已经为我们提供了几种标准的论点。其中之一是对贸易保护主义的担忧——当待遇优厚的工作的供给远低于需求时，政府就会优先关照国内居民而不是外国人。另一个论点是需要更多的管制，特别是对金融机构的管制（问题似乎不在于金融机构没有受到管制或受到大量管制，而是在于为什么管理者没有能够阻止一系列金融危机的爆发以及在这些危机之前出现的泡沫）。第三个论点是需要“新的布雷顿森林体系”（new Bretton Woods）。

在过去几十年中，一件令人费解的事情是：体系中存在的问题——资产价格泡沫和国内银行危机、货币市场危机、贸易争端——与《纽约时报》、《经济学人》、《金融时报》、《日本经济新闻》（*Nibon Keizai*）的社论中，以及在国会证词，经济学家和银行家召开的国际会议，华盛顿、伦敦和东京的智库创作的政策性文件中提供的金玉良言形成了强烈的对比。救援随时准备进行。如果各中央银行在货币市场中进行更广泛的干预——或不太广泛的干预，如果各国在制定本国货币政策时进行更全面的协调，或者如果本国货币被淘汰，那么体系中的问题就会得到解决。或者，如果……

上述每一个建议都得到了著名权威人士的支持。几乎每一位专家都给我们留下了这样一种印象：只要他或她的建议被采纳，体系中的问题将会迅速消失，或至少会降低代价和紧迫性。由于被采纳的建议很少——浮动汇率除外——因此专家们的信念无法得到检验。"解决方案"的多样性让人感到惊讶。有些提案——提高黄金的货币价格或令黄金非货币化，中央银行更多地或更少地干预货币市场——是相互矛盾的，如果其他人是对的，那么有些"专家"肯定是错的。有些提案是那些曾经担任财政部长或其国家中央银行行长的人提出的。不知为什么，他们那些具有创意的想法只有当他们处于私营部门时才会产生——如果这些提案像它们的倡导者所说的那样有吸引力，为什么会无人采纳呢？为什么采纳浮动汇率安排是一种必然而不是信念的转变，至少就大多数中央银行行长来说是这样？对这个普遍问题的回答是：世界上的政治家都不相信任何一个提案的优点。但为什么呢？或许各国政治领导人无法理解这些提案。或许不同国家的特权阶级阻止了对这些提案的采纳。或许这些提案超前于它们的时代——谁知道呢。

13.2 制度护身符

各种提案所具有的一个共同特点是：它们都认为，国际货币安排的制度框架的改变将会解决与大规模贸易失衡相关的问题，或者至少将这些失衡降低到可以忍受的水平。但是与老兵不一样，老问题不会逐渐消失。制度框架的改变可能有助于各国协调其国内目标和外部目标以及本国经济目标与他国经济目标之间的冲突。正如各国内部的某些冲突不可避免一样，国家间的某些冲突也是不可避免的，因为各国都有自己的选民和不同的选区。穷人希望变得富有，而富人希望保护他们来之不易的财富和市场份额。失业的人想得到工作，而有工作的人希望自己的工作不被那些接受更低工资的人抢走。每个人都希望保护自己已经拥有的市场份额——这使新兴工业化国家增加其日用品类的制成品的全球市场份额变得非常困难。

核心问题变成了：要设计一种制度安排，这种安排将为解决相互冲突的国家利益提供一条最优途径。货币市场或制造国际货币的制度安排的变化可能会使解决某些冲突变得更容易。但是，这些安排本身并不能消除利益的冲突，而是改变了这些冲突出现的制度框架。

毕竟，一个国家是由一群拥有相似意愿和价值观的人组成的。有些国家——包括比利时、加拿大、马来西亚和瑞士（在分裂前，南斯拉夫也在这个名单中）——由两种或三种不同的文化或族群组成。非洲的某些国家由 20

个或30个部落组成，尼日利亚有三个主要的族群——约鲁巴人（Yoruba）、豪萨人（Hausa）和伊博人（Ebo），还有很多较小的部落群体。一个国家中，各个群体之间的意见差别可能很大。在某些情况下，国家还不如群体大，对于讲英语的国家（这些国家拥有共同的价值观和优先考虑的事情）来说，这一点尤其正确。在大多数情况下，国家大于群体，而其政治领导人发现很难达成共识。

在每一个国家内，利益冲突也很严重。政党、选举、革命和政变会增强某一特殊群体的利益。观点、利益、价值观的差异必须进行协调。如果现有规则似乎不足以推动某一群体希望的改变，则这个群体可能会召开一次“茶话会”（tea party），并采纳一系列能够推进其自身利益的新规则。从“现有规则旨在阻止规则的和平转变”这个意义上说，召开“茶话会”的可能性更大。在设计一系列新的规则时，会召开无数次“茶话会”（专题13.1）。

为国际金融关系制定的新规则的主要特点将来自于那些被搁置在一边的建议。大多数建议都可以被归入不同的类别中。一组建议要求各国放弃本国的利益，并像它们拥有一致的利益一样行事。共同的国际货币、唯一的世界中央银行、货币一体化甚至各国政策的协调与协作之类的建议都可以归入这一类别中。相比之下，第二类建议认为，各国应该专注于最大化本国的利益，然后对货币市场安排进行组织，以便通过市场力量调整任何有可能导致货币价值改变的失衡趋势。浮动汇率安排将被保留下来并合法化，但要制定一些规则，以确定各国当局何时可以干预货币市场，以及何时干预会违背这些规则。第三组建议找出了各国国内利益之间的冲突，并努力找到某种最优途径，既能满足各国对保持本国货币独立性的渴望，又能满足它们对自由、开放的国际经济的渴望。

20世纪60年代，一些分析家认为，如果对中央银行在货币市场上进行干预的惯例进行适当修改，则可调整平价的布雷顿森林体系还是可以保留下来的。由于各国货币当局无法根据各国通货膨胀率的差别来调整货币的价值，特别是在德国人认为可接受的最高通货膨胀率与美国人可以接受的最低通货膨胀率之间存在着差异，因此布雷顿森林体系被搁置在一边。当钉住汇率安排被废弃时，世界体系就丧失了有效的规则，对各国可能采取的提高本国经济福利的措施几乎没有限制，而这些措施可能会对其贸易伙伴造成影响。

专题 13.1　地球扁平论者

在哥伦布之前，许多人都相信地球是平的。这似乎是有道理的：如果地球不是平的，那么站在下面的人就会掉下去。在哥伦布于 1492 年航行到印度群岛以及牛顿于 1687 年在《自然哲学的数学原理》一书中阐明万有引力定律之前，地球扁平论非常盛行。地球扁平论者在其他领域中——商业、语言和货币——的结论可能与其在地理学和物理学中的结论一样不完善。常识、直觉的方法并不总是能够带来正确的答案。

在商业和经济生活中，如果不同国家使用相同的度量衡，那么做生意的成本就会降低，这是有道理的。半个世界使用加仑、英里、英尺而另半个世界使用公升、公里和千克是非常愚蠢的——美国加仑比加拿大加仑少 1 夸脱。通过标准化度量衡体系、道路标志、电压、瓶子的容积和酒的度数可以实现成本的节约，这是显而易见的。同样，通过标准化汽车安全法规也可以节约成本。

在 19 世纪初的几十年中，美国的每一个地区都可以自由设定自己的时间，并决定中午何时到来。19 世纪 80 年代，国会通过立法，决定将美国划分为 4 个标准时区。大约在同一时间，国际公约将世界划分为 24 个时区。有些地区不得不将表针向前拨，但任何地区都不必更改其时间度量设备或单位。让伦敦的时间领先芝加哥 4 小时或 5 小时以及要人们记住从旧金山飞往东京的过程中在跨越国际日期变更线时是损失了一天还是赚得了一天是很不方便的，也是有成本的。

地球扁平论者赞成全世界只有一个时区。这样，当华盛顿是午夜 12 点时，伦敦和莫斯科也是午夜 12 点。但是，由于世界上大部分地区的就寝时间和早上起床喝牛奶的时间要重新安排，因此这种变化不会很快发生，因为各国不大可能对由谁来承担重新安排时间造成的不便和成本达成一致。

货币是一种计量单位或记账单位。IMF 的大多数成员国都拥有自己的货币（除了那些采纳欧元的国家外）。多种货币会引发货币交易的成本，就像各种语言之间的相互翻译要发生成本一样。另外，各国汇率的兑换还会引发在语言翻译时不会遇到的问题，因为货币未来的价值是未知的。一年后（甚至一周后）美元的日元价格和欧元的美元价格是不确定的，造成这一问题的主要原因是各国中央银行管理各自的货币政策以实现其国内就业、增长和金融目标。最后，货币价值的变化——特别是突发性的币值大幅改变——会对一国经济造成冲击，如果货币贬值，会造成其通货膨胀率上升，如果货币升值，则会造成失业率提高。

与赞成世界各地采用同一时间一样，地球扁平论者也赞成世界上只有一种货币、一种语言、一种度量体系。如果只有一种货币，则外汇市场交易中的成本就可以降低，这是显而易见的。但是，货币与距离、时间、语言不同，因为它作为一种经济政策工具而受到管理。全球使用同一种货币意味着各国货币固有的灵活性将会丧失——而过度灵活性造成的成本也可以避免，或至少是降低这一成本。

13.3　经济冲突政治化：国际货币

一种常见的言论是：本国货币是多余的，因为在以现行的货币价值进行转换后，各国根据小麦衡量的红酒价格非常接近。其论据是：由于各国的相对价格是类似的，所以拥有独立的货币不会实现任何经济职能。实际上，这种言论是错误的——或者更礼貌一些，这种言论不太准确。

在假日酒店（Holiday Inn）中，差不多完全一样的客房的价格从50美元到200美元不等，这取决于酒店的客房位于阿拉巴马州的小镇上还是位于纽约市。联合国计算了世界各国的首都在特定生活水平下的成本（平均值为100），具体成本从50（马尼拉）到超过200（东京和巴黎）。尽管销售价格一样，但各个国家生产标准伏特加的成本差别很大。与可交易的产品相比，不大容易进行交易的商品和服务——理发就是典型的例子——的价格在各国间的差别更大。

有时候，认为本国货币多余的人也认为汇率的变化同样是无效的，因为相对价格并没有改变。或许是吧。但是，有很多证据表明，货币价值的变化是有效的，因为它们造成了贸易商品（traded goods）和非贸易商品（nontraded goods）之间价格关系的改变。

货币价值的许多变化来自于各国通货膨胀率之间的差异。人们可能会认为，通货膨胀只会改变绝对价格，而不会改变相对价格。但是，如果情况的确如此，那就没有人会关心通货膨胀，除了外出时要多带一些钱这种小小的不便之外——这种不便可以通过印刷更大面额的钞票来解决。实际上，通货膨胀改变了相对价格，至少会暂时改变——这就是通货膨胀发生的原因。在通货膨胀的早期，农民的处境变得更好，而城市居民的境况则变得更糟。借钱者的处境变得更好，而放款人则变得更糟。在通货紧缩中，甚至是在通货膨胀率下降的时候，局面就扭转过来了：放款人受益，而借款者受损。

对本国独立货币的需求就像对本国军队的需求一样。在大部分时间里，大多数国家都处于和平之中。如果一个国家处于和平状态，那么看起来它可能不需要军队。实际上，它的军队可能会被解散。但是，当解决各国争端的和平手段被认为不令人满意时（至少是令一方不满意时），就需要使用军事力量。同样，独立的本国货币在实现本国价格水平和就业目标时也是必需的。

13.4 新的问题

用一种共同的国际货币来代替各国独立的货币很有吸引力。如果接受了这类建议，那么货币危机就会消失。没有必要再争论拥有支付盈余的国家是否应该将国际货币或它自己的货币借给拥有支付赤字的国家，因为重大的收支失衡将不复存在，而且也不必再争论哪些国家在针对收支失衡进行调整时应该采取主动。不必担心一种货币是被高估了还是被低估了：这些词汇将不再重要。

但是，共同的国际货币不会消除现有系统中存在的问题，而只会改变它发生的地点。协调不同国家利益的问题将集中在国际货币生产机构的管理上。这一机构将拥有一些董事，他们将最终对成员国的政治当局负责，就像欧洲中央银行董事会的某些成员对各国政府负责一样。这一机构的董事将决定如何选拔管理者、该机构生产货币的速度，以及国家何时应该控制对外国的支付。

参与国还需要就每一个成员国的投票权（voting strength）达成一致。美国、中国、日本、委内瑞拉、荷兰和巴西是否拥有相同的表决权数，就像在联合国和其他国际机构召开的大会上一样？如果不是，那么应该采用何种标准来确定每一个成员国的表决权数？大国是否对该机构管理者制定的任何决策都拥有否决权，还是有义务遵循他们的命令？联合国一国一票（one country，one vote）的原则意味着拥有3亿人口的美国可以被特立尼达（Trinidad）、牙买加（Jamaica）和其他加勒比国家（这些国家的人口加在一起还不如芝加哥的人口多）轻而易举地以多数票击败。调整收支失衡的成本可能会转移到美国。在另一种极端情况下，如果每一个国家的表决权数与其人口成比例[根据一人一票（one person，one vote）的原则]，那么中国和印度加在一起差不多拥有全世界的多数投票权。

显然，在这些极端情况之间进行一些调节是必要的。但是，人口多的国家与人口少的国家以及人均收入高的国家和人均收入少的国家会接受哪种准则？在这个问题得到解决之前，想要就货币供给增长率达成一致实际上是不可能的。与某些国家相比，一些国家更愿意妥协，这并不是因为这种协议能够完全满足它们的需求，而是因为它们知道，如果遵守这一协议的成本过高，它们就可以无视自己的承诺。它们会采取外汇管制措施，或者拒绝将它们的货币借给其他国家。在签署国际条约时，一些国家比另一些国家更加玩世不恭。

差不多在一个新的国际货币当局成立之初，人们就需要制定一个决策：国际货币供给应该以多快的速度增长。每一个国家都有自己的观点：有些国家可能赞成年度增长率为5%，另一些国家可能赞成10%的增长率。这种分歧反映了各国经济结构和优先考虑的事情之间的差异。一些国家比另一些国家的增长速度更快，或者是因为它们拥有更高的储蓄率和投资率，或者因为它们的劳动力队伍扩张速度更快，或者是因为它们更适应新技术。与其他国家相比，一些国家的工会更好斗，这些国家可能会赞成更快的货币供给增长速度，以使可持续的充分就业成为可能。另外，一些国家对于通货膨胀的容忍度更高，并且愿意承担价格上涨更快的风险，它们相信这有可能降低其失业率。

因此，那些以前允许本国货币以每年15%的速度增长的国家可能会希望共同的国际货币以同样的速度增长。过去赞成本国货币以较慢的速度增长的国家将有可能希望国际货币也以较慢的速度增长。例如，如果只有一种货币，那么日本和德国就都不能为所欲为。

或许来自不同国家的理事们可以证明，这些国家间存在的适当的货币供给增长率的差别并不重要。如果是这样，则货币供给增长率就可以通过一种差不多随机的过程来确定。这样，每个国家就可以进行快速调整以适应新的增长率，而放弃对于整个共同体来说最恰当的增长率的成本和由此造成的不便则微不足道。或许如此吧。但可能性不大。

来自不同国家的理事们对于首选货币供给增长率的辩论将非常激烈，就像各国内部的争论一样激烈。具有相似利益的国家将组成决策委员会（caucus），并作为一个俱乐部进行投票。小国担心它们的利益可能会受到大国的损害。另一方面，大型工业化国家将会担心被由众多小国组成的联盟以多数票击败。

有些国家可能会想出无数种临时的措施来限制其国际支付——甚至无视国际规则。少数国家可能会威胁退出共同货币联盟，而不是接受一种被认为不适合其要求的货币政策。只要各国之间存在着实质性的分歧，共同国际货币和统一货币政策就存在着矛盾。那些拥护这类联盟的人或者是轻率地忽视了真正的问题，或者是已经掌握了协调各国差异的秘密知识——通常，这种知识是无法获得的。

只要各国经济中的基本结构差异继续存在，各国就会保持自己的主权，采纳一种共同国际货币的可能性就微乎其微——即使被采纳，但这一货币能够有效运作的可能性会更低。对本国货币生产的控制是主权的一个重要组成部分。欧盟成员国能够取消内部贸易关税、对来自联盟外部的进口采用统一关税、协调其税收政策，但仍然发现很难统一它们的货币，这并不令人感到意外。另外，欧盟的几个成员国（包括英国和挪威）决定保留自己的货币，而不采用欧元。各国放弃本国货币的灵活性——以及相关的国内政治优势——以避免汇率危机带来的成本似乎是不可能的。或许更重要的是，这种转变是值得怀疑的，因为只要各国的经济结构和价值观存在差异，而这种利益上的差异得到认可和协调而不是抑制，那么各个国家作为一个整体是可以获益的。

参与国的国家利益之间的分歧可能迟早会减少并消失。最终，各国的商业周期将保持同步，生产率的增长——甚至是对通货膨胀的态度以及通货膨胀—失业的权衡——会更加趋同。到那时，单一民族国家（nation-state）作为一个政治单位的作用将大幅降低。但是，国家利益如此相似以至于单一民族国家作为一个有效的决策单位被搁置在一边的那一天似乎不会很快到来。

自从有国家开始，各国的货币就一直存在。其中的一个含义——最有可能的一个，如果不是唯一一个的话——是：各国的货币只有在各国间的差异失去其经济重要性时才会消失。这一过程可能会随着具有相似特征的国家合并其货币而以区域性组织为基础发生。欧盟就是这样一个群体，其他潜在的群体包括东南亚、东非、中美洲和南美洲。

13.5　SDR 体系

向全球共同货币的转变是一个极端的提案，很容易被推翻，很少有专家会支持这一观点。但是，同野心不太大的改革提案相关的政治问题与那些极端解决方案中遇到的问题是类似的。在设定货币政策和货币的价值时个体国家发挥作用的范围越小，则它们在如何对国际货币安排进行管理方面花费的精力就会越多。可以理解，各国的政治家们都不愿意允许国际公务员采取一些措施，而这些措施的成本则要由他们来承担：毕竟这些国际公务员用不着参加国内竞选。

一种野心不太大的方法是采纳一种国际货币，并保留各国的货币。20 世纪 60 年代，美国对黄金短缺的预期以及不愿意提高黄金价格导致了一项建议的提出：这一建议是围绕着特别提款权（Special Drawing Rights，SDRs）作为主导性国际货币建立一个新的国际货币体系，美元和黄金作为国际储备资产的角色将逐步被淘汰。各国货币将被保留，每一个国家的货币都有一个相对于 SDR 的折算价格。如果拥有高额支付赤字，那么每一个国家都可以令其货币相对于 SDR 贬值，而如果拥有高额支付盈余，则可以令其货币升值——或许是不得不这样做。

SDR 的生产机构将成为一个国际中央银行。成员国将共同决定每年生产多少 SDR，以及新生产的 SDR 如何在各国之间进行分配。每一个国家关于这些决策的观点几乎总是反映出其关于如何最大限度地提升本国利益的观点。SDR 的供给增长速度将不会满足所有参与国的要求，如果存在着一种共同国际货币，每年的增长速度为 3%、5%或 8%，也不能满足所有国家的要求。

提出建立 SDR 体系（不管是用这个名称还是其他某种名称）的建议比让人们接受它要容易得多，因为各国很自然地会担心 SDR 的未来价值。黄金作为一种国际货币被人们接受，是因为其潜在的商品价值。中央银行持有黄金，是由于它们相信，如果黄金失去货币资格，它们的损失是最小的，因为它们可以在商品市场上卖掉这些黄金。同样，美元资产和英镑资产作为国际货币被人们接受，是因为可以用这些货币从美国财政部和英格兰银行购买黄金，或者至少可以购买美国或英国的商品。

每一家中央银行都认为，只有当 SDR 可以转换为一国货币时，持有 SDR 才是有用的。一些国家的中央银行肯定会担心其他一些中央银行可能不愿意卖出其货币购买 SDR。美国的参与对于 SDR 体系的成功至关重要，因为 SDR 的持有者希望确保他们可以将 SDR 转换成美元以购买美国商品和美元证券。美国拥有全世界最大的商品市场以及最广泛的金融市场。如果美国不参与，则阿根廷和赞比亚对 SDR 安排的参与不足以保证其成功。没有美国的参与，SDR 安排会陷入困境中，阿根廷和赞比亚是否参与影响不大。原因在于：这两个国家的商品供给没有大到足以吸引各国中央银行持有阿根廷比索和赞比亚克瓦查（kwacha）作为国际货币。

事实上，与 SDR 相比，许多国家更喜欢用美元作为国际货币，因为美元更具有“货币性”（moneyness）。外国中央银行将会持有 SDR，因为可以用它们来购买美元。有些国家会担心美国在未来的某一天可能会停止美元与 SDR 的兑换，在那种情况下，持有 SDR 将远不如持有美元更有价值。如果美国财政部不接受 SDR，那么其他国家也不会接受它。为了使这种担忧最小化，美国可以承诺遵守 SDR 标准。但是，这一承诺可能会被打破。美国可以做出超级保证，但这种超级保证也可能会被打破，比如美国曾经承诺（并且是做出一连串超级承诺）维持 35 美元的黄金平价。只要对美国当局用美元购买 SDR 的承诺（当前以及在不确定的未来）存在怀疑，许多国家就仍然不愿意在其储备资产中持有大比例的 SDR。

只有当各国对纸币或纸黄金有信心时，即对纸币或纸黄金相对于黄金的未来购买力有信心时，纸币或纸黄金的提案才有可能成功。这一信心要求不大可能仅仅因为成员国接受一纸条约而得到满足。当面临迫切的国内要求时，任何一个成员国都可能会选择离开。而所有其他成员国都会承认这一现实。

13.6 非政治的市场解决方案

钉住汇率体系更像是一个能同甘不能共苦的朋友——只要主要国家能够实现合理的价格稳定性，这一系统就是有效的。如果货币能够自由浮动，货币价值的波动将是适度的。但是，如果主要国家的价格水平目标存在着显著差别，甚至是它们对实现这些目标的承诺强度存在着显著差别，那么浮动汇率就是不可避免的（仅仅是因为货币价值波动是不可避免的）。投资者会转移自己的资金，以便从预期的升值中获益，并避免因预期的贬值而受损。

13.7　作为一种政策工具的货币价值

20世纪50年代和60年代提出的浮动货币价值的建议意识到了各国独立的货币政策产生的背道而驰的力量。每个国家的中央银行都可以生产适当数量的货币以满足其国内需求。在日本，货币供给可以每年增长20%，在比利时，货币供给年增长速度为10%。每一个国家都会选择能够实现其主要经济目标——高就业水平和合理的价格稳定性——的货币供给增长率。如果出现差错（这是很可能的），没有国家会担心其收支平衡，因为市场力量会保证这个国家的国际支出与其国际收入相一致，即使它没有成功地实现价格水平的稳定也是如此。货币价值将持续、平稳地改变，不会发生与平价的改变相关的剧烈波动。

最近几十年的发展对浮动汇率的支持者提出的这些主张进行了检验。与预言相反，货币价值的波动非常剧烈。各国都非常担心自己的贸易地位、其货币的升值或贬值，以及这些变化是不是太快了。许多国家的中央银行都在外汇市场中进行了广泛的干预。自相矛盾的是，与货币被钉住时相比，货币在浮动时收支失衡显著增大了。这些失衡部分是由石油输出国组织（Organization of Petroleum Exporting Countries，OPEC）成员国（参见第18章）和其他石油生产国的盈余造成的。但是，在某些年份中，所有国家作为一个整体的盈余比石油输出国加在一起的盈余要高1倍还多。有些国家追求实现支付盈余，以此作为其货币供给增加的基础。并非所有国家都希望遵循独立的货币政策。其他国家发现，对其货币进行贬值是刺激出口和增加就业的最便利的途径，它们的中央银行在外汇市场上买入美元，以限制其货币的升值，从而保持其商品在世界市场中的竞争力。实际上，对某些国家来说，出口导向的增长可能是刺激经济的首选方法。某些国家对于出口商品和输入国际货币具有重商主义者的偏好。

自1973年以来，浮动汇率支持者做出的假设——一旦汇率根据市场力量而自由浮动，中央银行将不再对汇率水平感兴趣——就被证明是无效的。一旦货币的价值不再遵循国际规则，许多政府就有可能管理或操纵货币的价值，将其作为一种有用的政策工具以及对其货币政策和财政政策的补充。

就中央银行干预外汇市场的情况看，它们大多是买入和卖出美元。例如，与日元升值的时候相比，日本银行在日元贬值的时候更高兴。但是，德国和法国不太欢迎这种变化，因为它们在美国市场、日本市场和其国内市场的竞争地位将受到威胁。它们可能通过允许欧元相对于美元贬值来做出回应，日本对德国和法国出口的威胁将被抵消。一种结果是：美国市场中将充斥着日本、德国和法国的商品。反过来，美国的出口商将发现自己在外国市场中越来越处于竞争劣势。因此，美国当局将面临国内要求美元贬值的压力。

IMF的货币平价规则的最初目标是防止各个成员国采取“以邻为壑”的政策。20世纪60年代期间，当大多数国家在实现充分就业方面相对成功时，这一问题似乎并不重要。但是，在1970年和1971年的全球衰退中，它变得重要起来，因为当时各国都在努力输入工作。有大量证据证明了下列命题：当国家发现很难通过国内金融政策的改变来实现其国内目标时，它们就会操纵其国际交易。

1974年，许多国家允许自己的货币被低估。它们没有主动借入必要的资金以便为其石油净进口的增加进行融资。相反，它们以“现收现付制”为基础来为其石油进口付款，这意味着它们的货币将贬值——实际上，它们增加了自己的出口以赚取美元来购买更加昂贵的石油。最近几十年的教训在于：很少有货币是自由浮动的，大多数中央银行都会进行广泛的干预。中央银行不可能仅依靠市场力量来决定其货币的外汇价值，它们差不多都希望对冲这种力量。中央银行家的性格——以及选民的性格——决定了他们不愿意接受市场关于恰当的汇率应该是多少以及应该以多快的速度改变的结论。

1977年和1978年，美国的支付赤字变得非常大（300亿~400亿美元），这使得提前4年或5年对这一数量级进行预测将被认为是非常愚蠢的。原因很简单：与其贸易伙伴相比，美国正在以更快的速度从世界衰退中恢复过来，美国对进口商品的需求——以及外国出口的供给——正在快速增加。美元倾向于贬值。然而，大多数其他工业化国家都不愿意接受其货币的升值，因为这会对其出口和进口竞争型产业的价格与就业产生负面影响。

相比之下，1981年和1982年，美元大幅升值，达到了20世纪70年代初的水平。但是，20世纪70年代末，欧洲开始向华盛顿抱怨美元过于疲软，而到20世纪80年代初，这一抱怨变成了美元过于强劲。从美国的观点看，似乎美国的任何政策都不能满足欧洲的要求——尽管这些持续的抱怨可能反映出了欧洲对其经济依赖于美国而产生的忧虑。经验表明，浮动汇率安排没有达到自己宣称的标准。

为数不多的支持钉住汇率的经济学家中的大多数会同意浮动汇率安排是有效的、可行的，但在一些相对较少的阶段除外，在这些阶段，某些国家的政治和经济未来面临着巨大的不确定性。但是，对汇率体系的选择是由中央银行行长和政府官员做出的，而不是由经济学家做出的。根据他们的行为来判断，大多数官员都支付平价，只有少数例外；浮动汇率的体验是一种磨难。支持浮动汇率安排的官员都来自较大的国家，而较小国家的官员支持钉住汇率，这并不是偶然的。

人们可以通过谈判来防止或限制在浮动汇率安排下中央银行的干预。但是，问题十分复杂——而复杂的国际规则常常是无效的。与美国承诺35美元的黄金平价一样，当国家利益被认为高于一切时，人们就不会再遵守这些规则。

在设计新规则方面取得重大进展之前，造成汇率大幅波动的干扰（包括货币政策的改变）必须减弱。通货膨胀率需要进一步降低，至少要降低到20世纪60年代每年2% ~3%的范围内。

13.8 有限的改革范围

在最近几十年中央银行间的黄金交易停止之后，有几个主题凸显出来。

首先，世界各国的中央银行希望继续存在下去，没有哪位中央银行行长对于逐渐淘汰自己的机构而去支持一家国际中央银行感兴趣。

其次，除了将其作为一种临时措施外，大多数中央银行行长（除加拿大和德国的行长之外）都痛恨浮动汇率的不确定性和异常行为。他们认为，与学术支持者的预言相比，浮动汇率制的运行远不是平稳的。

再次，最近发生的事件降低了人们对国家政府承诺的信任，而这对于任何类型的国际体系——包括国际中央银行、SDR安排，甚至浮动汇率——来说是必要的。

最后，在许多国家，国际支出的政府管制现在已经被当成是平衡国际支出和收入的一种手段。官僚主义者常常不信任市场的不确定性——实际上，他们相信市场将会导致官僚主义者走进失业办公室。

这些因素限制了改革的范围。野心勃勃的改革提案与谨慎的改革提案之间的差别集中在两个变量上。一个变量是收支失衡的规模，这可能发生在汇率改变或被改变之前，或者发生在对国际收支的控制进行改变以恢复平衡(或者至少降低了不平衡的程度）之前。失衡的规模受到赤字国家为其赤字融资的能力的限制，也受到盈余国家出口商品以换取国际货币的意愿的限制。另一个变量是汇率不可避免的改变将如何发生：汇率是发生明确的改变，还是随着官僚政府加紧或放松对国际收支的控制而发生不明显的改变?

从一体化或开放的国际经济的角度看，不利的结果是产生这样一个系统：收支失衡的范围较小，国际收支的平衡是通过对国际收支控制的改变而不是汇率的变化实现的，国家之间相互竞争以保证出口和支付盈余。这一结果的一种成本就是从进一步市场一体化的经济效率中可能获得的收益将会减少，因为投资者不知道这一系统将如何演变。一个不太重要的担忧是：“以邻为壑”的贸易政策将会造成政治上的不和谐：经济问题过于重要，无法与政治关系区分开来。

13.9 经济专家的意见无法解决政治问题

上面讨论的每一个系统——唯一的国际货币、浮动汇率、钉住汇率以及外汇控制——都涉及国际市场和国内支持者两种力量的较量。大多数政治家在选举中的胜负，都取决于一些国内问题，或取决于宽泛的外交政策问题，而不取决于汇率是否是浮动的或黄金的价格是否上涨了。前两组提案涉及国家确立其政策和汇率的方式的改变，而相比之下，第三组提案则对这些安排进行了修改以适应各个国家日益紧迫的需求。第四组提案没有太大的野心，但它可能会更加成功，因为它承认各国之间不同的利益和偏好。

国际货币问题反映出了这样一个现实：尽管通信技术已经使许多国家的货币实现了一体化，但各国的经济结构和价值观仍然多种多样。制度的改变可能会或多或少地提供一个有利的框架，以协调国家之间的这些差异，但它们无法消除因国家利益分歧造成的冲突。在确定国际货币增长率、设定恰当的汇率、决定国际货币的分配和使用时，这一问题反复出现。各国利益的差异是真实存在的。只要某些国家的货币当局拥有垄断力量，国内政治力量就会强迫它们利用这种力量。当已经建立的“游戏规则”限制了国内的选择时，危机就会爆发。

历史记录表明，一旦工业化国家的通货膨胀率出现下降并趋于一致，就将出现向钉住汇率的转变。当货币自由浮动时各国中央银行的广泛干预强化了这一结论。

向钉住汇率制的转变有可能更像金本位下的钉住而不像布雷顿森林体系下的钉住。当汇率的波动较小时，各国将钉住其货币，钉住汇率可能是限制汇率大幅波动的多种干预的终极做法。与其他国家相比，有些国家有可能更早地钉住其货币。另外，各国在支持其平价或中心汇率（central rates）的波动范围方面可能存在着差异。货币被钉住后，就可以对国际协定展开谈判，以根据现有的安排形成正式的外汇市场安排，而不是强行对当时流行的实践做出重大改变。

同样，在中央银行之间开始以市场价格或接近市场价格的价格交易黄金之后，各国就可以对黄金在未来国际货币中扮演何种角色进行谈判。到那时，人们就会制定出一些规则，以使得一些实践正规化。这些实践将是货币和黄金交易中相互妥协的结果。

第二部分

100种国家货币的代价

第 14 章

全球化 1.0——通向亚洲的丝绸之路和穿越撒哈拉的盐商队

13 世纪，马可·波罗（Marco Polo）沿着“丝绸之路”从威尼斯来到中国以获得可以在欧洲销售的商品。当时，威尼斯是欧洲占支配地位的经济强国；来自中国的商品用车运送到黑海的东岸，然后被转移到能在海上航行的船舶上，运送到欧洲西部和北部。在马可·波罗之前，商人们穿梭于丝绸之路已经有将近 3000 年的时间，他的旅行是一次伟大的个人冒险，但并不是一个重大的发现。商品沿丝绸之路分阶段从一个贸易中心转移到另一个贸易中心。中间商负责在这些中转站的交易，现在，这大多被看成是国际贸易，涉及在丝绸之路上不同集镇中的一系列易货贸易。

5000 年前，埃及人从现在的黎巴嫩获得雪松原木，用来在尼罗河三角洲修建庙宇。修建这些建筑所需的某些花岗岩来自于开罗以南 800 英里的阿斯旺地区，这些花岗岩被装到驳船上，沿尼罗河顺流而下。跨越撒哈拉沙漠的商队将来自尼日尔河（Niger River）的廷巴克图（Timbuktu）的盐运送到非洲北部海岸的各个港口。腓尼基人（Phoenicians）通过地中海进行贸易。4000 年前，凯尔特的盐就开始在欧洲中部交易，并以现在的奥地利萨尔斯堡（Salzburg）为中心。

史前跨越长距离的贸易——沿着丝绸之路、沿着撒哈拉中的商路、在欧洲中部、在地中海上——是全球化的 1.0 版，这些贸易都与专业化（specialization）有关——与自己生产相比，贸易可以使家庭和个人消费更多品种的商品和服务。专业化甚至也发生在类似于鲁宾逊·克鲁索①之类的自给自足的经

① 英国作家笛福所著小说《鲁宾逊飘流记》的主人公——译者注。

济中，男子负责打猎，女子负责采集果实、蔬菜和坚果。由于农民生产出了剩余的粮食，他们可以用这些粮食去交换城市工匠生产的衣服和工具，底格里斯—幼发拉底河河谷地区的城市开始发展。在农民生产出剩余的粮食之前，城市是不可能发展的。

贸易是对自然资源和人类技能的不均衡地理分布的一种反应。有些地区拥有快速流动的河流，这为该地区带来了水力，有些地区拥有适于航行的水域，其他地区拥有丰富的树木或肥沃的土地，可以用来种植各种作物——可能是适合酿酒的葡萄或小麦。大自然赋予了今天的印度尼西亚的香料群岛（Spice Islands）大量的植物，这些植物的花瓣、根和叶子可以被切碎并用来提升食物的风味，欧洲对这些食物添加剂的需求巨大。

商人们经常将一些商品和食物的生产转移到离市场更近的地方。人们将灌木和树木从东印度群岛（East Indies）移植到欧洲以降低运输成本的可能性非常大，就像人们将土豆和玉米从北美洲移植到欧洲一样。

有很多不同的地区可以同时生产酒和小麦。某些地区的土壤和气候更适合于酿酒，同样，另一些地区的土壤和气候更适合种植小麦。生活在适合酿酒的地区的人们最终会认识到：与自己种植相比，通过贸易获得小麦的成本更低——他们将用酒交换小麦。生活在适合种植小麦的地区的人们会得出结论：与利用同样的土地和资源酿酒相比，通过贸易获得酒的成本更低。

相距一定距离的不同地区之间的酒和小麦交换会造成运输成本，被称为“经济距离成本”（costs of economic distance），包括获得位于遥远地区商品信息的成本、运输这些商品的成本、为这些商品付款的成本以及依赖遥远地区供货的成本，这些货源比邻近的货源具有更大的不确定性。一种风险——也是一种可能的成本——是：在运输过程中，商品可能会被不友好的代理商据为己有。产酒区的人和产麦区的人会不断地对因进口而节约的成本和“经济距离成本”进行比较，当节约的成本大于经济距离成本时，他们就会进口。

尽管有许多交易是一次性的，但大部分交易是重复性的。那些参与重复性交易的人制定了一些惯例，以降低与其购买和销售相关的不确定性。一个惯例是度量衡系统。另一个惯例涉及信用条款以及附属于延期付款的条件，包括当借款人未遵守信贷协议时出借人可以采取的措施。在种植季节，农民会借款以获得种子，在收获季节，商人们会借款以便获得资金来购买新的粮食。农民和商人之间的制度安排被开发出来，以降低解决纠纷的成本。由于商品在向市场转移的过程中有可能会被别人窃取，人们制定了一些协议以提供“法律和秩序”——也就是保护财产。罗马人修建了四通八达的道路系统，因此他们可以将军队从一处边境调到另一处边境，以阻挡四处劫掠的野蛮人的入侵。

15 世纪的热那亚人哥伦布向西航行，以寻找一条通向印度的航线［成本应该低于绕过非洲南端的好望角（Cape of Good Hope）这一航线］。亨利·哈德逊（Henry Hudson）航行到了以他的名字命名的潮汐河口（tidal estuary）——位于纽约市曼哈顿岛（Manhattan Island）的西边——以寻找一条通向今天的远东的水路。15 世纪和 16 世纪的海上探险家们都在寻找能够降低远距离运输成本的新航线，桅杆布局的改善使得船可以安装更大的帆，并以更快的速度航行，而龙骨的改善增强了船的稳定性，这进一步促进了他们的海上探险。六分仪的发展使得船长能够更准确地确定自己的位置。这是全球化的 2. 0 版本。

全球化的历史就是降低经济距离成本——将小麦、酒和其他商品从低成本的供给来源转移到市场的成本，以及将一些商品从市场转移到商品生产地的成本——的技术发展史。这些技术进步是爆发式的。通过水路移动商品和人员的成本一直低于通过陆路移动它们（他们）的成本；几乎所有的大城市都建在河口处——或者是建在上游适合航行的地方。18 世纪最后几十年的一个引人注目的创新就是运河（canal）——实际上就是人工河——尽管公元前 4000 年的时候巴比伦人就在现在的伊拉克开凿了运河。17 世纪，荷兰人开发出了一个运河体系，在一定程度上这是地面排水系统的一个副产品。18 世纪的一个重大创新是在运河上安装了一系列水闸，使得船可以“爬山”。

开凿运河是高度资本密集型的活动，在获得任何收入之前，必须先投入一大笔资金。19 世纪 30 年代，从纽约州西部的布法罗到东部的奥尔巴尼的伊利运河（Erie Canal）的开放，在五大湖、中西部以及大西洋之间提供了一条水路，东海岸的城市中小麦和其他粮食的价格出现了大幅下降（东部各州的农田价格下降了，三四十年前花费了很大力气才将石块和树木清理干净而形成的田地又被恢复为森林）。伊利运河的成功鼓励了类似的投资，这些投资将东部海岸上的主要河口城市与内地连接起来。费城建在特拉华运河终点的不远处，华盛顿特区就是切萨皮克（Chesapeake）和俄亥俄运河的终点。我们称运河时代为全球化 3. 0 版。

蒸汽动力的发展使得铁路和铁路系统在19世纪中后期得到了快速扩张。最早的铁路依靠马作为动力，由于坡度较小且表面更平坦，马在铁轨上比在公路上可以拉动更重的货物。蒸汽机的动力比一群马的力量要大得多，这意味着它可以以更快的速度在更长的距离上运送更多的货物。横贯美洲大陆的铁路大幅缩短了纽约到旧金山的时间，原来的海上旅行需要绕过合恩角（Cape Horn），时间为6个星期，而现在为10天，其费用只是海上旅行的1/10。最初，铁路系统只是在一国之内建立的，后来在各国的边境上连接起来。与运河相比，铁路带来了更低的成本、更快的速度和更大的灵活性——它们在寒冷的冬季不会结冰。这是全球化4.0版。

苏伊士运河（Suez Canal）大大降低了在欧洲、亚洲和印度洋之间运输商品和人员的成本，同样，巴拿马运河（Panama Canal）也缩短了美国东海岸到西海岸以及远东地区的经济距离。挖掘这些运河需要大量的投资，苏伊士运河是私人融资的，而巴拿马运河是美国政府投资开凿的。运河的发展补充了资本更加密集的大型远洋船舶的建造，而这些船舶需要配备蒸汽动力、螺旋桨和钢铁外壳。速度更快的船只再加上运河缩短了欧洲、地中海、印度洋和远东地区的旅行时间，也缩短了美国东海岸和西海岸之间的旅行时间。这是全球化5.0版。

电报以及水下电缆大幅降低了远距离通信的成本。以前，陆地上通信的速度与靠马匹传递信件的驿站系统相关，而水路通信速度受到风动帆船的移动速度的限制。电报意味着长距离通信变成了即时的，通信所需的时间急剧缩短。后来，电话、无线电和电子邮件的发展丰富了可以交换的信息的种类，但速度并没有什么提高。现在，长距离通信的成本只比本地电话的费用高一点点。这是全球化6.0版。

内燃机使得发动机的功率—重量比（power-to-weight ratio）出现了大幅提升，促进了汽车和卡车的发展。以前，不用马匹拉动的车辆是由电和蒸汽提供动力的。高速公路和州际公路系统大幅降低了通过陆地运送货物和人员的成本，人们开发出了更大的车辆用来运输货物，因为它们更经济。这是全球化7.0版。

能够跨越大洲的商用飞行器的发展降低了运输成本。飞机代替了船舶，成为了在各洲之间运送人员的主要工具，也成为了运送高价值物品的主要工具。这是全球化8.0版。

一些发明也有助于市场的整合，这些市场与供给来源相距遥远，甚至不直接参与运输。为水手提供柑橘汁的规定预防了坏血病，增强了他们的健康，降低了死亡率，从而降低了长距离运输的成本。同样，治疗疟疾的新药品的出现对巴拿马运河的成功开凿做出了巨大的贡献。模块化的“集装箱”——装到火车、卡车和远洋船只上的标准的封闭式货箱——通过降低运输网络中的中转站的转运成本，从而大幅降低了运输成本。

随着不同地区的市场整合程度越来越高，人们开始对制度安排进行修改以降低交易的成本。铁路的发展需要不同地点的时间实现标准化，以便人们能够将自己的安排同火车运行的时间协调一致。通过在各国之间标准化度量衡，降低了经济距离成本，讲英语的国家也慢慢转向了公制单位。各国的会计系统也正在逐步实现标准化。

各国金融体系的整合程度更高，部分原因是一些跨国银行在许多国家拥有分支机构。货币的国际支付是通过电子方式实现的，就像在国内的支付一样。观光者和商务旅客可以通过自动取款机在许多国家从其存款账户和信用额度中提取现金。

最初，国际交易都包括商品和运输服务以及其他与商品移动直接相关的服务的购买。随着距离成本的降低，额外的服务也被引入了。美国和欧洲的公司雇用菲律宾和印度的计算机程序设计员，因为这些国家的工资率较低。美国航空公司和酒店的某些预订接待员可能位于爱尔兰、牙买加和菲律宾。

14.1　经济距离成本降低的非市场反应

每当能够降低经济距离成本的新技术出现时，企业和个人都会发现，用距离较远的供应来源代替距离较近的供应来源更具有成本效率。邻近的供给来源的生产要素拥有者将通过降低售价及其成本——通常也包括降低工资——来做出响应，否则他们就会失业，或者转而从事其他生产活动。通常，他们会利用政治力量来保护自己的特权地位。

政府对全球化的政策一直是矛盾的。它们会采纳一组政策，在经济距离成本很高时，通过减少由于各国政策和实践的不合理差异以增加来自贸易的收益。美国宪法禁止各州对国内贸易设置壁垒。关税同盟（Zollverein）是德国各州接受的一个关税联盟，旨在消除国内贸易的关税。

还有一些政策是为了促进出口，并增加出口产品生产群体的收入——同时为过多的农业劳动力提供就业机会。关税被提高了，以增加可出口商品的国内生产商的收入。“幼稚产业”（infant industry）理论认为，年轻的国内企业必须受到保护，以避免与外国商品进行竞争，直到它们取得进行有效竞争所需的经验和技能。日本政府利用关税和其他保护性措施来限制进口，直到国内企业提高了其产品的质量、降低了成本和销售价格从而能够参与竞争为止。政府机构按规定要从国内企业购买产品。国内企业通常可以获得低息贷款（cheap credit）。

有些政府（特别是小国的政府）制定税收政策和信贷政策以便从其他国家窃取制造业就业岗位。“老牌国家”（older countries）——那些最早实现工业化的国家——的政府通常会进行干预以保护成熟产业中的企业和工人免受来自外国年轻企业的竞争。一个典型的例子就是丰田、日产、本田和其他日本汽车制造企业对通用汽车、福特汽车和克莱斯勒汽车的竞争性影响，类似的例子可以在很多不同的产业中找到。美国政府依赖日本政府劝说其企业通过“自动出口配额”（voluntary export quotas）来限制对美国的出口。

14.2 货币和证券交易

交易要求买家向卖家付款。这些支付会引发各种交易成本。降低远距离支付的成本与降低交易成本是一样的，将市场和供应商拉得更近了。易货贸易（以物易物的交易）的成本很高。接下来的发展是用商品去换一种商品货币（commodity money）——黄金或白银。支付涉及仓单（warehouse receipts）——特定单位的商品货币的所有权——的转移。降低支付成本的下一步涉及将一家银行中的存款从买方过户到卖方，发送给银行的信息最初包括作为信号机制（signaling mechanism）的支票，而最近则包括一些电子信息。

金融全球化涉及资金从一个地区的储蓄者和投资者手中转移到遥远地区的企业和政府手中。最初，资金的流动与商品的流动联系密切，通常表现为卖方融资（vendor financing）的形式，即商品的卖方向买方提供信用以促成交易。这些金融业务的要求之一是储蓄者和出借人需要知道他们得到偿还的可能性有多大。

从运输这些商品的工具（包括马车、火车、轮船、汽车、飞机，以及公路、铁路、港口和机场等交通基础设施）的角度看，远距离国际贸易是资本密集型的。这些设施的发展需要资本积累与分配的制度性安排。最初——回到史前时代——资本是为了宗教和市政目的而积累起来的，比如埃及的金字塔和希腊的神庙。五六千年前，资本被分配用于城市的建设。累积资本是为了防御外族的入侵。中国的长城就是为了将掠夺者拒之门外而修建的。最初，资本是通过强制方式积累的，包括奴隶和包身工（indentured worker）的劳动。

很久很久以后，资本积累变成了自愿的。一旦资本积累超越了家庭的范围，就需要某种形式的契约安排，以汇总债务、借款人对出借人的义务以及当借款人违约时保护出借人的机制。最初，储蓄只是在积累这些储蓄的地区附近分配，只有当投资者明显预期到可以得到偿还时，他们才会提供资金，而且与距离遥远的借款人相比，他们拥有的有关邻近借款人的信息要多得多。股票市场是地区性的。最初的国际投资一般都是一个国家的银行将资金贷给其他国家的政治领导人，包括富格家族（Fuggers）以及其他德国人和意大利人向西班牙君主提供的贷款。1588 年，伊丽莎白女王一世将其财政大臣（Chancellor of the Exchequer）托马斯·格雷欣（Thomas Gresham）派到阿姆斯特丹去借钱来建造一支海军舰队以防止英国受到西班牙无敌舰队（Spanish Armada）的打击——并且保护荷兰人免受前帝国统治者的攻击。

金融全球化最初的形式之一是向国内市场提供商品的位于遥远地区的供给来源的发展——这就是现在的跨国公司的前身。16 世纪时，政治边界不是很明确，因为单一民族国家（nation-state）在那时还不存在。荷兰东印度公司的成立是为了获得香料，这家公司是一个采集者，它在香料群岛上投资修建了仓库和港口以及雇员的住宅。相比之下，总部设在伦敦的哈德逊湾公司（Hudson Bay Company）更像是一个捕猎者，这家公司购买北美地区狩猎者收集的动物毛皮。在这两个例子中，“落后”（lag）紧随着“贸易”（trade）而产生，随后，当公司在这些当时看来非常遥远的地区进行投资后，这些外国地区就被宣布为殖民地。

英国和荷兰是 18 世纪主要的海外投资者。19 世纪，英国的海外投资大幅增加。这两个国家都依赖私人企业来开发运输商品的基础设施。荷兰的公司将低洼地区的水排干，并开凿了运河——这或多或少是一种联合活动；英国的公司在后来的几个世纪中修建了大量的铁路系统。对这些基础设施进行的融资极大地促进了资本市场体系的发展。项目完成后，投资者就会寻找其他能够获得相对较高回报的投资机会。

后来，金融全球化通常涉及向君主的贷款——向政府首脑贷款。最初，证券市场与商品市场一样，先是在本地，然后扩展为区域性的，再扩展到全国。市场的合并对于经济距离成本的下降十分敏感。规模更大的市场的优势是流动性更大，这意味着因特定股票波动造成的资产价格变化更小。

每当一种技术进步使得经济距离成本出现显著下降时，人们就会看到全球化的发生，部分原因是随着来自遥远的供应商的更多产品和服务的输入，附近的生产要素出现了配置不当（dislocation）。最近制造业的创新大量出现在西太平洋国家——先是在日本和中国台湾省，然后是在韩国，最近则是在中国大陆和越南。每次当这些发展大幅降低经济距离成本时，有些观察家就会得出结论：一个全球化的新纪元已经开始了。人们使用的语言各不相同，但音乐是一样的。世界在缩小，但它不是平的。

当各国的工资和价格差别不再大于各国内部的差别时，全球化 100. 0——这一过程的终结——就会实现。到那时，各国的边界将不会对生产地点产生重大影响。那个时候世界就是平的了。

14. 3　金融危机以及本书第二部分概述

金融危机的主要影响之一是：随着企业破产并释放出资源，传统的生产模式被颠覆了。另一种影响是政府变得更加内向，它们努力保护国内生产商，甚至不惜牺牲国内消费者的利益。另外，政府作为财政援助的提供者而介入了经济增长，以前私有的企业成为了公众所有的公司，这对经济效率和政府预算产生了严重影响——财政赤字快速膨胀，部分原因是对即将倒闭的金融机构进行投资，部分原因是税收收入的下降。随着投资者越来越关心资金的安全性，而不太注重可能从风险更高的投资中多获得 30 或 40 个基点的收益，跨国资金流动的模式也发生了变化。

世界经济的一种有用的模式就是集市或商场的模式。个人和企业不断地买卖，讨价还价，努力提高自己的财富以及力量、自尊和声望。政府会努力增加其国内选民的福利，但政府既要保证他们的收入和财富免受进口增加造成的负面影响，也要提高从增加出口中获益的人们的收入和财富，这两种政策之间常常存在着矛盾。第二部分的某些章节将专门讨论把世界划分为150多个货币区而造成的某些影响。货币体系的界限基本上与各国的边界保持一致，除了欧盟10多个成员国采用的超国家货币之外。新技术的发展为更多的交易提供了激励，但各国政府的政策通常会扼杀这些机会，在某些情况下是故意的，而在另一些情况下则是某些政策或实践造成的间接后果。随着经济距离成本的下降，市场力量持续为跨国商品、服务、证券贸易的增加提供激励。有些影响是直接的，某些公司总部所在国的货币位于榜单的前列，它们在国际竞争中拥有明显的优势，因为它们的资本成本较低。同样，有些企业位于低税收的国家，与高税收的国家相比，它们也可能拥有优势。位于管制水平低的国家的企业在世界市场上具有竞争优势。年轻的法国创业者将他们的公司总部迁移到了位于英法海底隧道英国端的阿什福德（Ashford），以利用更宽松的管制环境带来的优势。

第二部分各章被分为三个组。第一组分析了各国法规的影响以及这些法规划分各国市场的方式。一种形式的法规体现了各国税收体系的差别。另一类法规涉及国家对银行的管制。第三类涉及石油输出国组织的卡特尔以及高油价对于石油最终被耗尽的影响。

第二组考虑了新金融工具的发展对各国证券和股票市场的融合造成的影响。这些新工具促进了与持有这些证券相关的风险的转移。保险使得这些证券的持有者能够与其他人共担某些风险。

第三组回顾了一些国家融入全球经济的经历。我们对日本和中国经济的成功进行了比较。同样，我们也分析了中欧的波兰及其邻国在从计划经济向市场经济转型的过程中遇到的问题，以及前苏联的解体和俄罗斯作为一个半市场经济国家的崛起。

经济距离成本的大幅下降也减少了各国企业因竞争对手距离遥远而得到的“保护”。与关税一样，经济距离也是一种类型的保护。当成本下降时，丧失保护的企业常常声称竞争环境不公平，尽管它们可能在无意中成为了不公平竞争环境的受益者。一种常见的说法是日本政府通过提供低于市场利率的信贷对其出口提供补贴。在很多情况下，人们常说外国企业受益于雇用童工。或者，他们会认为外国企业因为不必像美国和欧洲企业那样承担环境保护成本而受益。在这些论点中，有许多会重新聚焦于中国增加其出口的政策。通用汽车公司和福特汽车公司声称它们要承担健康医疗保险成本，而它们的外国竞争对手则不必承担这些成本。

政府法规和税收提高了国内企业的成本。总部位于一国或在该国进行生产的企业常常声称它们在全球市场中处于劣势，因为它们比竞争对手支付了更高的税收。与工资和租金一样，公司税是一种成本，除非企业避税或逃税，否则它们就要支付这些成本，并几乎总是提高销售价格，以便从其消费者手中获得资金支付这些税收。同样，企业法规——最低的工资、健康和安全标准——也提升了成本。企业在税收较低的地区建立子公司以避免或减少税收成本。在可能的情况下，它们就会通过位于不同国家的子公司之间的转移定价（transfer pricing）将利润转移到这些地区。通过同样的方式，它们利用转移定价将其总部所在国的利润转移到税率较低的国家。

在许多国家，政府法规常常被回避或规避。在一些国家，人们经常谈论的话题是“地下经济”，或者被称为“黑色经济”或“月光经济”。不管怎样称呼它，意思都是一样的：一些税收和商业法规被置之不理、遭到蔑视、被绕开、被回避或规避。在莫斯科、华沙和布拉格于20世纪90年代初转向市场经济之前，存在着大量个人经营的黑色经济，这些人能够获得短缺的商品，包括利维斯牛仔裤（Levi’s）以及唐娜·萨莫（Donna Summer）和迈克尔·杰克逊（Michael Jackson）的音乐专辑。

格言是：法规越严厉，越容易被规避，那么它们被规避的可能性就越大。这意味着政府或者缩小管制的范围以便与邻国的管制相匹配，或者它们所能管理的经济活动将较少。政府支出所需的资金是必不可少的，如果某些税收被规避，那么其他税收就必须增加，除非政府减少支出。

一个普遍的趋势是以绝对的方式考虑竞争优势。中国拥有巨额贸易盈余，但工资水平很低，因此中国的贸易盈余一定是低工资带来的。如果低工资能够充分解释贸易优势，那么海地和扎伊尔也应该拥有巨额贸易盈余，因为这两个国家的工资水平显著低于中国。美国是全世界工资最高的国家之一，但美国的出口比大多数国家都要多。

正如货币价值会发生变化使得大多数国家的出口和进口大致相等一样，货币价值的变化也会抵消其他类型的优势。假设英国废除了公司所得税。英国的企业将会降低其产品的销售价格，其出口将会增加，而英镑将会升值。英镑价值的提高将会抵消某些由取消公司所得税带来的竞争优势，一些英国公司因英镑升值而遭受的损失将超过它们因取消公司所得税而获得的收益。

正如一国货币的价值会发生变化以抵消公司税的变化一样，它也会对其他税收和法规的变化做出响应。第 15 章主要讨论了各国税收体系对在这些国家进行生产的企业的竞争地位产生的影响。

40 年前，银行业是一个受到全面管制的行业。各国银行业的结构差别巨大。在很多国家（但除美国或日本以外），三家、四家或五家银行持有 80% 或 90% 的银行存款。美国的银行有成千上万家，最大的美国银行持有的存款还不到全国存款的 5%。银行得益于人们对国内银行的偏好，主要是因为他们没有多少选择。最近几十年来，金融服务行业发生了翻天覆地的变化，出现了银行的分支机构和子公司的快速海外扩张。从那时起，美国和日本以及其他国家出现了大规模的银行合并，部分原因是由于管制的放松，部分原因是日本和美国的银行破产，它们的存款和大多数资产都与有能力生存下来的银行合并了。另外，银行规模的扩大是不得已而为之，因为一些区域性银行不希望缩小相对于大型银行的规模，因此它们就合并在一起。在美国最大的十家银行中，有两家持有外国护照。银行业仍然是受到全面管制的国内行业。一个主要的问题涉及全球化 100.0 版本中银行产业的结构，到那时，管制因素将不再向国内企业提供“本土保护”。

第 16 章将讨论资金支付技术的快速变化对各国商业银行竞争地位的影响。实际上，在所有国家中，银行业都是受管制最多的行业之一，这样做有几个原因，但最重要的一个原因是保护消费者的利益——降低银行倒闭令储户受损的可能性。管制提高了成本，银行的管制意味着它们必须提高贷款的利率，或降低存款的利率。那些管制最严格的国家的银行在国际市场中不可避免地处于竞争劣势。如果货币的运输成本很高，那么它们的成本劣势对其竞争地位和市场份额的影响就可以忽略不计。随着运输货币的成本在全球范围内的下降，总部位于不同国家的银行就能够在更大的市场范围内进行竞争，因而由于管制造成的成本差异将变得更加重要。商业银行服务的买家将会寻找低成本的货币生产商，即使是它们在国外也无所谓。问题在于：随着与遥远的银行打交道的成本不断下降，美国、英国或瑞士的银行很有可能拥有竞争优势。

在美国、英国、爱尔兰、瑞士和荷兰，始于 2007 年的金融危机导致了政府的资金大量投资于银行。有一段时间，对总部设在这些国家的银行的求偿权就像是政府证券的所有权一样安全。一个可靠的预言是：私人资本将代替政府资本，但不一定在各个国家同时发生。

世界经济繁荣几乎总是与自然资源价格的大幅提高（相对于工业产品）相关，这主要是因为增加石油和铜的供给的酝酿期比增加工业制成品供给的酝酿期要长得多。始于18世纪初的工业革命先是由煤炭推动，然后是由石油推动。尽管需求大幅增加，但能源的实际价格下降了。这些燃料的供给是有限的，预计其价格最终将会提高。当石油价格从2002年的每桶25美元飙升到2008年的每桶150美元时，人们开始担心世界供给很快将被耗尽。较高的价格鼓励企业到迄今为止成本很高的地方去开采能源，并且导致了替代性能源的发展以及节能技术的产生。由11个石油输出国家组成的卡特尔OPEC试图减少供给以维持其高收入，这产生了两个结果：与经济增长相关的能源消费的增加受到抑制，替代性能源的生产受到鼓励。OPEC的困境在于：在短期内它越成功，在长期中它的成功就越成问题。第17章主要讨论了在长期中OPEC卡特尔对能源价格的影响。

考虑这样一个问题："世界上一共有多少个股票市场？"回答这一问题的一种方法是数一数股票交易所的数量。美国在波士顿、芝加哥、费城、丹佛和旧金山建有交易所，另外还有纽约证券交易所和无所不在的场外交易市场纳斯达克（NASDAQ）。同样，德国有五家证券交易所，日本有两家。在每一个国家，股票交易的融合都已经持续了很多年；纽约证券交易所在全球交易中所占的市场份额一直在增加。另一个答案是：有一个世界股票市场，其分支机构遍布各个国家。根本原因是：大量的投资者不停地在各国股票和债券市场中寻找投资机会——寻找那些收益高于风险的证券。不同国家主要证券的回报可能会有所不同，因为这些证券包含着国家特有的风险。第18章主要讨论了全球证券市场。

从支付过程中用支票代替纸币起（甚至是从商品货币转向纸币起），金融工具的变革从来没有像在20世纪70年代、80年代和90年代这样广泛，因此这30年可以被认为是发生了一场金融革命。这次革命的一个方面是新金融工具的数量快速增加——包括利率掉期（interest rate swaps）、外汇掉期（foreign currency swaps）、外汇市场期货合约的看涨期权（call options）以及外汇市场期货合约的看跌期权（put options）、股票市场指数基金的看涨期权和看跌期权、零息债券（zero coupon bonds）。这次革命的第二个方面是商业银行、投资银行、保险公司和资产管理者之间的界线在收缩，尽管在每一种主要业务中保留了一些“精品店”，但许多金融机构正在演变成“百货商店”。这次革命发生的原因及其影响将在第19章中进行讨论。

大多数商业企业都希望增长。它们的动机是：如果停止增长，甚至如果它们的增长较慢，那么相对于竞争对手，它们可能会变老。与在生物学中一样，在商业环境中，衰老是死亡的前奏——但在商业领域中，如果增长率能够得以维持，那么衰老是可以被延缓的。增长快速的企业几乎总是能够“比它们传统的市场更快地成长”，因此保持增长率意味着它们或者必须为其国内市场的客户开发出一系列新产品或服务，或者增加其在外国市场的销售量。经济距离成本的降低促进了跨国公司——在多个国家拥有子公司的大型、多元化企业——的成长。这些子公司的生产常常跨越国界整合在一起：每一家工厂都为其国内市场和无数的国外市场生产零部件。营销信息可能非常相似，尽管有时候也需要针对本地市场特别是大型市场进行调整。20世纪60年代末，大多数跨国公司的总部都设在美国，许多欧洲人和加拿大人担心他们的国内经济会逐渐受到这些美国公司的主宰。但到了20世纪70年代末，总部位于西欧和日本的企业开始大量购买美国的企业。英国的公司购买了豪生集团（Howard Johnson's）和马歇尔·菲尔德公司（Marshall Field & Co.），一家德国公司收购了A&P公司（Great Atlantic and Pacific Tea Co.）。20世纪80年代，令人吃惊的是，日本企业的外国投资大幅增加，特别是大量收购了美国和欧洲的企业。索尼公司收购了哥伦比亚唱片公司（Columbia Records）和哥伦比亚影业公司（Columbia Pictures），松下电器收购了米高梅国际影业公司（MGM-Universal），普利斯通轮胎公司（Bridgestone Tire）收购了风驰通轮胎公司（Firestone Tire）。20世纪90年代初，日本的外国投资大幅下降，一些日本企业开始卖出其部分外国投资。国际所有权模式的变化将在第20章中进行讨论。

在1990年前的40年中，日本取得了最辉煌的经济成功。20世纪50年代，日本的国民收入只相当于美国的1/20～1/10，而现在，其国民收入接近美国的一半。20世纪50年代，由于其不利的地理条件、国内原材料的缺乏、外国市场对日本产品的歧视，以及其排外的倾向，人们普遍怀疑日本能否成为一个有竞争力的工业经济体。到20世纪70年代初，日本实现的贸易和支付盈余威胁到了布雷顿森林体系的稳定性。一位分析家预言，日本经济将以每年10%～12%的速度增长，因此，到2000年，日本的人均收入将显著高于美国和其他西方工业化国家，如瑞典和瑞士。对于日本非凡的经济业绩，人们提出了大量相互矛盾的解释，我们将在第21章对此进行讨论。对于日本以及这些模型和分析家们来说，不幸的是，自20世纪90年代初以来，由于资产价格泡沫破灭造成的经济调整，日本一直是增长速度最慢的工业化国家之一。

在日本经济快速增长之后，其几个较小的邻居也出现了快速增长，它们被称为“四小虎”，包括中国台湾、中国香港、新加坡和韩国。这些国家和地区得益于它们与日本密切的经济联系。这些国家和地区的企业通常对从日本进口的零部件进行组装，再出口到日本，而更多的时候是再出口到美国。在这些国家和地区中，台湾地区和香港地区几乎都是中国人，而新加坡85%的人口是中国人。韩国与海外的中国人共同遵守儒家道德规范。最近“四小龙”（泰国、马来西亚、印度尼西亚和菲律宾）被吹捧为快速增长的典范，至少是在1997年亚洲金融危机爆发之前。

在毛泽东领导的30年间，中国大陆的经济增长因一系列灾难而受到阻碍——首先是大炼钢铁，后来是文化大革命（参见第22章）。在毛泽东于1979年去世后，中国的国民收入就开始以两位数的速度增长，这是一个了不起的成就。这种增长在某种程度上造成了一些积压的问题。最重要的问题是持续快速增长的余地以及增速放慢造成的影响。

前面章节的讨论假设世界是由市场导向的经济体构成，这些经济体的人均收入非常接近。这一观点的一个例外是东欧那些依赖中央计划（至少是在20世纪80年代末之前）的国家——前苏联、波兰、匈牙利及其邻国。应该生产何种商品、这些商品的生产数量及其价格等基本经济决策都是由官僚决定的。这些国家参与国际经济——它们相互之间广泛地开展贸易，并且同市场经济国家开展贸易，由于私有企业无法像在市场经济国家那样从事进出口业务而获得赢利，所以其他一些制度机制对于贸易的安排就是必要的。第23章对东欧计划经济与市场导向的西方经济之间的金融关系以及前苏联和其他东欧国家的关系进行了讨论。交易是被安排好的，讨价还价被取消了。贸易中的失衡通过付款的形式得以解决（常常是美元）。尽管不像西方那样将汇率当成是平衡收入和支付的一种机制，但汇率是不可避免的。问题在于汇率是否合理。在西方国家之间的贸易中，公平的价格是自由市场价格或官方平价。但由于在社会主义国家中不存在自由市场，因此就需要某种其他机制来决定国内的价格、出口和进口价格以及汇率。一些东欧国家认为，在与前苏联的贸易中，价格并不是对它们最有利的。

俄罗斯及其东欧的邻国正在转向市场经济，人们称这些国家为“转型经济国家”（transition economies）。有些国家，特别是较小的国家，如斯洛文尼亚（Slovenia），已经取得了实质性的进展。但是，俄罗斯和乌克兰的生活一直很困难，因为它们经历了恶性通货膨胀，成百上千万人的储蓄和养老金变得一文不值。各国市场与世界经济的融合会造成混乱。在计划经济国家，有人发了大财，通常是那些位于权力顶端的投机者。

本书第二部分的各个章节涉及几个主题。经济距离成本不断下降；市场区域正在跨国界扩张。在经济距离成本很高时显得不太重要的商业框架间的差异现在变得越来越重要，并可能成为各国间摩擦的起因。世界正在向私有化迈进，并正在努力降低税收负担——特别是对所有能动的东西征收的税率。尽管人们希望和谐与协作，但支持高经济距离成本的力量也会不断增强。

第 15 章

税收、规制与公平的竞争环境

15.1 金融危机导致政府慢慢发生改变

让火车准时的一种方法是让铁轨变直。另一种方法是采用功率更大的火车头。一种成本较低的办法——实际上是成本最低的方法——是延长旅行的时间。20 世纪 20 年代，乘坐“20 世纪的极致”（Twentieth Century Limited）型火车从芝加哥到纽约需要 15 个小时。如果火车晚点，乘客将会得到退款，金额视晚点的时间长度而定。现在，同样的旅行乘坐美国铁路公司（Amtrak）的“百老汇极致”（Broadway Limited）型火车需要 19 ~ 20 个小时，而且火车晚点也不会退款。芝加哥和纽约之间的距离是恒定的。如果火车不能根据时间表进行调整，那么时间表就要根据火车进行调整。

在过去的半个世纪中，运输技术的进步应该几乎肯定可以缩短大部分旅行所需的时间。70 年前，从芝加哥到纽约的空中旅行需要两天的时间，途中要在克利夫兰过夜。今天，同样的旅行只需要 90 分钟。即使是在具有每小时 65 英里的速度限制的情况下，从纽约开车到芝加哥也只需要 12 个小时。

日本在东京和大阪之间开通了高速火车，而法国在巴黎和里昂之间拥有时速 300 公里的高速列车。英国拥有一些时速 125 英里的火车——不如法国的高速列车快。英法海峡隧道——英吉利海峡下面连接英国和法国的铁路隧道——将从伦敦到巴黎的旅行时间缩短至 2.5 个小时。

经济进化论者的观点是；有效率者能够生存和扩张，而无效率者则会萎缩和死亡。然而，20 世纪 60 ~ 80 年代，尽管普遍认为政府在提供商品和服务以及邮政方面越来越无效率，但根据政府支出占GDP的份额来衡量，大多数国家政府的作用还是增强了。美国移民归化局（US Immigration and Naturalization Service）发现很难阻止非法进入美国，据估计，在美国的主要城市以及农场中，有1200万～1400万的“非法移民”，大多数是那些持有旅游签证的不按时离境者。国内收入署（Internal Revenue Service）发现很难征收美国政府的所有税收——如果人们都按规定交税，那么税收收入将增加10%～20%。我们都听到过这样一些恐怖的故事，有些人在去世10年后仍然不断收到社会保障部门寄出的支票，而有些人则无法收到他们的失业赔偿金，因为系统丢失了他们的就业记录。食品券计划（Food Stamp Program）是为了减少政府持有的剩余粮食库存，同时为穷人提供更好的食物，但是，结果，食品券成为了美国的第二种货币以及欺诈的来源。当纽约市将其福利接受者的数据与纽约州的工人补偿数据整合在一起时，它发现有几十万福利接受者是有工作的。

恐怖的故事并非政府独有，还有一些故事讲的是私人部门中大型组织的不足之处。病人在医院中偶尔会接受错误的治疗，需要做扁桃体手术的人却被切除了阑尾。电力公司会关闭错误的电源。货物被送到了错误的地址。加利福尼亚海岸出现了石油泄漏，油轮在特拉华河（Delaware River）和阿拉斯加湾搁浅了。商业飞机的飞行员降落到了错误的机场。

但是，政府的无效率是独一无二的，这出于几个原因——工业化国家的政府通常比私人企业和雇主要大得多，政府机构要应对不同的政治利益，而不是出于盈利动机。政府所有的航空公司、钢铁厂、铁路以及电话系统通常都是赔本经营，弥补这些亏损的资金几乎总是来自一般税收。另外，政府所有企业的新投资所需的资金也来自一般税收或发行政府支持的债券。

大多数政府所有企业亏本经营的一个原因是：其雇员的工资水平比私人部门拥有类似劳动技能的雇员的工资高得多。另外，它们的雇员人数更多，通常拥有更多的工作保障，并拥有更具吸引力的医疗福利和退休金。政府是垄断者，传统上，政府所有的企业不必担心竞争，至少是在国内业务方面。但有无数的例外——美国邮政局（US Postal Service）越来越关心来自联邦快递（FedEx）、UPS以及来自电话公司、传真服务公司和因特网的竞争。大多数政府所有的航空公司不得不与由其他政府所有的航空公司以及私人所有的航空公司在国际航线上展开竞争。由于持续的亏本经营造成的财政负担，一些政府已经出售了——或者试图出售——政府所有的航空公司。

政府部门明显无效率的原因之一是其规模——而且其规模不断扩大，这一点可以从表 15.1 中清楚地看出来。美国政府支出占 GDP 的份额小于其他任何工业化大国：日本政府部门的扩张速度比美国政府部门的扩张速度快两倍多。德国政府部门的规模比美国政府部门的规模大一半。20 世纪 80 年代政府部门的规模明显缩小的唯一国家是英国——这一趋势在后来的 10 年中发生了逆转。

表 15.1　1960 ~ 2007 年综合性政府总支出（占名义 GDP 的百分比）

	1960	1970	1980	1990	2000	2005	2007
美国	25.5	31.6	31.8	33.3	33.5	36.6	36.6
日本	13.6	19.4	32.0	31.7	36.4	37.4	37.8
德国	27.7	38.6	47.9	45.1	51.6	46.8	45.0
法国	30.9	38.5	46.1	49.8	54.5	53.9	53.0
英国	29.9	39.0	43.0	39.9	43.9	44.9	45.7
加拿大	25.4	34.8	38.8	45.8	47.3	39.5	40.0

政府作用的扩大通常与一些宏伟的目标相关——提供更全面的医疗保健、更好的住房、优质教育、更平坦以及更安全的道路、法律和秩序，以及国家安全。每个人都希望这些活动更多一些，因为政府提供的服务的价值或者至少是成本几乎总是高于为它们支付的价格（想一想相反的陈述——如果政府对服务收取的价格高于其价值，那么就没有人会购买任何服务）。实际上，政府专门进行“为了招揽顾客而亏本出售”——如果生产活动是有利可图的，那么这些活动很有可能发生在私人部门。城市交通就是这些总是亏损的商业活动之一。

由于政府支出必须获得资金，因此政府支出占 GDP 的份额越高，则税收占 GDP 的份额就越高。很少有人故意缴纳更高的税款。政府总是可以为这些支出借到钱，但可以通过借款进行融资的总支出份额是有限制的。在几年中，政府或许能够通过借款获得资金来支付其未偿还债务的利息，但随着政府债务占一国 GDP 份额的增加，政府必须为其未偿还债务支付的利息也会提高。一个可靠的经验法则是：政府支出水平越高，税收的水平就越高。

极少数政府税收与其提供的服务的价值直接相关——例外情况是“使用税”（user tax）、高速公路通行费、适当的汽油税、机场建设费，这些收费可能在某种程度上与服务的成本相关。在私人部门，个人和企业制定价格以覆盖生产成本。如果价格长期低于成本，那么破产就是不可避免的，而它们增加市场份额的努力将导致价格的下降。

15.2　税收与公平的竞争环境

经济中最重要的一句老话是："比赛场上无公平。"总部位于外国或以外国为基地的企业拥有一种不公平的优势。当法国企业在全球竞争中丧失市场份额时，巴黎的政府官员常常会呼吁公平竞争。空中客车公司抱怨欧元过于强势，使得它同波音公司进行竞争的能力受到削弱。美国企业、日本企业以及总部位于其他许多国家的企业采用同样的剧本，以说明它们在全球市场中同样也处于竞争劣势。没有一家企业因为宣称它们由于其政府的政策使得自己在外国市场上拥有竞争优势而成为报纸的头条新闻。

竞技场不公平的第一个原因是：大自然在分配资源——原材料和可耕种的土地、优良的港口和水力——方面并非是公平的。谁知道为什么大自然将大量的石油储备存放在沙特阿拉伯和波斯湾，而气候更寒冷的新英格兰北部更需要这些储备？

竞技场不公平的第二个原因是由于政府的管制和税收。有人断言日本政府（或中国政府，或其他任何国家的政府）为国内企业提供低于市场利率的贷款或免税期，或为工作培训提供资助。波音公司抱怨空中客车公司从德国和法国政府获得了过多的信用补贴，而空中客车公司则抱怨波音公司凭借其近乎垄断的军用飞机提供商的地位而使其开发成本得到了间接补贴。

政府利用税收政策和信用政策来吸引企业，它们希望获得与其生产活动相关的工作岗位。政府建立免税经济开发区作为将投资吸引到特定地区的一种方式——爱尔兰西部、意大利南部等。其目标是从其他国家吸引经济活动，也就是工作岗位。城市与城市之间、州与州之间、国家与国家之间都在相互争夺工作岗位。

考虑一下X女士。她生活在瑞士并在其他地区工作——好莱坞、伦敦、罗马和布达佩斯。她具有的"卓越才能"使她获得了极高的收入，而这些收入差不多都来自于瑞士之外。由于她是一名瑞士公民，因此她的收入并不在美国、英国或意大利征税。瑞士对她的收入所征收的税赋比美国（如果她生活在好莱坞）和英国（如果她生活在伦敦）的税赋要低得多。

X女士和瑞士达成了一个协议。瑞士向X女士“出售”避税服务——生活在低税收地区的权利。X女士“购买”这些服务，因为她喜欢较高的税后收入。生活在税率较低的地区（至少是出于税收的目的在这些地区拥有一个家）比生活在税率较高的地区更好。瑞士从这一交易中获益，因为X女士缴纳的税赋远高于她对当地公共服务（子女上学以及清扫其宅邸门前的积雪）的需求。实际上，X女士正在补贴瑞士人，结果，其他瑞士人——生活在瑞士的瑞士人而不是漂泊在外的瑞士人——缴纳较低的税赋。假如她生活在伦敦，那么瑞士的税收收入就会较低，而瑞士将不得不提高生活在瑞士的瑞士人的税率以提供相同的公共服务。

瑞士还是流动生产要素（mobile factors of production）的一个避税港，因为其各个州的税率显著低于大多数发达国家的税率。瑞士的大部分税收是由各个州征收的，如楚格州（Zug，在苏黎世附近，是欧洲最繁忙的避税港之一）和圣加仑州（St Gallen），而不是由位于伯尔尼的联邦政府征收的。

列支敦士登（Liechtenstein）、巴拿马、巴哈马群岛、荷属安的列斯（Netherlands Antilles）以及开曼群岛提供了类似的避税服务。建立避税港是为了吸引来自外国的收入——通过承诺对这些收入征收较低的税赋。避税港在地理上都很小，大多拥有不多的国防支出（瑞士是个例外）。福利支出也处于中等水平。这些政治实体之间的竞争使得它们对来自外国的收入征收的税率非常低。如果开曼群岛对外国收入的税率提高了，那么大多数由开曼收税的来自外国的收入都会转移到其他避税港。

15.3 低税赋地区

避税港是避税的一个例子。英国最富有的人都离开伦敦，到位于百慕大群岛、巴哈马群岛以及海峡群岛的低税赋地区以避开英国高昂的遗产税。美国的企业和德国的企业在卢森堡发行债券，因为那里的利息收入不会代扣所得税，这些证券的购买者希望避免其部分利息收入被征税——实际上，是被扣缴。

但是，许多人无法在不使收入遭受重大损失的情况下转移到低税赋地区，他们的就业与特定的城市或地区联结在一起。只有当可能的税赋节省大于与改变居住地相关的成本时，人们才会搬迁到外国税收管辖区［在美国，人们（特别是那些退休的人）搬迁到佛罗里达州和亚利桑那州，因为那里的收入税率和遗产税率较低］。

转移到低税赋地区的另一种方式是将收入转移到避税港。一些生活在伦敦的教授要求他们的版税和咨询收入汇入在苏黎世和列支敦士登的银行账户中。当一家美国企业或英国企业使用安替列群岛（Antillean）或其他避税港时，它通常会制定转移价格（transfer price）——该公司在不同国家的附属机构相互之间买卖商品和服务的价格——以便将收入转移到低税赋地区。例如，一家美国企业向其德国的子公司出售商品，它会为这一交易安排相关文件，将这些商品先卖给它在百慕大的一家子公司。母公司向其百慕大的子公司收取一个极低的价格，这样“收入”就从美国转移到了百慕大。在向其德国子公司出售商品时，百慕大的子公司会收取较高的价格，这样“收入”就从德国转移到了百慕大。这家美国公司的百慕大子公司的应纳税收入增加了，而美国和德国公司的应纳税收入则减少了。商品从来都没有到达过百慕大——实际上，那些文件和资金也从来没有到达过百慕大。

美国和德国的收税员都知道避税港。他们详细调查外国子公司与国内母公司之间交易的价格，以预先阻止它们试图将收入转移到低税赋地区。他们将企业内部交易声称的价格与市场上销售的类似商品的价格（这为他们提供了一个有效的“公平价格”基准）进行比较。但是，许多企业内部交易没有可以参考的市场价格，因此企业就可以在合理的范围内任意制定这些价格。同样，某种程度上，企业也可以在其各国的分支机构和子公司之间任意分配管理成本，它们具有一定程度的自由裁量权，会将这些成本中的绝大部分转移到公司税率相对较高的地区。

尽管有收税员的眼睛时刻盯着它们，但企业发现利用避税港还是有利可图的，除非预期税赋节约能够超过向收费极高的律师（顺便说一下，这些律师通常都精通关于外国收入课税的细节，并为国内收入署或国内税务局或地方税务局工作）支付的律师费，否则企业就不会建立销售子公司。如果对避税港的使用——或滥用——过于广泛，使得政府感到因收入的转移和放弃的税收而遭受严重损失，那么转移定价就会受到更严格的审查。

美国国会议员一直在抱怨外国公司的美国子公司缴纳的公司收入税过低，他们注意到，在这些子公司中，有很多在被外国公司收购后就停止纳税。在从美国所有转变为外国所有后不久，子公司不再盈利是有可能的（这引发了一个问题：外国公司为什么要收购美国子公司——但这是一个不同的话题）。还有一种可能是：新的外国所有者将收入从美国转移到了瑞士的楚格州或其他避税港。

15.4 各国税率差异的经济影响

转移定价问题一度变得非常严重，因为日本企业的美国子公司实际上没有向美国财政部缴纳任何税赋，因为它们声称在美国没有收入。在被日本企业收购之前，这些子公司中的大部分是盈利的。因此，700 家美国企业的日本子公司向日本政府缴纳的税赋超过了 3700 家日本企业的美国子公司向美国政府缴纳的税赋。在某种程度上，这种差异可以用这些企业的“年龄”差异来解释——美国企业的日本子公司通常比日本企业的美国子公司更老一些。新成立的外国子公司可能会在其运营的最初几年中获得盈利。日本企业的英国子公司报告的利润也很低。日产汽车公司英国子公司的几名官员因税务欺诈而入狱。

即使没有避税港，各国税收体系之间的差异也可能会对国际交易的模式造成显著影响。所有政府都会征税，但它们的税收结构和税率不同。政府对公司收入征税，也对个人收入征税，包括利息收入、红利收入以及证券和房地产等的资本利得。政府对实际资产（包括住宅、土地、设备甚至服装）征税，还会对交易征税，包括零售、采购、进出口以及出生和死亡。

大多数政府实际上对收入具有无限的需求，收入越多，支出可能就越多，大量的支出提高了国内的政治支持率。但是，税收是有成本的，因为它们会降低政治支持率。每一个政府都在努力以最小的代价（从政治支持度的损失方面衡量）增加其税收收入。在理想情况下，政府希望向外国人征税以获得资金，用于为国内居民造福的支出。

与其他国家相比，一些国家的个人收入和公司收入税率较高，这是意料之中的事。同样，税基——需要征税的收入类型和交易类型——也不一样。这些税率方面的差异常常被用来解释为什么一些国家增长缓慢，而另一些国家增长迅速，为什么一些国家的出口增长比另一些国家更快，为什么投资者将资金从一些国家转移到另一些国家。差不多在每个国家，商人们都声称他们在国际贸易中处于劣势，因为他们承担的税赋比其外国竞争对手更沉重。他们认为，如果他们的税收负担更轻一些，那么他们的境况就会更好（如果税赋更少，那么我们所有人的境况都会更好，但上一句话中的第二句陈述并不一定是根据第一句陈述推断出来的）。

与工资、利率和电力的费用一样，税收也有一种经济影响，许多企业提高其销售的商品和服务的价格以获得资金来支付税收（另一种做法是降低向商品供应商支付的价格，以及降低向公司工人支付的工资）。关键问题是：各国之间税收结构和税率的差异是否会对这些国家企业的国际竞争地位产生重大经济影响。

15.5　各国的税率为什么不同

一个国家中的公共部门越大，其政府对收入的需求就越大，这是一条公理。一国的公共部门越大，则其征税的收入和交易的范围就越大，对这些收入和交易征收的税率就越高。

美国人喜欢说——尤其喜欢对日本人说——美国的税单金额较高，是因为美国的军队一直在“保卫”自由世界。美国的军费支出占美国 GDP 的 3% ~7%，而日本的宪法限制其军费支出不能超过 GDP 的 1%。在大多数工业化国家，军事预算占 GDP 的份额介于 1% ~2% 之间。

尽管德国、日本和其他工业化国家的国防支出占 GDP 的份额较低，但这些国家的政府部门比美国的政府部门大。一般来说，它们将 GDP 的较大份额花在社会福利上，包括医疗保健和住宅。

所有人都赞成税收应该公平。毕竟，公平像是母爱。人们对什么是“公平”存在着分歧——与高收入者的税赋相比，低收入者应该缴纳多少税赋。政府以低于生产成本的价格提供商品和服务。在这些商品和服务中，有许多是赠送的，有一些是出售的，但其价格显著低于成本。然而，尽管特定的商品和服务能够以低于成本的价格出售，但商品和服务的全部供给不可能以低于生产成本的价格出售，除非一国可以无限地从外国借款。在某种程度上，一些商品和服务能够以低于成本的价格获得，但其他商品和服务的价格必须高于其生产成本，对于由第一组人生产的商品的购买者提供的补贴，必须通过对由第二组人生产的商品的购买者进行征税来融资。从第二组人身上征收的净税收必须大致上与对第一组人的补贴相等。一个人可能能够得到“免费的午餐”，但整个社会则不能。一些人必须为政府生产的商品和服务付费。政府部门的规模不断扩大的一个原因是：“每个人”——或者说差不多每个人——都希望得到政府的免费午餐，隐含的观点是：其他人将支付大部分或全部成本。免费午餐比收费午餐便宜，但是，尽管免费午餐很有吸引力，但某个人必须为它付费。

政府的规模是度量个人消费的商品和服务总量的一个很好的指标，其范围从某些工业化国家的20%至其他一些国家的60%。一种老套的说法是：政府提供的商品和服务的数量是对社会需求的响应。但这种陈词滥调过时了，一些政府支出反应了各个群体——农民、国防承包商、小企业——获得支持的能力。大多数政府支出的利益落入了特定群体的手中——农民得到了农业推广服务和价格补贴，学生得到了免费的学校午餐，教授们从国家科学基金（National Science Foundation）以及国家卫生研究院（National Science Foundation）得到了研究津贴——而这些成本都要由纳税人承担。很自然，生产军用物资的企业极端支持军事支出。如果政府将更多的钱花在它们生产的商品和服务上，那么每一个群体都会看到自己的利益增加了，这些利益的价值几乎肯定会超过其分担的成本。只要额外的政府商品和服务的生产与其成本相分离，那么利益就可能会归政府以及与新服务延伸相关的那些官僚机构的成员所有。

15.6 公司税率

收税员喜欢将税收隐藏起来，使得缴纳这些税赋的人看不到它们。公司收入税就被隐藏了起来——嵌入了企业销售的产品的价格之中——只要企业还在盈利（公司税的一个缺点是：与亏损且无效率的企业相比，盈利和有效率的企业受到了不公正的惩罚）。实际上，任何商品和服务——汽车、新住宅、航空旅行——的大多数购买者都很难说清楚与他们的购买相关的所有税收。

美国的公司收入税占国民收入和总税收的份额比其他工业化国家都要大。根据这一数据，有人可能会认为，美国公司收入税率比其他工业化国家更高。同样，人们可能会认为，由于美国个人所得税占GDP以及总税收的份额比其他国家更高，因此美国的个人所得税率肯定比其他国家的个人所得税率要高。

这两个结论都是没有根据的。根据每一类税赋在政府收入中所占份额来推断对公司收入和个人所得征收的税率是错误的。

美国的公司收入税占总税收的比例高于大部分其他国家的原因之一是：外国政府支出占其GDP的比例更高，因而它们拥有更大的收入需求。即便它们拥有相同的公司税率，公司税收入占总税收的比例仍然会较低，因为它们的公司部门较小，且公司收入占GDP的份额较低。因此，许多公共设施如铁路、电话公司和发电厂可能都是政府所有的，而有相对更多的小企业没有被包含在内。而公司的销售利润在其他国家可能较低，因此，即使这些工业化国家的公司部门与美国的公司部门一样大，但公司收入税基仍然会比较小。

同样，其他国家的个人收入税基也比较小，有很大比例的纳税人收入过低而不需要缴纳个人所得税。英国的个人所得税率高于美国，因此每个水平的个人收入缴纳的税赋更多。但由于个人收入较低，来自个人所得的税收占GDP以及政府支出的份额较小。

在确定税收对在各国进行生产的企业的竞争地位造成的影响时，对各国税率进行比较是必要的第一步。美国的企业所得税率（目前为36%）通常低于大多数工业化国家的税率。但是，应纳税所得的定义是不同的，部分原因是某些国家允许企业以更快的速度对其工厂和设备进行折旧，因此它们的支出较高，利润较低，所以它们缴纳的税款也较低。另外，各国在将投资税减免（investment tax credit）扩大到商业企业的范围上存在着不同，而对于那些充分利用投资税减免的企业来说，它们的实际税率降低了。快速折旧和投资税减免使得实际税率明显低于公布的税率。

人们可以避税，可以逃税，或者纳税。避税是合法的，但存在成本。需要在避税港建立子公司，而且律师费也非常高。逃税是非法的，这会引发成本和风险。在某些国家，以个人身份向收税员缴纳税款就可以不必以官方身份缴纳更多的税款。但是逃税者有时候仍然会被捕、罚款、监禁，有时候会被放逐。

尽管人们对公司税率非常关注，但只有个人纳税。公司的寿命可能是无限的，但它们没有感觉，没有痛苦，不会繁育后代，也不会微笑，只有人才会这样做。公司不会“缴纳”税赋——它们从其消费者、股东、员工和供应商处获得资金来纳税。这些负担可能不会落到公司所有者身上（以税后收入下降的形式），而是落到客户身上，他们要支付更高的价格，或者落到供应商身上，他们将收到较低的价款。如果通用汽车公司（General Motors）有利润需要纳税的话，它就会以36%的比率纳税，而直到1971年，通用汽车公司还要对其销售的汽车缴纳7%的销售税。从表面上看，公司税是通用汽车公司用其利润缴纳的，而消费税是新车的购买者缴纳的。但是，通用汽车公司可能提高了其汽车的销售价格，以获得资金来缴纳公司税。同样，企业也不"缴纳"社会保障税——它们通过向员工支付较低的工资和薪金率（salary rate）来获得资金缴纳这些税赋。

各种各样的税收使得许多纳税人感到迷惑：如果他们意识到其收入的20%、30%甚至40%被征税，那么他们可能会对增加政府支出的提案更加谨慎。而如果他们所有的税收都是通过直接的所得税或消费税或增值税的形式来征收，那么他们就会有更大的动力来计算避税或逃税是否值得。

15.7 公司税率的经济影响

这些税收的法律形式应该区别于其经济影响。如果对产品的需求足够强劲，那么公司税和销售税就会直接落到消费者身上。考虑一下美国公司所得税率提高10%或4个百分点——即提高到40%——造成的影响。大多数企业可能会提高其销售价格以抵消较高的公司收入税，因此其股东获得的税后收益在长期中基本保持不变，但在短期内则有可能变化。同样，资源耗竭补贴（resource-depletion allowance，能够使石油公司减少纳税额）几乎肯定意味着汽油价格的下降。当1975年这一补贴减少时，汽油价格出现了适度上涨，以使石油生产企业能够获得差不多一样的税后收益率（参见表15.2）。

表15.2　公司收入税率

	2000年	2006年
美国	39.4	39.3
日本	40.9	39.5
德国	52.0	38.9
法国	37.8	35.0
英国	30.0	30.0
加拿大	44.6	36.1

但是，税收只是故事的一部分。政府征税是为了支出。尽管税收提高了

企业的成本，但某些政府支出可能会降低这些成本。公共支出可以降低对私人支出的需求，因而降低了企业的成本。因此，政府在道路和机场方面的支出降低了制造企业的运输成本。政府在消防部门的支出降低了私人购买类似保护的成本，而在教育上的支出降低了企业对其员工进行培训的需求。

考虑一下提高公司利润税率对在美国生产的汽车销售价格的影响。假设一辆汽车的售价为20000美元，美国汽车公司的利润—销售比率为10%，而公司税率为36%。2000美元的利润将会被征税，而纳税额为720美元。如果税率提高到40%，则纳税额将增加到800美元。由于这些企业将提高其售价，以便将税赋转嫁到消费者身上，这样其税前的利润—销售比率必须提高到14%，以便覆盖公司税纳税额的增加。企业的销售价格将提高不超过0.5%。相反，如果利润—销售比率为20%，则销售价格的提高将约为1%。

请注意，公司税率变化对最终销售价格的影响因利润—销售比率的不同而不同——这一比率越高，税率提高的影响就越大。各个行业的利润—销售比率是不相同的，在美国，许多行业的平均值介于2%~6%之间。对于比率为4%的企业，税率从0提高到50%会使销售价格提高4%（假设所有的税收都被转嫁给消费者，而以前没有企业所得税）。

公司所得税率的改变将对各个行业中的企业的竞争地位产生适度的影响，但利润—销售比率越高，这种影响就越大。

再看另一个极端的例子——公司所得税被完全取消。最终，经过一段时间的调整，企业就会降低其产品的销售价格，因而其税后利润将与取消所得税前的税后利润一样。一个结果是：这些比率比较高的行业售价的降低将大于比率较低的行业。因此，相对于第二组企业，第一组企业可能会扩大其销售。第二个结果是：与盈利较少的企业相比，一个行业中盈利最多的企业降低价格的能力将会得到加强，因此那些盈利较少的企业破产率会提高。

因此，公司税率对商品价格的影响取决于这些税赋有多少被以较高的价格这种形式转嫁给消费者，同时取决于相关政府支出是否具有某种降低成本的影响。大多数经济学家都相信，公司税的很大一部分被转嫁给了消费者，除在税率发生改变后的短暂时期之外。

只有当某些国家的税率远高于其他国家时，公司税率才有可能对国际贸易造成显著影响。工业化国家间公司税率的差异通常小于10个百分点。对于大多数行业来说，税率的差异只能解释各国销售价格差异的很小一部分，除了少数利润—销售比率非常高的行业之外。大部分国际贸易和投资模型反映了实际成本的差异：在厄瓜多尔种植香蕉的成本比在芝加哥低，因为大自然慷慨地赐予了厄瓜多尔更适于种香蕉的气候和土地。但是，钢铁的生产成本在芝加哥更低，因为密歇根湖（Lake Michigan）的北岸附近有铁矿，南岸附近有煤矿。在解释各国生产成本的差异时，可以归因于大自然不公平恩赐的实际成本差异以及资本积累的变化比各国税率的差异重要得多。

与增加工资一样，在一个国家提高公司税率可能会在短期内影响其国际竞争地位，但在长期中，其经济地位将不会受到影响，因为该国货币的价值会发生变化，从而抵消因较高税率造成的价格上涨对国内产品需求的影响。假设公司税率从30%提高到40%，利润—销售比率平均为10%。那么，一般公司会将其商品的销售价格提高1个百分点——比如说从100提高到101，以使企业保持相同的税后利润。在某种程度上，具有较高利润—销售比率的企业提高价格的幅度会更大，而具有较低利润—销售比率的企业提高价格的幅度会较小。

客户会通过减少其需求来对平均销售价格的上涨做出回应，该国的货币将会贬值。货币贬值会增强竞争力，从而抵消较高国内价格造成的影响。某些企业的竞争地位可能会有所改善，而另一些企业的竞争地位则会下降，但对该国的总体影响在经济上可能并不明显。的确，如果各国的成本结构更加相似，那么各国税收体系的差异将变得更加重要。商品和资本流动性壁垒的任何降低都将使各国税收体系的差异变得更加明显：企业会更加积极地寻找低税赋地区。人们会越来越关注税率的协调，以最小化生产活动在不同地区之间的转移。因此，人们会不可避免地制定一些国际协议以防止竞争性的税务实践。

15.8 对外国收入征税

收纳员非常贪婪。他们会持续寻找新的收入来源。他们对企业和个人的各种国内活动征税。在某些国家，他们对企业和个人的外国收入征税。美国政府就对外国企业和外国居民在美国的收入征税，就好像他们是国内公民一样。外国公司的美国分支机构和子公司用美国对收入的定义和美国的税率计算它们应该向山姆大叔缴纳的税赋。美国政府还对美国企业的外国子公司和美国公民的外国收入征税，就好像它们是国内居民一样。只有当美国企业的外国子公司向其美国母公司支付红利时，它们的收入才会被征税（当美国企业的外国子公司获得这些收入时，这些收入就会产生向美国纳税的义务——这意味着当这家子公司开始盈利时，就会产生一种对其在外国的活动进行调整的激励）。这些企业和个人已经向取得收入的国家的政府缴纳了税赋，这样美国纳税人就可以获得税收抵免，只要外国税率不高于美国的税率，这些已纳税的外国收入在美国就可以得到减免。这种外国税收的抵免减少了同等金额的国内税收。许多外国政府遵循同样的方法。政府（特别是发展中国家政府）偶尔会提供税收优惠，使得外国投资者可以在5~10年内免于缴纳国内税收。这些税收优惠被称为“免税期”（tax holidays）。只有当美国企业能够找到某种方式使得这些收入避开美国税务当局时，这些免税期才会有意义。

美国财政部与许多外国政府签署了双边税收协定，规定向两国政府缴纳的总税赋不超过采纳两个税率中较高的一个时应缴纳的税赋。没有哪个政府试图对暂住居民的外国收入征税，除非他们购买在国内生产的产品并缴纳包含在这些产品的价格中的税收。

延期缴纳外国收入的税款［被称为延期缴税（tax deferral）］的机会就像是获得了美国财政部向在外国获得利润的企业提供的无息借款一样。实际上，延期缴纳这种税款的权利意味着美国企业对其外国收入缴纳的实际税率低于公布的公司税率。当利率为10%时，如果可以推迟7年向美国财政部缴纳税款，那么100美元纳税负债的现值仅为50美元。延期缴税与避税港（如瑞士的楚格州）结合在一起，为企业降低其税款提供了有吸引力的、灵活的机会。因此，能够赢利的美国企业的外国子公司可能会被当成是一家瑞士或巴哈马子公司的子公司。在高税赋国家获得的利润可以转移到位于避税港的子公司，而这些资金又可以投资于另一家快速成长且需要额外资金的子公司。转移定价可以用于将这些利润转移到避税港，这样，对这些利润的税收就被推迟了。

一个长期存在的问题是：相对于拥有国内收入的国内居民，如何对拥有外国收入的国内居民征税。公平的做法是对国内纳税人采用相同的标准进行征税，而不管其收入的来源或类型。国内收入和外国收入、劳动所得与非劳动所得、州和地方证券的利息收入以及公司红利都应该以同样的实际税率进行征税。

我们很难反对这种一般性的公平原则。但是，当应纳税外国收入必须明确定义时，实际问题就会出现——它是在向外国收税员缴纳税款之前的外国收入，还是税后收入？如果是税后外国收入，那么应该为已纳税的外国收入提供何种证明——美国纳税人是否应该因已经纳税而获得税收抵免？为已缴纳外国税收提供税收抵免的另一种方法是将这些税收看成是在计算国内纳税义务时的一种扣减或成本：1 美元的外国税款将减少约 50 美分的国内纳税义务。在这种情况下，向两个税务当局缴纳的总税收将会高于采用税收抵免方法时的总税收。外国投资将会受到阻碍，这有两个原因。第一个原因是：与国内投资收入相比，外国投资的收入将会被征收更多的税赋；第二个原因是：与位于美国的企业获得的相同收入相比，美国企业在外国获得的收入将会被征收更多的税赋。因此，与其东道国竞争对手相比，美国企业的外国分支机构将处于税收劣势，而且相对于那些总部位于对国内企业的外国收入的征税管理比较宽松的国家的企业来说，它们也处于税收劣势。

从美国的观点看，阻止外国投资可能是恰当的，因为只有当已经在外国纳税后，收入才归美国所有——既属于投资者所有，也属于美国税务当局所有。在某些情况下，美国获得的税后收入可能比同样的资金投资于美国带来的收入更多，但在大多数情况下，外国投资的税后收益可能低于国内投资的税后收益。然而，这可能有待商榷，因为同样的观点对于外国企业在美国的投资也是成立的。

在外国投资的美国企业并不理解这一逻辑。它们通过最大化税后收入来满足自己的利益。从它们的观点看，当你看到了一名收税员时，你就见到了所有的收税员。由于它们必须缴纳给定数量的税赋，那么它们将税款缴纳给山姆大叔还是他的外国同事对它们来说没有多大差别。这些企业开展公关活动，并强调其外国投资对美国投资收入和美国外交政策带来的积极影响。

在设计国际税收政策时存在着一种不可避免的冲突，这取决于谁的利益将得到满足。如果投资资金根据税前收益率在国内和国外进行配置，那么对世界经济福利是有利的，其含义是：对外国收入的税收应该与对国内收入的税收相一致。只有外国投资的收益在缴纳外国税赋后超过国内投资的税前收益，才有利于本国经济福利。从企业的观点看，向它的运营所在国缴纳税赋就应该足够了，而不应该再向美国当局纳税。从美国纳税人的观点看，对外国收入征税应该像对国内收入一样，如果外国的税率低于美国的税率，那么则应该向美国财政部缴纳额外的税款。

15.9 火车为什么不能准点运行？

可能是约吉·贝拉（Yogi Berra）这样说过："3 美分的邮票用 3 美分再也买不到了。"邮寄一等邮件的邮票费用从 1950 年的 3 美分提高到了 2008 年的 42 美分。在同一时期，美国的价格水平上涨了 5 倍，因此一等邮件的"实际费用"翻了一番。实际上，实际费用增加得还要多，因为邮寄服务的质量下降了——每天邮递的邮件更少了，邮局更少了，邮寄时间更长了，丢失的邮件更多了。

再想一想政府管理有效性在其他方面的下降。政府所提供服务的质量下降了。在英国，人们决定不参与社会化医疗体系，并购买了私人服务，或者是为了缩短等待时间，或者是为了获得他们认为质量更高的医疗服务。在美国，对公共教育水平下降的担忧使得人们在私立教育上的支出增加，特别是在城市中的小学和中学。商店、大学、学院、教堂和企业都建立了自己的警察队伍——其中很多是兼职者，他们的主要职业是在公共警察机关任职。

第二个要素是公共基础设施质量的下降。图书馆倒闭了，因为政府无力支付购书款和工资。道路凹凸不平，道路的质量和排水系统的质量下降了，因为政府陷入了有限的征税能力以及政府雇员（这些员工几乎都参加了工会）要求加薪的困境中。长期以来，美国主要城市的公共交通安全水平下降了。矛盾之处在于，尽管公共部门的工资提高了，但政府提供的服务的质量却下降了。政府部门工资的增长速度比私人部门工资的增长速度更快。公共部门的工资中似乎存在着一种成本推动因素，因为员工都加入了工会。工会喜欢人们的工资相差不多，并根据工人们资历和经历的不同确定，而不是根据他们的生产率来确定。因此，我们可以合理地认为，具有最高生产率的员工很可能被吸引到工资更高的私人部门。

具有高额支出的政府倾向于通过印刷机来为其部分支出融资：其税基不够大。它们至少会在一段时间内在国际上和国内借款。因此，当美国拥有高额财政赤字时，美元在货币市场上就会很疲软，高利率意味着美元证券对外国投资者很有吸引力。

财政赤字与通货膨胀有关，它会导致货币的高估。高估的货币需要外汇管制——将国内产品和服务与国际市场隔离开来的壁垒、关税或其他控制措施。与“普通”的企业和个人相比，这类管制措施使得政府（以及它们的朋友）能够以更有利的条件购买外汇。许多国家都采用了外汇管制，包括英国、美国、法国、意大利、日本和许多发展中国家。但是，只有当外汇的赚取者不会受到诱惑而越过这些限制并在自由市场上以尽可能高的价格卖出其外汇收入时，这些措施才会有效。因此，有时候钉住汇率可以变成对外汇收入的一种税收。

地下经济与国际货币流动之间的一种联系是“装在手提箱中的钱”（suitcase money）的移动。人们将其资金转移到低税赋地区，货币以这种方式转移到国外使得收税员很难证明他们少报了其收入。或者，他们把钱装在手提箱里进行转移，以绕开国内的外汇管制：他们希望将资金转移到其他一些地区。两者之间还存在着其他一些联系，其中之一就是高税率的国家地下经济猖獗，因为这些国家的政府支出水平很高。但是这些当局发现，与增加税收收入相比，增加支出更容易一些。因此它们就借款。征税和借款都是从公众手中获得资金——但征税比借款更具强制性。

15.10 私有化

20世纪80年代以来，一个值得注意的变化是政府所有的航空公司、电话系统以及无数种其他由政府提供的服务的私有化。政府还将各种服务外包，以此作为降低成本的一种方式。这些服务包括垃圾收集、监狱的管理以及图书馆的运营。

我们可以从某些行业（如航空公司、通信公司和银行业）的发展或在某些国家（英国、墨西哥、阿根廷、日本和美国）中看到私有化的努力（俄罗斯、中国、匈牙利和其他国家的私有化将在第23章进行讨论）。

在传统工业化国家中，私有化最彻底的可能是英国。英国航空公司（British Airlines）被私有化了。电话系统、煤气配送、电力的生产与输送、铁路、钢铁厂和供水公司等都私有化了。撒切尔首相对于保守党政府从20世纪40年代和50年代的工党政府继承的遗产（工党政府对钢铁和煤炭、医疗体系和大量住宅进行了国有化）也进行了大规模的私有化。显然，其动机之一来自意识形态——撒切尔夫人认为，政府应该提供法律和秩序，以及强化契约的执行。第二个动机来自财政方面。如果将政府所有的企业出售给私人部门，那么政府就不需要再为其运营损失提供补贴（尽管在某些情况下政府还要在一定时间内补贴其运营损失）。另外，政府也不必为新的投资提供资金。而且，当将这些企业出售给私人投资者时，政府的收入也会实现一次性的增加。

由于政府希望从企业的销售中获得高额收入（如果不是最大化收入的话），因此它们需要“做一些准备”——需要将这些企业转变为赢利的企业。在某些情况下，成千上万的员工被说服离开企业。其动机是：将要私有化的企业的预期利润越高，潜在买家愿意支付的价格就越高，政府销售企业获得的意外之财就越多。

阿根廷从 20 世纪 90 年代初开始私有化，它私有化了大量的企业，包括航空公司和国家石油公司。墨西哥私有化了 500 多家企业——但不包括国家石油公司。

美国私有化的规模比其他国家要小得多，部分原因是其政府部门比较小。联合铁路公司（Conrail，由一些倒闭的铁路公司合并而成的东海岸货运公司）被私有化了。田纳西流域管理局（Tennessee Valley Authority，TVA）和西北地区的各种政府所有的电力生产企业仍然保留在公共部门。美国铁路公司（Amtrak）仍然由政府所有，许多城市的市郊铁路（commuter railroads）和公共交通系统仍然是公共部门的企业。日本私有化了日本电话电报公司及其部分铁路公司。

如此多的国家政府在差不多同一时间将众多产业中大量的企业私有化不是一种巧合。每一个政府都在财政上受益，政府既减少了弥补运营亏损的预算，也从卖出这些企业中获得了一次性收入。在许多国家，人们都认为政府所有的企业无法在全球市场中进行竞争。想一想航空公司。美国的航空产业拥有 8 家国有公司以及大量的地区性航空公司。它们在美国展开了广泛的竞争——而且它们非常关注降低并控制成本。对成本的关注对于同外国政府所有的航空公司（传统上，它们面临着较低的降低成本的压力）进行竞争至关重要。再看一看通信产业，从本质上说，通信产业是一个全球性产业：这些企业被私有化以减少亏损，而这些亏损是政府所有的企业难以避免的。

是否存在着摇摆不定，在一轮国有化之后再出现一轮私有化呢？

第16章

电线上的银行业

问：为什么瑞士的银行家很富有？

答：他们与瑞士的银行家进行竞争。

16.1 金融危机与全球银行业

雷曼兄弟公司破产了。贝尔斯登公司被说服与摩根大通公司合并。美林证券公司出人意料地被美国银行收购。摩根士丹利通过卖出20%的三菱公司所有者权益而筹集到了新的资本（仅仅在10年前，日本的银行因东京的不动产价值和股票价值的破灭而陷入金融危机之中）。高盛公司和摩根士丹利公司成为了银行控股公司，因此它们更容易接近联邦储备系统。

美国、英国、爱尔兰、瑞士、比利时、荷兰、冰岛的政府都为其某些面临困境的银行投入了大量资金，这些银行因高额贷款损失而遭遇了资本大幅减少。最初，这些银行中的一些还能够向投资者销售新的股票，特别是那些总部位于波斯湾和东南亚地区的主权财富基金。但是，随着报告的亏损不断增加，私人投资者越来越不愿意向银行提供更多的资本。

各国当局的政策选择是：如果政府不以某种方式为银行提供更多资本，那么银行就要卖出资产并收缩其资产负债表，以便与其减少的资本相匹配。政府可以通过几种不同的方式提供资本——通过购买无权转换成普通股的优先股、通过购买有权转换为优先股的股票、通过以高于市场价格的价格购买陷入困境的银行的“不良资产”。

最初，美国政府通过购买优先股提供资本，随后重新安排了这一交易。英国政府“国有化”了诺森罗克银行，实际上成为了其唯一的所有者，当时的股东都被赶走了，尽管在某个阶段可能会支付一些补偿金。一个没有解决的问题是：在政府所有权达到多大比例时才能被称为“国有化”。另一个问题涉及政府参与这些银行的管理活动的范畴（包括方针决策以及管理决策）。

在某个阶段，比如说在4年内、5年内或10年内，政府会将其所有者权益出售给私人投资者。同时，在美国、英国、爱尔兰或瑞士的某家银行中的存款与由这些国家之一的政府发行的短期证券的所有权相当。在这些银行中的存款的所有权与政府短期债券的所有权并不完全一致，因为存在着政府允许这些银行之一破产并对存款的所有者造成损失的风险。

许多投资者会认为这种风险很低，近期内，政府不会允许银行破产给存款人造成损失。

主要问题在于：政府隐含的对银行的所有权——说它是隐含的，是因为对储蓄存在着不确定的但很有可能的担保——将会影响总部设立在不同国家的银行之间的竞争。

16.2　银行业的竞争

商业银行产业正在发生一场革命。货币支付技术正在发生改变，纸质票据——货币和支票——的转移正在被付款人、收款人及其银行间的电子脉冲所取代。结果，银行市场的地理范围在不断扩大，而曾经受到保护的区域性市场现在要面临来自外国银行的日益激烈的竞争。在银行间进行有限竞争的国家卡特尔的有效性不断下降。20世纪60年代，美国的银行快速向国外扩张，20世纪70年代末和80年代，外国银行（特别是日本的银行）在美国的储蓄和贷款市场上变得非常具有攻击性。

信用卡和借记卡的使用量持续增加。你在加油站、便利店和快餐店都可以使用这些卡。你还可以用它们来支付你的电话费和物业费。

假设你现在有一张可以在自动取款机上使用的卡，它使你能够在本地超市、机场或几乎任何银行取出现金并进行存款。现在，你不必根据一家银行是否在你的住处或工作地点附近开设分支机构进行选择。你可以利用你的银行卡从成千上万个自动取款机上取出现金，包括你在外国时取出当地货币。

20世纪70年代初，在本书第1版的读者中，拥有ATM卡的很少，但现在，大部分读者都有。

最初，银行业是区域性的——存款人希望了解即将受托管理其资金的那个人，而银行家们也希望了解其借款人的情况，双方都希望保证其资金的安全。某些国家建立了国有银行以处理全国各地的客户，但在美国，大多数银行都是本地的和区域性的。

传统上，由于外国银行在其他国家的银行的势力范围内建立分支机构要花费高昂的成本，因此各国的银行都受到保护而免于遭遇外国竞争对手的竞争。正式的以及非正式的管制也限制了外国银行在国内市场的扩张。

传统上，银行一直受到高度管制，最初是为了在银行因高额贷款损失或管理人员的窃取而倒闭时防止存款人遭受损失。中央银行作为“最后的借款人”（lenders of last resort）而成立，它是国内银行活动的监督者，这样就不需要由各国政府出面“帮助它们摆脱困境”。商业银行被要求在中央银行持有存款或储备。银行可以为各类储蓄支付的利率上限是由中央银行设定的，其理论基础是：如果银行可以为其储蓄支付的利率受到限制，那么它们就不大可能获得看起来风险极高的贷款。银行被要求持有某些类型的资产，而禁止持有其他类型的资产。银行对任何一位客户的贷款都被限制在银行资本的一个很小的比例范围内。银行必须购买存款保险以降低被挤兑的可能性。另外，一家银行可以从事的贷款总量被限制在其资本的特定倍数内。

人们已经采取措施限制银行之间可能会造成倒闭的竞争。管制有助于效率较低的银行变得更赚钱，而在日益激烈的竞争环境中它们本来是做不到这一点的。管制限制了高效率银行的成长以及它们增加其市场份额的能力。

16.3 分支机构与兼并

不同国家之间银行的竞争有几种形式。曾经有50多家美国的银行在伦敦建立了分支机构，主要是销售美元储蓄、购买美元贷款。这些银行还销售和购买以德国马克、瑞士法郎以及其他几种货币标价的储蓄和贷款。美国银行位于伦敦的一些分支机构从事大量的英镑业务，从而与英国的银行展开竞争。实际上，如果管制发生改变，使得伦敦的美元交易被禁止，或者使得在伦敦销售美元储蓄在财务上变得没有吸引力，那么大多数美国的银行都会关闭其在伦敦的分支机构。同样，如果美国的银行被禁止在美国之外销售美元储蓄和发放美元贷款，那么它们也会关闭自己在其他离岸金融中心的分支机构。三家美国的银行保留了大量的海外分支，还有几家银行在伦敦拥有分支机构，因为伦敦是主要的金融中心。

20世纪80年代以来，银行的扩张与合并大量出现，超过了以往任何时期。总部位于英国、瑞士、加拿大、德国和日本的银行在纽约、芝加哥、旧金山开设了办公室，并开始收购美国的银行。一度曾是英国最大银行之一的劳埃德银行（Lloyd's Bank）收购了加利福尼业的 Western Bank & Trust 银行。由6家总部位于不同国家的银行共同拥有的欧洲美国银行（European American Bank）收购了富兰克林国民银行（Franklin National Bank），后来，欧洲美国银行又被荷兰最大的银行——荷兰银行（ABN-AMRO）收购。荷兰银行在美国中西部的银行业务扩张十分迅速，并成为美国十家最大的银行之一。另一家英国大型银行巴克莱银行（Barclays）打算收购荷兰银行，但苏格兰皇家银行（Royal Bank of Scotland）、富通银行（Fortis，比利时与荷兰的合资银行）、西班牙国际银行（Banco Santander，西班牙的大型银行之一）共同收购了荷兰银行。国民威斯敏斯特银行（National Westminster Bank）收购了纽约的北美国家银行（National Bank of North America），后来苏格兰皇家银行又收购了国民威斯敏斯特银行。香港上海汇丰银行［Hong Kong & Shanghai Bank，现在被称为汇丰银行（HSBC）］收购了海丰银行（Marine Midland），然后又收购了纽约的利宝银行（Republic National）、家庭融资公司（Household Finance），以及英国的米德兰银行（Midland Bank）。纽约的信孚银行（Bankers Trust）的分支系统被卖给了蒙特利尔银行（Bank of Montreal）、以色列商业银行（Bank Leumi）和巴克莱银行。三菱银行（Mitsubishi Bank）收购了加利福尼亚银行（Bank of California）。蒙特利尔银行收购了芝加哥的哈里斯银行和信托公司（Harris Bank and Trust）。多伦多道明银行（Toronto-Dominion Bank）收购了美国康美银行（Commerce Bank）。

美国的银行也收购外国银行的股份。当建立分支机构办公室或购买外国银行的股份被禁止或受到限制时，外国客户就会应邀在该银行的总部或在一个方便的区域办公室内完成生意。加拿大的民族主义者限制美国的银行进行积极的竞争，他们的做法是限制美国银行在加拿大储蓄市场中的份额，但是，那些希望得到成本更低的银行服务（低于蒙特利尔、多伦多和温哥华的成本）

的加拿大个人和企业在纽约和芝加哥非常受欢迎。

通过建立机构或收购进入外国市场使得那些激进的银行能够绕开限制其在本国市场中专长的管制。许多商业银行都在追求快速成长，在某些情况下，它们认为自己的利润会随着规模的增长而提高，而在其他情况下，它们可能是自命不凡——它们希望成为规模非常大的银行。但是，每一家中央银行都管理其货币政策，以直接限制商业银行本国货币负债的增长——进而限制商业银行资产的增长——以限制国内价格水平的提高。货币扩张的上限可能是每年6%、10%或20%，但每家中央银行都有一个限制。只有在一家银行能够提升其国内市场份额或外国市场份额时，它才能比作为一个整体的银行业增长速度更快，而如果它取得了成功，那么其他某些银行的市场份额肯定会下降。积极进取的银行会扩展到新的或辅助性的业务领域，以增加手续费收入，包括涉足持有共同基金、旅游、租赁和计算机服务。银行交易各种政府债券和货币。有些银行还进行股票投资。激进的银行很可能会扩张到国外，因为在它以前从未进入过的市场中赢得客户的成本可能会低于增加国内市场份额的成本。

16.4 支付技术的变革

货币支付技术的变革正在影响着大量的银行以及银行业的结构，就像从螺旋桨发动机演化到喷气式发动机改变了航空工业一样。随着货币支付过程技术的改变不断降低一家银行的总部与其客户及外国潜在客户之间的经济距离成本，向外国市场扩展变得越来越容易。随着越来越多的支付通过电子方式进行，一家银行可以参与竞争的市场区域变得更大了。如果某些国家的银行更有效率或拥有其他竞争优势——或许因为它们能够以较低的成本获得资本——它们就有可能在全球银行储蓄和贷款市场上增加其份额。

要记住，商业银行会生产出活期存款和定期存款，银行“卖出”存款，以换取资金或在另一家银行的存款（我们在第6章中讨论了“银行生产什么”这一问题）。从销售储蓄中获得的资金使得银行能够购买贷款、抵押贷款、债券和证券，这些都会带来利息收入。银行还有无数种可以收费的其他业务：出租保险箱、销售债券和股票、管理信托。但是，对于大多数银行来说，最基本的业务还是销售定期和活期存款并购买贷款，这些业务也是竞争最激烈的。

银行要应对两类主要的客户——存款人和借款人（“存款人”是“投资者”的同义词）。这些角色相互重叠——实际上每一位借款人同时也是存款人。商业企业主要是借款人，而家庭主要是存款人。银行是家庭存款人（他们希望找到一个安全的、有保障的、方便的地点来存放其金融资产）和借款人（他们希望以更快的速度扩大其当前生产或消费，而仅靠他们当前的财富和收入是无法实现的）之间的中介。银行支付给存款人的利率与它们向借款人收取的利率之间的差额或加成覆盖了银行的成本，并且是其主要收入来源。

16.5　银行业的利润

银行业的利润主要取决于三个因素：在销售存款时的营销技能、在购买贷款和其他类型资产时的投资技能，以及管理企业的技能。由于通过支付较高的利率以销售存款——即通过价格竞争——通常受到当局的限制，或者在很多国家是受到银行间君子协定的限制，银行在销售存款时，通常会通过提供一些奖品如烤箱、电视机和漂亮的方格布来进行竞争。一家银行在销售存款时的技能决定了其增长速度。

投资技能涉及将贷款、抵押贷款和其他证券的收益与这些证券的风险相匹配——这些风险既包括借款人可能违约的风险，也包括证券价格可能发生变化的风险。在任何一个经济中，风险较高的贷款和证券都会提供较高的回报。银行——至少是那些成功的银行——都会努力寻找那些对于一种风险来说回报最高的证券，或者对于某种水平的回报来说风险最低的证券。在确定哪些证券的价格相对于其风险偏低方面做得最出色的银行就可以获得最高的利润。利润越丰厚的银行越能够提高其存款的利率，因此其存款的增长速度就越有可能高于平均水平。

商业银行在很多方面与其他金融中介非常相似，这些金融中介包括互助储蓄银行（mutual savings banks）、储蓄与借款协会（savings and loan associations）以及人寿保险公司。这些行业中的每一家企业都向公众卖出其负债，并利用得到的资金购买贷款、证券和其他能够带来收入的资产。家庭希望储存财富，而各类机构的负债则储存金融财富。人寿保险单、养老金和存折是财富的象征，这种财富是对发行这些债务的企业的求偿权。丢失保险单或存折（与丢失现金不一样）并不会造成财富的任何损失，因为机构会发放替代性的保险单或存折。

但是，商业银行与其他金融中介在一个重要的方面存在着不同：它们的活期存款或支票账户负债被用于支付，因此相当于货币。根据定义，货币可以被转移，以购买商品、服务和证券。银行参与支付机制的运作，提供货币转移服务。支票是存款人为其银行提供的信息，而银行根据这些信息将存款人的部分资金过户给收款人。支票是货币的符号形式，但不是货币本身，货币是银行存款。

银行对定期存款或储蓄存款支付的利率高于活期存款的利率。销售活期存款可能看起来比销售定期存款更有利可图，因为利率较低。但是，银行在管理其活期存款时会发生很高的成本，因为它们必须处理数以亿计的支票，并将资金从付款人的银行转移到收款人的银行。这些成本非常高，使得银行销售活期存款的利润比销售定期存款高不了多少。

16.6 银行的市场区域

19 世纪初，银行的主要产品是流通券（currency notes）——印刷精美的纸片，承诺用“法定货币”（lawful money）向持票人支付，而法定货币通常是指黄金或中央银行发行的纸币。每一家银行都有其与众不同的纸币，农村地区充斥着各种各样相互竞争的纸币。工业化国家特许银行为道路、运河和铁路的修建融资。在银行获得特许后，银行家就会把钱借给那些承诺进行这些投资的企业家。货币支付涉及亲手交付银行票据。每一家银行的市场区域都限制在其紧邻的地区，因为人们不信任遥远的银行发行的票据的价值，所以他们拒绝接受这些票据。如果银行倒闭，那么它发行的票据的价值将会下降，在有些情况下会变得毫无价值。芝加哥的企业和个人拒绝接受纽约的银行发行的票据，因为他们对 700 英里之外的银行的信用感到担心。纽约的银行更加不愿意接受芝加哥的银行发行的票据。银行票据常常以低于面值的价格在遥远的城市中销售，因此纽约的银行发行的 1 美元银行票据在芝加哥地区可能是卖 95 美分，而芝加哥的银行发行的 1 美元银行票据在纽约可能只卖 90 美分。由于货币的运输成本相当高，因此其价格与生产这些货币的银行总部间的距离成反向关系。低于面值的折扣反映了购买者面临的双重风险：票据的合法性，以及发行票据的银行的财务状况。

各家银行市场区域的地理范围受限于潜在借款人和贷款人在同银行打交道时发生的成本：同与附近的银行打交道相比，与位于遥远城市中的银行打交道的成本要高得多。某些银行（特别是那些位于较小的城市和乡村的银行）在一定的区域内处于垄断地位，因为附近没有其他银行。

16.7　支票用于支付以及银行分支机构的扩张

19世纪后半叶，当支票开始代替钞票作为支付手段时，银行的市场区域就开始扩大。支票拥有几种优势——一张纸片既可以用来完成大额支付，也可以进行小额支付。货币转移的过程风险较低。与货币被窃不同，支票被窃的风险要小得多，因为支票的支付可以中止。由于支票可以通过邮寄安全地送达，因此支票的运输成本远低于货币的运输成本。所以，支票的使用促进了远隔数百英里的买家和卖家之间的交易。支票使用的增加与全面覆盖全国各地的铁路系统的发展以及邮政系统的改善相一致。运输成本的降低再加上这些系统的扩张，增大了商品的市场区域，而企业和个人有了更多的机会同距离遥远的企业做生意。

通过将位于不同地区的存款人和借款人带进大量相距遥远的银行不断扩大的市场区域内，支付技术的变革削弱了区域性银行的垄断地位。市场的大小受到支票转移过程的速度和效率以及获得总部设在遥远城市中的银行的相关信息的限制。借款人仍然能够同银行管理人员进行个人接触，因为贷款需要亲自进行谈判，而银行工作人员发现在其办公室里同借款人会面非常方便。潜在的借款人需要说服银行管理人员他们是有信誉的。尽管如此，贷款谈判也可能在其他地点进行——如在借款人的办公室里，或在高尔夫球场上。

随着支票代替现金，银行开始建立分支机构。与小型银行相比，大型银行的效率更高，因为在基本的银行业务中（销售存款、购买贷款和其他证券以及支付机制的运作）存在着规模经济。与在不同机构之间转移支票相比，在一个机构内部处理支票流的成本更低。分支机构使得银行能够将设在居民区和郊区的办公室（它们主要为存款人提供服务）和设在中心城区的办公室（它们主要为商业借款人提供服务）联合起来。随着企业的规模越来越大，它们希望借入更多的资金，而银行的规模也越来越大，以提供更大数额的贷款。

在不断成长的工业中心，商业企业希望借入大量的资金，其数额已经超过了其办公室附近的银行依据当地存款可以贷出的金额。这些企业附近的银行发现，企业对贷款的需求超出了它们的贷款能力。由于位于居民区的银行收到的家庭存款超过了它们在当地可以贷出的数额，因此需要一种机制，使得在居民区通过销售存款获得的资金可以用于核心商业区的贷款。位于居民区的银行可以把钱借给商业区的银行，或者各个地区的银行可以通过合并而使资金的转移能够在在一个企业的内部进行以提高效率。分支银行的成长表明，内部化的成本并不高。

向电子银行业务的发展意味着，在货币的转移过程中将不再使用支票和纸币。利用资金的电子转移，当乔想要支付其电费账单和缴纳税款时，他可以在自己的计算机上（与银行的计算机连接在一起）向银行发出指令。乔会给银行打电话，输入他的社会保险号、银行账号、个人识别号（以防止他的账号被其他人误用。这些号码与支票上的签名具有同样的功能）、电力公司的收款账号以及支付的金额。一个合成的声音将向乔重复这些信息。然后，这些信息将传送给银行的计算机，再从那里传送到电力公司的计算机中。

这一系统早已获得实现。银行设立了许多 ATM 机供人们取款和存款，利用一张塑料卡片和 4 位或 6 位数字密码，存款人就可以在夜晚、周末或银行不营业的其他时间取出现金。当银行营业的时候，ATM 机就像是超市里的快速结账柜台，从事简单交易的顾客可以快速处理其交易。利用万事达卡、维萨卡和美国运通卡，人们可以在透支限额内取出现金。这些控制台通常被安装在银行的门口——在超市、便利店、机场和购物中心也越来越常见。

电子银行系统具有几种优势。邮费被省下来了。传送过程是瞬时完成的：在发送和接收资金之间没有延迟。每月或每周的支票簿结算变得没有必要，只要拨打一个特定的电话号码，乔就可以知道自己账户里的资金数额。不存在空头支票，如果乔打算向罗伊支付 100 美元，而他的账户里只有 50 美元，那么计算机就会阻止他。纸币的印刷、转移和验证已经过时了。

电子转账意味着许多传统的信用卡将被借记卡取代。当约翰在拐弯处的加油站为自己的汽车加满油或者在汽车旅馆结账离开时，他可以用他的借记卡向银行发出一个信号，支付将立即完成，而不管当时是几点钟，也不管是星期几。银行工作人员的工作时间可能是上午 9 点至下午 3 点，但计算机却是连续 24 小时工作。

付款不太频繁的人将继续使用支票。对于小额支付，人们会继续使用纸币和硬币。但是，进行大额支付的人将发现电子系统的成本更低，而且更方便。

电子银行会进一步将存款的市场区域扩大到国外。客户和银行之间的距离不再是问题。世界各地都成了近邻。总部设在纽约的银行可以在法兰克福开展欧元的储蓄和贷款业务，而总部设在法兰克福的银行也将在纽约竞争储蓄和贷款业务。银行不必花钱在海外建立办公室就可以吸引外国客户。加拿大人在芝加哥和纽约办理银行业务就像在多伦多一样方便。

16.8　国际银行之间的竞争

几个世纪以来，银行已经变成了一个国际产业。罗斯柴尔德家族（The Rothschilds）和富格家族（The Fuggers）都是一些大家族，在多个国家建立了银行办公室。但是，从本质上说，他们是投资者，而不是货币的制造者。19世纪后半叶，英国的银行在其殖民地建立了分支机构，以便为总部设在伦敦和利物浦的公司的海外贸易和投资提供资金。这些分支机构主要设立在国内银行鞭长莫及的边远地区。相对来说，英国的银行在美国建立分支机构的较少，因为英国的企业可以利用美国的银行。同样，当20世纪初美国的银行开始向海外扩张时，它们最初也是追随美国企业在国内银行无法提供服务的阿根廷、巴西和其他地区建立分支机构。

近年来，海外扩张的动机有所改变。最初，一部分纽约、芝加哥和旧金山的银行跟随美国企业来到欧洲，争夺这些企业的外国业务，希望获得它们的更多业务。美国三家最大的银行——花旗银行、美国银行、大通曼哈顿银行（现在被称为JP摩根大通）——海外分支网络的扩张尤其迅速。从某种程度上说，美国拥有海外分支机构的银行数量的突然增加是它们的一种防御性反应，它们希望成为最早向海外扩张的美国银行。芝加哥的银行向海外扩张以保护它们同总部位于美国中西部地区的企业已经建立的关系不会受到在海外运营的纽约银行的竞争。1960年，8家美国银行拥有大约130个外国分支机构。到1980年，126家美国银行拥有将近1000个外国分支机构。20世纪90年代，一些美国银行关闭了其海外分支，特别是那些建立在较小金融中心的机构。

在同一时期，50多家外国银行在美国建立了分支机构，特别是在纽约。这些银行想要直接参与世界上最大的金融市场，它们的直接兴趣是留住其外国客户的美国业务——并吸引美国的客户。

美国的银行在海外运营与外国银行在美国运营都会面临一个共同的问题：它们缺乏进行贷款所需的存款。它们可以向其总公司借钱，也可以在银行间货币市场上借钱，还可以在离岸市场上借钱。它们通常是同时采用这三种方法。一旦它们拥有了存款，就可以购买贷款。在贷款市场中，借款人和银行都是流动的。一旦受到禁止在其他州建立分支机构的立法限制，美国的大型银行就会在国内各主要城市建立贷款事务处——不过是在一家著名的酒店里摆上一套家具而已。

许多国家都不愿意让外国银行进入，因为它们希望保持本国银行免受外国竞争对手的挑战。因此，传统上，挪威和丹麦不允许外国银行在国内建立分支机构。秘鲁和智利一度曾经关闭了外国银行在国内的分支机构，委内瑞拉则对外国银行在其国内的分支机构适用歧视性立法。多年来，美国的银行发现，根本不可能在墨西哥建立分支机构（当墨西哥的银行发生重大贷款损失并且资本严重不足时，墨西哥的政策就会发生逆转）。即使是一家美国银行建立了海外分支机构，其代价也通常是承诺不针对国内业务进行积极的竞争。结果，大多数美国银行在东京的分支机构只能赚取不多的利润。

政府保护其国内银行免受外国银行本地分支机构竞争的这类努力将变得越来越不合时宜。电子银行降低了国界在限制市场规模方面的重要性，并将消除建立外国分支机构的必要性。有了电子银行，支付的指令就可以通过电线传送。因此，瑞士之外的银行能够以与瑞士国内银行相同的条件来处理瑞士法郎业务——或许条件更加优惠。

货币港（money haven）将紧随避税港。计算机可能设立在开曼群岛、百慕大或其他离岸金融中心，与这一计算机相连的终端将紧挨着一部电话。当银行与客户有必要面对面接触时，银行就会派出一名代表到客户的办公室。随着市场规模的扩大，越来越多的银行将面临更加激烈的外国银行的竞争。

16.9 竞争优势

在国际范围内，向电子银行迈进的速度出人意料。但是，假设这一系统在下周一早上就会就位。一些银行将会进行激烈的竞争以保持或增加它们在世界存款和贷款市场中的份额，其中一些银行将会成功地提高其市场份额，而另一些银行会丧失其市场份额。一家银行能否增加市场份额部分取决于它在国内市场中的效率和竞争力。

在这一新的国际市场中，美国的银行将具有三大优势：规模、效率以及美元长期的主导性地位——但在第三个千年后将会发生改变。规模不仅对于提供高额贷款来说非常重要，而且还提供了一种有竞争力的营销优势，因为存款人通常将安全性与规模同等看待（常见的说法是“规模太大，因而不能倒闭”）。在1974年和1982年的信贷危机中，相对于那些规模较小的竞争对手而言，规模最大的美国银行的竞争地位得到了加强。投资者推断，联储可能会允许排名第20位的美国银行倒闭，但不大可能允许10大银行中的任何一家倒闭从而令存款人受损。通常，美国最大银行的规模大于多数外国竞争对手的规模，除了日本的银行之外。

在规模排行榜上，银行排名的变化通常是由于兼并造成的。欧洲的银行为了应对规模巨大的美国银行的竞争威胁而合并在一起，日本的银行也是如此，但程度较低。在英国，巴克莱银行（最大的银行）兼并了马丁银行（Martin's Bank），而威斯敏斯特银行和国民地方银行（National Provincial Bank）则并入了国民威斯敏斯特银行（National Westminster）。劳埃德银行与信托储蓄银行（Trustee Savings Bank）进行了合并。在加拿大，皇家银行（Royal Bank）与蒙特利尔银行进行了合并。在比利时，规模第四大的伦巴德银行（Banque Lambert）与排名第二的布鲁塞尔银行（Banque de Bruxelles）进行了合并。在荷兰，排名第二和第三的银行进行了合并。然而，从国际标准看，许多欧洲国家最大的银行相对来说仍然比较小。整个比利时的银行系统还不如花旗银行的规模大。如果欧洲的银行希望同美国前三大或前四大银行之一的规模一样，那么它们就必须进行跨国合并。但是，各国所有权以及监管结构的差异使得这类兼并非常困难——然而，随着银行业的规则由布鲁塞尔制定，这类兼并应该变得更加容易。

美国的银行很可能比大多数外国银行的效率更高——这是由于美国的银行竞争更加激烈造成的。除了在较小的城市和城镇之外，在大部分市场中，都有很多的银行在争夺存款和贷款。美国有将近10000家银行，超过了其他国家数量的总和。庞大的银行数量反映了19世纪民粹主义者担心集中化的货币托拉斯的形成，这就使得人们禁止银行跨州建立分支机构，而在印第安纳州则是禁止跨县建立分支机构，在芝加哥，有很多年禁止跨街道建立分支机构。美国的银行不仅数量多，而且规模也更大，因为美国经济占全球经济的份额很高。与其他任何国家相比，美国的人均金融资产更多。芝加哥的活期存款超过了整个法国的存款。

由于多年来对于建立分支机构的限制束缚了美国的银行在地理区域上的扩张以及在其他州建立分支机构，因此它们采用了其他手段来吸引客户。美国企业（不论是国内企业还是跨国企业）的增长相对来说不受限制，而美国的银行在国内的扩张却受到严格限制，这种鲜明的对比迫使美国的银行更具创新性和适应性。许多总部设在美国东部某一城市的银行都会吸引总部位于西海岸的企业的存款，并向它们贷款。同样，纽约的贷款和存款市场也包括总部位于夏洛特、北卡罗亚纳州和旧金山的银行。总部位于纽约市的银行参与芝加哥的市场。尽管禁止跨州建立分支机构，但竞争越来越激烈，结果，美国各主要城市的银行面临的竞争压力要大于外国银行面临的竞争压力。

银行效率的一个指标是银行为其存款负债支付的平均价格与它们的贷款的平均价格之间的差额——也就是根据银行的存款利率和贷款利率之间的加成来衡量。在一国之内，竞争使得各银行之间的利差非常接近，显著的差异是不可能维持的，否则，具有较大利差的银行会将存款拱手让给效率更高的银行（它们对存款支付的利息更高）。但在不同国家之间，利差会有所不同，欧洲大陆与美国的利差有时候会非常大。只有当国内市场受到保护而不会受到外部竞争时，各国之间的差异才能够维持，但拥有较高利差的国家的银行会逐渐失去其市场份额。

在这一新的全球市场中，利差较大的国家的银行将面临巨大的竞争压力。如果它们向存款者支付更高的利率，而同时其利差保持不变，则其最低贷款利率将很高，使得风险最低的国内贷款者转向外国银行寻求资金，因为那些外国银行的利率较低。如果它们要设定与外国银行相比具有竞争力的贷款利率，那么存款利率将会低于利差较小的银行的存款利率。它们可能会努力降低其利差，但它们必须向员工支付更低的工资，或说服其员工更努力地工作，或者找到其他提高效率的办法。

某些银行会通过对那些拥有诱人的海外机会的客户收取不同的利率而进行区别对待。但是，这种不明朗的价格只能是对欧洲银行成本较高所造成的问题的部分响应。归根结底，它们或者必须削减成本，或者由于银行效率低而丧失市场份额。

在新国际市场中，美国的银行具有的第二种优势是其本国货币——美元——有可能保持优先货币（preferred currency）的品牌。实际上，相对于以大多数以外国货币标价的业务，以美元标价的世界银行业务在不断增长。这种货币偏好为美国的银行提供了一种竞争优势，因为如果存款人更喜欢以美元标价的存款，那么他们中的很多人也会喜欢由美国的银行发行的存款。由于成本较低，美国的银行有可能最终占据世界存款市场的一个较大的份额。

银行业通常被看成是一个“敏感的”行业，因为银行既创造金融财富，也操纵着货币支付机制。政府在允许外国银行提供国内居民所需银行服务方面非常谨慎。如果一国的银行大部分由外国所有，甚至银行较大的客户都能够接触到外国银行，那些国内管制和本国货币政策的有效性就会受到威胁。政府将努力限制外国银行接触国内借款人和放款人，这些措施将会受到全球经济更加开放这一趋势的反击。

16.10　金融危机、银行业和全球化100.0版

30年前，美国有8家货币中心银行，其中5家总部位于纽约市、2家位于芝加哥、1家位于旧金山。现在，美国有4家货币中心银行，其中2家总部位于纽约、1家位于北卡罗来纳州的夏洛特、1家位于旧金山。美国银行（Bank of America）的总部曾经设在旧金山，现在的总部位于夏洛特，是因为它被北卡罗来纳州国民银行（North Carolina National Bank）收购了。30年前，有4家英国大型清算银行的总部设在伦敦，而现在则有2家的总部设在伦敦，有1家的总部设在爱丁堡。30年前，瑞士有3个大型银行集团，而现在只剩下2个。30年前，荷兰有2家大型银行，而现在，向荷兰人提供银行服务的大多是外国企业——至少是总部设立在国外的企业。一些因素解释了兼并的过程。有些银行合并在一起，是因为它们认为合并会带来规模经济和范围经济。其他一些合并是为了变得同竞争对手的规模一样大。在其他一些情况下，遭遇重大损失的银行发现有必要将自己卖给那些资本更加充足的企业。

随着技术进步使得银行的市场领域不断扩大，以及伴随着银行的兼并，银行的所有权将出现一种模式，有很大一部分银行的总部将设立在三个或四

个不同的国家。各家银行使用的技术大致相同，因此某家银行拥有成本更低的平台的可能性不大。同样，各家银行会支付通行的工资，它们没有动力支付比竞争对手更高的工资，而如果工资低于市场水平，它们也不大可能吸引到有才能的员工。有些国家可能会继续保留国有银行，因为保护措施阻止了外国银行的进入。

有些国家的银行因其当局的管制比较宽松而具有优势。某些国家的银行的资本成本较低，或许是因为股东认为它们的风险较低。

巴塞尔 I 和巴塞尔 II 是在国际清算银行的框架内形成的国际协定，它们代表了促使工业化国家间银行在资本金要求方面取得更大一致性的努力。资本金要求通常表示为一家银行的资产与其资本或其报告的净值之比的上限。银行从存款和资本金中获得资金来扩大其贷款。存款是一种低成本的资金来源，而资本金的成本则较高。对资本金的要求越高，银行的成本就越高，因而银行的竞争力就越低。巴塞尔 I 旨在确保各成员国的银行管理者实施相同的资本金要求。巴塞尔 II 则更进一步，它旨在确保对风险更高的资产的资本金要求高于风险较低的资产。

这些协调资本金要求的努力通常被当成增强银行安全性的一种方式而被采用。它们的间接结果与卡特尔造成的结果类似，即限制了竞争，因为它们不允许银行在较低资本金要求下运营。

2008 年 10 月的金融恐慌使得爱尔兰政府要保护所有在爱尔兰的银行中的存款。反过来，这又意味着非爱尔兰的银行相对于爱尔兰的银行处于竞争劣势，德国政府和英国政府以及美国政府也随之提供了类似的保证。实际上，只要这些保证继续有效，与这些国家的银行相关的信用风险就“暂时停止”了。在某个阶段，政府将可能通过降低对数额非常巨大的存款的保证，以缩小其保证的范围。

第 17 章

教士马尔萨斯、OPEC 卡特尔以及 1800 ~ 2100 年的能源价格

剑桥耶稣学院（Jesus College）的教士托马斯·马尔萨斯（Thomas Malthus）是19世纪初最重要的经济学家之一。他的重要理论是：由于人口以几何级数（1，2，4，8，16）增长，而粮食的生产以算术级数（1，2，3，4，5）增长，最终的结果将是饥荒——人口太多，而粮食不足。

马尔萨斯的逻辑是无可辩驳的。他的结论不可避免地来自于他的假设，即人口增长率高于粮食供给的增长率。最近200年的数据向他的两个假设提出了挑战。人口并没有以几何级数增长，最初，由于公共卫生的改善，人口增长很快，但由于家庭更喜欢较高的生活水平而不是养育大量的孩子，人口增长率显著下降。另外，粮食供给的增长速度是人口增长速度的2倍。在马尔萨斯写作《人口论》（*An Essay on Population*）时，世界人口还不到10亿，而现在是60亿。与200年前相比，人均收入提高了60 ~ 70倍（工业化国家的人体重更重了，身材也更高了——肥胖的人数大幅增加，这是粮食变得更便宜的一个强大的指标）。另外，如果美国政府和欧洲各国政府没有限制粮食产量的增长以阻止粮价的下跌，那么粮食产量的增长将会更快。饥荒确实发生过，但都是局部性的，而且差不多总是由于对粮食分配的限制而不是全球短缺造成的。

现在，马尔萨斯主义者（Malthusian）这一术语主要是指那些关心自然资源（包括不可再生的原材料如石油、铅、铜和锌，但主要是石油）枯竭的人。“无可辩驳的事实”是：这些自然资源的供给是固定的，因此对每一种能源年复一年的消耗意味着未来可用的将更少［许多原材料（包括黄金、铜和铝）

的生产都是利用来自汽车回收场和类似地点的“废物”进行的]。新马尔萨斯主义者——至少是他们中的一部分——都是那些认为世界会在某一天灭亡的人。他们推断，最后一桶石油将在2029年2月2日从最深的油井中取出，行驶在全世界的高速公路和街道上的8.5亿辆汽车将差不多在同一时间耗尽汽油。他们的逻辑同样无可辩驳——但问题在于他们的假设是否与模型和数据一致。

当世界经济繁荣的时候，新马尔萨斯主义者也会大量涌现出来，因为相对于其长期趋势以及工业产品和消费品的价格来说，那时的大宗商品价格位于其周期的高点。罗马俱乐部（Club of Rome）接过了马尔萨斯的火炬。这个俱乐部成立于1972年，当时正处在一次工业繁荣中，原材料价格飙升。大部分原材料的形成时间比工业制成品的生产时间长。从决定增加某些农产品（如橡胶、茶叶和咖啡）的产量开始到第一次收获需要3～5年的时间。从发现一个新油田到生产出原油需要8年或10年的时间。木材的生产期更长，但市场对木材需求增加和价格上涨的反映是在它们最适宜采伐之前砍伐更多的树木。铜、铅、锡或锌等矿物的生产需要更长的时间，因为必须开采新的矿藏。

随着经济扩张的持续并演变为繁荣，由于原材料生产的孕育期较长，对原材料需求的增长速度超过了供给的增长速度，原材料的价格相对于制成品的价格上涨。中央银行在提高利率方面可能会有些迟钝，因为通货膨胀率的上涨可能并不太快，直到较高的原材料价格造成制成品和粮食的价格大幅提高。当繁荣结束时，大宗商品的价格由于需求的减少而大幅下降，而几年前开始的对新产能的投资则可能导致产出增加。

与工业制成品的价格相比，大宗商品的价格变化更大，因为随着经济增长放慢，制造企业可以在一两个星期内减少供给以最小化价格向下的压力。当初级产品的需求下降时，只有极少数生产商——那些最大的生产商——认为，他们自身的利益可以通过减少产出和销售来得到加强。他们相信，因降低产量而损失的收入比因为价格的快速下降而造成的损失要小。

有时候，特定大宗商品的生产商会寻求达成协议以便有秩序地降低产量（通常这些安排构成了卡特尔），但很难说服较小的生产商效仿规模较大的企业——因此政府会制定政策以确保所有企业都采取措施来限制产出。

一个明显自相矛盾的情况是：过去200年来，在根据消费价格水平进行

调整后，许多初级产品的价格都下降了。与马尔萨斯还是一位活跃的理论家时相比，现在，谷物（小麦、玉米或大米）的实际价格或通货膨胀调整后的价格要低得多。同样，最近 100 年来，许多制成品的实际价格或通货膨胀调整后的价格都下降了，而且在某些情况下下降幅度很大。一个非常有说服力的例子是计算机。据说，单位计算能力的价格每年下降 30%。10 年前，一部笔记本电脑的价格为 2000 美元，而现在，一部满足基本要求的笔记本电脑的销售价格为 400 美元，而与 10 年前购买的满足基本要求的笔记本电脑相比，其功能要强大得多。你仍然可以花 2000 美元购买一部笔记本电脑，但与 5 年前花同样的钱购买的笔记本相比，其性能和可靠性要优秀得多。再看一看汽车，从名义价格（除非总体通货膨胀率上升）和实际价格上看，它们都比 5 年前和 10 年前便宜（如果粮食和制成品的实际价格下降，则其他东西的实际价格一定上涨了——这个“其他东西”就是服务，包括理发、医疗保健和在餐馆用餐的价格）。

大多数初级产品（尽管这些产品来自于一些稀缺的资源）经通货膨胀调整后的价格下降反映了在提取资源方面的生产率的提高，这种效率的提高足以抵消与从偏远地区获得这些资源相关的成本。

与其他大宗商品相比，人们对于即将发生的石油短缺和“被耗尽”的担心要强烈得多，或许是因为石油产品的市场价值比其他商品的市场价值要高得多。另外，石油价格的大幅上涨显然是阶段性的。石油价格从 2002 年的每桶 25 美元飙升至 2008 年夏天的每桶 150 美元常常被用来支持石油即将被耗尽的观点，行业专家对于找不到新的油田而感到遗憾。随着不断壮大的中产阶级汽车购买量的增加，中国对能源的需求快速增长，这一点也被当成是需求增长速度快于供给增长速度的另一个原因。预测表明，中国的汽车数量最终将与所有工业化国家汽车数量的总和一样多。

“高峰需求”（peak demand）一词一直被用来描述石油供给的逐渐下降。“高峰”确定了一个油田因地下含油层的压力下降而造成产出下降之前产量最多的年份。过去，新发现的油田产油量的快速增加足以抵消老油田产量的下降。某些分析人员得出结论，老油田产量的下降最终将超过新油田产量的增加。根据新油田的供给是有限的这一假设，该逻辑无懈可击，而且也是合理的。

自 20 世纪 70 年代初以来，原油价格出现了四次高点，其中有三次是由于政治事件导致全球供给下降而造成的。第一次冲击发生在1973年秋季第四次中东战争之后，沙特阿拉伯禁止向美国和荷兰出口石油，因为它认为这两个国家支持以色列。由于人们担心石油短缺即将来临而出现的需求大幅增加使得每桶石油的价格从2.5美元上涨到12美元。石油的全球供给并没有明显下降，美国则增加了从其他石油生产国的进口，而沙特阿拉伯则将其石油出口到一些原来由其他国家供给石油的市场。一个自我实现的预言——至少短期内是这样。

表17.1　　1950~2008年石油的名义价格和实际价格

年份	名义价格（美元/桶）	价格水平（1990年=100）	实际价格（1950年=100）
1950	1.71	12.1	1.71
1960	1.50	16.7	1.09
1970	1.30	25.7	0.61
1975	10.60	38.7	3.31
1980	28.67	60.6	5.71
1985	29.69	83.0	4.32
1990	22.05	100.0	2.31
1995	17.20	116.2	1.55
2000	24.30	118.8	1.80
2005	53.40	121.2	3.85
2006	64.30	122.9	4.57
2007	71.10	128.0	4.86
2008	97.00	127.8	6.63

资料来源：International Financial Statistics.

第二次石油冲击发生在20世纪70年代末伊朗国王被废黜之后，阿亚图拉[①]减少了石油产量。随后，1979年，萨达姆·侯赛因（Saddam Hussein）领导下的伊拉克入侵伊朗，两个国家的石油出口每天减少了500万~600万桶。石油价格上涨到每桶40美元。

第三次石油冲击发生在1989年萨达姆·侯赛因领导下的伊拉克入侵科威特。科威特的石油出口大幅下降，而在美国入侵伊拉克之后，其石油出口也

① Ayatollah，对伊朗等国伊斯兰教什叶派宗教领袖和法学权威的尊称——译者注。

出现了下降。

第四次石油冲击的高峰出现在 2008 年初，当时的石油价格达到了每桶将近 150 美元。2002 年 4 月，美国领导其他国家联合入侵伊拉克，旨在推翻萨达姆·侯赛因政权，石油价格开始上涨，2007 年底，石油价格达到了每桶 100 美元，部分原因是许多发展中国家的需求大增，部分原因是一些政治因素限制了伊拉克、尼日利亚和委内瑞拉的石油产量。另外，一旦价格开始上涨，投机者——对冲基金、商品基金（commodity funds）、投资银行、养老基金——就会预期价格会进一步上涨而买入石油期货合约，促使石油价格以更快的速度上涨。

有意思的是，萨达姆·侯赛因成为了三次石油价格大幅上涨中的重要因素。萨达姆已经不在了，但还会有一些野心勃勃的独裁者可能会造成石油价格的大幅上涨。同时，伊拉克石油产量大幅增加的可能性很大，因为其石油储量极高。

17.1　赛马——银行里的钱和地下的石油

一个重要的问题是：如果事实证明马尔萨斯是正确的，那么石油价格可能会以多快的速度上涨。假设你赢得了 1000 万美元的彩票大奖。你是应该把这些钱投资出去赚取利息，还是应该购买 1000 万美元的石油并将其存储在一口油井里——或者是存储在空的地下盐洞（salt cavern）里？这两种方法哪种能使你的境况更好一些？

每一家石油生产企业和每一个石油生产国都面临着这一问题。是多生产一桶石油并把销售得来的钱存到银行里，令其财富按利率增加，还是将石油保留在地下，因为他们预期石油的市场价格会继续上涨——且上涨速度高于利率？这两种方法哪一种会使其财富以更快的速度增加？

如果石油的市场价格以名义利率的速度增长（或者石油的价格以实际利率的速度增长），那么你存在银行中的钱的价值增加就与你存在地下的石油的价值增加没有什么差别。其他一些因素可能会使你偏好一种或另一种选择，这些因素很重要，但却并不是最重要的。一个拥有大量石油储备的国家（相对于其当前人口的需求来说）可能会决定生产超过其当前消耗所需的石油，并把一部分收入存入银行里，尽管人们普遍认为银行存款的收益率低于石油价格的上涨速度。其依据是：存放在地下的石油的收益率有可能（这种可能性不到1/2，甚至有可能不到1/4）较低。同时保留地下的石油并把一部分钱存放在银行里就像是拥有了一种分散化的投资组合。

不生产足够多的石油并把一部分钱存放在银行里的主要原因是因为人们相信石油的市场价格的增长速度远高于利率。

那些认为石油价格增长速度远高于利率的企业可能会借入很多钱，然后用这些钱购买石油（或石油储备），它们将因石油价格的提高速度高于借钱的利率而获利。如果其他企业模仿它们的投资策略，则石油的当前价格将会上涨，直到“超额回报”（excess return）降低到可以忽略不计的水平。

哪种策略最有利取决于提出这一问题的时间以及在以市场价格卖出地下石油之前持有时间的长度。假设这一问题是在1950年提出的。1950～1970年间，石油的名义价格是下降的，因此现在看来，1950年时更有利可图的决策是生产更多的石油并把钱存放在银行里。

假设这一问题是在1970年提出的，而当时的石油价格是每桶2.50美元，那么更有利的财务选择是持有埋藏在地下的石油。假设这一问题是在1980年提出的，而当时的石油价格是每桶40美元，那么更有利的选择就应该是卖出石油并将收入以市场利率进行投资。

数据表明，持有的时间越长，银行存款的实际收益率就越有可能高于地下石油的收益率。

如果地下石油的收益率总是高于利率和其他持有成本，那么个人和企业就有理由买入石油并把它存储起来，或者是存储在地面上，或者是存放在地下。存放在地下的成本较低，你只需要购买已经被证实的石油储备。

这一“存储模型”的一个应用是：随着石油的需求相对供给的不断增加，石油的名义价格和实际价格的增长速度将与名义利率和实际利率相匹配。因此，石油的当前价格也反映了石油的需求相对于供给的预期增加。相信石油价格提高速度高于利率的人应该贮藏石油以便在未来卖出。

在最近100年中的大部分时间里，尽管这一“存储模型”认为石油的实际价格至少应该以与实际利率一样高的速度增长，但其价格却在下降。实际价格增长速度较慢反映出新油田的发现使得供给出现了意外的增加。“新供给”（new supply）包含很多内容，其中包括因石油使用效率的提高而导致的需求减少。欧洲50%以上的新汽车都使用了柴油发动机，其燃油效率比使用汽油发动机的汽车高 25%。美国的汽车很有可能越来越多地使用柴油发动机、混合动力和电力。

如果马尔萨斯是正确的，那么石油价格的增长速度将远高于实际利率。如果由于战争而造成需求的激增或供给的短缺，那么石油的名义价格和实际价格可能会大幅提高。从那以后，石油的价格将回归到存储成本形成的长期轨道上。

17.2 OPEC 和马尔萨斯

石油输出国组织（OPEC）是由 6 个国家的政府（包括几个中东国家和委内瑞拉以及印度尼西亚）于 20 世纪 60 年代初成立的，旨在增加其来自石油生产的收入。OPEC 是 12 个国家能源部的贸易联盟（trade union）。这些国家的政府成立了国有石油公司，以从跨国公司（包括埃克森美孚、英国石油和壳牌石油公司）手中接管并管理石油的生产和销售。在 OPEC 之前，各个国家的石油产量由这些跨国公司决定，它们从东道国政府手中取得了在指定区域勘探石油的权利，这些公司通常通过在拍卖中获胜而获得这些权利，在拍卖中，各个公司会针对支付给该国政府的“入门费”（entry fee）以及根据石油产量而确定的矿藏开采费进行报价。这些企业拥有几个优势——它们能够获得资金投资于石油的勘探，而且它们有经验和知识，知道如何最有效率地寻找石油，如何销售石油产品。

OPEC 成员国经常会面讨论各个国家的石油产量以努力“稳定”石油价格。当需求疲软、价格下跌时，各成员国都有兴趣减少全球供给以阻止价格进一步下降。但是，每一个国家也都有兴趣确保其他国家同样降低产量，因为没有哪个国家希望限制自己的收入。

委内瑞拉、印度尼西亚、伊朗和其他发展中国家的油田从由私营跨国公司所有到政府所有的转变产生了三种主要影响。OPEC 将其各个成员国的国内市场与全球市场分隔开来，在全球市场中，石油是自由交易的。一个价格是布伦特原油（Brent crude）的价格，另一个价格是西得克萨斯中质原油（West Texas intermediate）的价格。大多数产油国的石油价格都低于国际价格，主要是因为政府担心提高国内汽油和其他石油产品的价格会降低它们在国内的政治支持度（某些国家的名言是“汽油比水便宜”）。低价格意味着其消费的增长不像石油进口国那样受到约束。第二个影响是：在很多石油生产国，政府财政收入的很大一部分——通常超过一半——都来自石油的销售。如果价格下降，它们的财政收入就会下降。当价格大幅下跌时，它们的收入就会直线下降。

另外，政府所有的企业并不像私人所有的企业那样对于提高经济效率和最小化成本感兴趣，与私有企业相比，它们的员工人数更多，部分原因是为了维持国内的政治支持度。

低于市场价格的销售价格、占政府收入的很大比例、缺乏对经济效率的关注结合在一起，意味着政府所有的企业在勘探新油田方面的投入少于私有企业。另外，政府所有的企业也没有采用最新的油田开采技术和从已开发的油田中抽取更多石油的技术。

人口较多的 OPEC 成员国的政府处于一种独特的困境之中——随着人口的增长，它们需要从石油的销售中获得更多收入，这意味着它们不得不增加石油产量或提高税赋。

在某些 OPEC 国家，由政府所有的企业取代跨国公司所造成的一个间接结果是：与生产由任何一家跨国石油公司［如英国石油公司（BP）、道达尔石油公司（Total）或雪佛龙石油公司（Chevron）］管理相比，政府所有的企业生产能力增加的速度更低。由于 OPEC 赞成限制产量，全球市场的石油价格比没有这些限制时要高。意外结果法则（Law of Unintended Consequences）一直在发挥作用——OPEC 成员国限制产量造成的较高价格使得消费增长速度较慢，并刺激人们开发替代性能源——OPEC 延缓了马尔萨斯危机的到来。

17.3 全球化 100.0 版和能源的实际价格

新马尔萨斯主义观点的批评者们认为，随着石油需求相对于供给的增长，其价格也将上涨，这就会鼓励人们更有效率地使用石油，并刺激可替代能源的开发。在第二次世界大战期间，曾经突然出现了天然橡胶的短缺，因为马来西亚半岛上的主要橡胶产地之一被敌军占领了，于是，合成橡胶被开发出来，而且其性能优于天然橡胶。批评者的观点是：在全世界的汽车耗尽汽油之前，大部分汽车都将由来自核能发电站、火力发电站或水力发电站的电力提供动力，而石油将主要被用做润滑油，并用于航空和卡车上，因为它具有很高的功率重量比（power to weight ratio）。

另外，正在不断被开发出来的新技术将会使某些老油田获得“第二次生命”。某些企业将能够从这些油田中抽取更多的石油。加拿大阿尔伯塔省和委内瑞拉的沥青砂中含有大量的石油，如果原油价格维持在2008年每桶50美元的价格上，那么就可以把这些沥青砂拿到市场上出售。

随着供给被耗尽，每年原油实际价格的上涨速度可能是逐渐提高的，比20世纪70年代初原油价格处于高峰时的上涨速度慢得多。各国的经济随着这些急剧增长而调整，但随后会出现衰退，部分原因是因为发生在价格大幅提高时期的经济繁荣（导致需求大幅增加）很快就会遭遇更加紧缩性的货币政策以降低通货膨胀。

随着原油实际价格的上涨，能源需求的增加速度会放慢，部分原因是较高的价格会鼓励能够提高原油使用效率的投资。另外，储油量不大的油田也将恢复生产。2005~2008年间达到顶峰的石油价格导致对混合动力发动机的需求激增，因为这种发动机每加仑汽油行使的里程数更多。大多数用于上下班、购物和类似活动的汽车越来越多地以电为动力。尽管所占份额仍然很小，但电力将越来越多地通过可再生资源生产出来，特别是水力、太阳能和风力。

OPEC卡特尔的控制者们面临着一个困境。在短期内它们越是限制产量，价格就越高，从而导致需求增长更慢，石油之外的能源所占份额就越大。另外，越来越多的石油将来自于非OPEC成员国，OPEC在世界能源市场中的份额可能会逐渐下降，尽管某些OPEC成员国仍然是成本最低的供应商。

在某一阶段，美国政府和其他石油进口国政府可能会推断：其经济的波动性大部分来自某些石油出口国的不稳定性。伊拉克与三次石油价格的高峰有关。尼日利亚因冲突而造成分裂。委内瑞拉和伊朗具有强烈的反市场偏见。俄罗斯持强烈的反西方立场。石油价格的每一次大幅上涨都会造成一次衰退。

石油进口国政府可能会采取措施以保证价格足够高，从而鼓励持续的节约，以及为利用核能、煤炭和可再生能源发电的企业提供一个有利可图的环境。如果它们要保持其国内能源市场不受全球能源市场的影响，那么就只能采取这一策略，可能是通过设置进口关税，或进口配额，或两者的某种组合。其依据是：与平均价格较低但波动性很大相比，高价格对于它们的经济更有利。OPEC成员国可能会发现它们是全球能源市场最后的供应者。在供给方面，可再生能源的份额越大，马尔萨斯的最终审判日就越遥远。

马尔萨斯设想的情境不断演进的可能性有多大？石油价格因需求大于供给而提高到每桶300美元或500美元的可能性有多大？一次大规模的政治动荡会再次造成产量的显著下降以及价格的大幅上涨——但这类动荡与需求高峰没有什么关系。赞成高峰需求观点的人断言，石油产量在2007年达到高峰，为每天8600万桶，而另一种矛盾的观点认为，供给将在2030年达到每天1.2亿桶——每年大约增长2%。供给的增加越慢，价格上涨的速度就越快——但在不存在导致供给急剧减少的政治动荡时，价格上涨将是逐渐发生的。

假设石油生产仍然为每天8600万桶，而GDP的年增长率为3%。根据存储模型得出的结论是：实际价格将每年上涨3%或4%，实际价格的上涨将鼓励节约以及增加对可替代能源的使用。实际价格上涨越快，节约的回报就越大——这将抑制需求的增加。另外，实际价格增长越快，利用煤炭、天然气以及非化石燃料生产能源的回报率就越高。

假设国际公平贸易法院（是的，这一法院现在还不存在）得出结论，OPEC卡特尔是反竞争的，并禁止其成员国就限制产量达成一致。假设某些政府所有的石油公司被私有化了，而新私有化的企业力图成为世界能源市场中有力的竞争者。这一假设的世界会有什么不同？明显的结果是：石油产量将会更大，世界的能源价格将会更低。

OPEC成员国面临着一个困境。它们在管理其储备方面的低效率以及利润的流失结合在一起，转移了用于勘探的资金，从而造成当前石油价格较高。另外，它们降低产量的努力对价格也具有同样的影响。当前较高的石油价格导致需求增长较慢，并刺激了替代性能源的开发——从阿尔伯塔的沥青砂中提取石油，巴西以糖为基础生产酒精，爱荷华和伊利诺伊州以玉米为基础生产酒精，更清洁的煤炭，更加依赖核能发电，再加上风力发电，等等。

最终，即使OPEC保持了其低成本的优势，它也将会成为全球市场中最后的能源供给者。石油进口国将会保持其成本较高的国内供给来源，因为这些来源被认为更可靠。而在那种情况下，OPEC的某些成员国将会发现它们具有大量的过剩产能。马尔萨斯设想的情境出现的可能性不大。

第 18 章

全球债券和股票市场

考虑两个问题：

问题一：世界上有多少个股票市场？

问题二：在长期中，哪些国家的股票市场为投资者提供了最高的回报率？

18.1 全球化的影响

回答这些问题的方法之一是依赖奇闻轶事，特别是市场参与者的故事。另一种方法是依赖经济直觉。第三种方法是查看数据。对这些问题的回答实际上是很含糊的。考虑一下在1989年底对第二个问题的回答。在前10年中、前20年中甚至前30年中，持有日本公司股票的投资者比持有其他国家公司股票的投资者的收益率要高得多。日本股票的高回报率主要反映了在东京交易的股票价格的大幅上涨。持有这些股票的美国人和其他非日本人的收益率更高，因为在1970～1989年间，日元平均每年升值4%～5%。

比较以不同货币标价的股票和证券的收益率需要将不同国家货币的收益率按一种共同货币进行比较，这种货币可能是美元、欧元或日元。对共同货币基准的要求仍然是一个悬而未决的重要问题——是应该在投资者对货币价值变化的风险进行对冲之后来比较回报率，还是应该在未对冲的基础上进行比较——即在调整个别货币的价值变化之后？在第二种情况下，投资者的回报包括买入和卖出外国债券或股票的日期之间货币价值的变化。

全球化的主题告诉我们，世界上的各个股票交易所就是一个整合的世界债券和股票市场在地理上的延伸。一个比喻是：存在着一个汽油的全球市场，尽管不同国家的每一个油泵处的价格并不一样。差不多一样的产品的价格差异反映了每一个当地市场的运输成本、税赋和竞争的范围。这一比喻表明，全球股票市场与照相胶片、汽车或汽油的全球市场并没有太大差别。全球化主题的含义是：在对每一个国家的市场中进行交易的证券的风险差异进行调整后，其回报率相差不应该太大。

18.2 债券和股票的全球市场：独立的还是整合的？

对“世界上有多少个股票市场”这一问题的回答之一是把不同国家的股票交易所数量加在一起——美国有 10 家或 12 家交易所，包括纽约股票交易所、波士顿股票交易所、费城股票交易所和位于芝加哥的中西证券交易所（Midwest Exchange），以及位于旧金山的太平洋股票交易所（Pacific Stock Exchange）和位于山区各州的城市中规模较小的交易所。在加拿大，股票是在位于多伦多、蒙特利尔、卡尔加里和温哥华的交易所中进行交易。东京拥有其股票交易所，大阪也有。德国有 5 家股票交易所。每一个国家至少有一家股票交易所，有些大国则不止一家。

此外，差不多在每一个国家，股票都通过场外（over-the-counter，OTC）交易进行买卖。实际上，最初的股票就是在非正规的市场中进行买卖的，后来有人想到了一个主意：如果股票能够在一个有组织的交易所中根据正规的规则（每天交易何时开始、何时结束，价格波动的最小单位，股票交易的标准数量，等等）进行交易，那么这种交易就会得到促进。企业需要交纳一小笔费用以便让其股票在交易所上市——但人们相信，与这家企业股票价格的上涨相比，这一费用并不高。

美国拥有 10 家或 12 家股票交易所反映了这个国家的区域历史——在每一个地区的主要城市中，规模较小的企业率先在股票交易所上市。总部位于北加利福尼亚的公司在旧金山的股票交易所上市，而那些总部设在南加利福尼亚的公司则在洛杉矶的股票交易所上市。与在纽约的全国性证券交易所上市相比，在区域性股票交易所上市的成本较低。区域性股票交易所重要性的下降部分反映了随着各个行业中企业规模的成长，它们不断合并，从而变成了全国性企业或跨国企业，在各地区性交易所上市的公司数量减少了，这些交易所中的一些进行了合并，而另一些则退出了这一领域。另外，由于管理者总是希望它们的股票以尽可能高的价格交易，因此他们可能会让其股票在其他交易所上市，甚至改变其股票的交易所（他们的理由是：股票交易的价格越高，企业筹集额外资金就越容易。另外，随着股价的上涨，当前的股东会获得资本利得，并变得更加富有）。

一个国家内的区域性交易所的重要性可以通过比较在每一个国家不同交易所上市的公司股票的价值来进行评估。投资者可以在区域性交易所买卖全国性企业的股票。与位于纽约的交易所相比，位于芝加哥和西海岸的交易所有一个重大优势，那就是它们开设得较晚。

18.3　一个世界股票市场？

这意味着：当超过 85% 或 90% 的股票（用市场价值来衡量）在一家股票交易所进行交易时，则在每一个国家就只有一个重要的股票交易所。“一个国家只有一个股票市场”这一命题的逻辑延伸是：整个世界只有一个股票市场。差别在于“股票交易所”（stock exchange）和“股票市场”（stock market）：股票市场的包容性更大，可以包含不同的国家。“一个全球股票市场”这一观点的基本原理是：大量的投资者和大型金融企业将外国债券和股票的预期收益同国内债券和股票的预期收益进行比较。

伦敦的投资者和纽约的投资者拥有的知识与信息差不多一样，特别是关于那些规模非常巨大的公司（如英国石油公司和英国航空公司）的信息。当然，并不是每一位伦敦的投资者都拥有关于纽约市场的相同信息，某些投资者喜欢购买离家较近的公司的股票。许多专业投资者——共同基金、养老基金和投资银行——会在不同国家的主要股票交易所中寻找投资机会。如果一个国家有 10% 或 15% 的投资者对国内证券和外国证券进行比较，那么这些市场就将有效地整合在一起。这些企业和个人位于一些大国中，包括美国、英国、德国和日本，他们努力分散其投资组合中的证券以降低风险。有些企业和投资者驻留在较小的国家和地区——瑞士、荷兰、瑞典、沙特阿拉伯、中国香港地区和新加坡——它们超越了自己的国界，并到海外进行投资，因为在国内分散投资的机会太少了。

显然，大多数投资者不会去比较国内证券与国外证券的预期收益和风险。

关键问题是：是否有足够多的投资者对外国证券与本国证券的风险和收益进行比较，以使市场可以被认为是整合的。答案各不相同，取决于不同货币的配对以及进行比较的日期。例如，美国和加拿大的债券市场和股票市场长期以来一直在进行整合。瑞士、德国和荷兰的市场也在进行类似的整合。

18.4 分散还是整合？

问题是：国内市场应该是分散的还是整合的，或者更恰当地说，是市场整合到何种程度，以及分散到何种程度。正如总部设立在伊利诺伊州、得克萨斯州和加利福尼亚州的公司会安排其股票在纽约的证券交易所上市一样，总部位于英国、德国和日本的企业也会使其股票在纽约证券交易所上市。

各国金融市场应该区分开来的论点主要有两个组成部分。第一个是：在每一个国家的证券交易所内进行交易的大多数企业的大部分利润都基于它们的国内销售。第二个是：大多数国家的大部分投资者很大一部分财富都是以国内证券的形式持有的，而以外国股票和债券形式持有的财富所占比例很小。

这一争论有点儿像“杯子是半满的—杯子是半空的”（the glass is half full—the glass is half empty）这样一个难题。另外，尽管市场仍然没有完全整合，但通信和控制成本的大幅下降使得这些市场不再像过去那样分散。而且在大国的市场和小国的市场之间存在着不对称——大国的股票和债券价格的变化会对小国股票和债券的价格造成很大的影响，而小国证券价格的变化不大可能对大国的证券价格造成显著影响。

现在考虑一下各国金融市场之间联系的本质。为什么股票价格会上涨？一种说法是从投资者对未来感到乐观的角度出发。“水涨众船高”这种老套的说法可能适用于美国股票价格变化对其他各国股票价格变化造成的影响，而与各国潜在的经济条件无关。或者，这一说法也适用于美国经济条件好转对其重要贸易伙伴如加拿大、墨西哥、日本等的经济条件造成的影响。这两种情况都很重要。

一些轶事也很有帮助。1987 年 10 月，除日本之外，大多数工业化国家的股票价格都出现了急剧下降。日本股票市场的泡沫影响到了中国台湾和韩国，但没有影响到美国和欧洲的市场。20 世纪 90 年代末，与网络公司相关的美国股票市场泡沫对外国市场造成了显著影响。在 2008 年的恐慌中，美国、欧洲、日本的股票价格大幅下跌。

与“各国股票和债券市场是否应该整合起来”这一问题关系密切的一个问题是：不同国家内部的股票和债券市场是否应该整合在一起。实际上，这个问题是：与不同国家之间相比，一国之内不同类型的金融工具之间的界限是更容易跨越，还是更难跨越。

“水涨众船高”这种说法也适用于一国之内的股票市场和债券市场。在经济乐观时期，股票和债券的价格都会上涨。随着债券价格的上涨，利率就会下降（这是相同的陈述，而不是一种关于因果关系的陈述），某些追求更高回报的投资者就会购买股票。关于这种关系，一种更科学的说法是：当利率下降时，与股票的现金流相关的预期回报就会以较低的利率进行贴现，这意味着股票价格上涨。

在一个国家之内，许多投资者专门购买债券，而另一些投资者专门购买股票。但是，也有一些投资者根据每一类证券的预期收益在股票和债券之间进行选择。

在一个能够完美预见的世界中，在经过汇率调整后，以不同国家货币标价的债券的回报率应该是类似的。只要完美预见假设成立，那么以通货膨胀率较高的国家货币标价的债券的利率将会较高。利率的差异将反映通货膨胀率的差异以及预期和实际货币价值的变化。

专题18.1　将彩票的奖金投资于债券

假设你的彩票中了大奖，但附加条件是你必须在不同国家和以不同货币标价的债券中寻找交易机会。

假设你赢得了1000万美元的彩票奖金，而且你已经决定将其投资于长期债券，因此，你需要在以美元、日元、德国马克和其他10种或15种货币标价的债券中进行选择。首先你注意到，美国的债券市场是世界上最大的。

在一个零通货膨胀的世界中，考虑不存在债券的国际交易的情况下利率的关系。在那些经济增长率和投资率高于储蓄率的国家，利率将更高。

现在，放松禁止债券交易这一假设。投资者将资金转移到利率较高的国家购买债券，结果，只要通货膨胀率相似，那么各国的利率就不会相差很大。

现在，放松通货膨胀率相似的假设。通货膨胀率高的那些国家的利率将会上升，它们的货币在外汇市场上将会贬值。

能够完美预见的假设是一个有用的基准。但是，现实世界的特点是经常出现出人意料的冲击——石油冲击、通货膨胀冲击、粮食减产、金融泡沫和银行危机。一个基本的假设是：投资者希望因持有高风险证券或持有以风险更高的货币标价的证券而得到补偿。

直觉表明，在比赛开始之日购买外汇并在比赛结束之日购买美元后，以大多数外国货币标价的债券的收益率都会比以美元标价的债券的收益率高。投资者希望对遭遇的跨国风险获得补偿，特别是货币价值变化的风险。

由于以正在经历高通货膨胀率的国家的货币标价的证券利率可能会更高，以补偿因消费价格水平提高而遭受的购买力下降的损失，比较以不同货币标价的债券的收益只能在根据货币价值的实际变化进行调整后进行。

首先在外汇市场上购买外汇之后，这场赛马是在持有美元债券的收益率与持有以外国货币标价的债券的收益率之间进行的。赛马的结果对比赛开始的日期和比赛的长度——持有期的长度——非常敏感。在赛马开始和结束时要各进行一次外汇交易。顺便说一下，结果对你的基准货币是日元、欧元还是瑞士法郎不敏感，因为在每一种情况下，你都会在购买以外汇标价的债券之前先购买外汇，然后在持有期结束时再购买最初的货币。注意，为了让实验简单一些，利息收入被重新投资在那个国家。同样，为了让实验简单，我们还假设你购买各国风险最低的政府债券。

20 世纪 50 年代和 60 年代，以瑞士法郎标价的债券的利率低于以美元标价的债券的利率。随后，20 世纪 70 年代末，美元债券的利率超过了以德国马克、荷兰盾和日元标价的债券的利率，因为这些外国货币不断升值。只要这些货币不断升值，一般来说，这些外国债券的总收益就会高于美元债券的收益。

在短期内，比如说 5 年或更短时间内，由于货币价值的大幅变化，以各国货币标价的债券的收益率可能会相差巨大。时期越长，收益率的差异就越小。但差异仍然会存在，部分原因是投资者相信以某些货币标价的债券的风险较高，部分原因——仅仅是部分原因——是货币价值的变化。

18.5　股票中的赛马

假设你又中了彩票，而此次投资选择涉及美国、英国、德国、日本和瑞士的有代表性的股票。如果要购买外国股票，你必须首先购买外国货币，然后，在赛马结束或持有期结束时，你在外国股票上的投资总价值必须在货币市场上兑现。你需要决定收益率的比较是否应该在与持有外国股票相关的货币风险被对冲后进行（实际上，这一问题非常复杂。许多英国企业——英国石油公司、英国航空公司、壳牌公司和联合利华——拥有高额的美元收入和利润。其实，它们的美元收入可能比英镑收入更多。购买这些股票之一的美国人则获得了在伦敦股票市场上定价的美元收入流的一部分）。

20 世纪 90 年代末，美元股票的市场价值比所有其他国家股票市场的市值加在一起还要高。美国股票的市场价值与 GDP 的比率比大部分国家都高，原因有四个：公司部门占经济的比重更大；因为美国跨国公司的存在，美国企业占某些国家 GDP 的份额很大；美国公司的收入占 GDP 的份额较高；美国的股票价格相对于收益来说更高——美国企业的市盈率比大多数其他国家的市盈率都要高。

各国股票的回报是开始和结束之间股息支付与股票价格变化之和。市场估值数据可以很容易得到，但各国股票股息的数据则无法获得，对于大多数国家来说，股息与股票价格相比非常少。

在赛马中，许多擅长短距离奔跑的马匹在最后冲击阶段变得步履蹒跚。20 世纪 80 年代，日本的股价增长了 6 倍，而美国的股价增长了 3 倍。人们经常谈论日本经济杰出的表现、日本企业研发的速度、高储蓄率以及日本投资者对长期而不是短期公司收入变化的关心。到 20 世纪 90 年代初，事情变得很清楚，20 世纪 80 年代日本股价的大幅上涨是一种泡沫——2008 年，日本股票价格差不多处于 1984 年的水平。

直觉告诉我们，各国股票收益率应该反映其经济增长率。因此，总部位于快速成长的国家和地区（如香港地区、韩国）的公司股票的收益率会很高，因为这些公司的收益将与其 GDP 一样快速增加，投资者将为这些股票支付更高的价格。经济直觉的第二个要素是：由于许多投资者认为股票和债券是可以相互替代的，因此高利率的国家的股票价格将较低。但是，其股票价格的增长率将会较高，因为 GDP 的预期增长率很高，因此公司利润的增长率也很高。

考虑一下快速增长的典范——香港地区。香港地区的人均 GDP 比美国的人均 GDP 低不了多少。20 世纪 60 年代和 70 年代，香港地区的人均 GDP 远低于美国的数值。另外，香港地区的人口增长速度远快于美国人口增长速度。因此，GDP 增长的论点表明，持有香港地区股票的收益将远高于持有美国股票的收益。

还有第三种情况：随着外国投资者在寻找交易的过程中对某一国家的股票产生兴趣并将它们加入到其投资组合中，这些股票可获得的收益将会提高。

美国股票的回报通常比其他国家股票可获得的回报更高。20 世纪 90 年代中后期，美国股票价格同比出现了异常的增长——10 年前日本发生的事件在美国的翻版，尽管不那么极端。但是，随后，2001 年，美国的股票价格开始跳水——2001～2003 年间下跌了 40%。2008 年，股票价格又开始下跌，到该年年底，其股价水平与 10 年前相差无几。

由于股票价格的波动比债券价格的波动更剧烈，因此比赛的结果将对比赛开始和结束的日期选择非常敏感。同样，解释有很多种——全新的美国经济、投资者具有长期导向而不太关注公司收益的短期波动、养老金计划中数十亿美元的新资金需要进行投资，以及企业的管理人员越来越注重降低成本、增加利润。

这些解释可能比 10 年前日本股票价格繁荣的解释要冷淡得多。

第 19 章

金融革命

19.1 金融新世界

与金融危机联系在一起的诅咒之一是“衍生品”（derivatives）——这个术语适用于各种各样的新金融工具，通常用它们的首字母缩略词来表示——资产担保证券（asset-backed securities，ABSs）、抵押贷款支持证券（mortgage-backed securities，MBSs）、抵押贷款债券（collateralized mortgage obligations，CMOs）、债务抵押债券（collateralized debt obligations，CDOs）、私人抵押贷款保险（private mortgage insurance，PMI）和信用违约掉期（credit default swaps，CDSs）。这些工具是由金融工程师们设计的，他们常常被训练成应用数学家。这些“定量分析专家”（quants）开发了这些工具的特性，并且通常反映在它们的定价中。

那些将危机的责任推到这些新工具身上的人常常以下面的陈述开始：“有 26 万亿美元的未偿付衍生品，而且没有人知道它们在哪里。”（如果没有人知道它们在哪里，那如何计算它们呢?）相应的警告就是这些新工具使得投资银行、商业银行和保险公司能够采用更高的杠杆。

最简单的金融工具之一就是期权（option），它是在特定日期之前以规定的价格购买（或出售）特定资产的权利。某人有兴趣购买一座标价 100 万美元的办公大楼。他向出售方支付了 10000 美元，以获得在随后 30 天内以这一价格购买该资产的排他性权利。向出售方支付的这笔费用就是权利金（premium）。

美国最富有的地区之一加州的奥兰治县（Orange County）坐落在太平洋沿岸，其北边紧邻洛杉矶，南边与圣地亚哥（San Diego）接壤。在美国，该县是政治上最保守的县之一——这里的居民强烈支持高额军费支出（一大批海军退休军官生活在那里）、平衡预算、将非法移民遣送回家、限制税赋的增加，以及缩小政府的规模。

1994 年 12 月，由于其首席财务官希望通过几笔复杂的交易而增加该县投资组合的回报率，奥兰治县破产了。一种交易是杠杆的使用：借入短期资金，并利用这些借来的钱购买利率较高的长期证券（这意味着奥兰治县增加了利息收入，其数额相当于长期证券的利率高于短期资金借入利率的部分）。另一种交易是购买只是在几年前才被发明出来、只有内行人才搞得清楚的金融工具。

奥兰治县遭遇的损失高达 16 亿美元。由于该县有大约 400 万人，因此人均损失为 400 美元。这不是一笔小钱。在奥兰治县的财富、其投票的偏好以及这些损失之间可能存在着联系，也可能没有联系。一些愤世嫉俗的人可能会说，这是让保守派大本营知道“天下没有免费午餐”的一种代价高昂的方式。与贫穷的县相比，富裕的县学习这一课可能要花费更长的时间。前些年，当美元证券的利率持续下降时，奥兰治县通过使用杠杆增加了其投资组合的收益。长期利率的下降意味着长期债券的价格会上升，因此奥兰治县从资本利得以及长期证券利率高于短期资金借款利率中双双获益。1994 年对于投资者来说是不太自在的一年，因为利率快速提高——这意味着长期债券的价格大幅下降，因价格下降造成的损失远远超过了长期利率与短期利率之间的差额。

奥兰治县利用这一战略在 1993 年及以前年份实现的额外收益很有可能高于 1994 年遭遇的损失。因此在长期中，这一战略是有利可图的。但是，前些年的额外收入已经被花掉了，无法用来阻止奥兰治县走上破产法庭。

在新的金融世界中遭受重大损失的并不止奥兰治县。吉布森贺卡公司（Gibson Greeting Cards）在从信孚银行购买一些难以理解的证券时损失了 2000 万美元。吉布森公司对这些损失感到不满，并声称被华尔街的那些“老油条”引入了歧途。吉布森公司提起了诉讼，声称它是受害者，最后在庭外和解了。据报道，宝洁公司（Procter & Gamble）遵循同一伙人的指导而损失了 1.2 亿美元。明尼阿波利斯的 Piper Jaffray 银行是规模较小的此类公司之一，它的投资经理让双子城的寡妇和孤儿们辛辛苦苦挣来的钱损失了数百万美元，而他们本应该投资于谨慎管理的货币市场基金。据报道，由于新加坡一名长期交易期权合约的魔鬼交易员的交易，伦敦最古老的投资银行之一巴林银行损失了 14 亿美元，由于这一巨额亏损，这家公司被迫退出市场。

1998 年 8 月和 9 月，各类对冲基金——可能是这个世界上最有经验的投资者——公布了它们近期的投资结果。量子基金（Quantum Fund）声称在与俄罗斯相关的各种投资中损失了 20 亿美元。位于康涅狄格州格林威治的长期资本管理公司（Long Term Capital Management，LTCM）——金融领域中的优等生，拥有这个世界上最精密的计算机模型——声称损失了将近 20 亿美元，而在 1998 年 8 月时，它管理的资产为 40 亿美元。该公司表示要从投资者手中融得更多的资金，并降低其管理费用。几个星期后，美联储为长期资本管理公司安排了 30 亿美元的紧急援助，以延缓或阻止对其高杠杆的头寸进行清算。日本最大的投资银行野村证券（Nomura Securities）报告称损失了 10 亿美元，其中绝大部分损失是由于在俄罗斯和新兴市场中的投资活动造成的。其他模仿对冲基金交易行为的投资银行和商业银行也宣称在其交易活动中遭受了重大损失。

19.2　证券化与次贷危机

证券化的活动最早出现在 20 世纪 80 年代，但却在 21 世纪第一个十年的房地产繁荣中急剧增加。投资银行会收购 1000 份具有相似属性（如到期日）的住房抵押贷款。这些抵押贷款将被放入一个信托中，而投资银行将发行对该信托具有求偿权的股份，随后，这些股份被卖出去。这些股份的购买者希望获得抵押贷款所包含的较高的利息收入，他们还相信这些股份很容易转手，因此比其他任何捆绑在一起的抵押贷款的流动性都要高。另外，持有这些对信托具有求偿权的股份也提供了一种低成本的方式，以分散与个别抵押贷款相关的信用风险或违约风险——某些借款人不可避免地会违约，但要找出这些借款人却极其困难。那些获得抵押贷款的人几乎同时违约的可能性不高。

ABS 以及 MBS（也被称为 CMOs）的发展推动了美国 2001 年至 2007 年间住宅不动产泡沫的膨胀。根据风险不同，CMOs 被划分为四组或五组，然后重新打包成债务抵押债券（CDOs），这些 CDOs 是根据它们是利息收入的第一要求者还是最后的要求者（即在其他组的求偿权被满足后才能满足自己的求偿权）进行区分的。然后，各种组别的 CDOs 被合并在一起，从而为发行更多的 CDOs 奠定了基础。

每一种 CDOs 都是一个独立的法律实体，创造出这种证券的银行或投资机构只投入了微不足道的资本。投资银行每次将抵押贷款打包成 CMOs 时都要收费，在将 CMOs 划分为 CDOs 时的收费更高，而在组织一个基金购买 CDOs 时的收费就更多了。

投资银行可能会设立自己的内部对冲基金来购买某些由它推向市场的 CMOs 和 CDOs。这一基金将借入大量资金来购买这些 CMOs 和 CDOs。由于杠杆的作用，对冲基金可以提供11% ~12%的回报。

信用评级机构也参与了确定这些证券违约的可能性（信用评级机构向这些证券发行者收取费用）。最令人惊讶的魔法是评级机构的祝福似乎能够将风险最高的证券转变为低风险的证券，由于承诺的回报很高，而感知到的风险很低，因此这些证券更容易卖出去。

美国的住宅价格在2006年底达到顶峰。以前，无法偿还其每月抵押贷款的住宅所有者可以卖掉它们的住宅，并有可能收到足够的资金来偿还其抵押贷款。当住宅价格开始下降时，这一选择不复存在，成百上千人开始拖欠贷款。忽然之间，涉及这些抵押贷款的 CMOs 和 CDOs 的市场价值开始下跌。同时，评估这些证券的价值变得更加困难，因为人们预期丧失抵押品赎回权的比率（foreclosure rate）将会提高。

信用违约掉期（credit default swaps，CDSs）是另一种新金融工具。想一想保险。那些希望买房但又没有首付款（购买价格的20%）的人可以购买私人抵押贷款保险（Private Mortgage Insurance，PMI）。他们将向保险公司支付一笔保险费，实际上是保证如果借款人违约时出借方不会受损失。CDS 相当于大量的 PMI——一家企业可能会购买某种提供高利率的 MBSs，然后购买 CDS 以保护自己免受损失。CDS 的卖方受到保险费收入的吸引，这些保险费来自掉期的购买者。

当不动产泡沫破灭时，投资银行遭遇了两种类型的损失。它们持有大量仍然停留在包装线上的抵押贷款，而且它们还没有对与这些抵押贷款相关的风险进行对冲。另外，或者是受到较高收入的吸引，或者是由于投资者对这些抵押贷款不感兴趣，它们保留了 CDOs 风险最高的部分。持有这些抵押贷款的损失是造成它们的资本大幅下降的主要因素。

19.3 对冲基金是什么？

对冲基金遭受的损失非常巨大，使得它们有些名不副实。这些基金通常将其股东经理人（owner-manager）的资本与那些希望获得超常回报的非常富有的个人和机构投资者的资金联合在一起。然后，对冲基金再借入更多的钱，通常的比率是：对于每 1 美元的自有资金和投资者的资金，它们会借入 9 美元或 10 美元的资金。随后，对冲基金的经理投资于各种不同的金融工具，通常是利用借来的钱。例如，如果对冲基金打算在芝加哥商品交易所（Chicago Mercantile Exchange）买入一份商品期货合约，那么它们可能会以 5 万美元的投资为基础建立 100 万美元的头寸。其中，4 万美元或 4.5 万美元的投资可能是借入的资金，而这一投资中的 1 万美元或 5000 美元则来自所有者或投资者的资金。

对冲基金的杠杆——至少是某些对冲基金的杠杆——非常高。据报道，长期资本管理公司建立了 2000 亿美元的头寸，而它自己的资本为 40 亿美元——杠杆为 50:1。

"对冲基金"（hedge fund）这一名称来自于这样的想法：在其投资组合中，与各种资产相关的风险在某种程度上相互抵消了——实际上，对冲基金拥有分散的投资组合。例如，一个对冲基金可能会在意大利政府债券上建立多头头寸，而在德国政府债券上建立空头头寸，因为它相信在采纳欧元后，两种债券的利率应该趋于一致：意大利债券的利率将大幅下降，而德国债券的利率将适度提高。通常，对冲基金会在很小的价格波动中寻求利润——一个很小的数字（价格的小幅波动）乘上一个很大的数字（它们在这些证券上建立的头寸）可以得到一个很大数字。在某些情况下，这些基金会受到新兴市场国家高回报的股票和债券的吸引。

少数对冲基金在 1998 年前破产了。但是很多对冲基金报告称其年回报率为 30% 或 40%。许多股东经理人一夜暴富。高回报吸引着其他想从这一赚钱机器中分一杯羹的人。显然，信孚银行、Piper Jaffray 银行和长期资本管理公司并没有打算赔掉客户的钱——更不想赔掉自己的钱。实际上，它们几乎肯定预计其客户会从这些交易中获益，从而使它们自己的收入和声望也得到提高。

复杂的金融工具更像是丹佛和香港地区新机场的自动行李处理系统——如果它非常新且非常大，那么我们最好认为开始时它不会完全像承诺的那样运转。

19.4 金融革命来自何方?

从金融安排变化（特别是新金融工具的数量快速增加）的角度看，20 世纪 80 年代是最不寻常的年代。这些新金融工具包括零息债券（zero coupon bonds）、外汇期货合约（futures contracts in foreign exchange）、外汇期货合约期权（options on futures contracts in foreign exchange）、抵押担保债券（collateralized mortgage obligations）、外汇掉期（foreign exchange swaps）、利率掉期（interest rate swaps）——这个列表会越来越长。最流行的词是衍生品（derivatives）——它的意思很清楚，就是一组以传统债券、股票和外汇为基础的新金融工具。

金融工具数量大幅增加背后的第一个原因是：20 世纪 70 年代，通货膨胀率加速上涨，而随后由于 1979 年底采取的紧缩性货币政策，在 20 世纪 80 年代，通货膨胀率出现了下降，作为对这种变化的响应，股票、债券和货币的价格出现了大幅波动。这些资产的价格剧烈波动意味着与持有这些资产相关的风险明显提高。因此，银行和其他金融机构以及个人希望从这些资产中获得更高的收益，同时也希望有一种方法，能够降低证券价格下降时遭受重大损失的风险。只要利率大幅波动，那么风险就是系统本身固有的。如果某些投资者成功地降低了他们面临的价格风险，那么或者他们的风险被另一组投资者面临的风险所抵消，或者这些风险将转移到其他愿意承担风险的人身上。第二个原因是：由于通信和个人计算机技术的巨大进步，信息的成本降低，这意味着对这些风险进行评估以及转移这些风险的成本也大幅下降。第三个原因是：从商学院毕业的金融专家数量大增，他们非常善于将这些工具的价格与其风险联系在一起。

19.5 债务、股票价格和垃圾债券

另外，金融环境也在发生剧烈的变化。20 世纪 80 年代，债务出现了爆炸

性的增长。未偿付的美国国债从1979年底的8000亿美元增加到1989年底的29000亿美元。大多数国家政府的债务也以相同的速度增加。最主要的例外是英国政府，它成功地减少了其债务，这主要得益于私有化大型政府所有企业（如英国航空公司和英国电信公司）获得的收入。在美国，家庭债务和公司债务同样快速增加，而公司债务的增加是因为与大规模杠杆收购相关的融资增加。许多国家（特别是新兴市场国家，如墨西哥和阿根廷）的私有化努力使得可交易的股票数量大幅增加。

股票价格大幅上涨，部分原因是受到纽约和东京的影响。20世纪80年代，道琼斯股票价格指数增长了3倍，而日经225指数增长了6倍多（道琼斯股票价格指数的增长率或多或少地与美国国债的增长率持平只是一种巧合）。由于这个十年被认为是实际通货膨胀率和预期通货膨胀下降的十年，因此一般来说债券的价格都在不断上涨——尽管美国的债券价格在1987年出现了大幅下跌。在美国以及其他国家的许多大城市中，商业不动产的价格飙升，造成了伦敦、纽约、东京和多伦多建筑业的繁荣。一些城市中的可用办公地点的供给翻了一番。“垃圾债券”（junk bonds）的数量大幅增加［它们之所以被称为“垃圾债券”，是因为没有经过信用评级机构的评级。垃圾债券之王迈克尔·米尔肯（Michael Milken）不仅“发明”了垃圾债券交易市场，而且还发展了这一市场。他在销售这些证券中取得的成功使他的公司——Drexel Burnham公司在投资银行中名列前茅。米尔肯声称，与其风险相比，这些债券的回报极高，因此投资于这些债券的人将获得“超额回报”。结局（万事都会有一个结局）是：垃圾债券市场崩溃了，这些证券的持有者遭受了重大损失，这些损失似乎高于他们在前些年从这些证券中赚到的钱。Drexel Burnham公司破产了，而米尔肯受到美国政府的多种指控，并在监狱中度过了几年的时间］。

19.6 金融工程

“金融工程”（financial engineering）是20世纪90年代最流行的词汇之一。金融服务产业中的公司——经纪公司、投资银行、银行，甚至保险公司——在有新产品可供销售时赚了很多钱。最初，率先开发出新产品的公司的利润率非常高，随后，跟随者和模仿者进入了这一市场，它们通过压低收益率来提高自己的市场份额。米尔肯由于在垃圾债券上的成功而成为了亿万富翁。

在金融工程大旗之下的术语之一是“证券化”（securitization），它涉及一家银行或某些其他企业购买大量相似的证券——住房抵押贷款、汽车贷款、学生贷款、信用卡贷款——并将它们捆绑在一起，它们将成为发行新证券的基础，这种证券对特定的投资者具有吸引力，因为它具有较高的预期回报率。养老基金可能会对收购信用卡债务或汽车贷款感兴趣，因为它们的利率高于传统证券的利率，而养老基金没有相应的机构来按月收取这些贷款的利息。因此，最初发放学生贷款或汽车贷款的银行将成为发起人（originator）和打包者（bundler），而在将这些贷款进行打包以吸引那些愿意长期持有这些证券的机构时，它们需要投入自己的资金。即使在卖出这些捆绑在一起的贷款之后，银行仍然会维护这些贷款——它们会按月收取利息，然后把这些钱转给养老基金。收集和管理信息与数据的成本大幅降低使得证券化成为了可能。结果，更多的资金流入了住宅贷款、汽车贷款以及其他容易打包在一起的贷款中。

与将无数的10000美元贷款和20000美元贷款捆绑在一起形成一笔大贷款相对应的是，传统的证券（如100000美元的国库券）可以被拆分成若干不同的证券。由美国财政部发行的传统的长期债券每年支付两次利息，债券的持有者将在30年后获得本金的支付。这种证券拥有60张息票，每一张息票就像是一张来自美国财政部的填有日期的支票，在规定的日期支付利息，如未来30年中每年的1月15日和7月13日。投资者常常将他们的债券放入一家银行的保险箱内，然后每隔6个月去一次银行并剪下代表当前到期的利息支付的息票，这张息票将被存在在银行里，就好像它是一张来自美国财政部的支票一样。

投资银行如高盛和美林会购买这些债券，然后对它们进行“剥离”——它们会将每一张利息支付息票作为一种独立的证券出售。同样，债券的“主体”（corpus）——规定了本金偿还条款的部分——也将作为一种独立的证券出售。因此，30年的债券将变成61种不同的证券——第一张息票、第二张息票、第三张息票，直到第60张息票，债券的主体将成为第61种证券。这些证券中的每一种都是独立出售的，个人投资者可能会购买其中的几种。投资银行预期销售这61种独立证券（零息）的总收入将会高于将债券和息票一起出售的收入——而且高于他们购买债券时支付的价格，否则为什么要不辞辛苦地剥离息票呢？

购买零息债券的投资者的收益来自于他们支付的较低的初始价格与这些息票到期时的面值之间的差额。

投资者受到零息证券吸引可能出于几个原因。零息证券为匹配特定证券的支付日期提供了一种简单的方式。例如，一位新生儿的祖父母可能会购买一种18年后到期的零息证券，到那时孩子可能要上大学了。一对50岁的夫妇可能会购买一份20年后即他们退休后不久到期的息票。另外，零息证券很方便，没有必要到存放保险箱的地下室里剪下息票，因为有效利率已经包含在其到期过程中不断上涨的价格内。另外，零息证券为投资者提供了一种将利息收入进行再投资的非常好的方式，在利率非常高且预期会下降的时候，这特别有吸引力。最后，持有零息证券的利息暂时被当成是一种资本利得，因而税收的支付被推迟到证券被卖出时。后来，国内收入署规定，即使这些收入没有实现，每年的资本利得也要纳税。

各种各样的企业认识到，它们能够以低于传统债券利率的利率发行零息债券，零息债券提供了一种简便的方式，使它们不必立即支出现金而进行融资。当债券到期时，其他人就会担心向债券持有者支付的资金从何而来。购者自慎。

19.7　指数基金

人们经常提出的一个问题是："股票投资高手"是否可以战胜市场——在长期中，个人和企业是否能够选择一个收益率高于"市场总体收益率"的股票投资组合。金融产业主要建立在这样的观点上：挑选股票可以获得正收益——成千上万名分析师以挑选股票战胜市场为生，而且有些人过得非常好。玩世不恭者会说，他们的高收入反映了他们为其企业带来了大量的佣金收入，这些企业的客户拥有的游艇数应该同这些企业的经理拥有的游艇数进行比较。

某些研究表明，大约有50%的共同基金没有达到整个市场的平均收益率。作为对那些股票投资高手的怀疑以及计算成本降低的共同结果，一个新的金融服务业的部门出现了，它能使个人购买"市场的一部分"。这些指数基金模拟市场，它们根据个别企业（如埃克森石油公司和通用电气公司）的市值占所有股票总市值的比率来选择股票。指数基金方法的一个重大优势是其交易成本远低于一般共同基金的交易成本，部分原因在于：与普通的共同基金相比，它的交易相对较少，研究和管理成本也比较低。

指数基金方法已经扩展到不同的市场细分中。例如，一支共同基金可能会采纳指数的方法，选取道琼斯指数中的30种股票，或100家最大的公司，或选取某一国家或全球范围内的某一产业中的企业。

19.8 掉期

外汇掉期和利率掉期也是20世纪80年代发展起来的主要新金融工具。我们先看一看外汇掉期。

假设汉莎航空公司购买了一架波音747飞机，购买价格中的一部分由美国进出口银行（US Export-Import Bank，ExImbank）提供融资，贷款的条款规定，在以后的8年中，每半年要支付一次本金和利息。因此，汉莎航空公司可能会认为它在美元上面临着外汇风险。它可能持这样的观点：它从事的业务是把人们装在一个细长的铝质管道中，从一个地方运送到另一个地方，而不是在外汇上进行投机，因此它可能会试图降低其外汇风险。

同时，有一些美国的航空公司从欧洲的空中客车公司购买飞机，购买价格的一部分通过向德国和法国政府所有的出口信贷机构借款而进行融资，这些机构类似于美国进出口银行。支付条款有可能是类似的，而差别在于美国的航空公司需要以欧元每半年付一次款。这些美国航空公司几乎肯定希望对冲其外汇风险。

外汇掉期使得汉莎航空公司和美国的航空公司能够抵消其外汇风险。汉莎航空公司与德意志银行、摩根大通银行或其他最大的30家商业银行之一签订外汇掉期协议，从而获得承诺，在未来8年中每年的两个支付日期以特定的汇率将欧元兑换成美元。美国的航空公司与同一家银行签订相反的掉期协议，以确定在未来8年中每年两个支付日期公司将美元兑换成欧元时的汇率。因此，各家公司都同银行对冲了其外汇风险，而银行则签订了两个掉期协议，它们具有相反的特性。如果银行事先做好了准备，则它不会面临外汇风险。

这些掉期具有一些标准的特性。支付每年发生两次，期限为8年。掉期都是以名义值计算的，但本金数额则不会掉期，掉期的只是有效的利息支付。

作为中间人的银行希望得到以不同货币买卖这些付款之间的差价。银行面临着两种风险——掉期的一方可能会破产的信用风险，以及无法兑现外汇的风险（这是不对称的，如果掉期是有利可图的，则破产的企业可能会履行掉期，因为它同意购买的货币的价格高于掉期合约中隐含的价格）。由于企业没有能力完成合约，银行可能会面临外汇风险。

利率掉期具有同样的特性——掉期的双方签订合约以互换一系列未来的支付。让我们以美国的一家典型的储蓄与贷款机构为例，它持有大量固定利率的20年期和30年期的抵押贷款。这些抵押贷款的利率在合约有效期内不能改变。相比之下，储蓄与贷款机构的存款负债的利率则经常改变。因此，储蓄与贷款机构面临着利率风险。这家机构将签订一份掉期协议，以支付固定的利率，并收到浮动的利率，以此作为降低利率风险的一种方式。储蓄与贷款机构的成功取决于作为中间人的银行在寻找愿意接收浮动利率并支付固定利率的企业的能力——这跟储蓄与贷款机构的支出和收入正好相反。

某些长期借款人如世界银行就处于这一地位。因此，这些企业中的每一家都与作为中间人的一家银行签订掉期合约。外汇掉期和利率掉期都能够降低参与企业的风险。

19.9　衍生品与期权

获得广泛发展的新产品之一是期权。期权合约已经存在于债券、股票和外汇期货合约中。考虑一个期权：当某人有兴趣购买第五大街和缅因街拐角处的一所大房子时，他就会买入期权。30万美元的价格很合理，但他需要几周的时间处理一些乱七八糟的事情，然后才能着手准备购买。因此，他向房主支付2500美元，以获得以30万美元购买这所房子的30天的期权。这一期权合约具有3个特性——期权的买方向期权的卖方支付一笔钱（权利金）、期权的截止日期（30天），以及如果期权被执行，期权持有人将向资产所有者支付的价格（敲定价格）。

外汇的看涨期权（call options）是这些新工具的一个实例。假设ABC制造公司认为欧元将要升值。它可以在外汇现货市场中买入欧元，也可以在远期外汇市场中买入欧元。反过来，如果欧元贬值，那么ABC公司将会赔钱。因此，ABC公司购买一份欧元的看涨期权。ABC公司向第一国民银行支付

300 美元的权利金（premium）以获得在 3 个月内以 1.25 美元兑换 1 欧元的比率购买 50000 欧元的权利。在这种情况下，如果欧元贬值，那么 ABC 公司只会损失购买期权的权利金。相反，如果欧元上涨到敲定价格之上，则 ABC 公司执行期权，并以敲定价格获得欧元。

看涨期权的卖方通常持有欧元，并受到来自 ABC 公司权利金的激励。或者期权的卖方可能认为欧元将贬值，因此它不大可能被迫支付欧元：卖方同样受到权利金收入的激励［在前一种情况下，卖方沽出"备兑期权"（covered option），而在第二种情况下，卖方沽出"无保护期权"（naked option）］。

反过来，假设 ABC 公司持有以欧元标价的证券，并且担心欧元可能会贬值。为了限制其损失，ABC 公司会购买欧元的看跌期权（put option）。ABC 公司向看跌期权的卖方支付一笔权利金。如果欧元贬值，则 ABC 公司以敲定的价格将欧元卖给看跌期权的卖方，以使其因欧元贬值的损失得到限制。看跌期权的卖方受到权利金收入的激励。在某些情况下，看跌期权的卖方可能持有欧元的空头头寸。在这种情况下，卖方会得到对冲，因为来自其空头头寸价值下跌的收益将会抵消交割欧元而造成的损失。在其他情况下，卖方可能认为欧元不大可能贬值，因此他会沽出"无保护期权"。

欧元的看涨期权和看跌期权可以以不同的到期日和不同的敲定价格获得。有时候，敲定价格可能低于期权的市场价格，因此这一期权被称为"实值期权"（in the money）。没有立即可以获得的利润，因为敲定价格与市场价格之间的差别少于期权收取的权利金。如果敲定价格与市场价格差别明显，则期权为"虚值期权"（out of the money）。到期日越遥远，给定的敲定价格的权利金就越高。

期权存在于各种货币、政府债券、企业股份、企业的投资组合、国库券、欧洲美元存款、黄金、白银以及其他各类大宗商品中。银行和其他企业交易期权是因为它们能够带来大量的额外收入。个体企业和投资者喜欢期权是因为它们提供了一种转移风险的方式，它可以将风险转移给那些更愿意承担这些风险的企业或个人，当然要付出一定的代价。出售期权的企业之间的竞争使得它们的价格相当低。投资者还可以基于整个市场来购买期权。如果期权被执行，则投资者得到的就是一份包含各种股票的投资组合的指数基金。

19.10 “正在崩溃的卡片屋?”

20世纪90年代，我们对对冲基金的观察结果之一是：作为一个整体，它们获得了很高的回报。由于“天下没有免费的午餐”这种说法也适用于金融市场，因此我们可以断定它们必须承担极高的风险。对冲基金持有者和它们的投资者获得的高额回报反映了这些基金巨大的杠杆。每次开发出一种新的金融工具，人们都会担心系统会变得风险更高，“正在崩溃的卡片屋”这种比喻会再次被提出来。从前的比喻“倒金字塔”一直被用于欧洲美元市场。人们担心金字塔底层的一两张卡片会弯曲，位于它们上面的卡片尽管被安放在恰当的位置上，但仍然会倒塌。

答案的一个方面取决于市场系统固有的风险是否集中在少数企业和个人身上，以及这些企业和个人的投资组合中的风险是在提高还是在降低。通常，创新通过允许企业和个人以较低的成本来对冲其风险从而降低风险。然而，金融创新还使得某些企业和个人能够获得更高的风险，特别是通过沽出“无保护期权”来获得权利金收入。如果标的证券的价格变化与预期价格变化相差很大，那么它们就会遭受巨额损失，某些企业（甚至是很多企业）会破产。据报道，瑞士三大银行之一的瑞士联合银行（Union Bank of Switzerland）就因期权定价错误而损失了10多亿美元，并且由于其资本状况受到侵蚀而不得不寻求与其他大型瑞士银行进行合并。

如果一个大型市场参与者蒙受了损失并破产，那么这些损失就要由合约另一方的企业和个人承担。这些企业和个人中的某一些有可能被迫破产，因为合约没有被履行。但是，更可能的情况是：对方能够消化这些损失。多年来，对冲基金获得了高额收入，因为它们赚取了收益更多的高风险资产中内含的风险溢价（risk premium）。随着这些基金的成功，它们的规模和数量也有所增大，因此它们在特定的交易中采用更大的头寸。垃圾债券市场为我们提供了一个例子：多年来，垃圾债券的投资者获得了高额的回报，因为发行这些债券的企业表现都很好。但是，在衰退期间，发行此类债券的大量企业破产，与以前经济繁荣时高水平的利息收入相比，垃圾债券的持有者遭受的损失也很大。米尔肯的财富大部分没有受到损害。

另一个例子是销售水灾保险的公司。在许多地方，洪水很少发生，因此多年来——实际上是在洪水发生之前——与支付的水灾赔偿金相比，这些基金的保险费收入要多得多。但是，当水灾发生时，就要当心了。

当这些基金赢利时，它们的资本会增加。因为它们的杠杆率很高，因此它们的购买会提高资产价格。另外，它们的行为中存在着某种程度的羊群效应，因此它们可能会在同一时间购买相同或类似的证券。当这些基金在某些合约中遭遇损失时，它们可能会受到追加保证金（margin calls）的限制，因而可能会卖出其部分或所有头寸，或者向它们的对手支付额外的资金。面对追加保证金的要求，通常的反应是首先卖出大部分流动资产或头寸，以最小化与这些卖出相关的反向价格变动。如果大型对冲基金的资本因反向价格变动而减少，且它们卖出资产以增加现金，则它们卖出其最具流动性的资产的可能性会很大——这会造成这些资产价格的下降。

在金融中存在着一个基本的命题：在长期中，证券的回报率不可能超过实际资产的回报率。金融资产的回报率是红利，资本利得，投资者持有股票、债券、存款及其他金融工具的利息，以及通过持有共同基金和养老基金份额获得的收益（相对于其年初投资的价值）之和。实际资产的回报率可以被看成是与企业生产性资产相关的利润和利息支付。这种说法背后的逻辑是：投资者以红利、实现的资本利得和利息形式获得的现金必须来自于某个地方，支付这笔资金的人必须通过有利可图的投资赚到这些钱。因此，实际回报率建立在潜在的经济生产率的基础之上，并可以被看成是国民收入的增长率——实际上是国民收入增长率根据劳动力的增加进行调整后的增长率。

在某些年份，投资者收入中的很大一部分来自于资本利得——股票、债券和不动产价格的上涨。这些收益的一般性基础是：这些股票、债券和不动产的购买者或者是寻求与这些资产相关的未来现金收入，或者是将这些资产卖给寻求未来现金收入的人而获得收益。在某些情况下，企业通过回购股份向股东提供现金，或者将其作为红利的替代品（资本利得的税率较低），或者作为红利的补充。最后，投资者想要得到现金或可以立即转换成现金的票据。

我们的基本命题似乎与20世纪80年代和90年代的数据——至少是大部分国家的数据——相矛盾，因为股票、债券和不动产的回报率平均达到15%或20%或更高，而实际增长率平均仅为3%~6%。出现这种矛盾的部分原因在于：股票、债券和不动产是以货币衡量的，而实际资产的回报率包含着针对通货膨胀的调整。可比性原则暗示，股票、债券和不动产的回报率应该减去通货膨胀率——或者，实际资产的回报率应该加上通货膨胀率。

但是，即使经过这种调整，股票、债券和不动产的回报率仍然显著高于经济增长率。造成这种差异的部分原因——可能是绝大部分原因——可以由下列事实来解释：在高通货膨胀的20世纪70年代，由于这些资产的价格下降，股票和债券的回报率（不是不动产的回报率）明显低于实际经济增长率。因此，20世纪80年代和90年代股票及债券的高回报率部分反映了某种形式的“补涨”。

美国和其他一些国家股票的高回报率可能反映了“非理性繁荣”（irrational exuberance），以及投资者因为预期股票价格将持续以每年20%的速度提高而不断购买股票。20世纪80年代末，这种股票投资方法在日本非常盛行，而在整个20世纪90年代，股票和不动产价格的增长一直是负值，实际回报率也只是略高于0。

由于股票、债券和不动产的高收益率导致的交易十分活跃，20世纪80年代和90年代，金融服务业一片繁荣。与其经纪功能相关的佣金收入、它们自己的交易利润、在资产价格不断上涨的情况下持有股票和债券而获得的资本利得，这一切使得这些公司的收入大增。投资者愿意——或者是勉强愿意——同投资银行、经纪公司和对冲基金分享他们的一些收益。在这个资产价格持续上涨的时期，与风险较低的资产相比，由于高风险资产的价格上涨得更多，因此对冲基金获得了超常的回报，这些基金的资本结构及其高杠杆率表明，它们持有更多的多头头寸，而持有较少的空头头寸。

当证券回报率相对于实际资产回报率的长期增长时期结束时——我们可以保证它肯定会结束——金融服务企业的回报将减少，而且有可能大幅减少。在这种新环境中，尽管一般来说股票和不动产的价格会上涨，但资产价格通常会下跌。建立一个计分卡来记录对冲基金是真的获得了超常回报，还是它们在20世纪80年代和90年代取得的巨大成功只是反映了高杠杆和资产价格的普遍上涨，这将是一件很有意思的事情。

第 20 章

为什么跨国公司大多是美国企业？

读者请注意：本章的标题取自本书的第 1 版，考虑到外国公司（特别是日本以及英国的公司）对美国企业的快速兼并，这个标题似乎过时了。索尼公司收购了哥伦比亚唱片公司，后来又收购了哥伦比亚影业公司。松下电器收购了好莱坞另一家重要的电影制片厂 MCA-Universal。普利斯通轮胎（Bridgestone Tire）收购了风驰通轮胎（Firestone Tire）。这些交易都成为了各大报纸的头版新闻。在 20 世纪 80 年代后半段，通常每年都会发生上千次此类收购，其中 30% ~40% 的收购是由总部位于日本的企业进行的。美国企业继续扩张其外国投资，但这些投资的增长率被外国企业在美国的投资增长率所淹没。一个突出的特征是：这些外国在美国的新投资的很大一部分涉及收购美国现有的企业，而相比之下，美国企业到国外时，它们通常需要在“绿地”（greenfields）上建造新的工厂。

因此，继续采用第 1 版的标题似乎有些奇怪。请继续读下去。20 世纪 60 年代末，欧洲最畅销的图书之一是《美国的挑战》（*Le Défi Américain*）。该书的作者是让—雅克·塞尔旺—施莱伯（Jean-Jacques Servan-Schreiber，JJ-SS），他是《快报》［*L'Express*，《时代》（*Time*）杂志的法国模仿版］、《拓展》［*L'Expansion*，法国版的《财富》（*Fortune*）］的出版商，并一度在法国模仿《哈佛商业评论》（*Harvard Business Review*）。塞尔旺—施莱伯精力充沛，但缺乏独创性。到 1981 年，《美国的挑战》过时了，他又出版了《世界面临挑战》（*Le Défi Mondial*），后来又出版了《宇宙面临挑战》（*Le Défi Intergalatic*）。

《美国的挑战》的核心论点引人注目。在美国和前苏联之后，世界上第三大经济力量是在欧洲的美国企业。作为证据，塞尔旺—施莱伯列举了美国企业的子公司在欧洲产业中日益重要的地位，特别是在计算机和电子等高技术领域中。

这些美国企业突出的特征是：在欧洲各国整合其生产与营销方面，它们远远领先于英国、法国和德国的竞争对手。国际收割机公司（International Harvester，现在被称为 Navistar 公司）法国工厂生产拖拉机的变速器，而其德国工厂生产发动机，这些工厂将其产品出口到其他工厂。IBM 欧洲公司利用欧洲各国工厂生产的部件组装其计算机。实际上，该公司在欧洲的生产线延伸到 7 个国家。

塞尔旺—施莱伯提倡进行无数种变革以协助欧洲应对美国的挑战。欧洲企业应该变得更像美国企业——更多像哈佛之类的商学院、更多像埃克森公司职员那样的专业管理人员、像 ITT 公司那样更分散化的公司决策，以及像 IBM 公司那样支付更多的研发经费。

1902 年，伦敦不太畅销的图书之一是《美国入侵者》（*The American Invaders*），其作者是一位担心美国会对英国工业造成威胁的英格兰人麦肯齐（F. A. McKenzie）。他写道，美国人"由于在教育上的优势、愿意接受新理念、不受传统的束缚，因而正在欧洲取得成功"。美国企业至高无上的地位部分反映在美国的出口方面，部分反映在美国企业的欧洲子公司的增长方面。麦肯齐注意到了美国企业在新产业中的支配地位：将电应用于牵引、打字机、汽车以及机床上。

塞尔旺—施莱伯从来都不认识麦肯齐，也没有读过《美国入侵者》。否则，他就需要解释为什么 1902 年后，经历了两次世界大战，并且过了 65 年，美国企业只拥有欧洲企业资产的 5%，而在欧洲的出口中只占 10%。另外，他还需要解释为什么 20 世纪 70 年代初美国外国投资占其 GDP 的比率明显低于 1913 年的这一比率。

在预测美国将主宰欧洲工业方面，麦肯齐有些仓促。塞尔旺—施莱伯也是如此。尽管早在 1850 年少数美国公司就在欧洲建立了分支机构，且在 19 世纪末，其直接外国投资（direct foreign investment，DFI）有所增长，但直到 20 世纪 20 年代，美国的直接外国投资都是适度的，并且主要局限在参与原油开采与生产的企业中。这些企业对其"上游企业"进行了整合，以便为美国市场进行生产。20 世纪 20 年代，美国在海外（特别是在欧洲）制造业的投资大幅增长。20 世纪 30 年代至 20 世纪 50 年代的大部分时间，因大萧条和第二次世界大战，外国投资较少。实际上，在 20 世纪 30 年代，许多美国企业卖掉了它们在前 10 年间收购的欧洲子公司。但从 20 世纪 50 年代末开始，美国的直接外国投资飙升，美国企业收购了许多外国企业，并在海外建立了新的工厂。

20.1 直接外国投资

到 1970 年，加拿大全部制造企业中的很大一部分都被外国企业（特别是美国企业）所有。实际上，在某些加拿大产业中，超过 3/4 的本地工厂都被外国企业收购了。“新”产业中的美国企业持续大量地向海外投资，就像它们在麦肯齐时代所做的那样，而主要差别在于：这些新行业是制药业和计算机业，而不是将电力应用于牵引。但是，在传统行业中（如酒店管理和食品加工、汽车、肥皂和牙膏），美国的企业在海外已经扎下了根基。在美国之外，希尔顿酒店（Hilton Hotels）、假日酒店（Holiday Inns）、麦当劳餐厅和温迪汉堡（Wendy's）的数量在快速增加（假日酒店现在已经归一家英国企业所有）。

1960 年，所有国家企业的直接外国投资加在一起约为 750 亿美元，其中美国企业占了一半多一点，英国企业占 10%。在美国的外国投资中，有 40% 投入了制造业，10% 投入了石油业，将近 10% 投入了采矿业。20 世纪 80 年代前，德国和日本企业的外国投资很少，而从那以后，它们的投资开始快速增加（成为战争失败方的代价之一就是：国内企业的外国子公司几乎总是被别人据为己有——对于德国企业的股东来说，这一代价是很高的）。1973～1978 年，美国直接外国投资的数量增加了 2/3，而在同一时期，在美国的外国投资翻了一番。20 世纪 80 年代，美国直接外国投资继续以与 20 世纪 70 年代相同的速度增长，但相比之下，在美国的外国投资却大幅增加，特别是在这个 10 年的后半段时间里。在美国投资的主要是日本和英国的企业，另外还有德国、瑞士和荷兰的企业，但它们的数量较少。

来自少数国家（美国、英国、芬兰、瑞士、瑞典和日本）的企业占直接外国投资的绝大部分。在某些行业中（铝、石油），外国投资非常普遍，而在其他行业中（纺织业）则很少。荷兰企业（联合利华、壳牌石油和飞利浦公司）是外国投资的大户，而比利时的企业则不是。瑞典企业是大型海外投资者，而丹麦和挪威的企业则不是。

20世纪70年代末，外国企业开始快速增加其在美国的投资：它们准备好在美国企业的后院同其展开竞争。英国石油公司收购了辛克莱石油公司（Sinclair Oil），然后开始收购俄亥俄标准石油公司（Standard of Ohio），并最终收购了阿莫科公司（Amoco）。英国主要的化学品公司帝国化学工业公司（Imperial Chemicals）收购了阿特拉斯化工公司（Atlas Chemical），当时从销售额衡量，这家公司在美国排名第20位。德国的化学品公司巴斯夫（BASF）收购了怀恩多特化学工业公司（Wyandotte Chemical）。化学工业是真正国际化的，因为美国企业投资中的很大一部分是在外国完成的，同样，欧洲企业投资的很大一部分也是在其他国家进行的（令人感到奇怪的是，与在其他行业中的外国投资相比，日本企业在化学工业中的外国投资相对较少）。日本三大电子产品企业之一松下公司（Panasonic）收购了摩托罗拉公司的Quasar分部①，而索尼公司收购了沃里克电子公司（Warwick Electronics）。瑞士企业雀巢公司（Nestle）的一个子公司成功收购了总部位于芝加哥的食品加工企业Libby, McNeill & Libby公司。美国最大的食品零售商之一Grand Union公司被一家法国和英国的联合企业收购。伦敦的帝国集团（Imperial Group）收购了豪生酒店（Howard Johnson's）——然后又把它卖掉了。大众汽车公司在宾夕法尼亚州建立了一家年产20万辆汽车的工厂。丰田、日产、本田、三菱和马自达公司都在美国建立了汽车生产厂。美国主要的药品供应商中有3家——汽巴—嘉基（Ciba-Geigy）、罗氏（Hoffmann-La Roche）、山德士（Sandoz）——是瑞士企业。比利时石油公司Petroina开始在美国进行提炼和分销。欧洲对美国市场的渗透已经走得很远，以至于Good Humor公司也成为了总部位于利物浦的托马斯·李普顿（Thomas Lipton）茶叶帝国的一部分。

尽管1920~1980年间美国企业获得了先发优势，但目前在美国的直接外国投资要大于美国的直接外国投资。作为对市场力量的回应，特别是对欧洲因第二次世界大战后的恢复而带来的更快速增长的预期，以及对欧洲共同市场发展的乐观预期，美国的外国投资在20世纪50年代末和60年代出现了大幅增长。许多美国企业有时候被看成是在追随其行业中的领导者。如果这一观察是正确的，那么“领导者”的外国投资的动机就需要得到解释。如果市

① 美国摩托罗拉公司的家用电子部门——译者注。

场时机不恰当，“追随”策略的代价有可能很高。

随后，20 世纪 60 年代末，对美元的持续高估诱使美国企业更多地在海外进行投资以获得出口市场。最初，这些企业通过美国的工厂供应外国市场。但是，随着美国的成本不断增加，美国的工厂丧失了它们的竞争优势——不论是在美国市场中还是在外国市场中——企业需要到海外进行生产以保护其市场份额。于是，美国的一些企业开始到海外进行投资，以保护它们在美国市场中的份额，因为美国国内的生产成本快速提高。因此，美国电子产品企业在远东地区建立了生产和装配厂，以保护它们在美国市场中的地位免受日本企业的威胁。

20 世纪 70 年代，美元相对于欧洲货币和日元的贬值降低了美国企业投资海外的积极性。随后，德国和日本企业开始在美国进行大量投资。大众汽车公司以前是通过从德国出口来供应美国市场，现在则决定在美国建立一条装配线。正如美国企业随着美元被高估而增加其外国投资一样，德国、日本和其他国家的企业随着美元日益被低估而增加了其在美国的投资。外国企业在美国的投资开始以 3 倍于美国海外投资的速度增长。外国人来了。

20.2 新帝国主义

随着民族主义压力的增加，外国投资以及投资所在国和来源国之间的关系受到重大挑战。到 20 世纪 60 年代末，当塞尔旺—施莱伯的著作出版的时候，国内企业和资源被外国企业（特别是美国企业）所有在很多国家已经变成了一个敏感的政治问题。加拿大是否由于很大一部分生产设施被美国企业所有而变得更糟糕？许多加拿大人（包括很多加拿大经济学家）都是这样认为的。加拿大和其他投资所在国担心那些巨型跨国公司（特别是美国的跨国公司）的活动是一种新型的帝国主义，比 19 世纪末的炮艇更阴险。许多国家（主要是发展中国家，但也包括法国和加拿大）的民族主义者都抱怨将主权拱手让给了大型跨国公司。民族主义的压力特别直接地针对参与发展中国家资源开采的企业。秘鲁没收了埃克森公司在当地的分公司国际石油公司（International Petroleum）以及格雷斯公司（W. R. Grace）的一些资产。玻利维亚接管了海湾石油公司（Gulf Oil）在当地的运营。在智利，爱德华多·弗雷（Eduardo Frei）领导下的基督教民主党政府收购了阿纳康达矿业公司（Anaconda Mines）的 50%，后来，萨尔瓦多·阿连德（Salvador Allende）政府国有化了阿纳康达公司剩下的部分以及大多数其他外国公司的矿山。墨西哥和许多其他发展中国家限制合资企业中的外国所有权。委内瑞拉的雨果·查韦兹（Hugo Chavez）也使外国跨国公司特别是美国跨国公司的经营遇到了麻烦。

有时候，在海外进行投资的公司的总部所在国也担心外国投资，特别是对国际收支平衡、失业率和税收的潜在影响。美国的工会——以及它们在美国国会中的许多朋友——认为，墨西哥加入北大西洋自由贸易协议（North Atlantic Free Trade Agreement，NAFTA）意味着美国企业将增加在墨西哥的投资，既供应墨西哥市场，也供应美国市场。

20.3　市场渗透的模式

需要说明的是：从 20 世纪 70 年代末开始，特别是在 20 世纪 80 年代后半段，直接外国投资的模式为什么变化如此之大。在 1988 年或 1989 年，塞尔旺—施莱伯可能会写一本《日本的挑战》（*Le Défi Japonais*）——或者可能写一本《中国的挑战》（*Le Défi Chinois*）。但是，日本的威胁消失了，因为在 20 世纪 90 年代，日本企业的外国投资骤然下降，就像以前其投资突然增加一样。20 世纪 90 年代中期，作为对市场力量而不是计划的响应，一些韩国企业的外国投资出现了大幅增长。

如果不首先考虑其特性，那么我们就无法解答"为什么一家企业会在一个或几个国家收购生产设施"这一问题。一家企业由一系列参与生产和营销的个人构成，他们不同的活动是由核心管理层进行协调的。管理人员采购某些投入品以生产各种产出。企业内的大多数生产活动可以从其他企业以模块化的方式进行采购。管理人员可能会雇用一家公司进行新产品开发，雇用另一家企业进行生产，再雇用一家企业进行销售。是在企业内部从事某一活动还是在"市场上"购买相同的活动，这一选择通常是根据成本做出的，竞争迫使企业做出低成本的选择。某些杂志——如《花花公子》（*Playboy*）和《阁楼》（*Penthouse*）——主要从事剪刀加糨糊的工作，一个小规模的编辑委员会从自由作家手中购买大部分故事和图片。相比之下，《时代》（*Time*）和《新闻周刊》（*Newsweek*）曾经保持着一个庞大得多的编辑团队，差不多所有的故事都是由他们编写的。美国的卡车生产企业更像是《花花公子》杂志，因为它们只是将由其他企业生产的组件组装在一起，而相比之下，美国的小轿车生产企业则倾向于生产汽车的大部分基本零件（传统上，美国汽车企业间也存在着巨大的差异，因为与通用汽车公司相比，克莱斯勒公司的外包更多一些，但近来通用汽车公司也增加了其外包）。

每一种类型的企业都具有某些优势——管理与财务技能、营销和工程诀窍，以及客户忠诚度。企业可以被看成是生产技能、营销技能、财务技能或组织技能的集成，这些标签表明了它们相对于竞争对手的优势。由于竞争对手不断侵蚀它的优势，因此企业必须通过不断开发新的优势并利用其在新市场中（包括外国）已经建立的优势来巩固自己的市场地位。

当一家企业考虑扩张到外国市场时，它必须专注于以最有效的方式利用其竞争优势：它可以从国内工厂出口，也可以在外国市场中生产，或者将其知识和其他优势卖给在这些国家拥有生产设施的企业。如果企业决定在海外进行生产，那么它必须考虑是否同东道国企业建立一家合资公司。这一选择取决于各种经济上的考虑，也可能取决于政治上的考虑。

最初，企业可能通过出口其国内工厂的产品来供应外国市场。然后，当在外国的销售量足够大之后，企业就可能在海外建立一家工厂来为外国的客户进行生产。或者企业可能收购一家早已建立的外国企业。起初，在外国的生产可能只涉及对进口部件进行装配，以节约运输成本和关税。例如，制药公司将药品重新封装在较小的瓶子里，汽车公司将组件装配成小轿车和卡车。

随着外国市场规模的扩张，尽管母公司可能会继续提供高级管理、技术知识和某些财务支持，但产品中更多的部件可能会在本地生产。东道国工厂产出规模的增加会降低单位生产成本，这一子公司的产出可能会补充（并有可能会完全替代）从母国工厂的进口。

在某一时刻，外国子公司的生产成本可能会开始低于本国工厂的生产成本，而企业可能会开始利用外国子公司供应全部国内市场。福特公司就是从其墨西哥子公司进口 Escort 型车来供应美国市场。某些美国电子产品公司在中国台湾地区、韩国、新加坡和马来西亚为特定的产品生产部分或所有部件，然后，这些部件被运送到美国组装成最终产品。

20.4　生产的整合

位于不同国家的生产活动的广泛整合是最近的一项创新。最初，许多产品的市场是区域性的，而本地的大部分需求是由附近的工厂生产的产品满足的。进口量很小。每一个小镇都有屠夫、面包师、烛台制造者，以及制鞋匠、裁缝、雪茄生产者和酿酒厂，与大规模生产相关的成本降低潜力很小。即便有可能节约生产成本，但控制分散在不同地点的大规模生产运作造成的额外成本可能会超过大规模生产带来的节约。

最近150年的变化是：技术发展既极大地增加了与大规模生产相关的节约，也降低了协调远距离活动的成本。因此，在牙买加开采的矾土被运到东边的委内瑞拉进行精炼以利用由卡罗尼河（Rio Caroni）发出的成本很低的电力。一些美国的电子产品企业一度曾经将部分组装好的无线电接收机通过空运的方式运送到韩国，以便由熟练的、成本相对较低的工人进行进一步处理。日益复杂的产品（其单位价值更高）再加上大幅下降的运输和通信成本，使得企业面临的在市场或原材料产地开展生产活动的压力减小了。相反，生产可以转移到单位生产成本最低的地区。在银行业中，这些技术的变化增加了市场的规模，地区性市场被组合成全国市场，而全国市场被组合成国际市场。

国内市场的扩张刺激着企业整合其在不同国家的活动。在某些国家，企业可能既进行生产也进行销售，而在另一些国家，它可能只进行销售，在其他国家，它可能只进行生产。区分美国、英国和瑞士企业生产的一种产品在全球市场中所占份额以及各国由国内企业和外国企业生产的总产量在全球市场中所占份额是非常有用的。解释特定的产品在哪里生产的因素与解释由国内企业和国外企业所拥有的特定国家的市场份额的因素很可能是不同的。塞尔旺—施莱伯专注于产出的份额，这正是美国企业在欧洲所做的一切。然而，美国企业主要在欧洲进行生产，以满足欧洲市场的需求，欧洲企业传统上通过从其国内工厂出口来满足美国的市场需求。通用汽车公司和福特汽车公司在英国和德国拥有大型子公司，这是它在20世纪20年代收购的。20世纪80年代，规模更大的日本汽车公司——丰田、日产、本田和三菱——在美国建立了工厂。

20.5 企业为什么要投资海外？

对利润的预期刺激着大多数企业的投资决策。但有一些例外：有些决策是为了满足虚荣心而做出的。伦纳德·伍德（Leonard Wood）将军在墨西哥和中美洲的其他地方建立了西尔斯百货商店，因为他希望将美国的国旗能够插到美国国界南部的地区。出于国家自豪感，法国航空公司保留着一些亏损的航线。一些公司到海外投资可能是因为公司总裁喜欢每年两次的马德里或佛罗伦萨之旅。对这些非经济投资决策的特别解释的列表很长，而某些投资实际上可以由一个或几个因素来解释。但是，大多数非经济投资只占企业活动的很小一部分，否则就会严重降低企业保持其市场份额的能力。

由于各国间外国投资的模式不是随机的，因此对于大多数（不一定是全部）外国投资肯定存在着一种系统性的解释。

20.6 补偿性优势与优势理论

与东道国的竞争对手相比，在欧洲竞争的美国企业通常处于劣势，因为它们会发生一些东道国竞争对手没有的成本。同样，在美国进行生产的日本企业的生产成本也会高于其美国的竞争对手——除非它们把工厂建在工资率和税率低于美国竞争对手的地区。如果要与美国母公司的活动相协调，那么美国公司设立在欧洲的子公司就必须由位于纽约、洛杉矶或得梅因的母公司进行管理。美国在欧洲的管理人员的工资可能是类似的欧洲管理人员工资的数倍。美国的管理人员还有住房津贴、旅行补助和教育津贴。由于这种成本劣势，拥有外国子公司的企业必须具有某些优势，才能使它们的利润率与东道国竞争对手的利润率持平。

对于在美国收购了子公司的欧洲和日本企业，类似的说法也是成立的。这些企业相信，通过在美国进行生产而不是通过出口来满足美国市场更有利可图。这意味着除非它们具有一种补偿性优势（compensating advantage），否则它们的利润将低于其美国竞争对手。

投资来源国的企业（即在海外建立生产设施的企业）具有三种可能的、非排他性的优势。根据塞尔旺—施莱伯的说法，美国的优势在于产品，再加上管理诀窍和灵活的商业模式。美国的商人可能具有特殊的竞争力。优势理论存在的问题在于：它暗示大自然在禀赋的分配上存在着偏好。如果美国人作为管理者最有优势，那么对于欧洲企业来说，成本最低的方法就是尽量多雇用美国经理。有些企业是这样做的，一些传授美国管理经验的咨询公司（如麦肯锡、博思艾伦和波士顿咨询集团）在欧洲大行其道，这也算是欧洲企业引进美国经理的一种替代措施。对于优势假设的其他反对观点包括它无法解释为什么某些行业的外国投资很多而某些行业很少——而且也无法解释为什么荷兰和瑞士会大量进行外国投资，除非荷兰和瑞士也具有优势。另外，如果这一观点是正确的，则它意味着美国商人的优势在 20 世纪 80 年代大幅下降，而日本商人的优势则提高了。而且，在某种程度上，日本企业所谓的优势在 20 世纪 90 年代初肯定受到了抑制。

实际上，这一“理论”不过是一种无谓的重复——它只是说某些国家的企业管理者具有优势，而他们具有优势的证据就是他们在海外进行了投资。

第二种解释是投资来源国的企业具有专利或技术诀窍、营销技能或其他企业特有的优势。在一些产业中，这些优势可能来自于美国政府的大型国防和空间项目，但这一论据与福特汽车、通用汽车、花花公子俱乐部、假日酒店、可口可乐、货币中心银行、食品加工企业等的外国投资活动无关。当然，这些优势可能反映了这样一个事实：美国企业的工资水平相对较高，这促使它们更加关注通过开发节约劳动力的流程来降低成本，同时，激烈的竞争迫使美国企业针对已经存在的或新产生的需求开发新产品。因此，与其他国家的企业相比，美国的企业倾向于更快速地培养“优势”。一旦这些新产品和新流程被开发出来以满足美国国内市场的需求，这些企业就会努力利用这些优势来满足外国市场的需求。这一解释针对的是市场份额问题。

有一些因素可以解释美国企业所具有的优势，这些因素大概也可以解释荷兰、瑞士和瑞典企业所具有的优势。解释美国企业建立起这些优势的因素大概也可以解释为什么荷兰、瑞士和瑞典的企业同样会建立起能够增加其海外销售的优势。找出这些总部位于不同国家的投资来源国企业间的共性，实际上就是回答如何建立起海外优势的问题。

基于企业特有优势的国际所有权的解释的不足之处在于：它们无法彻底解释与其他国家相比，为什么有些国家能够培养出更多的此类优势。另外，美国、瑞士、芬兰的企业可以将它们的专利、技术诀窍和产品优势卖给外国企业，而不会发生管理海外子公司的成本。实际上，许多美国企业的确将它们的优势授权给外国企业。可口可乐向外国装瓶公司出售其许可证和浓缩液。如果这些优势的售价足够高，那么美国企业就不必承担在海外建立子公司的成本。

不愿意向东道国企业卖出企业特有优势的原因也需要解释一下。一个原因是：企业担心卖出这些优势有可能促进外国企业的成长，而它们有可能成为自己未来的竞争对手。另一个原因是：企业可能发现很难卖出这些优势，或许是因为它们的定义不明确，特别是在研发导致这些优势不断变化，或者它们涉及一些营销诀窍时。因此，每当“诀窍”发生改变时，生产方和买方就可能需要进行新一轮的谈判。企业不愿意卖出其优势的更一般的原因是：这些企业认为，与卖出这些优势相比，如果它们能够建立全资子公司来利用这些优势，它们的收入会更高。

第三个解释是：当在国内市场维持其销售增长率变得越来越困难或成本越来越高时，企业就会到海外进行投资。原因之一可能是国内对其产品需求的增长变慢了，或许是国内市场已经饱和了。人们的直觉是：在企业最初成立的地方，其销售增长迅速。随后，随着在附近地区市场份额的快速增加，企业开始在更远的地方增加其销售。企业的动力在于：在市场份额较小的地区实现给定的销量更容易一些，或者成本更低一些（与在市场份额较大的地区相比）。企业认识到，如果增长率放慢，企业就会老化，企业的人员和工厂设备也会老化。其逻辑是：当企业的销售快速增长时，新员工的年龄相对来说会比较年轻，同时也会对新工厂和设备进行大量投资。随着增长率放缓，劳动力的年龄可能会变得较大，由于工资率的提高有可能超过生产率的提高，因此单位人工成本可能会增加。同样，随着增长率下降，对工厂和设备的投资率也可能下降，生产设施的平均年龄可能会提高，在同一行业中能够维持更快增长率的其他企业将会在工厂和设备上进行投资，并有可能利用最新的技术。

在这种情况下，企业可能会在国内市场中扩张到其他行业——也就是说，企业可能会跨越产业的界限。另外，企业也可能会跨越国界，带着其传统产品扩张到海外。当然，企业可能会同时实现上述两点。对于很多企业来说，由于它们在生产和销售特定产品方面具有专长，因此与在国内跨越产业边界相比，跨越国界可能会更容易一些。

“企业希望维持其增长率以防止老化”这一观点可能能够解释为什么随着企业在现有市场中的份额不断提高，它要不断地拓展新市场，最终，一些新市场将位于外国。这一观点可能解释了为什么企业要开拓外国市场，而不能解释它们为什么要在国外进行生产——它可以解释市场份额，但不能解释产出份额。

这一组解释的不足之处在于：它们说明了企业为什么希望不断扩张以及为什么要增加它在外国的销售，但没有找出来源国企业的优势，这些优势使得它们能够弥补经济距离的成本。这些方法没有提供对于投资来源国和所在国差异的解释，也没有说明为什么美国正在从一个主要的投资来源国转变为投资所在国。

对于各国不同直接外国投资模式的第四种解释——资本市场观点——为：美国以及其他投资来源国的企业在世界资本市场上具有优势。这种优势表现为：这些企业能够以较低的利率借钱，这一利率低于其大多数外国竞争对手必须支付的利率。一种更重要的优势是：低利率国家的企业的股票价格比投资所在国（这些国家的利率较高）股票价格更高。这些企业以较低资本成本的形式而受益于国家特有的优势。

在过去半个世纪的大部分时间里，特别是在美国企业在海外大量投资的时期，美元债券的利率一直低于几乎所有其他类似证券的利率。由于美元是它们的本国货币，美国企业通常能够以比竞争对手更有利的条件借到资金。加拿大和欧洲企业已经在纽约发行了美元债券，不是因为它们想要把钱花在美国，而是因为美元证券的利率远低于其国内利率，即使它们的本币相对于美元贬值，这些企业仍然是合算的。

投资者普遍偏好美元证券的结果之一是：与非美国企业相比，美国企业愿意对一种优势（如技术创新）支付更高的价格。面对一个通过实施新项目以增加收入的机会，美国企业愿意为同一预期收入流支付的价格通常也高于非美国企业。另一方面，如果一家美国企业收购了一家法国企业，即使法国子公司的收入保持不变，投资者也会愿意花更多的钱购买美国企业的股票，因为他们偏好美元标价的证券。

这一观点表明，美国企业的优势内置于投资者对以美元标价的证券的偏好中，就像瑞士企业的优势内置于投资者对以瑞士法郎标价的证券的偏好一样。美国企业等同于美元资产，就像瑞士企业等同于瑞士法郎资产、荷兰企业等同于荷兰盾资产一样。如果不改变一家企业的国籍，那么就无法改变用何种货币对其资产进行标价。企业几乎从不改变自己的国籍（在马来西亚独立后，有些主要与马来西亚打交道的英国企业将其注册地从伦敦转移到了吉隆坡，一两家香港地区的企业预计 1997 年香港地区将回归中国而改变了总部所在地）。只要美元证券的利率低于以其他货币标价的证券的利率，美国的企业就将具有特殊的优势。

这种资本市场的解释意味着：外国投资的来源国是那些利率相对较低的国家。通过观察我们可以看出，除美国之外的大型直接外国投资输出国——瑞士、荷兰、英国——传统上都是利率较低的国家。荷兰在 18 世纪时是低利率国家，当时荷兰帝国正在向海外扩张，荷兰的贸易企业正在不断地设立海外办公室。19 世纪，英国成为了低税率国家，英国的企业随着帝国的扩张也不断成长。尽管这两个帝国都已经明显收缩，但荷兰和英国的大型跨国企业（如联合利华和壳牌）仍然非常成功。

资本市场的观点还解释了不同国家的所有权模式——各个国家将成为投资来源国还是所在国。只要美元是优先通货（preferred currency），则美国企业就会建立外国分支机构并收购外国企业。位于美国的企业的外国所有权以及外国接管美国企业的情况可能会增加，但资本市场解释表明，美国在海外投资的增长将会更大：更重要的是，美国企业的产出份额将会提高。

对任何理论的检验都是看一看它解释观察到的现象的能力。最难以解释的现象之一是 20 世纪 70 年代末以及 20 世纪 80 年代后 5 年日本和欧洲在美国的投资大幅增长。这些理论如何解释豪生酒店、A&P 以及 Marshall Field 公司被外国企业收购？塞尔旺—施莱伯的观点（有些出人意料）是：欧洲人和日本人培养出了卓越的能力将技术和管理技能结合在了一起。相比之下，如果那些强调公司特有优势的理论是正确的，则意味着日本人和欧洲人肯定先于美国企业建立了此类优势——这些优势与外国企业收购之间的相关性存在着疑问。

某些报道认为，外国企业大量在美国投资是因为它们参与世界上最大的消费市场，但是，许多企业是通过出口其国内产品来参与美国市场的。据说，一些企业将投资于美国看成是一种政治保险（political insurance），它们担心欧洲的政治事件或被国有化会不利于它们的生存。便是，这仍然没有解释在美国市场中这些外国企业相对于美国企业所具有的优势。

有些理论在解释20世纪80年代美国企业海外投资动机减弱而德国和日本企业海外投资动机增强方面做得很好。低成本投资地点的改变可以由汇率的改变（汇率的改变大于相对生产成本的改变）来解释。在德国马克和日元升值的同时，以这些货币标价的资产的利率下降了，因此与美国的企业相比，总部设在这两个国家的企业的劣势有所降低——优势有所增强。

20.7　跨国公司排行榜上的美国企业

有几个因素解释了为什么尽管20世纪70年代和80年代日本和德国企业的外国投资大增，而美国企业仍然在跨国公司列表中占据着主导地位：跨国公司的排名可能是根据总销售额或总资产进行的。一个因素是：对于大多数产品来说，美国的国内市场都很大，是日本市场的2倍多，是德国市场的3倍多。因此，仅仅为国内市场生产就能够使美国企业的规模相对较大。但在某一阶段，国内市场会倾向于饱和，因此，如果企业要维持其增长率，那么它们就必须开始向国外销售。部分由于美国人均收入水平高于大多数工业化国家，因此美国遭遇这一限制的时间会早于其他国家——即使是相对较小的国家。例如，美国汽车销售的增长率在20世纪50年代末和60年代就逐渐放慢，因为大多数家庭都有了一辆小汽车，而日本直到20世纪80年代才遭遇这一限制。

部分由于美国许多行业的工资水平高于其他国家同类行业的工资水平，在20世纪20年代至70年代的大部分时间，美国的生产成本一般来说较高。如果美国企业要在外国市场中进行竞争，它们就不得不在外国投资并生产。20世纪70年代末和80年代末美元相对于德国马克和日元的实际贬值所造成的结果是区域优势向美国倾斜。总部位于欧洲和日本的企业认识到它们必须在美国建立工厂才能继续在有利可图的基础上供应美国市场。例如，奔驰和宝马公司都在美国的东南部地区建立了汽车生产厂（日本的一些企业在美国投资，是因为它们担心进口壁垒会阻碍它们进入美国市场）。

美国企业在跨国公司排行榜上占主导地位的第三个原因是：在第一次世界大战结束后的大多数时期（除20世纪70年代末和80年代），美国企业在国际资本市场上都具有优势。美国企业的资本成本比大多数国家［除瑞士、荷兰、德国（20世纪80年代）、日本之外］的企业都低。这一资本成本的优势反映了这样一个事实：在20世纪的大部分时间里，美元都位于货币排行榜的首位，除了美国的通货膨胀率失控以及随后为了使美国的价格水平恢复稳定而采取严厉的反通货膨胀政策的时期之外，但这些时期很短。

自相矛盾的是，美国企业在技术快速变革的产业（如生物基因技术、计算机硬件和软件行业）中占据着主导地位。同时，美国企业在快餐和软饮料产业中占据着很大的市场份额，而这些产业被认为与规模经济和营销技能相关。

随后出现的一个问题是：为什么外国企业如此迫切地希望在美国投资，即使它们在第一次进入美国时通常要通过收购美国现有的企业，并且常常要支付溢价。一个原因是：美国是最大的市场，而且一般来说是世界上最开放的，因此进入美国市场的外国企业通常不会遭遇美国竞争对手的直接挑战，但如果它们进入其他国家的市场并达到同样的销售水平，就会遇到这些国家竞争对手的抵抗。一个相关的原因是：在美国市场中取得的经验教训有可能为它们带来关于营销和战略发展的更深入的知识。德国企业在美国学到的知识将有助于它们在德国和其他欧洲市场同美国的企业展开竞争。

20.8 直接外国投资的成本

最近几十年来的悖论之一是：投资公司的母国和投资所在国的政府都对跨国公司活动附带的经济优势提出了质疑。与那些被它们取代的较小的国内公司相比，这些企业的成长与扩张表明它们更有效率。这些效率的收益必须以更高的工资和薪金的形式分配给其员工，或以较低价格的形式与其客户分享，或者以更高的利润和红利的形式与其股东分享。如果工资和利润较高，那么收税员就会获益，因为税基更高了。四方都会受益。投资公司的来源国或所在国可能会因其行为而受益，或者双方都受益。母国和东道国不大可能同时变得更差。

投资来源国对跨国公司存在着一些不满。其中之一涉及工作的流失。工会常常发现跨国公司会绕开它们对劳动力供给的国家垄断。外国投资影响了各国间工作的分布，这与贸易模式的影响是一样的。后来——50年后——工会对国际劳工的状况产生了兴趣。因此，对于来源国的工会来说，它们的选择或者是与东道国的工会联合起来，或者与它们发展良好的关系。

第二项指责涉及税收：总部位于美国的跨国公司的外国收入最初由外国政府征税，在大多数情况下，给美国收税员剩下的空间很小。美国与许多其他国家都签有双重征税协定，这些协定规定，收入在获得这些收入的国家应该优先纳税，且外国东道国和美国政府加在一起的税率不能高于两个国家中较高的税率。假设英国的税率为40%，而美国的税率为50%。如果美国企业在本国投资，那么每1美元的利润将有50美分交给美国的收税员。如果这家企业在英国进行投资，则每1美元的利润将有40美分交给英国的收税员，而交给美国收税员的只有10美分。

第三项指责涉及跨国公司的活动造成的贸易逆差所带来的后果。外国投资意味着进口减少，而出口增加的速度超过了正常的水平。尽管红利支付可能能够弥补出口的损失，但这种抵消可能只是部分的而不是全部的。

这些对跨国公司的指责意味着投资来源国的企业面临着一个选择：是在本国进行生产，还是在外国进行生产，而对于某些企业来说，有效选择可能是在国外进行生产，或者根本就不生产。许多电子产品的生产转移到了东南亚地区，因为与美国相比，那里的生产成本要低得多。如果美国企业没有同德国、荷兰和日本的企业一起参与这种生产的转移，它们将会丧失其出口市场和国内市场。美国工作岗位的丧失、税收收入的减少以及对美国收支平衡的负面影响将更加严重。即使美国企业不向海外转移生产而暂时保住了国内市场，但其长期竞争地位将会更加脆弱。

还存在着其他一些指责。在美元危机期间，跨国公司转移资金以避免由于汇率变化而造成的损失，某些公司可能还从这些汇率变化中寻求利润。有些批评家甚至认为，美元危机是由于这些企业的行为造成的，而不是由于系统管理失当造成的。一个更敏感的问题涉及跨国公司参与东道国的政治。跨国公司可能会资助政党，就像东道国的企业一样。ITT公司就试图预先阻止阿连德参加智利大选。许多外国公司都在华盛顿保留了代表处。同样，这些企业声称，它们采取这些行动是为了保护自己的利益。批评者认为，跨国公司的利益可能与美国的国家利益不一致，与东道国的利益也不一致——不过，美国国内企业的利益与美国政府的利益可能也不一致。

东道国政府——或者至少是美国政府——可能会因跨国公司的政治活动被揭露出来而感到不安。但是，这些公司的管理人员得到收入就是为了保护公司的利益，他们有时候会发现，在东道国中，一些非常典型的（至少不是不常见的）决策制定方法和信念在新英格兰的镇民大会（town meeting）上通常是行不通的。

东道国对跨国公司的态度是矛盾的。

许多国家相互竞争以吸引外国公司，因为它们可以带来就业、在职培训以及税收收入。另外，这些企业可以让许多产品进入世界市场。然而，外国投资在东道国受到了广泛的批评。有一些批评模糊不清，反映了简单的仇外心理：外国投资等同于帝国主义。国民为外国人工作或让外国人投资国内的资源被认为是有辱国家的尊严。其他一些批评则更具体：外国公司开发了本国不可再生的石油、铜、铝土矿、锡等资源，或者减少了就业，或者偷税漏税，或者扼杀了国内的创业精神。东道国可能感觉外国企业削弱了其主权，并且可能会怨恨这些企业参与国内的政治进程。

对这些批评的评价需要一个基准——如果外国投资没有发生，那么东道国的增长、收入、就业和公司发展会是怎样的。

小国关心的主要问题之一是自己可能成为技术闭塞的地区。这些国家担心，由于它们自己的科学、技术和工业不能够提供有吸引力的工作，因此受过高等教育和培训的国民会移民到较大的国家（生活在堪萨斯州的人也有同样的感受）。跨国公司通常会将其研发活动集中在相对较少的地点，因此政府有时候会认为跨国公司阻碍了一些本地科学团体的发展。他们的推论是：如果没有跨国公司，国内企业就会进行类似的研发。或许是吧。但是，同样有可能的是，国内企业可能会从外国购买研发成果，因为进口的成本将低于国内生产的成本。

东道国政府担心跨国公司会削弱其主权。有时候，迫于本国政府的压力，跨国公司的总部可能会指示其子公司停止向某些市场的出口，或者将资金转移到总部。东道国担心国家的力量和影响力可能不能直接用来对抗外国企业，或许是因为它受到其背后更加强大的政府的支持。东道国政府希望能够同时依赖外国企业和国内企业来增加出口或推动就业，或者采取其他不符合企业利益的措施。外国企业可能不像国内企业那样遵守这些措施。或许是这样。但是，外国企业知道，它们可能被要求——或被迫——离开这个国家。出于这一原因，它们可能不像国内企业那样能够反抗政府的压力。

跨国公司可以提供进入世界市场的机会，从这个意义上说，它们可能成为相互竞争的各国政府的“爪牙”。例如，当加拿大采取一系列措施吸引美国汽车公司增加在加拿大的汽车产量时，美国的就业和税收就会下降。当马来西亚采取措施吸引外国电子产品企业时，新加坡和中国台湾地区就会开始担心，它们担心的程度比美国和日本更严重。

有时候，外国企业因过高的利润而受到指责，特别是在开采不可再生的资源方面。东道国政府知道，这些矿藏和油井最终会被耗尽，因此它们希望最大化本国从这些资源中获得的收益。通常，东道国政府会拍卖使用这些资源的特许权，它们可能会收到一次性收入，或者是以利润为基础的或有性支付（contingent payment）。如果事实证明特许权有吸引力且有利可图，则东道国可能会试图根据自己的喜好修改合约。但这个游戏是非对等的。如果企业未能发现石油，或者特许权被证明无利可图，则公司永远也得不到退款。当然，在某些情况下，重新履行合约的争论可能会非常激烈，或许是该国被迫给出特许权，或者是某个官员接受了贿赂，从而出卖了其政府的利益。由于大多数资源拥有国都设法吸引外国企业来开发自己的资源，因此重新谈判合约的威胁不可能十分严重。另外，在进行投标时，企业日益认识到被没收的可能性。在制造业，外国企业获得的利润反映了其效率。高利润意味着该企业能够比国内竞争者更高效地满足市场需求。高利润还意味着要向东道国政府缴纳更多的税收。另外，更高的效率可以使企业使用更少的国内资源，因而这些资源可以被其他企业使用。当然，大多数政府都希望获得税收和效率，但成本要少于外国企业获得的利润。

这些争论没有结果。在不同的时期，加拿大人成立了不同的调查委员会以确定加拿大的利益是否因跨国公司的存在而得到了满足。关于跨国公司不正当行为的传闻非常多，批评者都能举出一些例子。在本国货币政策中，民族主义情绪就更加明显了。各国政府都成立了外国投资调查委员会，以挑选合意的外国投资，并过滤掉那些不太合意的提案。联合国制定了跨国公司的行为准则，类似于指导礼仪小姐“修正”其行为的指南。为什么这一准则只适用于跨国公司还不清楚，根据公平性原则，所有国内企业也应该遵守这一准则。

20.9　冲突在何处？

政府和跨国公司之间的冲突很有可能变得越来越激烈。由于企业是动态的组织，并且对技术和市场的发展做出响应，而政治组织——国家——在很大程度上是静态的，因此问题就出现了。企业在世界范围内成长、合并、扩张其活动，以对不断变化的获利机会做出响应，而国家被限制在一个固定的边界内。运输和通信成本的降低提高了企业的机动性，但这种增加的机动性可能被东道国政府看成是一种威胁。

在很多国家，跨国公司的成长与扩张加剧了竞争，并降低了主导性国内企业的垄断力量。美国汽车行业的竞争更加激烈，因为外国企业渴望向美国市场出口，德国的汽车行业竞争更加激烈，是因为通用汽车和福特汽车的存在。在药品、化工和其他无数行业中，贸易和投资显著增加了参与者的数量。异常诱人的利润使其他企业进入了这些市场。对跨国公司进行控制的压力将不可避免地不断增加。由于问题非常复杂，且各国、各公司的利益具有很大差别，建立一套管制规则的努力不大可能成功。

有三种变化是可能的。首先，各国政府应该达成协议，以限制它们干预企业（它们将这些企业看成是“它们的企业公民”）的外国活动——或者干预国家控制的治外法权的范围。其次，建立一系列控制外国企业进入制造业的规则，与控制外国商品进入国内市场的规则类似。这些规则可能会详细说明何时可以单独进入，何时需要与本地合作伙伴进行协作。再次，需要制定一系列规则，说明当外国企业被征用或它们不能充分发挥其优势时应该如何对其进行补偿。

然而，建立有意义的规则的可能性很小，至少是在不久的将来这种希望很渺茫。原因在于：投资来源国和所在国的政府似乎要在一些临时管制措施中找到更多的政治支持——换句话说，他们对经济利益的兴趣不如对国内选票的兴趣更大。

第21章

日本——第一个超级大国

1970年，物理学家和核战争理论家赫曼·卡恩（Herman Kahn）预言，日本将成为“第一个超级大国”（First Superstate）——其GDP在1970~1975年间将增加1倍，并在1975~1980年间再增加1倍——10年中膨胀到原来的4倍。1970~2000年间，其增长率将达到年均9%，因此到2000年，日本的GDP将是1970年的16倍。这一消息令日本人感到振奋，但令大多数其他国家感到恐惧，因为持续的快速增长将导致日本生产的产品的全球价格下降——其他工业化国家生产的类似产品的价格也会出现相应的下降。

21.1 日本的挑战

20世纪70年代和80年代，没有哪个国家像日本那样对国际贸易和货币安排造成如此巨大的挑战。然而，在1950年或1960年的时候预言日本将在不长的时间内成为美国和德国的主要威胁似乎有些荒谬。在第二次世界大战的最后几年，日本遭到了大面积的轰炸，它的工厂遭到了彻底的毁坏。日本失去了其殖民地中国东北、朝鲜和中国台湾地区。日本唯一盛产的原材料是煤，因而要进口大部分能源和粮食，并通过出口低增加值的制成品来支付这些进口的费用。看起来日本似乎永远要接受国际施舍了——如果有人愿意施舍的话。

在一代人期间（大约为30年），日本的出口速度超过了任何其他国家。日本企业主宰了世界的钢铁、船舶、汽车、电子产品和光学相机市场。到20

世纪70年代初，在很多行业中，日本企业都对其外国竞争对手造成了威胁，威胁的程度超过了第二次世界大战期间，因为日本人即便是在遵守体系规则的情况下似乎也在获得成功。后来，丰田、日产和其他日本汽车公司开始在美国和欧洲建立组装厂，随后又建立了生产设施。再后来，丰田和日产开始生产雷克萨斯（Lexus）和英菲尼迪（infinity）等高档车型，并对奔驰汽车和其他欧洲豪华汽车生产商发起了挑战。

20世纪60年代初，日本政府就采纳了一个为期10年的“国民收入倍增”（Doubling National Income）计划。在人口增长率为每年1%的情况下，如果生产率的净提高——每年人均产出的增加——平均为7%，那么人均收入在10年中就会增加1倍。日本的增长表现超过了计划的目标，而大多数其他国家的经济表现总是滞后于目标。20世纪60年代，日本的人均收入以每年10%的速度增长，到1967年，人均收入是1960年时的2倍——这是一个了不起的成就。

卡恩的预言建立在将20世纪60年代的增长率外推到未来30年的基础之上。20世纪60年代，日本的经济增长率为每年12%，相比之下，美国的增长率为3%，德国和法国的增长率为6%～7%。如果GDP水平较低的国家的增长速度快于GDP水平较高的国家，那么，快速增长的国家的GDP最终会超过增长较慢的国家，不管其最初的劣势有多大。

21.2 奇迹的秘密

20世纪80年代初，一个新的行业出现了，即揭秘日本经济奇迹的图书出版。哈佛大学教授傅高义（Ezra P. Vogel）所著《独占鳌头的日本》（*Japan as Number One*）一书讲述了关于传统、高文化水平、社会凝聚力的故事以及清教徒或儒家的职业伦理。由理查德·帕斯卡（Richard T. Pascale）和安东尼·奥托斯（Anthony G. Althos）所著的《日本的管理艺术》（*The Art of Japanese Management*）以及威廉·大内（William Ouchi）所著的《Z理论》（*Theory Z*）强调了企业管理者在引入变革之前在工人中达成共识的技能。《东亚优势》（*The East Asia Edge*）将注意力集中在“亚洲四小虎”——韩国、中国香港、中国台湾和新加坡——身上，这些国家和地区的经济增长速度与日本一样快。詹姆斯·克拉韦尔（James Clavell）所著的《幕府将军》

(*Shogun*)则含蓄地讲述了它自己的故事，不同行业中的企业为了争夺市场份额而展开激烈的竞争，就像几个世纪以前封建军阀为了权利、领地、名誉而相互征伐一样。

有一些解释突出了“日本公司”（Japan，Inc.），声称日本经济的成功是其产业政策（涉及企业和政府领导者之间关于开发新产品和向外国市场出口制成品的协作规划）的结果。据说，各行业中大型企业的首脑会与财务省（Ministry of Finance，MOF）和通产省（Ministry of International Trade and Industry，MITI）的高管在皇宫（Imperial Palace）地下室的“特别情况室”中会面，以决定如何征服世界市场。或许每一种解释都有某些合理性——问题在于要确定它们的相对重要性。

GDP的增长来自于工作时间的增加和每小时工人产出或生产率的提高。资本设备数量的增加和技术进步提高了生产率：工人更加聪明，他们使用的设备也更加高效。

在大多数工业社会，随着20世纪60年代第二次世界大战后“婴儿潮”的成员从学校毕业并进入劳动力队伍，劳动力供给快速增加。但是，在这些经济体中，每周的工作时间变得更短，休假时间变得更长，带薪假日越来越多，退休年龄越来越小。这些变化是人们对物质上越来越富有的正常经济反应，而物质上的富有会减少每一个劳动者每年的工作时间。不断提高的缺勤率和更多的自愿失业也造成了有效劳动力供给的减少。各国增长率的差异主要反映了生产率的差异。出于某种原因，日本人在某些方面做得更好——尽管他们的工作可能更努力，但他们不可能几十年如一日地不断加大工作强度，否则他们应该能够在两分半的时间内跑完1英里。

经济增长的估算应该区别于增长经济学。我们需要一个能够解释为什么日本企业投资远高于其他工业化国家企业投资的故事，以及日本的高生产率是否来自家庭的高储蓄率和企业的高投资率。日本的个人储蓄率——是美国个人储蓄率的3倍——可以通过较低的政府退休福利（低于美国和其他工业化国家的退休福利）来解释，因此个人会存下更多的钱以备年老后使用。另外，由于存款人获得的实际利率——扣除通货膨胀因素后货币的利率——多年来都很低甚至是负的，因此他们需要将其收入的较大比例存储起来，以增加其累积储蓄的购买力。

因此，日本企业投资的意愿需要解释一下。一种说法集中于“日本公司”

的概念——企业和政府领导者为渗透和占领外国市场制定规划。通常的说法是：“日本公司”模型促进了企业的投资，特别是对能够提供较高增加值的新产品的投资。另外，日本人利用了外国的低关税，但外国公司发现很难在日本进行销售，因为日本设置了许多正式的和非正式的进口壁垒。许多迹象表明，日本政府为那些开发新产品的国内企业提供补贴——但证明这种观点却非常困难。而且，日本财务省的官员通过利率的上限来操纵信贷体系，实际上，由于实际利率是负的，企业借款者隐含地接受了家庭储蓄者的补贴。

政府规划人员可能会提高增长率的观点对于市场体系和自由贸易的支持者来说是异端邪说。人们普遍认为，政府对经济的干预会造成较低的增长率，因为管制会扭曲资源的有效使用。对于这种观点，有很多实证支持。同样，维持针对进口的关税和其他壁垒可以使一国从中受益的观点令人感到不安，因为自由贸易观点［这一观点可以追溯到亚当·斯密1776年的著作《国富论》(*The Wealth of Nations*)］断言，这些壁垒阻碍了增长。

21.3 增长率的减缓

卡恩的著作出版后不久，日本的经济就开始衰退，这次衰退是从1971的不景气开始的。随后，在1973~1974年的第一次石油冲击中，日本消费价格水平每年上涨30%。1974年，日本受到世界衰退的打击，外国对日本产品的需求下降。日本经济的周期性行为与世界商业周期的波动非常相似，但更加严重。当世界经济发出轰鸣声时，日本经济则发出嗡嗡声，而当世界经济“打嗝儿”时，日本就会出现严重的“消化不良”。尽管有这些暂时的波动，但20世纪70年代，日本经济增长率仍然高于其他工业化国家，但与过去几十年相比，日本增长率高于美国增长率的程度显著降低。

日本增长率的减速几乎是不可避免的。那些为持续快速增长制定规划的人没有认识到这样一句老话：在长期中，系统的各个部分不可能比系统增长得更快。日本收入的快速增长需要相应的进口快速增长，因为日本缺乏原材料，且其大部分粮食也是进口的。进口的增长必须通过差不多以同一速度增长的出口进行融资。如果日本出口以每年8%的速度增长，而世界出口以每年4%的速度增长，那么日本的出口最终将大于世界出口——这将是一个巧妙的把戏。

第二个经常被忽视的因素是20世纪50年代和60年代日本经济增长率与第二次世界大战前日本增长率的对比。从19世纪末开始直到“太平洋大混乱”（The Great Pacific Confusion）开始，日本经济年平均增长率介于4%和4.5%之间。1900年之前的几十年间，日本经济增长率的提高是由于向工业化的转变带来的，而日本实行工业化是为了防止或对抗贪婪的西方大国的入侵，它们垂涎于在日本取得像在中国那样的影响力和势力范围。与其他大部分国家在工业化初期的增长率相比，这一增长率（其中每年生产率的提高占3%，每年劳动力的增长占1%）都要略高一些。

在第二次世界大战期间，日本的人均收入没有明显变化——至少是直到战争的最后一年或两年都没有什么大的变化。战后，由于日本的原材料来源被切断，并且丧失了外国市场，其人均收入大幅下降。出口的障碍意味着日本不可能挣到外汇，而这些外汇是它购买原材料所必需的，没有原材料，它就不能生产用于出口的产品。这是第22条军规（Catch-22）的再现。

20世纪40年代末至50年代初，日本的经济开始快速增长，速度超过了前60年的任何时期。大部分增长是在“弥补以前欠下的增长”，以及从战争造成的经济灾难中进行恢复。通过更换铁路转辙器（railway switches），“系统恢复了工作”，对一些具有战略意义的领域进行少量投资，使得产出大幅提高。生产率的提高非常明显。但是，直到20世纪50年代中期，日本的人均收入才达到了20世纪40年代的水平。相比之下，在这15年中，美国的人均收入提高了1倍多。

假设没有战争，从1940年开始日本人的收入以每年4%的速度持续提高。那么，其人均收入从1940～1958年就会翻一番，并从1958～1976年再翻一番。但是，在20世纪50年代中期，日本人均收入只相当于经济持续以4%的速度增长情况下的一半。20世纪60年代的快速增长意味着日本实际上达到了在没有战争时本应在20世纪70年代初达到的收入水平。

到目前为止，这个故事一直是在进行四则运算。很多故事可能都解释了为什么战后的增长率如此之高。其中一个解释是：一旦劳动力、储蓄率和竞争精神被组织起来以实现8%的增长率，那么仅仅依靠这种势头就可以维持这一增长率。战后早期增长率的提高可以被看成是19世纪末增长率提高的翻版，当时工业化运动方兴未艾。

相互矛盾的情况是：在第二次世界大战刚结束的几年中，存在着大量的潜在过量产能，但经济增长却受到几个瓶颈的严重制约，而这些瓶颈是由于战时工厂、设备以及传统的贸易关系受到破坏造成的。快速增长需要缓和这些瓶颈制约并恢复贸易关系，这使得日本从增加原材料进口中获益。修复被毁坏的铁路线将会使整个运输系统运载更多的货物。随着闲置的产能被加以利用，维持增长势头会日益困难。同样，如果许多人的工作岗位的要求低于他们通过接受教育而具有的潜力，那么劳动力技能就没有被充分利用。一旦劳动力的技能被充分利用，则增长率将会不可避免地下降。

21.4 日本公司

所有的经济体都面临着相同的问题——应该生产哪些产品和服务？生产多少？用何种技术进行生产？在某些经济体中，生产什么以及如何生产的决策是由成千上万家企业的管理者根据他们对顾客需求和行业需求的看法做出的。在某些国家中，少数政府官员——可能是规划部门或财政部门的官员——制定类似的决策。如果他们犯错误，那么某些商品将会供不应求，而其他商品则会被堆在商店里。在这两种情况下，人们总是会担心，如果许多企业投资于生产类似产品的工厂和设备，则会出现产能过剩，竞争力量将迫使一些急于得到现金的企业将价格降到总成本以下，预期利润将无法实现，某些企业将会遭遇重大亏损，并被迫停业。

亚当·斯密发现，如果不是为了决定如何“瓜分”市场，商人们很少会见面——他们希望避免可能会导致他们销售的商品价格下降的那类竞争。在美国，立法限制可能会导致减少竞争的各种活动。还有一些国家也有类似的支持竞争的立法。人们担心的是，作为更严厉的反托拉斯政策的后果，外国企业拥有了一种优势——它们会坚信自己的投资将有利可图，商品的供给量不会太大，从而造成价格被大幅压低，因为它们可以会面并讨论限制产量的措施。相比之下，对于计划中的投资能否赢利，美国企业的管理者面临着更大的不确定性，因此他们更不愿意在新工厂和设备上进行投资。

21.5 不公平的竞争优势？

20 世纪 60 年代和 70 年代，日本在纺织品、钢铁、电视机和许多其他产品的国际市场中份额的提高导致了这样一种观点的产生：日本企业拥有不公平的竞争优势。在某种程度上，批评家们集中在贸易失衡上，特别是日本的贸易盈余。日本大量进口原材料，而这些产品中的大多数与日本生产的任何产品都不会发生竞争——尽管某些进口的大米和牛肉会与日本国内的同类产品产生竞争。相比之下，日本出口到美国和其他工业化国家的都是工业品，并且几乎总是与这些国家生产的产品产生竞争。日本工业品进口与这些工业品的国内消费的比率远低于其他工业化国家的这一比率，这导致了其他国家纷纷指责日本存在着正式的和隐藏的进口壁垒。另外，日本进口的许多工业品都是宝马汽车、奔驰汽车和法国水晶等奢侈品——这些产品很少与日本的产品产生竞争。人们一直担心日本向出口提供补贴，或者进行倾销——在美国和其他外国市场的销售价格明显低于同种产品在东京、神户、大阪的销售价格再加上将这些产品从日本运送到美国的运输成本。或许日本企业在其商业体系的组织方面具有不公平的优势。

在日本的增长率远高于其他工业化国家的增长率时，“日本公司”这一比喻被提了出来。人们认为，日本的商人和政府官员召开会议以形成市场份额的协议。财务省控制着信用的供给，因此在保证商业银行与需要借钱扩张其产能的公司之间的合作方面处于举足轻重的地位。通产省控制着进口许可证，因而在影响企业投资决策方面处于重要的地位。如果公司管理者忽视来自政府机构的指导，通产省就会停止其对进口许可证的申请。“日本公司”的故事是一个关于商人对政府的努力、建议和请求做出响应的故事——以保证它们能够获得信贷和进口许可证。

日本国内竞争的另一种模式是封建军阀为了政权、权力和威望而相互征伐在20世纪的翻版。根据这一观点，这些军阀的后人（即财阀或企业集团）——住友商事（Sumitomos）、三菱公司（Mitsubishis）、三美电机（Mitsu-is）——都是各个不同行业中的相关企业家族。每一个家族都以一家银行为核心，并包含一家贸易公司、一家钢铁企业、一家航运公司、一家石油化工企业、一家纺织品公司，等等。每一个企业家族都会相互支持，在采购投入品时优先考虑家族内的其他企业——三菱银行和三菱贸易公司的官员通常会购买三菱汽车公司生产的汽车。同样，在扩大信贷时，三菱银行的官员对相关企业会更加慷慨大方。另外，这些企业之间相互持股，这显著降低了恶意接管的可能性。最后，行业内的每一家企业都很清楚自己的市场地位——根据市场份额衡量，自己是排名第一的企业，还是排名第五的企业。各家企业都接受其市场地位，并且非常不愿意看到自己的地位下降，因为这样会使它的声誉下降，从而使整个集团的声誉受损。数据显示，大型企业破产极为罕见，在大多数行业中并购发生的频率也非常低。

第二种模式与“日本公司”的观点有很大差别，它认为，快速增长来自于同一行业内企业间的激烈竞争，与其他国家相比，在日本，这种竞争更加普遍。

21.6 资本家和银行家的作用

想一想日本每一个主要行业中的企业数量，这一数量远大于美国和欧洲在这些行业中的企业数量。日本有八家或九家大型汽车公司，而美国有两家大型汽车公司，欧洲有四家大型汽车公司和一些小型汽车生产厂。日本的摩托车行业中有本田、铃木、川崎和雅马哈，而美国只有一家著名的摩托车生产商，即哈雷摩托车公司。建伍（Kenwood）、松下、索尼、东芝、日立、三洋、夏普、爱华、雅马哈、天龙（Denon）、中道音响（Nakamichi）、安桥（Onkyo）和力士音响（Luxman）在消费电子产品市场上争夺市场份额。在每一个行业中，与美国和西欧相比，日本的企业数量都要多得多，尽管日本的经济规模还不到美国经济规模的一半。经济增长与日本企业数量的大幅下降没有关系。

为了保持其市场份额，日本的每一家企业都必须获得投资于工厂和设备所需的新资金。如果一家企业遭受损失，它可以从同一个家族中的其他企业那里获得融资支持。另外，工人们知道他们的就业安全与企业的成功紧密相关，因此，如果企业的经营状况不好，他们会接受低于平均水平的工资增长和低于平均水平的半年奖金。如果他们的企业破产，则员工的未来将一片黑暗，因为终生就业体系意味着他们在另一家企业获得同类职位的可能性很小。

这两个因素——强调保持市场份额和终生就业——的含义是：与其他市场经济国家相比，日本的资本家、银行家和工人的角色颠倒了。在美国、英国和德国，工人们对企业的收入具有第一要求权。如果企业的工资率和劳动力成本相对于收入来说过高，它也需要留下足够的资金来偿还银行和其他放款人的借款，并需要为其新的投资进行融资，否则企业就会破产（最近，许多美国航空公司的飞行员和其他员工同意大幅降低他们的工资率，但通常都是在企业破产之后）。相比之下，在日本，企业首先进行必要的投资以维持其市场份额，然后向银行支付利息，剩下的资金才在工人们之间进行分配，分配的依据通常是他们的年龄——即使是完成同样的工作，年龄较大的工人也会比年轻的工人得到更高的工资。结果，在大多数行业中，向具有相同技能的员工支付的工资存在着明显的差别。另外，工资的一部分是半年奖金，而其多少根据公司收入的变化而不同：如果公司收入不高，那么奖金就会较少。

在特定行业中，各个企业市场份额的稳定性可能看起来与计划模型或与竞争模型相一致。如果计划模型能够更好地说明问题，我们就可以推断，政府应该通过鼓励并购来使商业体系合理化。这类并购确实发生了——但范围并不大——并且通常发生在银行之间，以"拯救"因大规模贷款损失而步履蹒跚的其他银行。由于计划模型的作用，日本的增长率降低了，日本企业对全球市场的竞争压力也减轻了。

21.7　一切资产价格泡沫的源泉

20世纪80年代（特别是在这十年的最后几年中），令人感到惊讶的事情之一是日本企业在各种全球金融排行榜上的排名迅速提高。世界十大银行中，大约有七家或八家是日本的银行，至少根据资产或存款（而不是根据利润）来衡量是这样。与其他国家企业的市值相比，日本企业的市值出现了大幅提高。实际上，到20世纪80年代末，日本企业的市值超过了美国企业市值的2倍。由于日本的GDP只有美国GDP的一半，日本企业市值与日本GNP的比率是美国这一数值的4倍。日本的房地产价值增长到美国房地产价值的2倍——而日本的面积和加利福尼亚州一样大，且山地很多。报纸上到处都是关于各新高尔夫球场的会员价格的报道——在某些情况下，其价格达到了20万~30万美元。日本投资者是美国和欧洲房地产的大买家，特别是那些具有纪念意义的资产——洛克菲勒中心（Rockefeller Center）、加州蒙特雷半岛上的卵石滩高尔夫球场等。日本酒店集团和日本个人是夏威夷房地产的大买家，一座新旅馆的价格非常高，使得在那里住一天的价格达到了800美元。日本企业继续在美国和欧洲举办大规模的并购狂欢。

日本似乎有用不完的钱：赫曼·卡恩的预言似乎变成了现实。日本成为全球第一似乎指日可待。

从1990年1月开始，日本的股票价格开始下跌，到1992年中期，其股价与1989年12月的峰值相比下降了40%。不动产价格也开始下跌，但速度慢一些。卵石滩高尔夫球场的买主——他已经支付了7.6亿美元——以4.8亿美元的价格卖给了另一个日本人。日本的房地产公司和建筑公司开始破产。日本的银行持有的很多房地产贷款成为了坏账，因为租金收入远低于贷款的利息。个人资产因股票价格和房地产价格的下跌而遭受了巨大的损失。对于此前40年来说，投资房地产是赚钱的可靠方法，因为房地产的价格在不断提高。作为房地产价格下跌的后果，个人投资者开始减少其支出。由于太多的写字楼没有完全租出去，银行不再愿意为新的建筑工程提供贷款，因此对新建筑的支出大幅下降。

日本经济开始衰退。从20世纪90年代初到2007年的大部分时间里，日本的增长率都低于美国的增长率。因为消费需求的增长疲软，商业企业不愿意投资。忽然之间，卡恩的预言看起来不那么辉煌了。从某种程度上说，经济增长放慢是资产价格泡沫破灭以及由此造成的家庭财富减少的必然结果。另外，政府在以一种正规的方式调整银行资本方面反应迟缓也加剧了问题的严重性，银行不再是激进的出借人，因为它们越来越担心其未偿还贷款与其资本的比例太大了。

关键问题是：日本经济是否能够恢复以前的增长势头，还是会一蹶不振。那些认为太阳是从日本升起的人认为，日本的人口正在快速老龄化。每一个日本女性平均只有1.8个子女，部分原因是城市中的居住条件非常拥挤，部分原因是年轻的女性感受到了自己拥有收入的自由而不再愿意成为家庭主妇。日本的绝对人口数量将从2015年开始下降。随着人口的老龄化，消费支出将会下降，因为老年人购买耐用品和服装的支出会较少，甚至在娱乐上的支出也较少。他们的储蓄会增加，至少在弥留之际到来之前是这样。

相互矛盾的是：对退休后资金不足的担心导致了家庭储蓄的增加。需求和经济增长迟缓意味着利率将远低于其他国家的利率。实际上，上一次利率处于这一低水平是在20世纪30年代的大萧条期间。由于退休日本人的大部分收入来自其储蓄账户的利息，因此利率的下降意味着他们的收入减少了，所以他们的支出也会减少。其结果就是：个人高储蓄率的优点已经变成了一个公共的缺点，因为支出水平已经下降到不足以保证充分就业和经济以每年2%的速度增长的水平。

21.8　糟糕的人口统计数据还是负财富效应？

日本的人口统计数据——人口快速老龄化——可能能够解释其经济增长率快速下降。随着越来越多的人考虑到退休而进行更多的储蓄，相对于国内投资机会来说，日本的国内储蓄率似乎太高了。

经济增长乏力的第二种解释是因股票价格和房地产价格大幅下降而造成的家庭财富的减少，以及这些价格的下降对日本银行资金造成的间接影响。这些银行的贷款损失是其资本的3~4倍，某些估计表明，这些贷款损失占日本GNP的15%~20%。尽管在任何严格的"市场价值"（mark-to-market）测试下，这些银行都已经破产，但没有任何迹象表明这些银行会关张，让存款人承受损失。所有人似乎都对政府出手拯救银行充满了信心，至少存款人是这样认为的。银行似乎不愿意扩大贷款规模，这导致了信贷紧缩。

银行不会倒闭的承诺意味着政府会以非正式的方式对其进行资本重组，政府已经成为了秘密的主要股东。但是，这造成了一个僵局：对于转向正式的资本重组（这意味着银行将不得不承认这些损失），政府似乎无法在银行间达成充分的一致。一个问题是：得到最佳管理的银行——损失与其资本的比率最低的银行——不愿意出现在贷款损失与资本的比率较高的类别中。但是，从非正式的资本重组到正式的资本重组进展缓慢几乎肯定存在着其他原因。

这里同样存在着一个悖论——尽管日本经济的表现较差［体现在相对较高的失业率（与日本的水平相比）、增长率偏低、工业生产下降］，但制定新的政府政策（包括减税、增加政府支出、放宽政府对金融服务企业的管制等）的紧迫性并不高。从某种程度上说，在制定此类政策方面的紧迫性不高是由于没有充分的证据表明大众陷入了水深火热之中。

21.9　日本商业周期的外部影响

日本经济规模的快速扩张对其主要贸易伙伴——特别是美国——的经济造成了日益严重的影响。20世纪50年代和60年代，即实行钉住汇率制体系的时期，日本拥有一个稳定的收支平衡周期：经济增长率加速上涨造成了为期3年的越来越多的收支逆差，紧随其后的是为期1年的紧缩银根、增长缓慢以及收支顺差。随着日本商业扩张形成一种势头，进口快速增加，而出口增长缓慢。这些收支逆差是通过从美国和欧洲的银行借款的增加进行融资的。随着借款能力的下降，日本银行被迫压缩国内信贷的扩张，日本的需求和收入增长停滞不前。进口需求大幅下降，而出口不断飙升，因为一旦国内增长疲软，企业就会更加迫不及待地向国外销售其产品。

日本的国际收支迅速做出响应，出现了大量的贸易顺差。来自这些顺差的资金被用来偿还前几年的贷款。由于出口销售通常占国内销售的20%～30%，国内需求的小幅下降会导致出口较大比例的增加。原因很简单：一旦日本的企业拥有了产能，就会生产产品。如果这些产品无法在国内销售，它们就会以必要的市场出清价格在国外销售。最好是在国外打折销售——甚至是廉价出售——而不是参与国内的价格竞争，或者干脆就不生产。

因此，只要日本国内的需求增长率下降，美国和许多其他工业化国家就会遭遇来自日本的进口增长的问题。日本出口的增长与日本国内收入的增长这两个周期是相反的。将产能从国内转向国外市场的能力使得日本能够为其商业周期的波动提供缓冲。当日本经济因进口大幅增长而出现繁荣时，它会向其贸易伙伴输出扩张性的影响，而如果日本经济增长因进口需求下降而放慢时，它会输出收缩性的影响。

20世纪50年代和60年代，国际货币体系能够根据因日本希望拥有支付盈余而产生的支付赤字进行调整，因为日本是一个相当小的国家。日本的许多出口直接进入了美国，而美国是对日本产品最开放——或者说是最不排斥——的市场。另外，在开放的、巨大的美国经济中进行销售也比在那些较小的国家中销售同样数量的产品容易得多，因为这些国家的GDP加在一起才能抵得上美国的GDP。美国的个体企业和企业集团对不公平竞争颇有微词：它们断言，美国市场中的这些产品的价格显著低于日本市场中同类产品的价格。日本有两种回应：它们没有倾销，即使是在倾销，降低价格也是它们增加在美国销量的唯一手段。美国的响应则是依赖日本遵守“有序市场规则”（orderly marketing procedure）。

21.10 输出失衡

与20世纪50年代和60年代相比，日本经济对于因泡沫破灭而转向更具扩张性的货币政策的反应有很大不同。以前，人们认为日本经济在日本银行转变其紧缩性货币政策后会重新开始快速增长。但是，在20世纪60年代末，当日本银行转向更具扩张性的货币政策后，其有效国内需求的增长非常疲软。由于日本的国内需求没有与产能保持同步提高，随着出口的急速增加，日本仍然实现了高额支付盈余。实际上，日本将丰田和索尼的产品销往国外，并利用一部分出口收入购买美国国债。

在1969年和1970年，日本的经常账户盈余占其GDP的4%～5%，1972年，这一比率达到了10%。由于每一笔盈余都对应着一笔赤字，因此日本在管理其国内需求方面的无能意味着其贸易伙伴——特别是美国——将拥有巨大的支付赤字。

对于美国消费者来说，来自日本的商品大量增加在两个方面体现出了巨大的优势。美国市场中可获得的商品种类更多了，并且在长期中，美国消费者可以购买的商品的质量有了很大提高。美国生产商通过提高其产品质量并增加其产品种类对此做出回应——美国汽车生产商的产品质量提高尤其明显。但对于同日本进口商品进行竞争的美国生产商来说，它们的处境则不太好：从日本进口的增加意味着市场份额、产出、就业和利润份额的下降——大批企业退出了市场。

1970年和1971年日本的高额贸易盈余是造成可调整货币平价的布雷顿森林体系崩溃的主要原因。即使是在美国的通货膨胀率并不比其他国家高的情况下，日本的盈余也会威胁到这一体系的稳定性。作为对日本过高的支付盈余的回应，日元的升值将在某种程度上减少其贸易盈余。不太肯定的说法“某种程度上”反映了一个事实：日本的进口对价格不是非常敏感，不会要求向日本的消费者降低其有效价格，因为这些进口中非常大的一部分是原材料和能源。另外，日本的出口对价格也不太敏感，是因为日本企业不愿意减少生产和销售，即便净销售价格下降日本企业也不会减少生产和销售，因为对终生聘用的承诺意味着其成本中的很大一部分是不可改变的。但是，如果小幅升值无效的话，那么较大幅度的升值就有可能成功。日本不愿意让日元升值：出口相对于进口的任何减少都会导致失业率的提高。1971年8月的戴维营（Camp David）提案旨在促使日本允许日元升值或者允许日元浮动。

1973年，随着世界经济的繁荣以及原材料进口价格的上涨，日本的贸易盈余下降了。日本的石油进口账单在一年中增加了150亿美元。1974年，日本出现了适度的支付赤字。当1975年全球衰退爆发时，日本的国内需求增长缓慢，而日本生产商再一次大量向国外输出商品。跨国比较表明，日本收支平衡的波动性比其他国家的波动性要大得多。当日本GDP快速增长时，日本的出口就会缓慢增长，而当日本的GDP增长缓慢时，日本的出口就会快速增长。国内收入增长的波动是解释日本出口和贸易盈余增长变化的主要因素。

随着20世纪70年代初向浮动汇率的转变，很多教科书都预言日本将总是会处于收支平衡中。但日本财务省和日本银行的高级官员们没有读过这些教科书。日本银行经常会大量买入美元，以限制日元的升值。自相矛盾的是，与日元被钉住时相比，日本的收支盈余要大得多。当布雷顿森林体系的规则被抛弃后，世界体系就变得无规则可循。如果日本银行不大量买入美元，日元就会大幅升值，而日本出口商将被迫大幅降价，或者放弃销售。问题与在钉住汇率体系下是一样的：如果国内收入增长乏力，则过量的产能将不得不转移到出口销售上。

20世纪80年代中期，日本投资者得出结论：美元证券是有吸引力的，主要是其利率比日本同类证券的利率高3%～4%。各类日本投资者大幅购买美元证券的后果是日元大幅贬值，另一个后果是日本再次产生了大量贸易盈余和非常巨大的经常账户盈余，相应地，美国则出现了高额贸易赤字和经常账户赤字。

21.11 世界上最大的债权国

20世纪80年代期间，日本的外国投资开始快速增加。20世纪80年代末，日本已经变成了全球最大的债权国（这意味着日本拥有的外国资产超过外国拥有的日本资产的比率远高于其他国家的这一比率），取代了美国在20世纪40年代取得的地位。与日本购买美国和其他国家资产相对应的是日本产生了持续的高额贸易盈余。在日本的贸易盈余中，差不多有一半来自于对美国的双边贸易顺差。另外，日本对许多邻国（包括中国）也存在着贸易顺差，而这些国家也向美国大量出口商品，它们的大部分出口产品中都包含着日本的零部件。因此，日本对美国的多边贸易盈余要大于双边贸易盈余。

与日本成为全球最大债权国相对应的，是美国变成了全球最大的债务国。现在，日本从其外国投资中获得的利息收入和利润越来越多，而这些收入被用来购买更多的外国证券和资产。自相矛盾的结果是：日益强势的日元阻碍了在日本进行生产的企业在赢利的基础上进行出口的能力——这就进一步刺激了它们在海外进行投资。

2008年和2009年的全球衰退使得外国对日本出口产品的需求大幅下降——而日本则输入了一次比最初出现在美国和欧洲的更加严重的衰退。出口导向式的增长策略就像是人们常说的“双刃剑”，不利的一面是输入国需求的下降将会对那些依赖出口增加而实现增长的国家产生较大影响。

在重商主义的世界中，日本的贸易盈余和收支盈余可能代表了其经济政策的成功。但是，这一主张不具说服力：过度的盈余代表着政策的失败。日本公司的管理者没有能够设计出一种可以在不造成其国际贸易关系过度紧张的前提下应对周期性失衡的体系。日本实现赫曼·卡恩预言的可能性不大。

第 22 章

中国——无法忽视的巨人

22.1　历史悠久的中国

在过去几十年中，中餐馆在美洲和欧洲大量涌现。曾在 20 世纪 50 年代和 60 年代主导着菜单的传统粤菜已经让位于川菜和湖南菜。烹饪方式的差异反映了中国的幅员辽阔，以及基本食物的地区性差异——广东厨师以米饭为主，海鲜是菜单中重要的组成部分，而北方地区的中餐则以面食为主。在川菜和湖南菜中，肉类是重要的原料，并通过加入辣椒来调整食物的味道。中国的南方和北方大致以长江为分界线，大约有 5 亿人生活在长江以北，8 亿人生活在长江以南。

中国是一个大国，面积比美国还大。与美国、巴西、俄罗斯、澳大利亚和其他幅员辽阔的大陆国家一样，中国拥有丰富的原材料，并且在很长时间内能够为其人口生产基本的食物——中国的人口差不多是欧洲和北美人口之和的两倍。

中国还拥有悠久的历史，其历史可以追溯到公元前 3000 年。其早期的工业成就包括青铜的冶炼、瓷器、活字印刷和造纸术。当欧洲还处于部落之间为扩张领土而相互征战的时候，中国就建立了有序的官僚机构。威尼斯探险家马可·波罗（Marco Polo）在 13 世纪到了中国，记录下了中国的伟大成就。直到 17 世纪甚至 18 世纪，中国的人均收入仍然高于欧洲的人均收入。

中国错过工业革命的机会长达 100 多年，并远远落后于迅速发展的西方世界。欧洲列强在 19 世纪中叶侵入了中国，英国在香港地区建立了沿海殖民地，而葡萄牙占领了澳门地区。20 世纪前 50 年，对权力的争夺主导着中国国内的政治：统治中国达 300 年的清朝受到了希望建立代议政府的共和派的挑战，而后者在 20 世纪 30 年代又受到共产主义者的挑战。20 世纪 30 年代末，日本占领了中国的沿海各省，拉开了其野心勃勃地向东南亚地区扩张的序幕。

22.2 中国的改革开放

1949 年，中国共产党取得了政权，国民党政府退到了台湾。在随后的 30 年间，中国经历了许多波折，包括“文化大革命”、中苏关系紧张等。在这一时期，中国的年均经济增长率低于 1%，处于全世界的最低水平。

在毛泽东领导下，中国的工业集中于国有企业，大工厂要为其工人修建住房，提供医疗保健，甚至还要提供大部分食物。各大军区都拥有自己的下属企业，包括宾馆和制造厂。政府各个部门和中央银行拥有自己的大学，每所大学都拥有一个工厂，生产大学用的桌椅和教室内的其他设施。

毛泽东去世后，中国的经济政策发生了巨大变化。毛泽东的继任者邓小平实行对外开放的政策，更多地依赖市场和对外贸易。中国政府鼓励外国企业在中国投资，通常，这些外国企业要同中国的国有企业建立合资企业。有些国有企业被私有化了。中国人有了更多的机会到国外学习和访问，而海外的中国人（包括台湾人）被鼓励访问中国大陆，并在大陆进行投资。

从 20 世纪 80 年代起，中国的经济增长率平均达到 10%——这是一个伟大的成就。尽管增长速度很快，但中国的人均 GDP 仍然为 2000 美元左右，因为其起步的水平太低了（中国人均 GDP 折合成美元的数值随着人民币与美元汇率的改变而改变，随着美元的人民币价格的降低，中国 GDP 折合成美元的数值提高了）。中国的 GDP 大约为美国 GDP 的 1/4。沿海各省的增长速度更快一些，因为大部分新工业投资主要投在那里，生活在这些省份的 2.5 亿人的人均收入是中国其他地区人均收入的 4 ~5 倍。快速增长的省份包括广东，它将珠江三角洲和中国香港联系在一起，另外还有福建省以及上海市和北京市。

如果未来 20 年的增长速度能够保持前 20 年的这一速度，那么在 2025 年，中国的 GDP 将会接近美国的 GDP，但人均收入将仍然为美国的 1/4。中国的 GDP 高于其他亚洲国家。如果 10% 的增长率能够持续 50 年，那么在 21 世纪中期中国的人均收入将会接近美国的水平，而中国将会成为主导全球经济的强国。

对各国增长差异的影响进行长期预测是很有意思的算术练习，但它们似乎有些不着边际，因为各国会遇到最终限制其增长的国内和国际约束。20 世纪 80 年代对日本将超越美国成为主导性经济强国的预测证明了对长期经济增长预测的风险（以及潜在的尴尬）。1965 年，某些分析家预测日本将以每年 8% 或 10% 的速度持续增长，而其他国家的年均增长速度为 2% ~3%，因此日本的人均 GDP 将会超过美国的人均 GDP。到目前为止，这一预测还没有被证实是正确的。然而，日本达到了足够高的增长率，使得美国与它的贸易摩擦多于同其他国家的贸易摩擦，实际上，与同作为一个整体的欧洲国家的贸易摩擦相比，美国与日本之间的贸易摩擦更激烈一些。这些贸易摩擦集中在日本过高的贸易盈余以及日本在某些工业产品的市场中份额过高这两个方面。由于 20 世纪 90 年代初日本的房地产泡沫和股市泡沫破灭，日本的增长逐渐放缓。

但是，二三十年的时间对于中国的历史来说只是一瞬间，与趋势能否持续相比，日期并不太重要。即使是增长率下降到 5%，中国的 GDP 最终也将超过美国。同样，在更长期的时期之后，中国的人均 GDP 也会超过美国。

22.3 中国增长的限制

随着工业化的进展，日本和韩国也实现了经济高速增长。中国的情况与之类似。不熟练的劳动力从农村转移到了城市以及生产玩具、纺织品、棒球帽、服装、自行车、体育用品、榔头、螺丝刀、电钻、汽车部件和箱包的工厂之中。工业和建筑业中的工人的生产率是农村劳动力生产率的 3 ~4 倍，因此，每年将 400 万或 500 万劳动力从农村配置到工厂和城市中使得增长率显著提高，即使是工厂中工人的生产率很低也是如此。人们离开农村进入工厂并没有明显降低农业产出，因为农民的数量很多。农村的人均收入增加了，部分原因是农民的数量减少了，部分原因是城市中对粮食的需求增加而造成的高价格。

工厂中生产的很多产品——玩具、纺织品和服装——都被用于出口，而赚来的外汇被用于购买机床以及对于生活在城市中的人来说必需的进口品和食品。

大约有2亿人已经从农村转移到了工业和建筑业中，另外3.5亿人仍然从事种植活动。许多国家在只有10%的人口从事农业活动时仍然可以养活其人口。假设中国有朝一日发展到6500万农民——劳动力的10%——可以为城市人口提供大部分粮食。有些食物将会进口，对这些进口的支付是以出口制成品的方式进行的。

农业生产率的提高意味着在非农业活动中——制造业和服务业以及建筑业——需要为将近2亿人创造就业机会。

制造业可能会吸引劳动力的40%～50%——50%意味着中国制造业中的就业人数将达到3.25亿人。相比之下，美国制造业中的就业人数为2000万人——从全球水平看，制造业中的就业人数现在为8000万至1亿人。

最近20年来，中国制造业中就业人数的增加造成了美国和其他传统工业化国家制造业的转移。这种转移已经反映在中国贸易盈余的增加及其贸易伙伴贸易赤字的增加中。

在某个阶段，中国将遭遇其贸易盈余扩张的极限——实际上，中国可能早已达到了这一极限。

中国增加其制成品产量的能力将取决于供给和需求因素。一个重要的供给因素是融资建设制造厂和相关基础设施的能力。中国的储蓄率一直很高，介于35%～45%之间，并刺激了大量的工业、基础设施投资以及农村和城市的住宅投资（为2008年奥运会而修建的体育馆和机场航站楼是政府获得资金进行基础设施投资能力的明确证明）。中国一直拥有创业的传统。政府的限制是适度的——而当这些限制让人难以忍受时，常常会被忽略。中国的领导层中有很多人接受的是工程师式的教育，政府提供了发展所需的基础设施——能源和运输设施——而这些设施增加的速度很快，尽管有时候会遭遇电力短缺。

回想一下，中国的规划者最明智的决策之一就是邀请来自日本、韩国、美国以及中国台湾的企业到中国进行生产，主要是为国际市场进行生产——尽管这些企业在中国建立工厂是因为它们对中国巨大的国内市场感兴趣。具有讽刺意味的是，跨国公司将由美国、日本、中国台湾或韩国生产的具有高附加值的配件运送到中国，由年轻的女工进行总装，而她们的主要“机床”是几把螺丝刀。然后，这些产品通过跨国公司早已建立的供应链出口到全球市场。中国出口的许多商品没有自己的增加值。由于这些进口，中国对其亚洲邻国拥有贸易赤字。中国对美国和其他工业化国家的部分贸易盈余实际上是对生产这些高增加值的国家的盈余。由于工资水平低，中国的生产成本低于工业化国家和大部分其他亚洲国家的生产成本，因此这些企业的供应链中出现了大量的中国生产的产品。中国的出口以很快的速度增加，缺乏外汇——这一因素限制了日本和韩国的增长——并没有限制中国的增长。

中国出口的成功在其国际储备资产的增长方面表现明显，2007 年底，中国的国际储备资产达到了 2 万亿美元。这就相当于中国的每一个人（包括男子、女子和儿童）都在美国国债上投资了1500 美元，对于一个人均 GDP 较低的国家来说，这是一个显著的成就。这些储备资产的积累来自于中国的贸易盈余，而中国的贸易盈余是全球最多的，它对美国的贸易盈余超过了其他任何国家对美国的贸易盈余。

中国持有国际储备资产的增加反映了出口导向政策的成功。制造业生产率的快速提高使得单位生产成本显著下降，并且有助于出口的增加。国际储备资产的积累是维持货币价值较低以促进出口的一个意外结果。

导致日本和韩国增长率降低的某些因素最终也会造成中国的增长速度放缓。在某个阶段，来自农村的过量劳动力供给将被耗尽——这一过程在日本和韩国用了一代人的时间，但在中国可能需要两代甚至三代人的时间。第二个约束是：随着中国出口相对于世界出口的增加，维持出口增长率将变得更加困难。第三个约束是：在人均收入的差距较大时，实现高速增长比较容易，而在人均收入差距较小时则比较困难。随着人均 GDP 的提高，工资成本和单位生产成本将提高。第四个约束是：由于需求增长乏力，与国内投资机会相比，储蓄率可能显得过高。从需求增长过慢这一角度看，储蓄从一种个人美德转变成了共同的缺点。

中国的增长已经为美国和其他贸易伙伴带来了问题。正式的和非正式的进口壁垒很多。与日本和韩国一样，如果同类产品是由国有企业或中国的其他企业生产的，则中国也不愿意进口此类产品。在证明非常成功后，同跨国公司签署的合资企业协议被进行了重新谈判，而新的条款更有利于中国合作方。极高的贸易盈余表明中国出口的意愿比进口的意愿要高得多。

中国增长的限制更有可能发生在需求面而不是供给面。问题在于需求是否会增加，特别是国内的需求能否更快增加，以弥补外国需求的下降。

22.4　出口导向的增长、贸易盈余和资产价格泡沫

中国模仿了日本和韩国采取的出口导向策略。这些策略的实质是保持低货币价值和低工资水平以使出口快速增长。来自出口的收入可以用来购买资本设备、技术和原材料，以保持高增长率。

从日本和韩国引进的一种管理实施是控制金融体系以维持家庭储蓄和商业借款的低利率，使得这一利率远低于经济增长率，并与通货膨胀率接近。家庭储蓄的实际利率通常远低于0，这意味着家庭需要维持高储蓄率以实现其财富目标。企业（包括私人所有的企业和国有企业）有很强的激励以实际上极低的利率借款以便进行投资。

日本和韩国的经验表明，这些金融管制活动具有两种直接的影响。一种影响是企业希望从银行借出的金额远多于银行愿意贷出的金额，因为这些借款的预期利润率远高于利率。与西方工业化国家相比，投资支出占GDP的份额要高得多，并形成了潜在的过量产能。

另一种影响是家庭储蓄率很高，因为储蓄的实际回报率非常低。中国有两个特殊的因素促进了高储蓄率。一个因素是20世纪90年代初从计划经济向市场经济的转变意味着个人要负担其医疗保健费用、子女教育费用和退休后的费用。另一个因素是独生子女政策意味着每一个劳动力在某种程度上都要负责两位退休父母的经济福利。

高储蓄率和高投资率相辅相成，没有高储蓄率，就不可能有高投资率。结果，中国在很多基础工业中开始形成过量产能。

22.5　海外的中国经济

在过去50年中，最伟大的经济成功故事之一就是1.5亿海外华人（包括生活在台湾地区的2500万人、生活在香港地区的700万人、生活在新加坡的400万人以及生活在马来西亚、印度尼西亚、泰国、越南、美国和加拿大的几百万人）取得了引人注目的成功。

有一些华裔较多的国家和地区拥有贸易盈余。香港地区拥有贸易盈余，台湾地区也是如此。新加坡拥有很高的贸易盈余。如果这些国家和地区持续

增长，而且如果能够持续拥有贸易盈余，那么我们可以肯定地说，美国对中国的贸易赤字将会增加，并伴随着美国制造业工作岗位的流失。这些国家和地区的贸易盈余反映了它们的储蓄率相对于国内（地区内）投资机会来说过高，有些储蓄被用于购买外国证券和不动产。

生活在海外的1.5亿华裔的国民收入比中国内地的国民收入高。东南亚的许多其他国家——越南、马来西亚、菲律宾、泰国、印度尼西亚——的商业团体中，有很多是华裔建立的（如果不是吉隆坡政府和雅加达政府采取鼓励本国企业的政策，华裔建立的企业还会更多）。在美国，华裔在学术上和商业上都取得了引人注目的成功，特别是那些小型家庭企业。

香港地区、新加坡、台湾地区和韩国被称为“亚洲四小虎”，这是因为它们在大约30年间，经济增长率维持在6%～8%的水平上。新加坡和香港地区的面积较小，它们仅有的自然资源就是其优良的海港。它们都广泛地参与转口贸易和制造业（尽管香港地区的制造业已经转移到了中国内地珠江三角洲地区的不同地点）。新加坡的进口比其国民收入高出50%——这些进口商品中的很大一部分经过加工、装配或其他形式的改进，然后再出口。

在管理经济中的作用方面，香港地区政府的作用与新加坡政府采取的方法不同。香港地区一直尽可能让经济自由发展，政府在经济中的作用较小，其主要作用限于提供法律和秩序、建设高效的基础设施、扩大教育设施，并开发公共住房。相比之下，新加坡政府广泛地参与经济计划，个人被迫将其很大一部分收入进行储蓄，其中一部分存储在政府的基金中。新加坡政府为了吸引外国企业以及为提升劳动力技能而付出了巨大的努力。政府对于批评和异议是不宽容的：尽管保持了表面上的民主体制，但占据主导地位的政党具有完全的控制权。

有很多因素造成了香港地区和新加坡政治安排上的差异。但是，尽管存在着这些差异，它们都取得了巨大的成功——这表明只要经济和政治环境稳定，政治安排并不是非常重要。

尽管缺乏自然资源，中国台湾省也取得了惊人的经济成功。1949年，台湾地区的人均收入为每年100美元（由于当时的局势不稳定，这一数字不一定准确），而现在，其人均收入水平为大约10000美元。台湾地区在全球GDP排名中名列第10位至第15位，这是一个了不起的成就。与日本和韩国相比，台湾地区的经济由大量规模很小的企业和相对较少的大型企业构成。台湾地区的国际储备资产比欧洲的任何国家都要多，仅低于日本——而以人均水平计算，台湾地区的人均外汇储备差不多是日本的3倍。

韩国显然与中国不同，但二者通过儒家的价值体系联系在一起。与台湾地区相比，韩国的经济成功更加引人注目。在1954年朝鲜战争期间，朝鲜半岛处于一片混乱之中，韩国遭到了朝鲜的两次沉重打击。朝鲜战争之前，朝鲜半岛在1945年分裂为两个国家，大部分工业集中在北方。战后，韩国保留了大量的军队：其国防支出差不多占其GDP的10%。由于韩国比其他三只“亚洲小虎”更大，并具有强烈的民族认同感，所以韩国努力借助自己的企业来发展经济。尽管韩国输入并采纳了外国开发的技术，但一般来说，韩国对外国投资不太友好，特别是日本企业的投资。韩国的生产活动主要集中在30家大财团——家族式的控股公司，每一家控股公司可能拥有40家或50家各行业公司的控制股权。

“亚洲四小虎”取得经济成功的共同因素是什么？每一个国家和地区的储蓄率都很高。它们都在提升各自教育体系和劳动力技能方面进行了大规模投资，且识字率都很高。每一个国家和地区都具有强烈的出口导向。尽管政府具有强烈的投资动因，但政府在生产性决策中的作用并不大。这些国家和地区或多或少地都是从“一穷二白”起步的——其产业结构非常薄弱。

中国具有一些与“亚洲四小虎”经济成功类似的因素。中国的储蓄率高于“四小虎”。中国——至少是在20世纪80～90年代期间——具有增加出口和参与国际经济的强烈动机，这与“四小虎”非常类似。实际上，对于一个拥有丰富、多样资源并且在某种程度上粮食能够自给自足的大国来说，其出口占GDP的比率显得极高。

中国大陆与“亚洲四小虎”的差异是什么？这些差异在未来10～20年间将如何影响中国的经济增长？

差异之一是规模。中国大陆的人口超过“亚洲四小虎”人口之和的15倍。大国比小国更加难以管理。在中国历史上，地方主义一直是一个普遍的问题，中央政府经常会发现各个地区希望按自己的方式发展。与很多其他国家一样，富裕地区不愿意与贫困地区分享资源。各省之间存在着非正式的贸易壁垒。比如，上海出租车只能选用本地生产的车型。

各地区之间对于钢铁厂、汽车厂和其他大规模投资项目的争夺十分激烈。其结果是产能快速增长。这些产能的很大一部分被用来建立更大的产能，如此循环往复。在某一阶段，产能的扩张速度将会减慢，并且很有可能是大幅放慢，到那时，很多产业会出现严重的产能过剩。过剩产能大量增加的一个影响是对价格产生向下的压力，另一个影响是失业率的大幅上升，第三个影响是出口大量增加，第四个影响是那些向企业贷款（它们借款是为了增加自己的产能）的银行将面临大量的贷款损失。

差异之二是地理环境。“亚洲四小虎”都濒临海洋，相对来说更容易进入外国市场。中国的大部分地区都远离海洋，这意味着内陆地区的工业发展将面临更多的困难，因此增长潜力较低，因为建设基础设施的成本比较高。

差异之三是中国具有丰富的资源。中国可以养活其庞大的人口。另外，中国拥有工业发展所需的大部分资源，这意味着与“亚洲四小虎”相比，它对通过出口赚取外汇以进口这些原材料的需求较低。

差异之四是最近的历史和古代历史。中国在国际政治中的影响力高于“亚洲四小虎”。中国政府希望台湾能够回归，也希望能够在地区事务中发挥更大的作用。

差异之五是工业历史。“亚洲四小虎”是从零开始的。相比之下，中国继承了在建国之初的30年中建立起来的工业基础。中国拥有10万多家大中型国有企业，员工人数超过1.1亿人。大多数国有企业的效率较低，与其产出水平相比，这些企业雇用的人员过多——有人估计冗余劳动力总计达到5000万人。这些企业中有很多从国有银行借款，而其中很多贷款永远也无法偿还——据估计，这些银行的累计贷款损失可能高达5000亿美元。

中国面临的一个挑战是为那些事实上失业的人以及数以千万计的因农业生产率提高而失业的人提供良好的工作岗位。

22.6 储蓄—投资悖论

根据中国的高额贸易盈余以及极大的国际储备资产持有量推断，中国的国内储蓄明显高于国内投资和政府财政赤字，因此这些储蓄中有一部分会流向国外。国内供给能力明显高于国内需求。这一问题与中国周边那些具有高储蓄率的国家（韩国除外）面临的问题是一样的。中国潜在供给能力将越来越大，因为中国存在着数以千万计的农村人口未充分就业，而且大量的储蓄需要进行有利可图的投资。

只是当人均收入达到远高于中国的水平时，日本和其他中国邻国的过量储蓄问题才显现出来。中国的高储蓄率反映了为退休、医疗或其他紧迫问题提供资金的社会保障制度的缺乏，如果能够建立起为退休提供资金（如大多数其他工业化国家建立的“安全网”）以及为成本高昂的医疗提供资金的制度，储蓄率就有可能降低。如果国内投资率上升，那么储蓄率也有可能下降，但国内投资率更有可能下降，因为在许多产业中过量产能已经变得非常明显。

2009年增长率的大幅下降表明，高额贸易盈余意味着制造业的就业取决于国外需求——当衰退导致国外需求下降时，2000万人失业了。在衰退过程中，拥有高额贸易赤字的国家可能会采取措施以限制进口并促进出口，以此作为减少可贸易品生产领域失业的一种手段。由于中国拥有全球最多的贸易盈余，因此它很容易受到这些趋势的影响。

中国已经采取了一个经济刺激计划来应对外国对其制造的产品需求的下降，这一计划主要是加强基础设施的建设。这些新经济活动中的生产率很可能远低于制造业。增长率可能会出现大幅下降。

对于经济持续以每年6%或8%的速度增长的一个限制来自于外部。中国将会发现，以这种速度增长将越来越困难，因为在纺织品、鞋类、玩具、体育用品和服装领域，它所占的外国市场份额已经非常高。出口的持续快速增长对于赚取外汇以购买进口品是必要的——随着国内的各种原材料被耗尽，或者随着经济的增长，对这些原材料的需求相应增加，进口的需求可能会增加。

对于可能导致增长率大幅下降的因素而言，还存在着一些国内的限制。许多国有工业企业可能会衰败，无法生产出有吸引力的产品以收回其成本，而且也无法留住其最具生产力的员工。尽管大量企业需要从国有银行贷款（这些贷款可能永远也不需要偿还）来弥补其亏损，但这些企业仍然会存活下去。到某一时点，这些银行必须进行资本调整，或者建立一系列新的银行来为可赢利的企业以及能够创造价值的企业提供信贷。

尽管增长率从8%下降到6%，但中国受20世纪90年代末亚洲金融危机的影响似乎不大。从经济观点看，中国发展面临的不利局面是：储蓄率过高，使得需求的增长无法为工业领域提供足够的工作岗位。因此，持续快速增长的经济条件包括增加高附加值产品的出口、不断清理数量巨大的低效率企业、建立高效的金融体系，并适当降低储蓄率。即使这些条件得到满足，政治方面的发展也会制约增长。由于人均收入存在着巨大的差异，因此地方主义是一个始终存在的产生摩擦的根源。增长需要决策的分散化，中央政府对权力的垄断将受到挑战。

一旦来自农村的过量劳动力供给被耗尽，日本和韩国的经济增长率就都大幅放慢，现在，这两个国家只有5%的人口从事农业生产。在中国，农村劳动力约占总劳动力的50%，有数亿农村劳动力可以进入工厂——假定对在工厂生产的产品的需求继续增加。目前，有1.2亿至1.4亿人在工厂工作。

始于2008年底的全球衰退导致外国对中国产品的需求大幅下降。在这次冲击出现之前，为举办奥运会而进行的投资已经完成。在可贸易品生产领域就业的数以百万计的人失去了他们的工作。他们收入的下降将产生两种引人注目的影响。一种影响是投资支出会下降，因为已经产生了大量的过量产能。另一种影响是家庭储蓄将会增加，因为经济和金融的未来具有更大的不确定性。

第 23 章

从马克思主义计划经济到市场资本主义

23.1 帝国的分裂

自本书第 5 版出版以来，最值得注意的变化之一是前苏联的解体。柏林墙已经变成了碎片陈列在成百上千座博物馆中，东欧（Eastern Europe）已经向西方靠拢，并已经改名为中欧（Central Europe）。前苏联——全称为苏维埃社会主义共和国联盟（Union of Soviet Socialist Republics，USSR）——不再是一个联盟，不再是苏维埃，也已经远离了社会主义。曾经的苏联现在变成了俄罗斯和 12 个独立的共和国，其中一些国家的独立性较低，少数国家采用了共和国体制。波兰及其邻国从被迫依附于莫斯科转而成为全球市场经济的一部分。波罗的海国家——爱沙尼亚、拉脱维亚、立陶宛——重新赢得了于 1939 年失去的独立。在俄国革命之前 100 多年就已经成为俄罗斯一部分的乌克兰现在成为了一个独立的国家——它与俄罗斯在天然气价格、管道使用费用以及黑海海军基地的使用权方面存在着持久的争议。

将第一世界和第二世界分隔开来的是"铁幕"（Iron Curtain），它从波罗的海延伸至亚德里亚海。柏林——西柏林——是前民主德国内部的一个"岛国"，四周围绕着铁丝网和警戒塔。

在差不多 50 年的时间里，美国和前苏联的关系可以用一个瓶子里的两只蜘蛛来形容——双方都有能力对对方造成致命的伤害。前苏联拥有庞大的军队，随时准备从其位于波兰和其他卫星国的基地向西方发起进攻，而美国则拥有装备着核武器的强大的空军。

铁幕的开启可能是因为前苏联认为，20 世纪 80 年代后 5 年石油价格大幅下降之后，在东欧维持一个帝国的成本与利益相比太高了。对于俄罗斯及其西部邻国（从北方的爱沙尼亚到南方的保加利亚）来说，帝国的终结造成了贸易、生产和金融模式的大规模变化。

在前苏联时期，这一集团的大部分国际贸易都是在集团内部各国间进行的，与外部世界的贸易很少，因而主要是为了应对超常的短缺。在这一时期，莫斯科的一组中央规划人员决定集团内的哪个国家生产哪些产品，以及这些产品在集团内如何分配。俄罗斯人生产大部分重型装备，而保加利亚人为集团生产大部分叉车。当由于气候原因使得产量低于目标值而且小麦收成很差时，就需要从某个市场经济国家进口粮食。

当铁幕降下时，这些国家都或多或少地面临着同样的决策——在全球市场经济中自己的地位在哪里——自己可以向西方出口什么，应该进口什么，应该如何处理那些因拥有垄断市场而从不关心市场营销的工厂。

23.2 什么是转型经济?

答：一个正在从计划经济向市场经济转变的国家。

问：哪些国家被认为是转型经济?

答：大国包括俄罗斯、乌克兰和波兰，还有 20 个较小的国家，包括前民主德国、三个波罗的海国家（立陶宛、拉脱维亚和爱沙尼亚）、捷克共和国和斯洛伐克、匈牙利、罗马尼亚、白俄罗斯、亚美尼亚、格鲁吉亚、阿尔巴尼亚和塔吉克斯坦。

问：从计划经济向市场经济转变的最佳途径是什么?

答：谁知道呢。

23.3 卢布是一种重货币

在前苏联期间，卢布、兹罗提[①]、列克[②]没有被包括在货币名单中，因为

① zloty，波兰货币单位——译者注。

② lek，阿尔巴尼亚货币单位——译者注。

它们不能自由兑换。中了彩票大奖或因其他原因而拥有大量现金的某个华沙人不能用这些钱来购买美元、德国马克或瑞士法郎——至少不能合法地购买。

当前苏联的国有企业向西方出口时，它们会收到美元，然后，企业将这些美元转到莫斯科的一家银行中。莫斯科的这家银行将这些美元资金存放到一家垄断银行中，这家银行可能是位于伦敦的莫斯科人民银行（Moscow Narodny Bank），或者是位于巴黎的北欧商业银行（Banque Commerciale pour L'Europe du Nord），或者是位于法兰克福的Wozchod商业银行（Wozchod Commercial Bank AG）。

俄罗斯人幻想卢布在货币榜单中名列前茅——他们声称发明了缝纫机、打字机和棒球，而卢布则是这些声明在金融市场中的体现。但是，卢布需要确定相对于西方某种货币的价格，而且由于无法令美国人让美元钉住卢布，所以俄罗斯人就在1937年将卢布设定为4卢布兑换1美元。1950年，他们设定了卢布相对于黄金的平价，比率为每盎司黄金140卢布（请注意它的计算——由于每盎司黄金的美元价格为35美元，所以美元相对于卢布的有效价格没有改变）。从莫斯科官员的角度看，现在卢布与美元的地位一样了，因为二者都拥有了相对于黄金的平价。但是，这一新的平价毫无意义，因为黄金的生产量与生产成本（通常是由政治犯开采的）和黄金卖给中央银行的价格之间没有任何联系。

1961年，前苏联进行了一次货币改革，新的重卢布（heavy ruble）与旧卢布的兑换率为10:1（货币改革是对那些拥有大量旧卢布的人进行征税，因为政府对用旧卢布兑换新卢布设定了数额限制）。俄国人将新卢布的平价设定为每盎司黄金32卢布，大约比黄金的美元价格低10%——就好像它很重要一样。

1992年底，在前苏联解体后不久，俄罗斯加入了国际货币基金组织，当时的汇率是472卢布兑换1美元。在整个20世纪90年代，卢布一直在贬值，主要是因为俄罗斯正在经历恶性通货膨胀——新的税基还没有建立起来，而老的税基已经不复存在。政府求助于中央银行以获得资金支付其账单，货币供给快速增加。

自相矛盾的是，尽管货币供给快速增加，但仍然存在着货币短缺。对货币和信贷的需求增长快于供给的增加，而增加的货币越来越多地用于政府支出。政府部门中的企业急需贷款，并且不得不采用易货贸易的方法。有时候，工人的工资是用企业生产的产品进行支付的，而这些产品因为缺乏信贷无法销售出去。

20世纪90年代初，叶利钦总统决定对尽可能多的企业实行私有化，以分散权力，并让国家重新开始运转。这些政府所有的企业被以相对较低的价格出售，部分原因是很多企业不赢利，部分原因是买方与出售这些企业的官员相勾结。在计划经济期间，当受损害方是国家的时候，腐败成为了一种普遍的问题，而之后变得更加严重。

23.4 计划经济与市场经济

让我们来看一看计划经济与市场经济的几个不同之处。

在计划经济中，生产资料——工厂和航空公司、银行和零售商店、住房和公寓——由国家所有；在市场经济中，工厂由公司和个人所有——而且公司也是归个人所有。

在计划经济中，每一种商品和服务的价格都是由中央政府的计划人员制定的，而且与每一种商品和服务的生产成本无关；在市场经济中，每一种商品和服务的价格都与其生产成本密切相关。

在计划经济中，政府开支所需的资金是通过商品的价格（从本质上说是一种销售税）获得的；在市场经济中，个人所得税和公司所得税占财政收入的很大一部分，但许多政府同样依赖于增值税和销售税。

在计划经济中，工厂管理者的主要任务是生产必要的数量以满足由中央计划人员设定的目标；在市场经济中，工厂管理者的主要任务是设计出令消费者迫不及待想要购买的产品。

在计划经济中，每个人都有一份工作，因而是充分就业；在市场经济中，一直存在着高水平的失业率，因为某些人想要得到的（体现在工资上）多于他们付出的（体现在生产率上）。实际上，这些人不值得雇用——这意味着他们找到了一份免费的午餐或部分免费的午餐。

在市场经济中，每一个工人都得到了他或她的边际产品的价值——至少教科书中是这样说的。

在计划经济中，工程师处于最高决策层；在市场经济中，营销专家和金融MBA处于最高决策层。

在前苏联式的计划经济中，人们坚信规模经济，如果根据计划所要生产的每一种产品全部在一家工厂进行生产，那么单位生产成本就会实现最小化。一家国有工厂生产所有的大型卡车，另一家工厂生产所有的机床，第三家工厂生产所有的鞋，等等。生产某些投入品的工厂与使用这些投入品的工厂有时候相距甚远，甚至在不同的国家中。

在计划经济中，不存在商业争端，因为不存在私有财产；在市场经济中，则需要一个法院系统——律师和独立的法官——以解决生产者和消费者以及不同生产者之间的争端。

在计划经济和市场经济中，爬到最高层的人都懂得如何明争暗斗。随着柏林墙的倒塌以及前苏联的解体，俄罗斯、乌克兰、波兰、捷克共和国、匈牙利以及其他国家都面临着同样的问题——转向市场经济、最小化GDP的下降，以及让领退休金的人和那些在计划经济条件下受到安全网保护的、拥有稳定生活水平（尽管很低）的人遭受最少的痛苦。这些国家需要一种新的税制。它们的工业结构成本很高，并且相对于全球标准来说已经过时了。航空公司使用的飞机的燃油效率很低。它们需要建立起法院系统。它们需要建立起为进出口进行融资的制度。

在向市场经济转型的过程中，有些国家比另一些国家更成功。对这些国家进行排名的一种方式是基于转型过程中GDP和人均GDP的变化。另一种排名方式是看退休金领取者的境况如何。捷克共和国在转型成功的国家名单中排名靠前。波罗的海国家——爱沙尼亚、拉脱维亚和立陶宛——也是如此。相比之下，俄罗斯和乌克兰在转型过程中遇到了很多问题，在20世纪90年代叶利钦任总理期间进行的许多引人注目的民主改革在他的继任者——普京总理——任职期间发生了蜕变。

在计划经济期间，这些国家的人均收入有很大差别。一个国家离巴黎、伦敦和罗马越近，其人均收入就越高。这些国家的生活标准（与西欧国家类似的标准相比）远高于人均收入数据所显示的水平。存在着两种观点，它们是部分相互抵消的。如果各种商品和服务按西方的价格来评估，则GDP估计值将更高。在向市场经济转型发生之前，它们的货币在某种程度上被高估了。

前民主德国——人们更多地称其为东德——的历史与其他计划经济国家的历史有很大不同，因为德国在1990年重新统一了（第一次德国统一发生在19世纪70年代），波恩政府每年花费1000亿美元——每个人大约为5000美元——来提高原东德1700万人的生活水平。联邦德国政府认为，这一巨额补贴对于说服东德人留在他们的故乡是必要的，否则数以百万计的东德人就会迁移到汉堡、法兰克福和慕尼黑，或许需要一道新的柏林墙来阻止他们向西部迁移。原东德地区的人均收入的提高主要是因为这些补贴，而不是生产率的提升，原东德地区的失业率仍然远高于原西德地区。

转型经济国家也获得了资金，包括来自世界银行、欧洲复兴开发银行、国际货币基金组织的贷款以及总部位于德国、法国、美国、日本和韩国的公司的投资。德国的企业在捷克共和国进行了大量投资：捷克的汽车公司斯科达（Skoda）被大众汽车公司收购。通用电气公司收购了匈牙利的大型灯泡厂。西方各石油公司纷纷在俄罗斯投资。原西德地区向原东德地区进行的资金转移数量是其他20多个国家向原东德地区提供资金数量的几百倍。

关键问题之一是：与另一些国家相比，为什么有些国家的转型更加成功？一个相关的观察结果是：转型的成功程度似乎与地理位置有关——国家越靠西，转型就越成功。基本问题包括市场制度的建立、私有化、财政改革和宏观稳定性，以及工业的效率。

23.5 市场制度来自何方？

一种无处不在的现象是：个人参与贸易的愿望是普遍的。世界上的每一个国家中实际上都存在着街边市场。尽管被认为是不合法的，但这类市场在计划经济中普遍存在。从街边市场转向市场经济不是线性的——市场经济拥有很多或多或少被认为是理所当然的制度安排，而街边市场不可能很容易地转变为市场经济。

市场经济需要会计人员，他们负责计算个体企业的利润以及它们的税赋。这些会计人员向股东提供关于个体企业利润的信息，以核实管理人员的财务报表。另外，会计人员还会计算企业和个人的税赋。在计划经济中，会计人员较少，因为不需要对利润或税赋进行计算。与个体企业产品销售相关的资金进入了国家的银行账户，而不是企业的银行账户，因此企业缺乏升级工厂所需的资金，甚至没有资金对其进行维修。

市场经济需要律师，他们促进了商业争端的解决。当资产归个人所有时，争端是不可避免的。为了解决这些争端，我们需要一些机制——特别是低成本的机制。另外，市场经济还拥有被认为公正的法官和法院。这些律师、法官以及各种法律是不可能通过邮购目录轻松获得的。

市场经济拥有银行，这些银行中拥有信贷员，他们协助分配家庭储蓄。对个人进行培训，使他们能够估计个人借款者的赢利能力以及他们履行还款承诺的可能性，这是一件复杂的工作。这在某种程度上类似于鸡和鸡蛋的问题：在他们得到贷款之前，他们无法建立起自己的信用口碑，而只有当他们得到贷款后，才能确定他们是否能够建立起按时还款的声誉。

会计人员、律师和法官以及信贷员的共同特征是他们都涉及信任。在计划经济中，中央制定的决策需要依靠强制手段实施，信任的供给短缺。在计划经济中，决策的制定是不透明的，决策的集中制定造成的后果是民众对国家持怀疑的态度。

23.6　产业重组

到莫斯科旅游的人在参观克里姆林宫时有机会看到世界上最大的钟和最大的火炮。那个钟从来没有被使用过，因为在铸造过程中出现了一条很大的裂缝。幸运的是，那门火炮也从来没有发射过炮弹，因为发射炮弹所需的巨大推力肯定会令炮管爆裂。俄罗斯人似乎迷恋于体积，他们通常认为越大越好。俄罗斯人拥有最大的飞行器和最大的航空公司。

人们似乎坚信规模经济，却不知道规模不经济。规模大很重要，规模非常大也很重要，但规模非常大通常是无效率的。在计划经济中的垄断性生产者看来，效率无关紧要，但在竞争条件下，效率就成为了一个核心问题。

前计划经济国家面临的主要问题之一是对其产业进行重组，以使个体企业能够在全球经济中进行竞争。莫斯科的中央计划人员坚信规模经济——每一种类型的产品只在一家工厂进行生产。许多工厂都位于俄罗斯某个大城市的附近，少数工厂会建在卫星国。各工厂间几乎不存在竞争，至少是在东方集团内——不管生产什么，都可以卖出去。如果某些产品找不到买家，那是规划人员的问题，而不是工厂管理者的事。企业对营销、质量控制和消费者满意度的关注极低，因为它们是垄断性的。

从计划经济转型到市场经济是一个痛苦的过程，特别是对于希望按西方的模式对自己进行调整的波兰及其邻国来说更是如此。工厂面临的问题尤其严重。

生产原材料和初级产品的企业发现，这一调整更容易一些，因为这些产品是大宗商品，而且差不多总是同质的。俄罗斯的镍和加拿大的镍可以完全替代，并以相同的价格出售。同样，俄罗斯的铝与西方生产的铝差不多也是一样的。

它们可能会依靠西方的企业来协助自己降低成本。一些前计划经济国家可能能够通过出口原材料而找到一条通向世界之路，就像中东、非洲和拉丁美洲的一些国家一样。有些国家从旅游业中赚取了大量外汇，有些国家则从在外国工作的侨民的汇款中赚取外汇。成千上万的波兰人和立陶宛人移民到了英国和爱尔兰以寻求更高的收入。关键问题涉及工业（钢铁厂、汽车和卡车生产厂、纺织品和服装生产厂、食品加工厂以及生产机床、灯泡、牙膏的工厂）的效率。这些工厂的管理者陷入了典型的“第22条军规”所描述的困境中。为了改善工厂，他们需要大量投资。尽管这些国家的储蓄率不算低，但它们缺乏一种在拥有最大生产潜力的企业间分配这些储蓄的机制。

根据西方的标准，这些前计划经济国家的制造企业的成本非常高，而且工厂严重过时，有效的解决方案是废弃这些企业。问题在于，那些被免职的工人将丧失就业机会。与产值相比，这些企业雇用的员工数量过多，因为它们没有让成本最小化的传统。利用西方的产品标准来衡量，这些工厂生产的产品质量低劣，在这些工厂中，工人的收入与他们生产的产品的质量无关。

23.7 宏观稳定性与价格水平

在向市场经济转型的过程中，大部分前计划经济国家都经历了恶性通货膨胀——在一两年的时间内，每个月的价格水平上涨超过50%。相比之下，这些国家在计划经济期间的通货膨胀率很低，因为大部分产品和许多服务的价格是由当局决定的，而不是由市场决定的——因此“排队时间”而不是价格决定了谁能得到这些商品和服务。那些身强力壮、最有耐心以及在高层有朋友的人得到了商品，而其他人则只能多攒一些钱。国内产品和进口产品都存在着黑市，而在衡量通货膨胀时，这些市场中的价格没有被包含在内。

货币持有量的部分增加是由两部分构成的：一部分是在国有银行中的储蓄存款的增加，另一部分是纸币持有量的增加。尽管购买外汇是非法的，但有些人还是增加了美元和德国马克的持有量。随着这些国家转向市场经济，相对价格的变化是不可避免的。特定商品和服务的价格基准会发生改变，以便与全球经济中同类商品和服务的价格基准相匹配。石油和各种石油产品的价格提高到世界价格水平，否则各类投资者就会从东方购买石油，然后卖到西方。同样，在西方价格便宜的产品——汽车以及各类电子产品等工业品——也会被进口。关税和其他贸易壁垒会造成西方的价格与转型经济国家价格的差别——这些差别可能会高达 30% 或 40%。

在融入全球经济的过程中不可避免的相对价格的变化应该区别于总体价格水平的上涨，而总体价格水平的上涨是由于一个自我实现的预言和制定一种适合市场经济的税制（以及为支付政府支出而征收的税赋）共同造成的。在计划经济时期，政府支出占 GDP 的 60% ~80%，而在那些农业生产在国有农场进行的国家中，这一比率会更高一些。由于高额的税收被包含在产品价格中，因此与西方国家类似产品的价格相比，这些产品的价格显得极高。与西方国家相比，鞋子、服装、家庭用品的价格要高得多，但高价格中很大一部分是间接税。

西方国家中有一种常见的说法，即东方国家的工人要多工作 15 ~20 倍的时间才能买一双鞋。鞋子如此昂贵的主要原因是它们被征收了很高的税——鞋子的价格与生产成本之间的差额被用来为住房、医疗保健服务、军队和政府的一般开支提供资金。随着向市场经济的转型，鞋子价格的下降意味着税收的主要来源减少了。如果能够进口由市场经济国家生产的鞋子，那么就没有人会继续购买那些鞋子。因此，政府需要增加税收，同时需要减少对那些收入低于成本的工厂和企业的补贴。

这些国家需要建立一种新的税制。由于政府部门的支出仍然占 GDP 的很大份额，因此税率会很高。税收可以是直接的，也可以是间接的。这些国家几乎没有纳税的传统：个人不愿意缴税，因为政府的浪费非常严重。但是，政府不愿意迅速减少浪费，因为这意味着它们不得不减少工厂中的“隐性失业”(hidden unemployment)。

23.8　私有化

在计划经济中，生产资料归国家所有。问题是如何转移工厂、航空公司、住房、土地、当地公交系统、街边杂货店、加油站、屠宰场、面包坊和烛台制造商的所有权。

看看一些可供选择的基本私有化方法。一种方法是将工厂和商店送给工人，另一种方法是将这些资产送给全体公民，第三种方法是将这些资产以最高价格或次高价格出售。这些方法可以结合使用——将10%或20%的股份送给员工，将30%或40%的股份送给全体公民，剩下的股份卖给出价最高的人。根据企业和商业单位的规模，这些比例可能有所不同。

在西方国家，实行私有化的政府通常首先将生产性企业重组为一些独立的、政府所有的企业，这些企业将获得特定资产的所有权，这些资产包括工厂、航空公司和油井。然后，政府再采取各种措施降低这些企业的成本，通常是引导员工提早退休。随后，企业的股份或者是卖给公众，或者是送给公众，或者两者兼而有之。通常这些股份是通过拍卖的方式出售，一般来说是卖给出价最高者。一旦企业开始赢利，就很容易找到买家。很少有人会真心愿意购买亏损的企业，因为潜在买家不愿意引发与裁减员工使企业赢利相关的混乱。

再看一看潜在买家的范围。一类买家是全体公众。由于这些工厂是共同所有的，因此其股份可能会以类似于所得税退税的形式分发给公众，只是每一个公民将得到数量相同的股份。

（当然，这里存在着一些问题——儿童有资格获得股份吗？生活在外国的公民是否可以获得股份？）对于公寓来说，这种大范围的分发效果不太好，但个人有可能得到他居住的住房，也有可能得到他工作的小店。或者，工厂可以分发给员工，然后员工们再决定每个人获得多少股份。或者，这些股份可能会出售给全体公民。

出售股份的困难在于，只有相对较少的人有钱购买这些股份。另外，在旧体制之下，大量有钱的人可能会以各种“通融”的方式获得这些股份。由于资金十分有限，因此企业得到的资金通常会低于企业的内在价值。某个企业的股份可能会分阶段卖出——第一年卖出20%，在后续年份中每年卖出20%或30%。如果股份要出售，那么是否允许外国人来竞标？如果不允许，那么是否允许外国人在二级市场中购买这些股份？

在私有化过程中存在着不对称性。新的所有者对那些能够立即获得利润的生产活动的需求较多，而对于不大可能赢利的活动需求较少。

叶利钦总统决定，促进俄罗斯民主最快的方式就是以很快的速度对工业进行私有化。俄罗斯将变成一个更加多元化的社会。迫切进行私有化的原因之一是政府急需资金，因为在从计划经济向市场经济转型的过程中，税基被快速侵蚀。有资金的人已经建立起了新的私人银行。快速出售某些政府资产——特别是资源开采企业——使得寡头统治集团迅速出现。

23.9　俄罗斯金融的崩溃

1998年夏季，俄罗斯遭受了一次重大冲击，当时政府的财政赤字接近其GDP的10%。各种类型的工资和支付拖欠出现了，因为税收增加太慢，而政府又无法减少其支出。卢布债务的利率在4月份的时候还是30%，而现在则提高到60%~90%，在这种水平上，大量的利息支付意味着在不到1年的时间内政府的债务就会翻番。在利息支付超出政府的偿还能力而被迫违约之前，俄罗斯政府需要努力减少其财政赤字。卢布债务利率的大幅增加部分反映了卢布可能会贬值，部分反映了俄罗斯政府可能会对其债务违约。俄罗斯政府进退两难。税率因税收极低而变得非常高。没有人——或者说几乎没有人——能够负担得起他们应该缴纳的税赋。

俄罗斯试图通过两种方式来摆脱这一危机。第一种方式是卢布债务与美元债务互换，这会减少卢布债务所需融资的数量。第二种方式是国际货币基金组织提供超过200亿美元的贷款承诺，实际资金将在俄罗斯成功减少其财政赤字后得到。

俄罗斯政府违约了，同时卢布也贬值了一多半。矛盾之处在于，俄罗斯人在国外储存了500亿~1000亿美元——包括数百亿美元和德国马克现金。从莫斯科流出的资金数倍于流入的资金。俄罗斯人——至少是能够获得资金的俄罗斯人——不太信任他们自己的银行和政府。

23.10　普京总理富裕的七年

弗拉基米尔·普京（Vladimir Putin）击败鲍里斯·叶利钦（Boris Yeltsin）当选俄罗斯总统是1999年的事。当时，每桶石油的价格介于20美元和30美元之间。石油价格加速上涨，到2007年底达到了将近每桶100美元，并在

2008年上半年继续上涨。天然气的价格几乎以相同的速度上涨。镍和其他矿物的价格也快速提高。俄罗斯政府的收入也出现了大幅增加。莫斯科成为了一个新兴的城市，变成了世界上生活成本最高的城市之一。

在20世纪90年代之后，普京为俄罗斯带来了金融的稳定，以至于《时代》（*Time*）杂志称他为“年度风云人物”（Man of the Year）。普京政府从寡头集团手中收回了一些资产（这些资产是在20世纪90年代初被收购的），并开始限制新闻自由。

私人财产得以保留，但却得不到法律的保护。只要石油价格在不断上涨，与俄罗斯合作伙伴建立了合资企业的外国石油公司就会受到“排挤”。

2002~2008年，由于石油收入大增，俄罗斯政府的财政问题“得到了解决”，俄罗斯偿还了其债务，其国际储备资产持有量超过了6000亿美元。俄罗斯政府对那些新独立的原苏联成员变得更加好斗。俄罗斯人和乌克兰人似乎对天然气的价格一直争论不休。

在全球衰退中，原油和其他原材料价格大幅下降，这对卢布在货币市场中的价值以及对俄罗斯政府的收入造成了毁灭性的打击。某些寡头集团也遭遇了金融困境，因为在大宗商品价格不断上涨期间，他们从俄罗斯的银行中借入了大量的资金，随后在价格下跌时，他们实际上无法按时偿还这些贷款。银行——以及俄罗斯政府——收购了他们的一些资产。

如果原油和其他矿物的价格很高，俄罗斯经济就会像波斯湾上一个规模极大的公国一样发展。在货币市场中，卢布的价值将会很高，俄罗斯将进口大部分制成品和某些服务。只有当石油和其他初级产品的价格较低时，俄罗斯才会成为一个有竞争力的制成品生产者，到那时，政府的赤字问题将变得非常严重。

第 24 章

重新进行全面分析

或许在某一天，国际货币问题将会消失。或许民族国家（nation-state）作为基本的政治单位会被逐渐淘汰，没有了民族国家，本国货币也将不复存在。或者各个独立的国家会将其货币整合为一种共同的国际货币。在某种程度上，这是全球化 100.0 版，到那时，全球化的发展也就到达了终点。

24.1　2007 年金融危机的影响

金融危机的一种影响是造成了更强烈的民族主义倾向，因为政府领导人需要努力降低人们的痛苦，并为其选民和支持者提供更多的就业机会。20 世纪 30 年代的大萧条与国际贸易的极度下降有关，部分原因是经济活动水平过低，部分原因是进口壁垒的大幅提高。

20 世纪 30 年代欧洲的政治动荡常常被归因于各国操纵货币价值以增加国内就业而造成的宏观经济混乱以及各国采取的"以邻为壑"的政策。这一观点使得在 20 世纪 40 年代出台了建立国际经济新体系的雄心勃勃的提案，这一新体系旨在防止 20 世纪 30 年代的内向型政策卷土重来。建立国际货币基金组织（IMF）是为了对货币价值的变化提供一个有序的框架，而世界银行［更正式的名称是世界复兴开发银行（International Bank for Reconstruction and Development，IBRD）］则是要促进西欧的经济复兴。尽管国际贸易组织（International Trade Organization，ITO）在其序言［即关税与贸易总协定（General Agreement on Trade and Tariffs，GATT）］中为关税削减谈判和贸易争端的解决提供了一个框架，但它仍然失败了。1995 年世界贸易组织（World Trade Organization，WTO）的建立可以被看成是延期降生的 ITO。

44 个国家参与了谈判，谈判的结果是建立了国际货币基金组织、世界银行和关税与贸易总协定。美国和英国在制定这些协定的过程中发挥了主要作用。后来在国际贸易与金融中变得非常重要的两个国家——日本和德国——并没有出席，因为它们在第二次世界大战中是美国和英国的敌人。其他一些欧洲国家由流亡政府来代表。美国发挥了主导性的作用，部分原因是其经济规模相对较大。

第二次世界大战结束后 60 年来生活水平的提高非常明显，而且是前所未有的，这主要是因为许多国家实现了工业化。它们的制成品出口快速增长，主要原因是外国市场是开放的。

一个主要问题是：20 世纪后 50 年的全球繁荣有多大比例可以归功于国际货币基金组织、世界银行和关税与贸易总协定。专注于降低贸易壁垒的关税与贸易总协定一直非常重要，因为经济增长与开放密切相关。始于 20 世纪 80 年代的数次金融危机对国际货币基金组织造成了沉重的打击，它几乎抛弃了其增强国际金融稳定性的初衷。国际货币基金组织的各任高层管理者对于系统性、持续性失衡的产生和后果过于乐观了。

一旦全球经济度过了始于 2007 年的危机，人们几乎肯定会提出一些新的提案，以建立能够减少新的泡沫和危机发生可能性的制度。

24.2 共同国际货币可行吗？

多年来一直被人们提起的一个方案是共同国际货币（common international currency）。想一想能够促成这一进展的谈判吧。有多少个国家会参与这一谈判——现在，国际货币基金组织有 150 多个成员国？实际上，每一个新独立的国家都选择了自己的货币，有些国家已经逐步采取了适合于本国目标的货币政策，很多早已独立的国家也调整了其货币政策，以更有利于本国目标。

在可预见的未来，民族国家作为组织政府活动——提供法律和秩序，并决定收入分配和经济中的优先事项——的基本单位似乎不会消失。除了欧盟之外，也没有迹象表明各国货币会朝着合并的方向发展。亚洲各国对于共同货币一直争论不休——但到目前为止也只是停留在争论的阶段。其他国家集团似乎也没有严肃地考虑建立一种共同货币。这些国家的贸易模式表明，采纳一种共同货币比采纳欧元要困难得多。

只有在各参与国的经济结构相似的情况下——如果它们的商业周期基本同步，如果它们的劳动力增长率相似，而且劳动力在技能上相差不大，如果它们的价格稳定性以及充分就业的参考标准也类似——各国货币的合并在经济上才有意义。欧洲各国经过 40 年的努力，不断消除成员国之间的贸易壁垒，最终才采纳了一种共同货币——即便如此，其动机也主要是出于政治目的，旨在利用经济上的和谐以增强政治上的凝聚力，以防止欧洲再一次爆发灾难性的战争。

许多国家的既得利益者会强烈反对货币的合并，因为控制本国货币的增长率与行使主权密切相关。对货币供给增长率的管理是政府领导者提高其选民支持率的一种最有效的手段。

国家货币政策对国内政治力量非常敏感——就业水平、通货膨胀率和利率对选举结果具有重要影响。有些国家的价格水平上涨速度快于其他国家，而一般来说通货膨胀率较高的国家会产生支付赤字。这些国家最终需要进行调整以恢复收支平衡——或者减少大规模的失衡。或者是货币价值发生改变，或者是对其他一些变量进行调整，使得失衡下降到可持续的水平。

不可避免地，对货币价值改变的预期导致了以利润为导向的商业企业复杂的管理决策，因为这些变化的规模和时机是不确定的。与传统的生产和营销决策相比，货币价值的这些变化可能会对公布的利润（或亏损）产生更大的影响。如果某些企业从这些变化中获益，那么另一个企业就会遭遇亏损——或者是中央银行、商业银行，或者是个人投资者。由于预期到货币价值会发生变化而产生的资金跨国流动常常会减弱政府政策的力度。它们可能会被迫改变其平价或其货币政策，或者实施外汇管制。另外，对于谁应该主动采取措施来降低这种失衡，拥有贸易赤字或支付赤字的国家当局以及拥有盈余的国家当局一直争论不休。它们对于需要采取的最佳策略也无法达成一致，特别是市场力量是否应该高于官僚决策。

24.3　规则的瓦解

各国货币政策日益专注于国内造成了 20 世纪 70 年代初 IMF 关于可调整

平价规则的崩溃和瓦解。西欧的一些国家认为，美国政府对于美国的通货膨胀率的上涨过于乐观。IMF 关于平价变化的规则是国家行为的一个指南：它们指出了一个国家何时可以、何时不可以改变其平价，以及何时可以、何时不可以对国际支付实施控制。人们采纳这些规则，是为了降低一国在试图解决自己的难题时输出其失业问题或通货膨胀问题的可能性。较小的国家希望避免从其较大的贸易伙伴那里输入失业或通货膨胀，而大国则希望免受小国“搭便车”倾向的影响。

IMF 对货币价值变化的协议变得过时并不令人感到惊讶，因为大多数国际金融协议都只能维持 10 年或 20 年。当这些规则赖以存在的经济环境发生变化时，它们就变得过时了（尽管为了管理这些规则而建立的机构会继续存在，而且这些机构的工作人员数量会不断增加）。虽然我们有可能设计出一系列足够宽泛的规则来应对国际金融环境所有可能的变化，但这类规则几乎肯定会因过于笼统而无法产生重大影响。这些规则的目的是增强各国对其贸易伙伴的政策的信心。但是，很少会有哪个国家愿意接受对其行动自由的严格限制——或者承担这些限制的后果（如果这些限制会使其国内目标付出高昂代价的话）。

20 世纪 70 年代发生了两个事件，它们是 20 世纪 40 年代起草 IMF 的规则时没有预料到的。一个事件是世界性的通货膨胀，而德国不愿意接受其通货膨胀率的上涨（其上涨水平与美国相当，并且美国是可以接受的）。另一个事件是美国相对经济地位的下降，从德国和日本以及后来的许多亚洲国家（特别是中国和印度）的快速增长中我们就可以看出这一点。

24.4 新规则还是新国际货币体系?

人们或许会协商新的规则以应对一些不同的国际金融问题。这些规则可能是为了限制各国中央银行对外汇市场的干预。或者，这些规则可能是为了限制各国中央银行对国际储备资产的购买——这将影响它们对外汇市场的干预活动。人们可能会采纳一些规则来限制贸易失衡，特别是贸易盈余和贸易赤字占 GDP 的比率。在新规则没有建立起来之前，我们将采取特别措施以应对货币价值的变化或失衡。每一个国家都有可能采纳一些适合其当前要求和利益的措施，而很少考虑这会对其贸易伙伴以及全球体系造成哪些后果。

设计最有可能有效运转的制度安排需要能够预见到未来 5 年、10 年和 20 年中可能出现的各种经济问题。会不会出现失业？会不会出现通货膨胀？会不会出现失业和通货膨胀同时发生，而且滞胀卷土重来？衰退和繁荣会不会在美国和欧洲同时发生，或者在不同的时点发生？民族主义的力量是变得越来越强大，还是会摇摆不定？各国在解决失衡问题时更多地依靠市场力量还是官僚机制？各国政府转向更加保守的经济政策的趋势是会持续下去，还是会加强干预，特别是在全球增长速度放缓和衰退之后？由于对这些问题的回答是不同的，所以在解决国际失衡问题时最可能有效的规则也是不同的。

人们经常提到的一个替代新规则的方法是依靠国际权威：向国际货币机构——IMF 及其后继机构——的管理者授权，以制定能够保证国际金融更加稳定的政策。但在未来 10 ~ 15 年间，这一方法似乎不可行，因为与各国日益专注于国内目标一样，大多数国家也不愿意将重要的决策权授权给一个国际机构。较大的国家——美国、德国、法国、意大利、西班牙、中国、日本和英国——可能会认为来自较小国家的代表在国际机构中的话语权过大。IMF 在 1994 年墨西哥危机、1997 年亚洲危机、1998 年俄罗斯危机或 2001 年阿根廷危机中没有取得什么值得骄傲的成果，“国际货币基金组织总是后知后觉”这句老话似乎是适用的。国际货币基金组织似乎忽视了全球衰退之前出现的房地产市场泡沫。各国会越来越不愿意向 IMF 或类似的机构授予更多的权力。各种重要的决策几乎不可避免地是在各国首都制定的。国际机构的管理者越来越多地对来自各国首都的代表委员会（如来自 G3、G7、G20 和 G44 等国家的）负有责任。国际公务员（international civil servant）监督这些规则的实施，但他们不制定规则，而且他们也不能决定国家何时应该改变其在外汇市场上支持本国货币的政策。

在一个拥有 100 多种货币的世界中，危机——特别是货币价值改变的危机——是不可避免的。尽管美国当局、加拿大当局、欧洲中央银行当局以及许多经济学家继续支持浮动汇率制，但很多国家（特别是较小的国家）似乎决心回到某种形式的可调整平价安排。对外贸易对于一国的经济越重要，则该国就越希望坚持其货币平价。某些国家的当局认为，依靠市场力量来确定货币价值并不像其支持者所承诺的那样万能。美国人和欧洲人相信，货币回归平价将会带来一系列限制，并使他们的就业和价格水平目标实现起来更加复杂。德国人担心自己会再次从实施扩张性政策的邻国输入通货膨胀，而美国人担心自己的国内经济政策会再次受到外部的约束。他们还担心——他们还应该担心——某些国家是“搭便车者”，它们将其货币的价值维持在极低的水平上，以此作为输入工作岗位的一种方式。

矛盾之处在于，自从布雷顿森林体系崩溃以来，世界经济出现了超常的增长。但是，这一期间仍然出现了 4 次金融危机，每次危机都以信贷泡沫为前兆。货币价值的波动范围异常大，比根据各国通货膨胀率的差别所能预测的数值要大得多。

第二个特征是美国的国际投资地位发生了显著改变，从世界上最大的债权国变成了世界上最大的债务国，这是由于外国对美元证券和美元实物资产的需求大量增加造成的。美国净国际债务的年均增长似乎过高而无法永远持续下去，而如果年均增长率较低，这种债务地位就可以在一个较长的时期内得以持续。

24.5 外汇控制

国际金融领域中的一句老话是：独立的本国货币政策、被钉住的货币价值和资本的自由流动是不兼容的。只有当资本流动受到管制时，平价才是可持续的。这一难题的困难程度部分取决于支持限制（support limits）的范围。

除了将货币价值的变化作为平衡国际收支的一种方式外，还有另一种方法，即通过外汇控制直接管理国际支付。一个明显的事实是：在战争或某些其他重大危机期间，各国更倾向于采用这些管制。更多地依赖这些管制的诱因之一是：国内的政策成本可能会低一些。反对越来越多地依赖外汇管制方法的原因是：它割裂了国际经济，因为不同类型证券的交易很容易受到不同外汇管制的约束，特别是如果在相对较少的交易受到管制的情况下。对进口、出口以及证券的管制越广泛、越一致，这种方法就越等价于货币价值的变动。区别在于：当货币的有效价值发生变化时，这一变化是由官僚而不是市场力量决定的。然而，尽管学者们不断地吹捧这些控制（只要它们是全面的）的吸引力，但官僚和政治家们总是能够找到一些不进行全面控制的有说服力的理由。最后，这些规则必须应对这样一些问题：可以接受的管制形式是什么？何时可以应用这些管制？它们与货币价值变化的关系如何？

24.6 黄金的作用

如果要从浮动汇率转向某种形式的可调整平价安排，那么尽管欧洲、日本、中国和其他发展中国家的中央银行的美元持有量大幅增加，但国际储备资产的充足性仍然会再次受到严密关注。各中央银行将再次提出黄金是否应该发挥货币的作用这一问题。一个密切相关的问题是：外国中央银行的美元储备是否可以兑换成黄金或其他某种资产。现在，任何中央银行都能够自由地购买黄金，但是以当时的价格在自由市场上购买的。

只要外国中央银行持有超过60000亿美元的美元证券，美国财政部就不愿意接受美元与其他国际货币的可兑换性，因为它担心美元会遭到挤兑。或者黄金将日益丧失其货币作用，或者中央银行将倾向于确定正式的安排以接近市场价格的价格来交易黄金。黄金非货币化可能会被迫发生：各国中央银行可以继续在自由市场上出售黄金。在黄金将失去货币资格的信念得到传播之前，这类销售很可能很少。某些中央银行甚至可能是大宗商品市场中的买家。

黄金逐渐非货币化需要对一种统筹安排达成一致，以形成一种新的国际货币，否则就有可能再一次出现国际储备资产的短缺。矛盾之处在于，因美国黄金非货币化造成的可信度的下降可能会使得通过其他手段来生产国际货币变得更加困难。在任何谈判中，欧洲人将会担心，如果美国人能够使黄金非货币化，那么以后他们也可以通过拒绝用美元来购买新的国际货币而使其非货币化。

与20年前相比，黄金非货币化的替代方法——在全世界范围内提高黄金的价格——似乎更加不切实际、更不可行，尽管大多数经济学家和社论作者都谴责将“野蛮的遗迹”作为货币。尽管继续将黄金作为货币可能会显得有些野蛮，但对黄金的持续需求反映了许多国家对其主要贸易伙伴的承诺不太信任，因而它们更看重实物货币而不是纸币。它们的决策可能是明智的，也可能是不明智的——但那是它们的决策。20世纪60年代阻止不可避免的货币价格上涨的大多数反对意见没有什么意义，因为黄金的市场价格出现了大幅上涨。对于较高的黄金价格（或黄金的非货币化）对货币安排的影响，人们并不太关心。将黄金从南非和俄罗斯的矿山中开采出来然后再把它埋藏到各国中央银行的地窖里是很愚蠢的，至少那些获得黄金的人支付了大部分成本。如果再次规定黄金的货币价格，那么就会有更多的黄金供应来满足货币需求。现有黄金储备货币价值的提高将使中央银行有能力使其国际储备持有量转向更有利的黄金、美元和特别提款权（Special Drawing Right，SDRs）的组合。黄金价格的提高不可能永久解决所有的国际货币问题，任何一种价格都不可能永远不变，而且在全球背景下，任何一个协议都不可能永远有效。但是，美国提出的提高世界黄金价格的提议对它自己非常有利。许多欧洲国家也赞同这种解决方案，而它们将承担几乎所有的经济成本。对于美元和其他货币之间的关系来说，这也可能存在某些有利的影响，因为美国黄金持有量与外国的美元证券持有量的比率会提高。

欧洲的偏好取决于过去几十年的货币事件，特别是它们对美国的依赖性——以及它们对这种依赖性的解释。西欧各国希望对其货币政策拥有更大的控制权，但它们的态度不太明确：它们希望实现支付盈余，同时也要保证美国不产生赤字。这样的态度是矛盾的。它们希望保持价格稳定，同时维持钉住汇率，而只有当美国也实现了价格稳定时，这两个目标才是一致的。

正如任何价格都不可能永远不变一样，没有一种货币能够永远位于货币排行榜的首位。由于美国的通货膨胀和对美元的投机而造成的 1970 年和 1971 年从美元转向黄金和其他货币可能意味着美元在货币排行榜上名列第一的时代已经结束了。但是，美元不再排名首位可能是暂时的，主要是人们预期到德国马克即将升值。储备资产的多样化可能是对美元的一种补充，而不是替代美元。但是，一旦多样化的原则被人们接受，找到替代品的实际问题就变成了核心问题。

降低美元的国际作用的政治压力肯定会越来越大。欧洲希望欧元与美元是“平等的”，但在美国没有发生通货膨胀或金融崩溃的情况下，这种结果似乎不大可能出现。外国不喜欢自己的货币相对于美元升值或贬值的不对称性，实际上，它们希望对安排进行修正以保护它们不受美国通货膨胀的影响——它们希望对美国的政策施加一种外部约束。转向纸黄金的安排就是利用政治力量——数字的力量——对美国施加外部约束以及降低美国的政策对其他国家影响力的一种努力。采取政治途径是因为经济力量仍然可能使美元位于货币排行榜的首位。

冲突无处不在，而这就是国际货币游戏的全部。在大大小小的问题上，

国家利益都会产生冲突，官僚和政治家们知道，他们自己的角色要求他们为其选民争取利益。只有当其选民得到利益后，他们才会同意修改制度安排。只要存在不同的国家货币，冲突就是不可避免的，规则和结构的改变不可能消除冲突。各种解决方案——取消黄金、提高黄金价格、用纸黄金代替黄金，或者允许汇率浮动——不会解决这些冲突，而只是转移了冲突发生的舞台。